21 世纪通识教育系列教材

劳动教育通论

主编 / 冯喜良

Labour Education

中国人民大学出版社
·北京·

· 出版说明 ·

随着信息时代的来临、经济全球化的深入与文化软实力竞争的加剧，重视大学生人文素养与创新能力的培养，提升大学生的综合素质，已成为各国教育改革与发展关注的重点和热点。人们越来越意识到：高等教育不仅要培养大学生良好的专业素质，更重要的是使得他们在走向社会之后拥有长足的自我拓展能力。只有以宽口径、厚基础、复合型为人才培养目标，才能更好地提高我国高等教育的质量，培育出适应现代社会需求的具备公民意识、社会责任感与创新精神的优秀人才。

从中外大学通识教育的实践来看，通识教育是一项系统工程，而课程体系建设始终是推进通识教育的核心任务，教材建设则又是其中的重要环节。为满足广大高校师生对高质量通识教育教材的需求，中国人民大学出版社组织多学科、多领域的专家学者，在广泛调研与深入研讨的基础上，组织编写了这套“21 世纪通识教育系列教材”，为推动高等学校通识教育教材建设进行了探索。

本套教材分为人文、政法和经管三大板块，定位为非专业统开课教材，突出“通识”的特色，强调内容阐释的“基础”和“宽度”，力求突破单纯的“专业视域”或“知识视域”，引导学生调整知识结构，拓宽文化视野，以达成人才培养效果上的“宽度”，从而实现高等教育培养复合型人才的目标。

本套教材中的每一本均由该学科领域有影响力的专家学者领衔编撰。通识教材的“基础”与“宽度”，需要特别重视教材纲目与内容的适用性、可拓展性和灵活性。唯有在该领域具有丰富教学经验及精深学术水准的名家，方能“取精用弘，由博返约”，编撰出体现“通识”特色的高水平教材。

本套教材形式与内容和谐统一，教材内容基础适用，语言简洁生动，并辅以典型、有趣的案例、图表，轻松活泼的栏目和插图等，图文并茂，引人入胜，照顾到青年学生群体的阅读习惯。

作为出版者，我们特别希望通过加强通识教育教材建设，推进高校课程体系的融会贯通，提高学生跨学科、跨文化的理解能力，为学生未来的职业生涯与人生发展奠定良好的知识和能力基础。这套通识教育系列教材只是开始，期望更多的专家学者共襄此事，推进通识教育教学的改革与发展。

中国人民大学出版社

前言

Preface

劳动是一切财富的动力源泉，教育是立德树人的百年大计。党的十八大以来，习近平总书记立足新时代历史方位，多次对劳动和劳动教育做出重要论述。2018 年，中共中央、国务院下发《关于全面加强新时代大中小学劳动教育的意见》，对新时期的劳动教育工作进行谋篇布局，明确了前进方向。劳动教育以关乎培养民族复兴时代新人的战略高度，以贯通大中小学各学段的覆盖力度，以贯穿家庭、学校、社会各方面的连接广度，以融合德育、智育、体育、美育的交叉深度，成为全面贯彻落实新时期党的教育方针、发展具有中国特色劳动教育模式的重要内容。

马克思在《资本论》中指出："未来教育对所有已满一定年龄的儿童来说，就是生产劳动同智育和体育相结合，它不仅是提高社会生产的一种方法，而且是造就全面发展的人的唯一方法。"① 在整个教育体系中，劳动教育不是可有可无、若有若无的附赠品，而是与德育、智育、体育、美育齐头并重、缺一不可的必需品。习近平总书记曾多次使用扣好"第一粒扣子"来比喻要引导青少年树立正确的世界观、人生观与价值观。而设计好、组织好、落实好大中小学的劳动教育工作，就是帮助广大青少年树立正确的马克思主义劳动观以及"劳动最光荣、劳动最崇高、劳动最伟大、劳动最美丽"观念，扣好"第一粒扣子"的核心关键所在。

做好劳动教育工作，教师为先、教材为要。没有一本好的劳动教育类教材，就缺少了教师"教"的抓手与学生"学"的载体，教

① 马克思，恩格斯．资本论：第1卷．北京：人民出版社，1975：530.

与学之间就难以形成互联互通的桥梁。《关于全面加强新时代大中小学劳动教育的意见》明确提出，要“整体优化学校课程设置，将劳动教育纳入中小学国家课程方案和职业院校、普通高等学校人才培养方案，形成具有综合性、实践性、开放性、针对性的劳动教育课程体系”。在此背景下，首都经济贸易大学劳动经济学院自2020年起开始酝酿和筹划劳动教育通识类教材的编写工作。

首都经济贸易大学劳动经济学院由原劳动经济系和人口经济研究所合并组建而成。劳动经济系的前身是1954年创立的中央劳动干部学校，已有近70年的历史，在1984年以前是全国唯一的劳动经济学科点，也是我国最早建立劳动经济专业（1955年）、人事管理专业（1984年），第一批建立人力资源管理专业（1993年）、劳动与社会保障专业（1998年），最早获得劳动经济专业硕士学位授予权（1981年）的单位。学院的劳动经济学也于2007年获批成为国家重点学科。纵观学院的发展历程，无一不与“劳动”息息相关。

劳动学科是立院之基，也是兴院之魂。在党中央、国务院高度重视新时代大中小学劳动教育的背景下，集聚自身的学科积淀和专业发展优势，编写一本面向高等学校学生劳动教育的通识性教材，既是学院自身发展的职责所在，又是全面贯彻党的教育方针、落实全国教育大会精神的使命所在。劳动经济学院的多名教师参加了本书的撰写工作：冯喜良、苏建宁（第1章），詹婧（第2章），李晓曼（第3章），毛畅果（第4章），苗仁涛（第5章），张立龙（第6章），杨旭华（第7章），范围（第8章），江华（第9章），雷晓天（第10章），毛宇飞（第11章）。

劳动不仅是每个人的一项社会生产活动，也是一门科学。在劳动教育和劳动实践中，一方面要培养学生正确的劳动观和价值观，另一方面要让学生了解和把握劳动中的科学，做到“学劳动科学，会科学劳动”，这也是本书的核心理念。在编写过程中，全书着重突出四个方面的特征：

一是系统性。本书从历史到现实、从马克思主义的理论本源到中国特色社会主义劳动思想，做到了既有理论深度，又有现实指导意义。特别是在内容设置上，涵盖了劳动的主体、劳动的环境、劳动的开端、劳动者发展、劳动的场景、劳动的规范、劳动者保障、劳动者保护、劳动的未来等方面，力求做到既全又精。

二是丰富性。劳动不是晦涩难懂的纸面学问，而是贴近社会的现实生活。为了让学生更好地认识、感知劳动，本书在编写时设置了开篇引例、小贴士、趣味学习、即时案例、延伸阅读等专栏，力求让学生易读爱读。

三是融合性。劳动具有树德、增智、强体、育美的综合价值，因此开展劳动教育也要有系统化思维。本书以劳动为核心，有效融合了劳动经济学、劳动社会学、劳动法学与管理学等多学科的各类知识，有效丰富了教材内容，有利于学生从更大、更广的视角认识劳动、学习劳动。

四是时代性。劳动的本质属性是永恒的，但劳动的具体形态是发展的、变化的。本书聚焦新时代背景下的劳动新形态，将学生现在经历的、身边感知的劳动内容等加入其中，不仅推动了劳动教育的与时俱进，也更好地提升了学生的亲近感、体验感。

本书得到了中国人民大学出版社在选题、框架设计、内容校对、付梓出版等多方面的大力支持，在此深表感谢。此外，本书作为首都经济贸易大学本科教材建设的重点内容，得到了校领导及相关部门的大力支持与协助，在此一并献上由衷的谢意。本书在编写过程中可能有不足与纰漏，诚挚欢迎广大读者提出宝贵的意见建议，以便我们持续加以完善、不断打造精品。

冯喜良

首都经济贸易大学劳动经济学院院长

目录
CONTENTS

第 1 章　劳动、劳动教育与劳动科学

学习目标

- 学习劳动的内涵与分类。
- 了解劳动与人类社会发展。
- 掌握新时代下的劳动观。
- 学习劳动教育的目标、内容与实施途径。
- 了解劳动科学理论的发展与结构体系。

开篇引例

歧视农民工就是歧视我们自己

近日坐 709 公交车下班途中，见到这样一幕：靠近车前门的座位上，坐着一位怀抱大包裹的农民工。中途下车时，他拎着包裹“杀出一条血路”似地从前门冲了下去。大大的包裹从人群中挤过，很多人皱起眉头抱怨：“你应该从后门下啊！”

抱怨的理由看似充分——前门上，后门下，这是乘公交的基本秩序。但众人的真实想法可能是：这烦人的大包裹尽量离自己远些、再远些。

我不禁想起前不久的两则新闻：某地一位农民工坐地铁时有座位却不敢坐，硬是蹲了 13 站——他怕弄脏了座椅招来白眼；在某地 825 路公交车上，一名老太太呵斥身旁风尘仆仆的农民工：“你穿得这么脏，就不应该坐公交车，应该自己走路回家。”

看到这两则新闻，想必很多人会愤愤不平吧。但是，当我们在公交车上、在地铁里，与衣服上沾满灰尘或拎着大包裹的农民工近距离接触时，会不会也有一样的表现？

对农民工皱眉、抱怨和呵斥，从浅层次看，是怕他们弄脏了我们干净挺括的衣服，是觉得他们身上散发出的汗臭味太熏人。从深层次看，是因为我们是城里人，农民工是乡下人，天生不在一个层次上。再往更深一层看，是一系列制度设定所造成的巨大城乡沟壑，让一些城里人有了瞧不起农村人的“底气”。多年来，从“农一代”到“农二代”，农民工干着最苦最累的活，他们建设城市、服务城市，但他们中的绝大多数永远只能是城市的暂住者。户籍制度等把众多农民工挡在城外，也让城市人更添了几分优越与骄傲。不断拉大的城乡差距，让一些本已处于弱势地位的农民工，在傲慢的城市人面前渐渐失去了自信。

应该说，中国的农民工是一个勤劳、善良、纯朴的群体，他们懂得如何在公共空间维护自己的自尊与遵守公共规则。但是，也许正是城乡发展不平衡的现实，让一些农民工的心理失去了平衡，同时，正是少数城里人的一些粗暴言行，使部分农民工产生了一种我行我素的行为。

如果说，通过制度安排缩小城乡差距还需要一个过程，那么，在日常的生产与公共生活中，主动对农民工表现出一份宽容、理解和尊重，即少一些抱怨与指责，多一些关心与爱护；少一些冷漠与歧视，多一些兄弟般的温暖与帮助……这无疑会形成一种正向的力量传导，会使更多的农民工越来越自信，从而以主人公的姿态融入城市生产与公共生活。

资料来源：歧视农民工是歧视我们自己．(2013－02－21). http://www.cnhubei.com/hbrb/hbrbsglk/hbrb03/201302/t2464961.shtml.

第1节 劳动与人类发展

对于我们每个人来说，“劳动”一词既熟悉又陌生。说到熟悉，是因为只要一提到劳动，无人不知、无人不晓、无人不能。说到陌生，是因为生活中很少有人能够清晰、准确地说出什么是劳动，劳动包含哪些内容以及劳动为何如此重要，等等。在你开始阅读本书时，我们希望通过对劳动进行立体式的扫描，全面、系统化的介绍，将你带入一个既熟悉又陌生的劳动世界。

一、劳动的内涵

什么是劳动？相信大多数人会脱口而出：“劳动就是干活”“劳动就是花精力、费力气”“劳动就是搬搬抬抬等体力劳动”……凡此种种。关于劳动的内涵，不同的人从不同的视角给予了不同的诠释。

“真正意义上的人的劳动是从古猿动物式的本能活动逐渐演变而来的，但人类劳动同动物的本能活动有着本质的区别。”① “劳动首先是人和自然之间的过程，是人以自身

① 杜利英．马克思主义哲学原理与方法：以实践为基础．北京：人民出版社，2013：150.

的活动来引起、调整和控制人和自然之间的物质变换的过程。"① "全部人的活动迄今都是劳动。"② 在马克思的眼里，劳动成了一种"特权"，一种自然界中唯有人类才享有的、区别于其他一切动物的符号与标签。

恩格斯进一步提出，"劳动和自然界在一起才是一切财富的源泉，自然界为劳动提供材料，劳动把材料转变为财富。但是劳动的作用还远不止于此。劳动是整个人类生活的第一个基本条件，而且达到这样的程度，以致我们在某种意义上不得不说：劳动创造了人本身。"③

俄国著名的教育家乌申斯基指出，劳动是人类存在的基础和手段，是一个人在体格、智慧和道德上臻于完善的源泉。

《中国大百科全书》对劳动的定义为：劳动是"人类特有的基本的社会实践活动。人通过有目的的活动改造自然对象，并在这一活动中改造人自身。劳动体现了人与自然、人与人两方面关系的统一"④。

《辞海》对劳动一词的解释更为全面，提出劳动是人们改变劳动对象使之适合自己需要的有目的的活动，即劳动力的支出或使用，是人类社会存在和发展的最基本条件，在人类形成过程中起决定性作用。

基于上述各视角的分析，我们基本上可对劳动进行画像，描绘勾勒出劳动的内涵，即劳动是人类特有的基本活动（区别于动物），是人类有目的、能动地改造自然界的活动（区别于被动适应），是创造一切物质财富与精神财富的必备手段（区别于单纯的生存）。总之，人类依靠劳动既改造了自然，也创造了自身。

二、劳动的分类

在现实生活中，既有在建筑工地挥汗如雨、辛苦忙碌的劳动者，也有在楼宇办公室冥思苦想、加班加点的劳动者；既有在流水线上分工协作、重复作业的劳动者，也有在大学校园里教书育人、精心钻研的劳动者。各行各业中都有不同劳动者的身影。不同劳动者的劳动内容是否相同，相互之间又有哪些区别和联系？基于此，在对劳动内涵有了总体认知的基础上，有必要对劳动的类型进行简要划分。

（一）简单劳动与复杂劳动

在提供商品与服务的过程中，可根据所需要的专业技术的难易程度，将劳动区分为简单劳动与复杂劳动。简单劳动是在一定社会条件下不需要经过专门训练，每个普通劳动者都能从事的劳动。复杂劳动是简单劳动的对称，是指需要具有一定技术专长的劳动，而要获得这些技术专长，需受到一定的培训与训练。在一定程度上，复杂劳动可等同于自乘或倍加的简单劳动。在同等的商品生产时间里，复杂劳动比简单劳动创造更多

① 马克思，恩格斯．马克思恩格斯全集：第23卷．北京：人民出版社，1972：201-202.
② 马克思，恩格斯．马克思恩格斯全集：第42卷．北京：人民出版社，1979：127.
③ 马克思，恩格斯．马克思恩格斯文集：第9卷．北京：人民出版社，2009：550.
④ 中国大百科全书总编辑委员会．中国大百科全书．北京：中国大百科全书出版社，2009：324.

的价值，其原因在于：从事复杂劳动的劳动力需要花费更多的劳动才能被生产和再生产出来。诚然，区分简单劳动与复杂劳动并不像是否接受过专门的培训或训练那样简单，其背后是“精神支配能力与创造能力”的核心差别。例如在生产线上完成某一产品的组装，看似需要灵活的手脑配合，但其内在并非需要过多的创造性与知识积淀。而对于一栋大楼的整体设计，看似不需要过多的体力劳动，却需要极为专业的建筑知识和丰富的设计经验。因此，区别简单劳动与复杂劳动的关键，不在于表面上劳动输出量的多少，而在于内理上的劳动凝结质量。[①]

（二）脑力劳动与体力劳动

根据劳动方式的不同，我们将劳动分为脑力劳动和体力劳动。顾名思义，脑力劳动主要是“用脑”的劳动类型，体力劳动主要是“用力气”的劳动类型。说到这里你可能会立马进入相关情境并对号入座：“站在讲台上的老师从事的更多是脑力劳动”“在户外种植花草的环卫工人从事的更多是体力劳动”等。对于大家来说，脑力劳动与体力劳动并不是那么陌生，那么脑力劳动与体力劳动的具体定义是什么呢？一般看来，脑力劳动是劳动者以大脑神经系统为主要运动器官的劳动，其主要特征在于劳动者在生产中运用的是智力、科学文化和生产技能，故也被称为“智力劳动”。而体力劳动是劳动者以运动系统为主要运动器官的劳动，主要是人的体力支出，是人体生理力量、物质力量有效发挥的过程。身体的强壮与灵活程度，往往决定了体力劳动的成效。[②] 在这里需要指出的是，脑力劳动与体力劳动之间虽有差别但并不对立，虽有分工但并不互斥，两者都是平等且相互衔接的，往往是脑力劳动中包含了一定的体力劳动，而体力劳动往往会升华总结为脑力劳动。随着科学技术的进步以及经济社会的快速发展，我们的生产生活中可能会有越来越多的体力劳动被脑力劳动替代，但无论处于何种发展阶段，脑力劳动与体力劳动都是劳动大家庭的“孪生兄弟”，同样发挥作用并同等重要。

（三）具体劳动与抽象劳动

具体劳动与抽象劳动来源于马克思的“劳动二重性”，两者与商品的“二重性”一一对应并息息相关。其中，具体劳动泛指人们在生产商品时所进行的具体劳动，如农民种庄稼、鞋匠制鞋等。具体劳动产生了商品的使用价值。随着社会化分工的日益精细，为满足人们生产生活的差异化需要，就需要生产不同使用价值的商品，进而也就需要不同的具体劳动。千差万别的社会需求带动形成了千差万别的具体劳动。为了便于市场中商品间的便捷交换，就需要把生产商品的差异化的具体劳动抽象化、一般化、等价化，抽象劳动应运而生。抽象劳动即为抽象掉各种具体形式的、无差别的一般人类劳动。抽象劳动决定着商品的价值，是生产商品所需劳动的社会属性。具体劳动是表面、具体化的劳动形式，抽象劳动是内里、抽象化的劳动实质。没有抽象劳动的存在，商品之间的交换就缺乏可衡量、可比较、可交换的基础。当然，抽象劳动不可能独立于具体劳动而

---

① 孙家学，耿艳丽，邵珠平．新时代高校劳动教育通论．北京：高等教育出版社，2021：21.

② 孙家学，耿艳丽，邵珠平．新时代高校劳动教育通论．北京：高等教育出版社，2021：23.

存在，两者是现象与本质、形态与内涵的关系。

（四）个别劳动与社会劳动

从社会作用的角度看，劳动又可分为个别劳动和社会劳动。所谓个别劳动，通俗来讲是个人“自产自销”的劳动，即生产者为了满足自身的个人生活需要而生产物质资料时所付出的劳动。社会劳动，通俗来讲就是“自产他销”的劳动，即生产者为了满足他人的社会生活需要而生产物质资料时所付出的劳动。在现实生活中，个人生活与社会生活是融合统一的。每个人既作为个体经济主体存在，又作为社会经济的细胞和分子而存在。[①] 任何人都不能脱离社会而生存，而社会也必须由一个个相对独立的个人来构成。特别是随着社会化大生产的不断发展，“你中有我，我中有你”的一体化格局正逐步深化。在现代市场经济中，可以说任何人的任何劳动都兼顾了个别劳动和社会劳动两种属性。“我为人人”“人人为我”的市场特征促进了个别劳动与社会劳动的紧密融合。试想，在实际生活中，你所接触到的每一件物品是否都是他人的劳动成果，如你用的笔、背的包，以及此时此刻你正在看的这本书，都是他人所付出的劳动成果。而今后你也会将自己的个别劳动转换为社会劳动服务于其他劳动者。因此，可以说每个个体劳动者都既是社会劳动的贡献者，也是社会劳动的受益者。

三、劳动与人类

通过劳动的定义可知，劳动与人类发展息息相关。没有劳动，就没有人类。而没有人类，就没有劳动的发展。两者相伴而生、相向而行，共同进步。对于这一点，马克思等人在其著作中做了系列精辟阐述。

（一）劳动与人类的起源和发展

1. 劳动与人类起源

马克思指出，“一个种的全部特性、种的类特性就在于生命活动的性质，而人的类特性恰恰就是自由的自觉的活动。”[②] “动物不把自己同自己的生命活动区别开来，它就是**自己的生命活动**。”[③] “正是在改造对象世界中，人才真正地证明自己是**类存在物**……通过这种生产，自然界才表现为**他的**作品和他的现实。”[④] 因为劳动，人与动物相区别。因为劳动，人类可以主动改变自然使之为我所用。

恩格斯在《自然辩证法》中指出，从爬行到直立行走，“由此就**迈出了从猿过渡到人的具有决定意义的一步**”。[⑤] 这种决定意义在于，“直立行走意味着手和脚的运用已经有了某种分工，手不再用于爬行走路，手就变得更加自由了，最开始是做一些简单的手

---

① 孙家学，耿艳丽，邵珠平．新时代高校劳动教育通论．北京：高等教育出版社，2021：25.

② 马克思，恩格斯．马克思恩格斯选集：第 1 卷．北京：人民出版社，1995：46.

③ 马克思，恩格斯．马克思恩格斯选集：第 1 卷．北京：人民出版社，1995：46.

④ 马克思，恩格斯．马克思恩格斯选集：第 1 卷．北京：人民出版社，1995：47.

⑤ 马克思，恩格斯．马克思恩格斯选集：第 3 卷．北京：人民出版社，2012：989.

部肌肉动作，渐渐就学会了用手改造身边的自然物，比如用手把石头做成石刀，这是一次根本的质变”“制造工具意味着异于其他动物的特殊活动，意味着对自然界进行改造的反作用，意味着生产”“工具的出现标志着自然界进入一个崭新的时期：人类的历史时期开始萌芽了”。[①]

基于马克思主义理论中对劳动的探源可知，因为有了劳动，人类能从芸芸众生的自然界中独立出来。因为有了劳动，人类从低级走向了高级，从愚昧走向了文明，从原始走向了现代。

2. 劳动与人类社会发展

劳动，是马克思用以分析人类历史发展的核心范畴之一。在马克思那里，人类历史是以人的物质劳动作为载体的历史，劳动在整个人类社会和社会历史的发展中处于关键地位，这使得劳动不仅是把握历史唯物主义的钥匙，更是历史唯物主义得以建构的根本出发点与落脚点之一。[②]

马克思在《德意志意识形态》一书中指出，“我们首先应当确定一切人类生存的第一个前提，也就是一切历史的第一个前提，这个前提是：人们为了能够‘创造历史’，必须能够生活。但是为了生活，首先就需要吃喝住穿以及其他一切东西。因此第一个历史活动就是生产满足这些需要的资料，即生产物质生活本身”[③]。

劳动创造了人类历史，劳动发展了人类历史。皮之不存，毛将焉附。没有劳动，人类就失去了赖以生存的基础。人类一切的政治、经济、文化文明，都建立在劳动的基础上。没有劳动的基石，人类整个社会历史的巨塔将会轰然倒塌。“任何一个民族，如果停止劳动，不用说一年，就是几个星期，也要灭亡，这是每一个小孩都知道的。”[④]

（二）人类推动劳动发展

劳动推动着人类的进步，同样人类也推动着劳动的发展。试想，从原始社会的刀耕火种、打猎围狩到现代社会的智能科技、机器人，劳动的内容、形态、方式均发生了翻天覆地的变化，不可同日而语。人作为具有主观能动性的类存在物，其每一次改造自然界的过程，都全面映射在对劳动的升级发展上。

1. 劳动主体——人的全面发展

试问，生活在21世纪的你是否比几千年前的古人更加聪明？答案很明显是肯定的。仅从信息量上看，一些资料显示现代人每天能够接触到的信息量将近是古人一生中能够接触到的信息量的总和。追古溯今，人们看得多了、听得多了，自然也就学得多了。从劳动经济学的视角看，就是现代人的人力资本投资与积累水平要远远高于古人。人是劳动的主体，是劳动活动中唯一主观的、能动的要素。人的全面发展必然会带动劳动的全

① 李娟．理解人类简史的自然维度：恩格斯《自然辩证法》“劳动在从猿到人的转变中的作用”一节解读．马克思主义理论学科研究，2020，6（1）：14－23.

② 胡君进，檀传宝．马克思主义的劳动价值观与劳动教育观：经典文献的研析．教育研究，2018，39（5）：9－15＋26.

③ 马克思，恩格斯．马克思恩格斯选集：第1卷．北京：人民出版社，1995：78－79.

④ 马克思，恩格斯．马克思恩格斯全集：第32卷．北京：人民出版社，1974：541.

面迭代。当前，人类已建立了专业明晰、体系健全、通道顺畅的人才培养体系。今天坐在课堂上的你可以广泛学习到数千年来人类知识与智慧的结晶，可以“站在巨人的肩膀上”对其灵活运用并使之更新迭代。正是人类将知识与智慧一代代接续传承与发扬光大，才从根本上推动了劳动的苟日新、日日新、又日新。

2. 劳动工具的全面升级

劳动工具的出现是人从猿的动物形态转向人类形态的重要标志。劳动发展的直接标志就表现为劳动工具的变迁。劳动工具在劳动主体与劳动对象之间发挥着桥梁作用，是生产资料中最基本且最主要的组成部分，也是区分经济发展阶段的主要标志。人类文明历经石器时代、青铜器时代、铁器时代、工业时代、信息时代，而引发迭代升级的最核心要素就是劳动工具的改变。回顾历史，人类社会的劳动工具主要经历了五次变革[①]，如表 1-1 所示。

表 1-1 劳动工具的五次变革

人类社会发展阶段		时间	代表性工具	
石器时代		距今约 1 万年前	磨制石器，土器，利用草木的纤维以及绢丝、毛等制作的纺织物	
青铜器时代		约公元前 3000 年	用铜、青铜制造的器具	
铁器时代		约公元前 1400 年	用铁制造的器具	
工业时代	蒸汽时代	18 世纪 60 年代	蒸汽机、纺纱机等	
	电气时代	19 世纪 60 年代	发电机、内燃机等	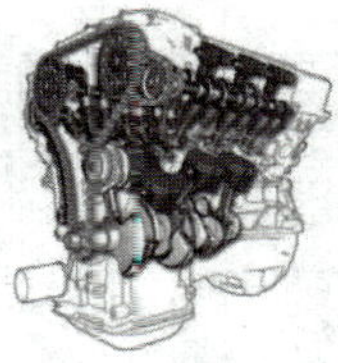

① 刘向兵，李珂，曲霞．劳动通论．2 版．北京：高等教育出版社，2021：5-7.

续表

人类社会发展阶段		时间	代表性工具	
信息时代	计算机时代	20 世纪 50 年代	电子计算机等	
	智能化时代	21 世纪	人工智能、机器人等	

资料来源：刘向兵，李珂，曲霞．劳动通论．2 版．北京：高等教育出版社，2021：6－7．部分内容有更改，所有图片均来源于网络。

3．劳动形态的全面转型

生产力的发展、科学技术的进步，直接促进了劳动形态的转型（见表 1－2）。正如劳动工具的演变路径一样，劳动形态也经历了从低到高、从落后到先进的转型过程。在原始社会和封建社会，虽有不同材质的生产工具（石器、青铜器和铁器），但仍改变不了生产力极为落后的局面，自给自足的小农经济仍是社会发展的主流，以出卖劳动者身体自然力为主、以使用生产工具为辅的手工劳动仍是劳动的普遍形态。而随着第一、二次工业革命的到来，依靠能源驱动的生产机器在各行各业开始普遍应用，社会化大生产也日益形成，劳动者通过人与人之间、人与机器之间的人人协同、人机合作，大大提升了劳动效率与生产力，以蒸汽机、内燃机等为代表的生产工具推动人类迈入了机器劳动时代。特别是自 20 世纪末以来，以计算机为代表的智能化、信息化、数字化技术快速勃兴，彻底改变了既有的生产方式与组织方式，作为“死劳动”产物的机器看似也拥有了人类“活劳动”的某些特征，其可在人类的干预与设计下，进行自主安排与自动运行，“无人化”的机器代替人类劳动渐成趋势。在此背景下，一般化、密集型的体力劳动逐渐被定制化、专业化的脑力劳动所替代，人类进入了更为高级的智能劳动时代。

表 1－2　人类劳动形态的发展演变

劳动形态	劳动者	劳动组织形式	劳动工具	劳动特征
手工劳动	人是劳动的主体	以个人或家庭为单位	简单的劳动工具（经历了由石器、青铜器到铁器的变化）	依靠体力与简单工具的配合
机器劳动	人主导生产过程，人机分工完成生产任务	社会化大生产，劳动者分工协作	复杂化的劳动工具（经历了从蒸汽机到内燃机的变化）	机器承担了简单、重复且繁重的劳动任务，取代了部分人的劳动
智能劳动	人设计生产过程，机器自动完成生产任务	组织形态多元，虚拟化生产组织成为主流	智能化的生产工具（经历了从信息时代向智能时代的变化）	人主要依靠智力从事设计或指挥，劳动任务由机器自主完成

四、新时代下的劳动观

劳动学说是马克思的伟大理论贡献，也是马克思主义理论体系创建的起点和枢纽。新时代的马克思主义劳动观是习近平新时代中国特色社会主义思想的重要组成部分，生动继承并发展了马克思主义劳动学说。[①] 党的十八大以来，习近平总书记围绕劳动本源、劳动价值、劳动精神、劳动保障、劳动主体等内容，从哲学、经济学、伦理学、公共管理学、政治学等多个视角对新时代的马克思主义劳动观进行了深刻阐述。

基于劳动本源论的哲学视角，习近平总书记继承了马克思主义"劳动是人类本源"的核心思想，提出"劳动是人类的本质活动，劳动光荣、创造伟大是对人类文明进步规律的重要诠释。'民生在勤，勤则不匮。'中华民族是勤于劳动、善于创造的民族。正是因为劳动创造，我们拥有了历史的辉煌；也正是因为劳动创造，我们拥有了今天的成就"[②]。总结梳理习近平总书记的讲话内容后不难发现，历史唯物主义的思想始终贯穿其中。"人民创造历史，劳动开创未来。劳动是推动人类社会进步的根本力量"[③]，更是进一步呼应与契合了马克思主义的劳动本源论与人民主体论等思想。

基于劳动价值论的经济学视角，习近平总书记充分肯定了劳动价值论，提出"劳动是财富的源泉，也是幸福的源泉"[④]。由于劳动价值的高低与劳动者的素质与能力水平紧密相关，习近平总书记更是进一步强调"素质是立身之基，技能是立业之本。广大劳动群众要勤于学习，学文化、学科学、学技能、学各方面知识，不断提高综合素质，练就过硬本领。"[⑤] "一切劳动者，只要肯学肯干肯钻研，练就一身真本领，掌握一手好技术，就能立足岗位成长成才，就都能在劳动中发现广阔的天地，在劳动中体现价值、展现风采、感受快乐。"[⑥]

基于劳动精神论的伦理学视角，习近平总书记首先强调了劳动面前人人平等，"在我们社会主义国家，一切劳动，无论是体力劳动还是脑力劳动，都值得尊重和鼓励；一切创造，无论是个人创造还是集体创造，也都值得尊重和鼓励"[⑦]。劳动虽有类型上的不同，但意义相同。劳动者虽素质能力各有不同，身分地位却相同。任何形式的劳动都应该被肯定、被鼓励，任何借口的不劳而获都应该被谴责、被摒弃。正如习近平总书记所说："全社会都要贯彻尊重劳动、尊重知识、尊重人才、尊重创造的重大方针，全社会都要以辛勤劳动为荣、以好逸恶劳为耻，任何时候任何人都不能看不起普通劳动者，

---

① 文新华．论以新时代马克思主义劳动观为指导深入推进劳动教育．中国高等教育，2018（21）：10.

② 习近平．在庆祝"五一"国际劳动节暨表彰全国劳动模范和先进工作者大会上的讲话．北京：人民出版社，2015：3-4.

③ 习近平．习近平谈治国理政．北京：外文出版社，2014：44.

④ 习近平．习近平谈治国理政．北京：外文出版社，2014：46.

⑤ 习近平．在知识分子、劳动模范、青年代表座谈会上的讲话．北京：人民出版社，2016：8.

⑥ 习近平．在庆祝"五一"国际劳动节暨表彰全国劳动模范和先进工作者大会上的讲话．北京：人民出版社，2015：10.

⑦ 习近平．在庆祝"五一"国际劳动节暨表彰全国劳动模范和先进工作者大会上的讲话．北京：人民出版社，2015：5.

都不能贪图不劳而获的生活。”① 同样，在大力弘扬劳动精神、劳动价值的同时，应充分发挥榜样模范的引领带动作用。对此，习近平总书记明确指出：“劳动模范是劳动群众的杰出代表，是最美的劳动者。”② “一定要在全社会大力弘扬劳模精神、劳动精神，大力宣传劳动模范和其他典型的先进事迹，引导广大人民群众树立辛勤劳动、诚实劳动、创造性劳动的理念。”③

基于劳动保障论的公共管理学视角，习近平总书记明确提出“各级党委和政府要关心和爱护广大劳动群众，切实把党和国家相关政策措施落实到位，不断推进相关领域改革创新，坚决扫除制约广大劳动群众就业创业的体制机制和政策障碍”④。在政策制定与执行过程中，须知维护劳动者的合法权益不是漫灌式、碎片化的，而是要重点针对弱势劳动群体，给予兜底式、一揽子的保障举措。对此，习近平总书记进一步强调“要建立健全党和政府主导的维护群众权益机制，抓住劳动就业、技能培训、收入分配、社会保障、安全卫生等问题，关注一线职工、农民工、困难职工等群体”⑤。

基于劳动主体论的政治学视角，习近平总书记强调“我国工人阶级是我们党最坚实最可靠的阶级基础……在当代中国，工人阶级和广大劳动群众始终是推动我国经济社会发展、维护社会安定团结的根本力量……不论时代怎样变迁，不论社会怎样变化，我们党全心全意依靠工人阶级的根本方针都不能忘记、不能淡化，我国工人阶级地位和作用都不容动摇、不容忽视。”⑥ 劳动主体论清晰准确地回答了我们要发扬新时代中国特色社会主义劳动观，要依靠谁、发展谁与成就谁的根本问题。

第2节 劳动教育的目标、内容与路径

2018年9月10日，全国教育大会在北京召开，习近平总书记参会并发表了重要讲话。在讲话中，习近平总书记围绕“如何培养社会主义建设者与接班人”强调，“要在学生中弘扬劳动精神，教育引导学生崇尚劳动、尊重劳动，懂得劳动最光荣、劳动最崇高、劳动最伟大、劳动最美丽的道理，长大后能够辛勤劳动、诚实劳动、创造性劳动”⑦。为深入贯彻落实教育大会精神，切实将习近平总书记关于教育特别是关于劳动教育的重要论述落到实处，教育部于2020年7月印发了《大中小学劳动教育指导纲要

① 习近平．在庆祝“五一”国际劳动节暨表彰全国劳动模范和先进工作者大会上的讲话．北京：人民出版社，2015：5.

② 习近平．在知识分子、劳动模范、青年代表座谈会上的讲话．北京：人民出版社，2016：8.

③ 习近平．在庆祝“五一”国际劳动节暨表彰全国劳动模范和先进工作者大会上的讲话．北京：人民出版社，2015：4.

④ 习近平．在知识分子、劳动模范、青年代表座谈会上的讲话．北京：人民出版社，2016：10.

⑤ 习近平．在庆祝“五一”国际劳动节暨表彰全国劳动模范和先进工作者大会上的讲话．北京：人民出版社，2015：8.

⑥ 习近平．在庆祝“五一”国际劳动节暨表彰全国劳动模范和先进工作者大会上的讲话．北京：人民出版社，2015：10－11.

⑦ 习近平出席全国教育大会并发表重要讲话．(2018－09－10). http://www.gov.cn/xinwen/2018-09/10/content_5320835.htm.

(试行)》(以下简称《指导纲要》)，正式、全面、系统地提出了面向广大大中小学生开展劳动教育。自此，教育界、学术界以及社会各界对如何做好大中小学生的劳动教育问题展开了广泛而激烈的讨论，劳动教育成了热点、重点话题。

一、为何要开展劳动教育

(一) 开展劳动教育的紧迫性

长期以来，劳动教育在我国现有的教育体系与制度中，一直存在被弱化、被异化、被扭曲化等问题。

第一，劳动教育被弱化。目前我国虽然构建了“德智体美劳”全面发展的教育体系，但是作为“五位一体”中重要一环的“劳”，经常被学校和家庭忽略。从学校角度看，升学率成为学校衡量、评价一切教学任务的唯一指标，其他“德体美劳”都要服从于、让位于这个总任务与总指标。特别是对于如何开展好劳动教育问题，有的学校漠然处之，认为劳动教育是可有可无的；个别学校甚至认为劳动教育是家庭与社会的事，与学校教学毫无关联；还有一些学校无所适从，不知道如何开展劳动教育，缺乏必要的劳动教育规划与教学设计。从家庭角度看，当前很多家庭都面临“独子化”问题，很多中小学生，甚至还有部分大学生仍被来自长辈、父母等各方面的溺爱笼罩着，不仅形成了衣来伸手、饭来张口的不良生活习惯，还直接造成了基本生活能力缺失。很多家长也错误地认为，孩子当前一定要以学习为重，要把一切的时间留给孩子学习，把一切的家务杂事留给自己。结果导致劳动在当前很多的家庭教育和学校教育中渐行渐远。

第二，劳动教育被异化。“异化”一词来源于马克思《1844年经济学哲学手稿》一书，为“被剥夺”“被对立”之意。不知你是否有过被学校老师体罚的经历，有些学校老师如遇到上课交头接耳、未完成作业等违反课堂秩序和教学秩序的学生，采用的惩戒手段之一就是“体罚”，即通过要求犯错误学生参与一些体力劳动（如打扫教室与校园等），来达到“知错就改”和“下不为例”的教育效果。久而久之，学生在心里不自觉地将“劳动”与“犯错误”画起等号，劳动不仅失去了教育的本义，更是变成了教训的代名词。因此，在一些学校的日常管理中，劳动与学生被分离且对立起来，成了被异化的对象。

第三，劳动教育被扭曲化。在当今信息爆炸时代，很多学生仍处在人生观、价值观的形塑时期，缺少对各类信息的筛选力与鉴别力，很容易被错误的观点吸引，被畸形的言论带偏。“轻松实现上亿元小目标”“一夜暴富”等功利思想，“宁做低层次白领、不做高工资蓝领”“脑力劳动高大上、体力劳动脏乱差”等歧视思想，“三和大神”“回家躺平”等堕落思想，在今天的青少年群体中仍一定程度上客观存在。本应被劳动教育所占领的思想阵地，在现实中却被一些社会扭曲价值观所占领，在很大程度上导致当前很多大中小学生形成了厌恶劳动、歧视劳动等不良价值观。

(二) 开展劳动教育的必要性

教育与生产劳动相结合是社会主义教育的根本任务与指导原则。马克思在教育思想上特别强调教育要与生产劳动相结合，做到“教育要使儿童和少年了解生产各个过程的基本原理，同时使他们获得运用各种生产的最简单的工具的技能”①，“使年轻人能够很快熟悉整个生产系统……根据社会需要或者他们自己的爱好，轮流从一个生产部门转到另一个生产部门”②。

同样，列宁也强调了教育与生产相结合的重要性。“没有年轻一代的教育和生产劳动的结合，未来社会的理想是不能想象的：无论是脱离生产劳动的教学和教育，或是没有同时进行教学和教育的生产劳动，都不能达到现代技术水平和科学知识现状所要求的高度。”③

苏联著名教育学家苏霍姆林斯基认为，劳动教育不是对学校教育的补充，而是贯穿、渗透于一切学校教育之中的，他强调“生产劳动是教育学生热爱劳动和使学生在道德上成熟起来的重要途径”“离开劳动，就没有真正的教育”。对于如何让劳动教育取得成效，苏霍姆林斯基认为要在学校中持续地、经常性地开展劳动，不能时断时续。“切不可把劳动任务集中在一年的某个季节、月份或星期去进行，只有不断地劳动，才能丰富精神生活。只有当孩子从事那种必须经常性进行思考和操心的长期劳动时，劳动活动的创造性质才会在他面前展现出来。”④

在我国，劳动与教育的结合也一直备受历届领导人的重视。毛泽东曾经指出：“教育必须为无产阶级政治服务，必须同生产劳动相结合。”⑤ 邓小平也曾指出：“为了培养社会主义建设需要的合格人才，我们必须认真研究在新的条件下，如何更好地贯彻教育与生产劳动相结合的方针。”⑥

同样，习近平总书记在知识分子、劳动模范、青年代表座谈会上的讲话要求广大青年“所有知识要转化为能力，都必须躬身实践。要坚持知行合一，注重在实践中学真知、悟真谛，加强磨炼、增长本领”⑦。

社会主义是干出来的，幸福是奋斗出来的。要实现中华民族的伟大复兴，就必须紧紧依靠辛勤劳动、诚实劳动和创造性劳动，用劳动托起中国梦。而要实现这一目标，首先要靠教育，特别是在大中小学生中开展广泛而深刻的劳动教育。只有培养出合格的建设者与接班人，我国的社会主义发展步伐才会稳健且致远。

二、劳动教育的内涵与目标

（一）劳动教育的内涵

关于什么是劳动教育，徐长发（2015）指出“劳动教育是使青少年学生获得正确的

① 马克思，恩格斯．马克思恩格斯全集：第16卷．北京：人民出版社，1964：218.
② 马克思，恩格斯．马克思恩格斯选集：第1卷．北京：人民出版社，1995：243.
③ 列宁．列宁全集：第2卷．北京：人民出版社，1984：461.
④ 常蓉．试论苏霍姆林斯基的劳动教育思想．湖南人文科技学院学报，2013（2）：83－85.
⑤ 毛泽东．毛泽东论教育．3版．北京：人民教育出版社，2008：291.
⑥ 邓小平．邓小平文选：第2卷．北京：人民出版社，1994：107.
⑦ 习近平．在知识分子、劳动模范、青年代表座谈会上的讲话．北京：人民出版社，2016：12.

劳动观念、劳动习惯、劳动情感、劳动精神，了解和懂得生产技术知识，掌握生活和劳动技能，在劳动创造中追求幸福感的育人活动。它包括了劳动思想观的教育、劳动技术知识和劳动技能的教育”。《指导纲要》将劳动教育界定为“是发挥劳动的育人功能，对学生进行热爱劳动、热爱劳动人民的教育活动”，从而“有目的、有计划地组织学生参加日常生活劳动、生产劳动和服务性劳动，让学生动手实践、出力流汗，接受锻炼、磨炼意志，培养学生正确劳动价值观和良好劳动品质”。

总体上看，劳动教育的内涵主要包括两个方面：一是从思想上，要树立正确的劳动观念、劳动习惯、劳动情感、劳动精神等；二是从能力上，要通过生活、生产和服务性劳动，掌握必备的知识与技能。基于对这两点的系统认知，本书构建起了劳动教育的目标、内容与实施路径。

（二）劳动教育的目标

《指导纲要》在准确把握社会主义建设者和接班人的劳动精神面貌、劳动价值取向和劳动技能水平的培养要求的基础上，科学设定了劳动教育双层次的目标任务。

1. 思想层面目标

针对思想层面的目标，《指导纲要》主要从劳动观念、劳动精神、劳动习惯和品质三个维度展开。

其一，要树立正确的劳动观念。本书在前一节已分别从哲学、经济学、伦理学、公共管理学、政治学等多个视角，对当前我国新时代中国特色社会主义劳动观的劳动本源、劳动价值、劳动精神、劳动保障、劳动主体等进行了系统阐述。而树立正确的劳动观念，就是要将新时代中国特色社会主义劳动观内化于心、化外于行，学会尊重劳动，尊重普通劳动者，牢固树立劳动最光荣、劳动最崇高、劳动最伟大、劳动最美丽的思想观念。

其二，要培育积极的劳动精神。劳动精神就是人们对劳动的热爱态度以及劳动者在劳动过程中体现出来的积极人格气质等。[①] 培育劳动精神，就是要让每一个学生喜欢劳动、热爱劳动，以勤奋劳动为荣、以好逸恶劳为耻，以奋斗拼搏为荣，以不劳而获为耻。要让积极向上、驰而不息的劳动精神融入广大青年的血液中、日常生活中与勤勉工作中，要让劳动精神成为每一位社会主义接班人与建设者的精神食粮。

其三，要养成良好的劳动习惯和品质。劳动是人类区别于动物的核心特征，是人之所以成为类存在物的本质属性。开展劳动教育，要让劳动重新回归到人的本性，要让爱劳动、常劳动成为广大青年学生日常生活的一部分，像习惯一样久久为功，像品质一样永伴左右。

2. 能力层面目标

针对能力层面的目标，《指导纲要》主要从“具有必备劳动能力”方面进行了阐述。懂得热爱劳动、学会尊重劳动、形塑劳动品质是目标、是前提，而劳动教育的另一个重

---

① 檀传宝．劳动教育的概念理解：如何认识劳动教育概念的基本内涵与基本特征．中国教育学刊，2019（2）：82－84.

要内容就是要学会劳动、实现劳动。掌握必备的劳动能力，不仅要做到“专”，还要做到“全”。所谓专，就是结合自身兴趣爱好、专业方向与职业规划，干一行、钻一行、精一行，掌握细分劳动专业领域必备的专业知识与技能；所谓全，就是不仅要有专业能力，还要掌握必备的生活技能，以及与劳动相关的劳动法律、劳动保护以及劳动健康等多方面的辅助知识，做到“又专又全”。

三、劳动教育的内容与实施途径

（一）劳动教育的内容

《指导纲要》主要从日常生活劳动教育、生产劳动教育以及服务性劳动教育三个方面介绍了劳动教育的内容主体。

日常生活劳动教育主要是从个人与家庭维度出发，侧重于通过循循善诱的方式，逐渐培养广大青少年的劳动品质与劳动习惯。《指导纲要》针对此项内容，提出要让学生立足个人生活事务处理，培养良好生活习惯和卫生习惯，强化自立自强意识。

生产劳动教育主要是从学校维度出发，侧重于通过学练结合，有效提高广大青少年的劳动知识与技能。《指导纲要》针对此项内容，提出要让学生体验工农业生产创造物质财富的过程，增强产品质量意识，体会平凡劳动中的伟大。

服务性劳动教育主要是从社会维度出发，侧重于通过躬身实践，切实增强广大青少年的劳动幸福感与获得感。《指导纲要》针对此项内容，提出要注重让学生利用所学知识、技能服务他人和社会，强化社会责任感。

（二）劳动教育的实施途径

《指导纲要》中明确提出，要将劳动教育纳入人才培养的全过程，不断丰富和拓展劳动教育的实施途径，并分别从“独立开设劳动教育必修课”“在学科专业中有机渗透劳动教育”“在课外校外活动中安排劳动实践”“在校园文化建设中强化劳动文化”等方面给予了详细说明。基于《指导纲要》中的相关内容，本书又从以下三个方面做了进一步总结延伸。

第一，要开发资源、构建体系，夯实劳动教育基础。开发劳动教育资源，要着眼于校内校外两个主体，做到一体开发、相互衔接、各有侧重。其中，校内资源开发目标应侧重于“教”，要让学生认识到劳动的价值性与重要性，并从思想层面逐渐树立正确的劳动价值观。而校外资源开发目标应侧重于“用”，要让学生在实践中掌握必备的劳动知识与技能。此外，要统筹做好德智体美劳五个方面的融合发展，构建一体化、科学化的教学体系。重视劳动教育不是弱化德智体美，同样开发劳动资源也不能抛开德智体美的教学目标。劳动教育不是独辟蹊径式的另类化存在，要在开发校内、校外资源时注重做到一教多学、一用多会、一课多赢。

第二，要由此及彼、凝聚共识，形成劳动教育合力。苏霍姆林斯基认为模仿是孩子的天性，经常与孩子生活在一起的教师、学长和父母都是孩子模仿的对象。只有经常在孩子身边树立一些榜样，才能让孩子真正被劳动所吸引。[①] 因此，开展劳动教育的对象不仅包括中小学生，还包括每一个学生所在的家庭乃至全部社会。诚然，与学生最近、最亲的人才是他们最好的老师。试想如果学生的父母都是好吃懒做、沉溺“躺平”的人，那学校对学生的各类谆谆教导将会变得苍白无力。此外，榜样的力量是无穷的。在组织各行各业的劳模进校园、进课堂的同时，还要注重从本地老师、学生群体当中树立劳模典型，这样不仅能够大大拉进学生与劳模之间的距离，让学生真切感受到劳模就在我身边，还能有效营造“比学赶超”氛围，充分调动学生与老师的参与性与积极性。

第三，要体脑结合、与时俱进，推动劳动教育创新。关于体力与脑力劳动问题，苏霍姆林斯基认为开展适当的体力劳动是认识世界的必要途径。轻视体力劳动，过分注重脑力劳动往往会导致“高分低能”的失衡现象。但开展劳动教育不是狭隘地仅开展体力劳动。体力劳动只是简单地让人学习到劳动技能，体验到劳动辛苦，而脑力劳动才会使人真正从劳动中提升思想与道德素质。如果一味将劳动教育与体力劳动画等号，则“上山下乡”偏执式的劳动教育模式将可能会再次重演。[②] 时代在变迁，劳动形态在变化，劳动教育的内容与方式也应与时俱进。要让学生懂得认真学习、刻苦钻研是一种脑力劳动，开展适当的体力劳动与社会锻炼是必要的辅助与补充，两者要融合发展而不能顾此失彼。特别是在知识经济迅猛发展的今天，互联网＋、人工智能、大数据、创客经济日新月异，开展新时代的劳动教育，要注重启迪并开发学生的创新、创造思维，让学生在喜闻乐见的多种形式中有所思、有所感、有所进。

第 3 节　劳动科学理论的发展与体系构建

学劳动科学、会科学劳动是开设本课程的初心与目的之所在。人类的起源史、发展史都与劳动紧密关联。研究劳动问题，就如同打开了人类经济社会发展史的宝藏。其牵涉面之广、涉及领域之宽、所含内容之多，当前恐怕少有学科能够与之比肩，这也直接导致了学习劳动科学若仅从某一理论学起，就可能产生“盲人摸象”的错觉感。因此，开展劳动教育、学习劳动科学，就必须以全局视角，立体化、结构化地窥探劳动世界的全貌。

一、劳动科学理论的发展

劳动是人与自然、人与人之间相互作用的过程。从本章前面的内容可知，劳动的发展运行有其内在规律。而劳动科学就是以劳动问题为研究对象，以揭示劳动活动规律为任务，以提高劳动者地位、改善劳动条件、激发劳动者劳动积极性、提高劳动效率为目的的学科。

---

① 常蓉．试论苏霍姆林斯基的劳动教育思想．湖南人文科技学院学报，2013（2）：85.

② 常蓉．试论苏霍姆林斯基的劳动教育思想．湖南人文科技学院学报，2013（2）：84.

人类历来十分重视对劳动问题的研究，来自社会的、自然的，主观的、客观的，物质的、精神的各类问题始终伴随着劳动活动的全过程。特别是自社会化机器大生产产生以来，劳动过程和劳动关系日趋复杂化，对劳动问题的研究也迅速发展。劳动科学理论，最初是从经济学视角加以研究的，被称为劳动经济学。早在18世纪，资产阶级经济学家就从经济视角提出了劳动组织理论、维持生存的工资理论等。以劳动经济学为基础，围绕人和劳动的核心议题，后又逐步扩展至管理学、法学、社会学、心理学等学科范畴。每个学科之间以劳动问题为牵引，彼此相互关联并互为补充，共同构建了劳动科学理论体系。[①]

我国早在20世纪80年代就开始构建劳动科学的学科体系。随着经济技术的快速发展，我国的劳动力市场日益受到来自国际化、知识经济化、信息化等因素的叠加影响，引发了诸如失业增加、劳动条件下降、文化冲突以及不合理流动等经济社会问题，加强对我国劳动领域的科学化、系统化研究，成为理论界与实务界的广泛共识（杨河清，2007）。[②] 2009年，劳动科学一级学科专家认证会在中国人民大学召开。参会的中国劳动科学界专家一致认为，建设劳动科学一级学科将是建设中国特色学科体系的重要尝试，基础条件已经具备，发展势在必行。

二、劳动科学体系构建[③]

在劳动科学的视野下，每一门具体的劳动学科都有自己的内在规定，但是，由于不同学科之间存在的现实内容及研究对象的差异，劳动科学呈现出明显的结构性特点。按照不同学科性质的分布态势及其规律，可以对劳动科学内部做如下划分。

其一，如果根据科学总体概念进行划分，可以将劳动科学划分为两个子系统，即带有自然科学属性的劳动学科系统和带有人文社会科学属性的劳动学科系统。具体而言，由于既有同自然科学联系紧密的学科，也有同人文社会科学联系紧密的学科，所以可以相应地将劳动科学划分为两个亚学科群。劳动生理学、劳动卫生学、劳动统计学和劳动保护学等学科可以归为具有自然科学性质的劳动科学；劳动经济学、劳动关系学、劳动社会学、劳动法学、劳动伦理学等学科可以归为具有人文社会科学性质的劳动科学。劳动哲学则是建立在所有劳动科学具体学科基础之上的一般劳动理论。

其二，如果根据各门学科的基本属性进行划分，可以将劳动科学视域下的各门具体学科按其同上层建筑、意识形态与经济基础的关系，相应地划分为三类：一类是劳动理论学科，如劳动哲学、劳动伦理学、劳动美学、劳动文化学等；一类是具有工具意义的可操作性的劳动学科，如劳动保险学、劳动统计学、劳动心理学、劳动生理学、劳动卫生学、劳动保护学、劳动定额学等；还有一类是介于两者之间的劳动具体学科，这些学科的共同特点是：既有理论形态和色彩，也有可操作性，如劳动社会学、劳动就业学、

① 沈志义．谈谈“劳动科学”及其学科体系．管理教育学刊，1998（1）：39－42.

② 陈建萍．重视劳动科学学科建设：访首都经贸大学劳动经济学院院长杨河清．管理科学文摘，2007（3）：24.

③ 赵健杰．劳动科学建构论纲．中国劳动关系学院学报，2010，24（2）：11－12.

劳动报酬学、劳动管理学、社会保障学等。

基于总体概念划分方法，我们可以得出图1-1。

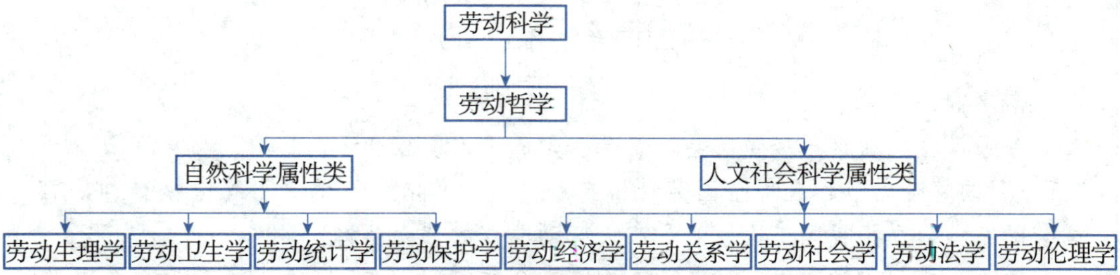

图1-1　劳动科学体系构建

资料来源：刘向兵，李珂，曲霞．劳动通论．2版．北京：高等教育出版社，2021：55.

三、劳动科学的发展

劳动作为人的本质力量的体现，是人存在、发展的基本前提和基础。一部人类文明史，就是一部人类劳动创造和发展的历史。而这一历史还将被作为劳动主体——从事物质生产和精神生产的人类继续书写，只要人类社会存在，其对劳动的研究与实践就不会停止。[①] 劳动无止境，劳动科学的发展也无边界。劳动科学作为一门综合、交叉学科，在未来的发展中必将进一步汲取各学科之所长，规范自身之范式，丰富自身之内容，延展自身之边界，继续引领劳动理论与实践的相关研究向前、向深发展。

本章小结

本章作为本书的开篇，第1节主要从什么是劳动，劳动有哪些种类，劳动与人类的起源和发展以及新时代下应该树立何种劳动观等内容导入；第2节契合本书主题，从为什么要开展劳动教育，以及劳动教育的目标、内容和实施途径等方面做了介绍；第3节从更广的视角，阐述了劳动科学理论的发展情况与劳动科学的框架体系，号召人们要学劳动科学、会科学劳动。

复习与思考题

1. 劳动的内涵是什么？对人类来说，劳动为何如此重要？
2. 作为中国特色社会主义的建设者与接班人，我们应该树立何种劳动价值观？
3. 结合自身的生活与学习经历，谈谈如何从点滴做起以提高自己的劳动意识与劳动技能？

---

① 赵健杰．劳动科学建构论纲．中国劳动关系学院学报，2010，24（2）：14.

附录

习近平在庆祝“五一”国际劳动节暨表彰全国劳动模范和先进工作者大会上的讲话

（2015 年 4 月 28 日）

同志们：

今天，我们在这里隆重集会，纪念全世界工人阶级和劳动群众的盛大节日——“五一”国际劳动节，表彰全国劳动模范和先进工作者，目的是弘扬劳模精神，弘扬劳动精神，弘扬我国工人阶级和广大劳动群众的伟大品格。

首先，我代表党中央、国务院，向全国各族工人、农民、知识分子和其他各阶层劳动群众，向人民解放军指战员、武警部队官兵和公安民警，向香港同胞、澳门同胞、台湾同胞和海外侨胞，致以节日的祝贺！向为改革开放和社会主义现代化建设作出突出贡献的劳动模范和先进工作者，致以崇高的敬意！在这里，我代表中国工人阶级和广大劳动群众，向全世界工人阶级和广大劳动群众，致以诚挚的问候！

“五一”国际劳动节，是全世界劳动人民共同的节日。从恩格斯领导成立的第二国际明确将 1890 年 5 月 1 日定为第一个国际劳动节起，历史车轮已走过 125 年。我们党历来高度重视通过纪念“五一”国际劳动节，启发职工群众觉悟，教育引导劳动群众，团结带领工人阶级和广大劳动群众为民族独立、人民解放和国家富强、人民幸福而奋斗。新中国成立后，我国工人阶级成为国家的领导阶级，我国工人阶级和广大劳动群众成为国家的主人，我们纪念“五一”国际劳动节具有了新的时代意义。

我们所处的时代是催人奋进的伟大时代，我们进行的事业是前无古人的伟大事业，我们正在从事的中国特色社会主义事业是全体人民的共同事业。全面建成小康社会，进而建成富强民主文明和谐的社会主义现代化国家，根本上靠劳动、靠劳动者创造。因此，无论时代条件如何变化，我们始终都要崇尚劳动、尊重劳动者，始终重视发挥工人阶级和广大劳动群众的主力军作用。这就是我们今天纪念“五一”国际劳动节的重大意义。

同志们！

党的十八大以来，党中央从坚持和发展中国特色社会主义全局出发，提出并形成了全面建成小康社会、全面深化改革、全面依法治国、全面从严治党的战略布局，确立了新形势下党和国家各项工作的战略目标和战略举措，为实现“两个一百年”奋斗目标、实现中华民族伟大复兴的中国梦提供了理论指导和实践指南。

历史赋予工人阶级和广大劳动群众伟大而艰巨的使命，时代召唤工人阶级和广大劳动群众谱写壮丽而崭新的篇章。我国工人阶级和广大劳动群众一定要以国家主人翁姿态，积极投身经济社会发展的火热实践，为共同创造我们的幸福生活和美好未来作出新的贡献。

——在前进道路上，我们要始终弘扬劳模精神、劳动精神，为中国经济社会发展汇聚强大正能量。劳动是人类的本质活动，劳动光荣、创造伟大是对人类文明进步规律的重要诠释。“民生在勤，勤则不匮。”中华民族是勤于劳动、善于创造的民族。正是因为劳动创造，我们拥有了历史的辉煌；也正是因为劳动创造，我们拥有了今天的成就。

中国特色社会主义事业大厦是靠一砖一瓦砌成的，人民的幸福是靠一点一滴创造得来的。劳动模范和先进工作者是坚持中国道路、弘扬中国精神、凝聚中国力量的楷模，他们以高度的主人翁责任感、卓越的劳动创造、忘我的拼搏奉献，为全国各族人民树立了学习的榜样。“爱岗敬业、争创一流，艰苦奋斗、勇于创新，淡泊名利、甘于奉献”的劳模精神，生动诠释了社会主义核心价值观，是我们的宝贵精神财富和强大精神力量。今天受到表彰的全国劳动模范和先进工作者，就是我国亿万劳动人民的杰出代表。党和人民感谢你们！全社会都要向你们学习！

伟大的事业需要伟大的精神，伟大的精神来自于伟大的人民。我们一定要在全社会大力弘扬劳模精神、劳动精神，大力宣传劳动模范和其他典型的先进事迹，引导广大人民群众树立辛勤劳动、诚实劳动、创造性劳动的理念，让劳动光荣、创造伟大成为铿锵的时代强音，让劳动最光荣、劳动最崇高、劳动最伟大、劳动最美丽蔚然成风。要教育孩子们从小热爱劳动、热爱创造，通过劳动和创造播种希望、收获果实，也通过劳动和创造磨炼意志、提高自己。

我们的根扎在劳动人民之中。在我们社会主义国家，一切劳动，无论是体力劳动还是脑力劳动，都值得尊重和鼓励；一切创造，无论是个人创造还是集体创造，也都值得尊重和鼓励。全社会都要贯彻尊重劳动、尊重知识、尊重人才、尊重创造的重大方针，全社会都要以辛勤劳动为荣、以好逸恶劳为耻，任何时候任何人都不能看不起普通劳动者，都不能贪图不劳而获的生活。

荣誉是继续前行的动力。广大劳动模范和先进工作者要珍惜荣誉、再接再厉，爱岗敬业、争创一流，用工人阶级的优秀品格、模范行动引导和鼓舞全体人民，再立新功、再创佳绩。各级党委、政府和工会组织要做好劳模管理服务工作，为他们干事创业创造环境和条件，更好发挥劳模的榜样、示范、引领作用。

——在前进道路上，我们要始终坚持人民主体地位，充分调动工人阶级和广大劳动群众的积极性、主动性、创造性。人民是历史的创造者，是推动我国经济社会发展的基本力量和基本依靠。推进“四个全面”战略布局，必须充分调动广大人民群众的积极性、主动性、创造性。

我们一定要发展社会主义民主，切实保障和不断发展工人阶级和广大劳动群众的民主权利。要坚持党的领导、人民当家作主、依法治国有机统一，坚持工人阶级的国家领导阶级地位，加快推进社会主义民主政治制度化、规范化、程序化，坚持和完善人民代表大会制度，推进协商民主广泛多层制度化发展，促进人民依法、有序、广泛参与管理国家事务和社会事务、管理经济和文化事业。要推进基层民主建设，健全以职工代表大会为基本形式的企事业单位民主管理制度，更加有效地落实职工群众的知情权、参与权、表达权、监督权。要尊重人民首创精神，甘当人民群众小学生，把蕴藏于工人阶级和广大劳动群众中的无穷创造活力焕发出来，把工人阶级和广大劳动群众智慧和力量凝聚到推动各项事业上来。

我国工人阶级和广大劳动群众要增强历史使命感和责任感，立足本职、胸怀全局，自觉把人生理想、家庭幸福融入国家富强、民族复兴的伟业之中，把个人梦与中国梦紧密联系在一起，把实现党和国家确立的发展目标变成自己的自觉行动。

——在前进道路上，我们要始终实现好、维护好、发展好最广大人民根本利益，让改革发展成果更多更公平惠及人民。人民对美好生活的向往，就是我们的奋斗目标。全心全意为工人阶级和广大劳动群众谋利益，是我国社会主义制度的根本要求，是党和国家的神圣职责，也是发挥我国工人阶级和广大劳动群众主力军作用最重要最基础的工作。

国家建设是全体人民共同的事业，国家发展过程也是全体人民共享成果的过程。我们一定要适应改革开放和发展社会主义市场经济的新形势，从政治、经济、社会、文化、法律、行政等各方面采取有力措施，促进社会公平正义，实现好、维护好、发展好最广大人民根本利益，特别是要实现好、维护好、发展好广大普通劳动者根本利益。

党和国家要实施积极的就业政策，创造更多就业岗位，改善就业环境，提高就业质量，不断增加劳动者特别是一线劳动者劳动报酬。要建立健全党和政府主导的维护群众权益机制，抓住劳动就业、技能培训、收入分配、社会保障、安全卫生等问题，关注一线职工、农民工、困难职工等群体，完善制度，排除阻碍劳动者参与发展、分享发展成果的障碍，努力让劳动者实现体面劳动、全面发展。要面对面、心贴心、实打实做好群众工作，把人民群众安危冷暖放在心上，雪中送炭，纾难解困，扎扎实实解决好群众最关心最直接最现实的利益问题、最困难最忧虑最急迫的实际问题。

劳动关系是最基本的社会关系之一。要最大限度增加和谐因素、最大限度减少不和谐因素，构建和发展和谐劳动关系，促进社会和谐。要依法保障职工基本权益，健全劳动关系协调机制，及时正确处理劳动关系矛盾纠纷。我国工人阶级和广大劳动群众要发扬识大体、顾大局的光荣传统，正确认识和对待改革发展过程中利益关系和利益格局的调整，正确处理个人利益和集体利益、局部利益和全局利益、眼前利益和长远利益的关系，树立法治观念，增强法律意识，自觉维护社会和谐稳定。

——在前进道路上，我们要始终高度重视提高劳动者素质，培养宏大的高素质劳动者大军。劳动者素质对一个国家、一个民族发展至关重要。劳动者的知识和才能积累越多，创造能力就越大。提高包括广大劳动者在内的全民族文明素质，是民族发展的长远大计。面对日趋激烈的国际竞争，一个国家发展能否抢占先机、赢得主动，越来越取决于国民素质特别是广大劳动者素质。要实施职工素质建设工程，推动建设宏大的知识型、技术型、创新型劳动者大军。

我们一定要深入实施科教兴国战略、人才强国战略、创新驱动发展战略，把提高职工队伍整体素质作为一项战略任务抓紧抓好，帮助职工学习新知识、掌握新技能、增长新本领，拓展广大职工和劳动者成长成才空间，引导广大职工和劳动者树立终身学习理念，不断提高思想道德素质和科学文化素质。要深入开展中国特色社会主义理想信念教育，培育和践行社会主义核心价值观，弘扬中华优秀传统文化，开展以职业道德为重点的“四德”教育，深化“中国梦·劳动美”教育实践活动，不断引导广大群众增强中国特色社会主义道路自信、理论自信、制度自信。要创新思想政治工作方式方法，加强人文关怀和心理疏导，打造健康文明、昂扬向上的职工文化，丰富职工精神文化生活，不断满足广大职工群众精神文化需求。

三百六十行，行行出状元。任何一名劳动者，要想在百舸争流、千帆竞发的洪流中勇立潮头，在不进则退、不强则弱的竞争中赢得优势，在报效祖国、服务人民的人生中有所作为，就要孜孜不倦学习、勤勉奋发干事。一切劳动者，只要肯学肯干肯钻研，练就一身真本领，掌握一手好技术，就能立足岗位成长成才，就都能在劳动中发现广阔的天地，在劳动中体现价值、展现风采、感受快乐。

同志们！

我国工人阶级是我们党最坚实最可靠的阶级基础。我国工人阶级从来都具有走在前列、勇挑重担的光荣传统，我国工人运动从来都同党的中心任务紧密联系在一起。在当代中国，工人阶级和广大劳动群众始终是推动我国经济社会发展、维护社会安定团结的根本力量。那种无视我国工人阶级成长进步的观点，那种无视我国工人阶级主力军作用的观点，那种以为科技进步条件下工人阶级越来越无足轻重的观点，都是错误的、有害的。不论时代怎样变迁，不论社会怎样变化，我们党全心全意依靠工人阶级的根本方针都不能忘记、不能淡化，我国工人阶级地位和作用都不容动摇、不容忽视。

全心全意依靠工人阶级，要解决认识问题，更要解决实践问题。各级党委和政府要把全心全意依靠工人阶级的根本方针贯彻到经济、政治、文化、社会、生态文明建设以及党的建设各方面，落实到党和国家制定政策、推进工作全过程，体现到企业生产经营各环节。要不断营造环境、搭建平台、畅通渠道、创新方式，为广大职工成长成才、就业创业、报效国家、服务社会创造更多机会，为广大职工参与企事业单位民主管理、参与国家治理和社会治理打开更广阔的通道。

同志们！

今年是中华全国总工会成立90周年。90年来，在中国共产党领导下，中华全国总工会及其各工会组织为我国革命、建设、改革事业作出了重大贡献。在此，我代表党中央、国务院，向为党的工运事业作出卓越贡献的老一代工会工作者，向全国各级工会组织和广大工会干部，向广大职工和工会积极分子，表示热烈的祝贺！

工会是党联系职工群众的桥梁和纽带，工会工作是党的群团工作、群众工作的重要组成部分，是党治国理政的一项经常性、基础性工作。新形势下，工会工作只能加强，不能削弱；只能改进提高，不能停滞不前。希望各级工会组织和广大工会干部坚定不移走中国特色社会主义工会发展道路，坚守工会工作的主战场，狠抓工会工作的中心任务，模范履行工会组织的政治责任，更好发挥工会组织作用。要坚持自觉接受党的领导的优良传统，牢牢把握正确政治方向，牢牢把握我国工人运动的时代主题，带领亿万职工群众坚定不移跟党走。要坚决履行维护职工合法权益的基本职责，把竭诚为职工群众服务作为工会一切工作的出发点和落脚点，帮助职工群众通过正常途径依法表达利益诉求，把党和政府的关怀送到广大劳动群众心坎上，不断赢得职工群众的信赖和支持。要坚持把群众路线作为工会工作的生命线和根本工作路线，把工作重心放在最广大普通职工身上，着力强化服务意识、提高维权能力，改进工作作风，破除衙门作风，坚决克服机关化、脱离职工群众现象，让职工群众真正感受到工会是“职工之家”，工会干部是最可信赖的“娘家人”。要自觉运用改革精神谋划推进工会工作，创新组织体制、运行机制、活动方式、工作方法，推动工会工作再上新台阶。要发挥民间外交优势，增进我国工人阶级同各国工人阶级的友谊，发展同各国工会组织、国际和区域工会组织的关系，为维护世界和平、促进共同发展作出新的更大贡献。

各级党委要加强和改善对工会的领导，注重发挥工会组织的作用，健全组织制度，完善工作机制，加大对工会工作的支持保障力度，及时研究解决工会工作中的重大问题，热情关心、严格要求、重视培养工会干部，为工会工作创造更加有利的条件。

同志们！

伟大的事业呼唤着我们，庄严的使命激励着我们。我国工人阶级和广大劳动群众要更加紧密地团结在党中央周围，勤奋劳动、扎实工作，锐意进取、勇于创造，在实现“两个一百年”奋斗目标的伟大征程上再创新的业绩，以劳动托起中国梦！

资料来源：习近平．在庆祝“五一”国际劳动节暨表彰全国劳动模范和先进工作者大会上的讲话．北京：人民出版社，2015.

第 2 章　劳动的主体：劳动者

学习目标

- 了解劳动者的内涵和不同学科的侧重点。
- 了解劳动者的特征指标。
- 了解中国劳动者的分层与分类。
- 了解劳动者与社会文化环境的关系。
- 掌握劳动者行为的内涵、特征和类型。
- 掌握劳动者的权利和义务。

开篇引例

这个五一劳动节，请阅劳动者的词典

不惰者，众善之师也。又是一年的5月1日，劳动者迎来了属于自己的节日。

习近平总书记不仅始终牵挂着劳动者，更是积极倡导劳动，他强调“社会主义是干出来的，新时代是奋斗出来的”，并要求“大力弘扬劳模精神、劳动精神、工匠精神”。

劳动节前夕，记者走进工厂车间、机场车站，聆听一个个令人激动的奋斗故事，见证劳动者用自己的双手书写崭新的未来。

劳动者词典——淬炼

“我们不断地实验试错，不断地纠正过去的观念。技术专家是靠废钢堆出来的。”党龄与工龄都长达25年的马鞍山钢铁股份有限公司（以下简称马钢）技术中心型钢

研究所所长、全国劳动模范吴保桥，已经与H型钢打了20余年交道，见证了国产H型钢从模仿到跟随再到创新的转变。

1998年7月，中国第一条热轧H型钢在马钢建成投产，刚到马钢工作两年的吴保桥就加入了研发团队，一边做产品，一边跑市场。

相较于技术和市场都更加成熟的其他钢材产品来说，H型钢的研发、生产和推广每一步都走得艰难。但一头钻进H型钢里的吴保桥，始终憋着一股劲儿，他坚持要做就做出点儿不一样的东西，在不懈的努力之下，吴保侨持续攻克了耐低温热轧H型钢成分设计、连铸控制、相变析出等行业性技术难题。

2015年，中国钢铁市场遭遇前所未有的寒流，在马钢的生产经营面临极大困难的时候，吴保桥带领团队凭借技术创新成果“开路搭桥”闯出了新天地。

2021年4月15日，重型H型钢极限规格产品在马钢批量试制成功，打破了国外钢厂的垄断，实现亚洲首发，首批产品将应用于美国某集装箱码头的主要岸壁结构。

如今，H型钢已经成为马钢的拳头产品，为越来越多世界范围内建筑、铁路、桥梁、海洋、电力等领域的高端需求提供“马钢方案”。

劳动者词典——专注

在中铁工程装备集团的车间里，声响滋滋，火星四溅，王安永一把焊枪舞得娴熟，庞大的盾构机刀盘被一点点焊接起来。

1989年出生的王安永，高中毕业后去学了焊工，2013年进入中铁工程装备集团负责焊接盾构机刀盘。这里造的是享有“工程机械之王”称号的盾构机。

立焊、横焊、仰焊……盾构机刀盘的这些焊工技能，一般都要学上几年，王安永全学会只用了一年时间。因技术过硬，他在2017年被推荐参加“嘉克杯”国际焊接技能大赛。在300多名全球焊接高手中，他凭借出色表现夺得个人赛二等奖。

急难任务显技术。2017年，当时国内自主研制的最大直径盾构机“彩云号”因焊缝坡口太小，焊枪无法触及到位。王安永反复琢磨试验，大胆提出将焊接电压升高2～3伏，问题迎刃而解。

繁重项目见水准。2018年底，用于迪拜深排污水主隧道的两台盾构机，交工时间要求紧。国外公司估计工期要两个月，王安永带领20人的焊工团队，只用10天时间就做完了。“国外同行惊叹于我们技术能力过硬，并且吃苦耐劳。”王安永说。

如今，王安永焊接过的盾构机已达100多台，先后应用到新加坡、意大利、法国等国家。在王安永等工匠及工程师们的努力下，我国的盾构机制造能力已从跟跑达到并跑，甚至局部领跑的水平。

劳动者词典——坚守

“如果鸟类撞击在以400千米/小时飞行的航空器上，鸟类就如同铁球一般，对飞机和旅客危害极大。”今年28岁的辛晓芳是北京市大兴区礼贤镇辛家庵村村民，大学学习动物医学的她，毕业后回到家乡，在北京大兴国际机场做鸟击防范员。

作为航班的“守护者”，鸟击防范员24小时轮班值守，每一架航班都在他们的注视和守护下安全起降。夏天的地面最高温度能到50多摄氏度，冬天的风吹在脸上像刀割。但在辛晓芳看来，自己的坚守意义重大。鸟击事件在民航不安全事件中占比超过 70%，做好鸟防工作对净空保障尤为重要。

在工作现场，辛晓芳介绍她日常驱鸟的“神器”。“我们会利用彩色风轮、激光驱鸟器等设备对鸟群进行视觉驱赶，同时我们还利用设备发出鸟类惧怕的各种声音，驱赶鸟类远离飞机的跑滑区域。”

北京大兴国际机场作为连接京津冀的重要支点，在 2020 年投运一周年时，客流量突破了 1 000 万人次，联通全国 129 个航点，累计完成航班起降约 8.4 万架次。

资料来源：这个五一节，请阅劳动者的词典．(2021-05-01). https://baijiahao.baidu.com/s?id=1698522986360876483&wfr=spider&for=pc.

第 1 节　劳动与劳动者的内涵

一、劳动的内涵

（一）劳动的定义

劳动是具有一定生产经验和劳动技能的劳动者使用劳动工具所进行的有目的的生产活动，是生产的最基本内容。劳动是整个人类生活的第一个基本条件，它既是人类社会从自然界独立出来的基础，又是人类社会区别于自然界的标志。全国科学技术名词审定委员会对劳动的定义是：劳动是指有劳动能力和劳动经验的人在生产过程中有目的地支出劳动力的活动。

从社会学和哲学的角度来看，劳动这个概念包括所有人类在自然界和社会中有意识地从事创造性活动的过程。劳动的意义来自劳动的人在其所处的自然条件和社会环境中的需要、能力和世界观。狭义上，劳动是人类创造物质财富和精神财富的活动，是指人类在自身智能的支配下，通过各种手段和方式创造社会财富以满足人类日益增长的物质、精神等方面需要的有目的的活动。广义的劳动指从生物学的角度对劳动所做出的最广泛的抽象或概括，是指人们在各种活动中对劳动力的使用或消耗。简单地说，与生产、经营、工作、上班、营业、务工、务农、就业等范畴相比，人们所从事的各种劳动的含义更为广泛。

（二）劳动的特征

劳动作为保证或改善劳动的人或其家庭成员、朋友、团体、集团或阶级的社会地位的手段，其一般特征主要表现在以下几个方面。

（1）劳动首先是人的自觉的、有目的的活动，因而是脑力活动。人脑浓缩了巨量的信息，因此就可能形成特殊的信息场，并由信息场发出具有能动作用的信息力，即脑力。脑力不同于一般自然力，不同于动物力，也不同于人的生理学力，即体力。脑力具有目的性、意志性、思维性和创造性。劳动不是被动的盲目的活动，而是一种主动的自觉的活动。劳动是脑力与时间的相互作用，这种作用的存在形式称为劳动力。脑力是劳动的主体，时间是劳动的客体。时间是劳动之母，脑力是劳动之父。

（2）劳动是一种可以复制的活动，是一种生产和增值活动，这是劳动的本质。劳动是人创造财富的活动。所谓创造财富，就是人通过利用自然、改造自然以获得财富。创造财富体现在人与自然的关系上，人通过适应和改造自然，达到利用自然获取社会财富的目的。社会上任何个人或集团的脑力活动，符合这个要求的才可以定义为劳动。

（3）劳动力“出售”他的劳动，但保留自身拥有的资本。这是将劳动与其他生产要素区别开来的核心原因。劳动力能够凭借其所拥有的生产技能提供劳动服务，但是，他们在“出卖”劳动服务的时候，并未出售人体本身。被人们称为“人力资本”的工人及其技能并不能像实物资本那样被卖掉。

（4）所有的劳动出售者都具有一定的主观偏好。这种偏好主要表现在职业选择、就业地点和工作条件等方面。这一特点并非强调不同类型的人适合做不同类型的决策（其他生产要素同样具备这样的性质），而是指劳动者对不同类型工作的非货币利益和损失的认识将会显著地影响其劳动力供给决策。也就是说，每个劳动者所关心的是一项工作的总的净利益，如工作的“轻松”“整洁”“受尊敬程度”等。

（5）雇主具有雇佣劳动的主观偏好。主观偏好还会影响雇主劳动力需求的性质。雇主以何种方式雇用何种人，不仅取决于劳动力的生产能力，而且取决于劳动力的性别和种族等其他因素。雇主在劳动使用上可能存在主观歧视，这是劳动作为生产要素的一个十分显著的特点。

（6）劳动力供给决策与物品需求决策有十分密切的相互依赖性。这一特点表明提供劳动服务的劳动者也是消费者，他们要购买劳动产品。而对物品的消费需要货币和时间，这又依赖于劳动者提供的劳动数量和质量，以及他从劳动中获取的收入。因此，物品需求决策和劳动力供给决策是同时决定的。

（7）居住于同一家庭中的人的劳动力供给决策是密切相关的。这一特点表明了劳动问题的复杂性。个人通常是家庭或更大社会单位的一分子。在这种情况下，一个人的劳动力供给决策和消费决策能够影响该社会单位其他成员的相应决策。例如，丈夫失业可能影响妻子提供其劳动服务的决策，反之亦然。

（三）劳动的属性

1. 劳动二重性

劳动二重性指的是生产商品的具体劳动和抽象劳动这二重属性。具体劳动是指生产目的、劳动对象、所用工具、操作方法、生产结果都各不相同的劳动，它创造商品的使用价值。抽象劳动是指无差别的一般人类劳动，它创造商品的价值。具体劳动和抽象劳动是同一劳动过程形成的既相互联系又对立的两个方面。

具体劳动创造商品的使用价值，它反映人和自然的关系，是劳动的自然属性。抽象劳动即商品的价值（交换价值），它是价值的实体，代表的是社会成员通过交换相互支配对方劳动的社会关系，即它代表的是人支配人行为（劳动）的权力，而不是具体的财富（使用价值），体现了在商品生产过程中，社会成员相互交换支配对方行为（劳动）

的社会关系。抽象劳动的凝结形成了商品的价值。

2. 劳动价值与使用价值

劳动价值是一种特殊的使用价值，它是劳动力这种特殊的商品所产生的使用价值，是一种能够产生价值增值的使用价值。劳动价值是由人类自身机体所产生的，是人的劳动能力的价值体现，是人在劳动过程中所释放出来的。显然，人类机体的生存与发展离不开对生活资料的消费，人的劳动能力的形成、维持与发展，必须以消费一定数量、一定质量、一定形式的生活资料使用价值为前提。一般情况下，人在劳动过程中所付出的劳动时间越长、劳动强度越大、劳动复杂度越高，为补偿这些劳动耗费所需消费的生活资料使用价值量就越大。

劳动价值与使用价值既有联系又有区别，两者之间的关系体现在以下三点。其一，使用价值是基础。如果没有使用价值作为基础，劳动者就不能形成劳动能力，就不能产生劳动价值。其二，劳动价值是主导。如果没有劳动价值，使用价值就不能产生增值，就不能发展起来。劳动价值是劳动者通过消费生活资料使用价值而形成的劳动潜能，并通过劳动过程将劳动潜能转化为劳动价值。其三，劳动价值既来源于使用价值，又是使用价值的源泉，是一种特殊的使用价值，是一种能够创造使用价值的使用价值，它由生活资料使用价值（通过消费过程）转化而来，又服务于使用价值的增值过程。

（四）劳动的分类

1. 根据参与劳动的人体主流系统分类

按参与劳动的人体主流系统的不同，劳动可分为体力劳动、脑力劳动。体力劳动与脑力劳动是统一在人的实践活动中的，因而没有完全分割。体力劳动、脑力劳动这一表述不等于两者的分隔，恰恰是两者在实践上的统一，这源于概念与实践本身的关系。

脑力劳动者是指以脑力劳动为主的人，如理论工作者、作家、教师、律师、编辑等。他们的工作性质决定了其必须经常性地使用脑力去分析、思维和记忆。脑力劳动者的工作特征是：思维劳动大于体力劳动。这种职业表面看来十分清闲，只有劳动者本身深知其艰苦。脑力劳动使人类从根本上区别于一般低等生物，使人类具有极高的预见性、自觉性、主动性和创造性；脑力劳动具有无限的发展潜力，可直接或间接地影响、制约和控制体力劳动。

体力劳动者是指从事以消耗体力为主的劳动人员。他们一般不担任管理工作，主要分布在农业、工业、建筑业等以付出体力为主的行业。目前我国的体力劳动者主要包括：商业、服务业的基层工作人员；直接从事农、林、牧、副、渔业的劳动者；工业、建筑、交通运输、邮电等部门的生产工人等。第三产业中的服务工作也是体力劳动，是人以自身的活动来引起、调整和控制人与人文物质之间的物质变换过程。因此，从事服务工作的劳动者也归类为体力劳动者。

2. 根据劳动的复杂程度分类

按劳动的复杂程度不同，劳动可分为简单劳动和复杂劳动。商品的价值量同简单劳动和复杂劳动有密切的关系。简单劳动是指不需要经过专门训练和培养的一般劳动者都能从事的劳动。复杂劳动是指需要经过专门训练和培养，具有一定文化知识和技术专长的劳动者所从事的劳动。形成商品价值量的劳动，是以简单劳动为尺度的。复杂劳动等于多倍的简单劳动。在相同的劳动时间里，复杂劳动创造的价值大于简单劳动创造的价值。

3. 根据劳动的市场性分类

按劳动的市场性不同，人的劳动分为市场交易性劳动和自理性劳动。市场交易性劳动是一种有价劳动，是指生产和创造物质产品与精神产品；自理性劳动是一种无价劳动，是指个人为自己或家人提供服务或产品，而没有通过市场进行交易。同样是劳动，有时它们获得的利益或报酬是不同的，即价值不同，因而人的意义也就不一样。投资是寻找东西和地方赚钱，这种劳动就是要获得更多的利润。没有利润的劳动在很大程度上是难以调动人的积极性的。但是，不是所有的劳动都能创造财富，也不是所有的劳动都能获取利润，更不是所有的劳动都能得到报酬。劳动是生存和生活的需要，也是生命的需要，更是人类存在、成长和发展的需要。劳动者通过劳动改变自己，改善生活，改造世界。因此，不同的劳动有着不同的收益，不同的人群有着不同的需要，不同的追求有着不同的劳动，不同的职业有着不同的奉献。

二、劳动力和劳动者的内涵

（一）劳动力的内涵

劳动力有广义和狭义之分。广义上的劳动力指全部人口。狭义上的劳动力则指具有劳动能力的人口。在实际统计中，考虑劳动年龄和劳动能力两个因素的劳动力指标有劳动年龄人口和社会劳动力资源总数。按照国际惯例，15～64 岁被定义为劳动年龄，而全部劳动年龄人口可以分为三类：在业人口、失业人口和非经济活动人口。中国一般规定 16～60 岁的男子和 16～55 岁的女子为劳动适龄人口。

在传统或者早期的概念中，劳动力指以从事体力劳动为主的“劳工”，即工人阶级或产业工人。马克思理论把劳动力划分为生产部门的劳动者和非生产部门的劳动者。在知识经济时代，脑力劳动者与体力劳动者的差别已不表现在劳动的本质特征上。“员工”这一范畴被企业以及各类组织广泛使用。

经济学认为，劳动力即人的劳动能力，是蕴藏在人体中的脑力和体力的总和。物质资料生产过程是劳动力作用于生产资料的过程。离开了劳动力，生产资料本身是不可能创造任何东西的；在物质资料生产过程中，劳动力也发挥了作用。劳动者除了必须具备一定的生产经验和劳动技能或文化科学知识外，还必须具备一定量的生产资料，否则，物质资料生产过程也是不能进行的。劳动者在生产过程中运用自己的劳动力和生产工具，作用于劳动对象，既可以创造出物质财富，也可以不断提高自己的劳动技能。在不同的社会中，由于生产资料和劳动力结合的方式不同，劳动力的使用状况也不同。在资本主义社会中，资本家占有生产资料，并通过购买商品的方式占有劳动力，促使劳动者进入生产过程与生产资料相结合，从而创造剩余价值；在社会主义市场经济体制下，劳动力与生产资料在生产过程中的结合与资本主义社会有所不同。

劳动力是商品，它和其他商品一样具有使用价值和价值。劳动力商品的价值是由生产和再生产劳动力商品的社会必要劳动时间决定的。劳动力商品的价值包括三部分：维持劳动者自身生存所必需的生活资料的价值，用以再生产劳动力；劳动者繁衍后代所必需的生活资料的价值，用以延续劳动力的供给；劳动者接受教育和训练所支出的费用，用以培训适合再生产所需要的劳动力。劳动力商品的价值还受历史和道德因素的影响。

（二）劳动者的内涵

不同的学科从不同的角度对劳动者做出不同的定义，这就形成了各种各样的广义或狭义的劳动者定义。

马克思主义政治经济学以揭示资本主义生产关系的本质为根本目的，所以对资本主义历史阶段的劳动者主要从雇佣劳动者角度进行界定，将雇佣劳动者定义为“因丧失生产资料而被迫把劳动力作为商品出卖给资本家的无产者。他们在资本家的监督下为资本家生产剩余价值”①。

劳动社会学“在社会学理论指导下，把人的劳动作为一个综合性总体来研究”②，对劳动者的定义是，“劳动者是指具有一定劳动能力，遵循一定劳动规范，占据一定劳动岗位，参与实际劳动过程的人。”③

劳动社会学从就业、劳动管理角度对劳动者做出的定义是：劳动者，亦称“社会劳动者”，是具有劳动能力，从事一定社会劳动并取得相应的劳动报酬或经营收入的公民。劳动者应具备的条件是：在劳动年龄范围之内，具有一定体力和智力的人；从事一定的社会劳动；具有劳动权的公民；有相应的劳动报酬或经营收入。④

作为研究如何使稀缺的劳动力资源得到合理配置的学科，劳动经济学从劳动力资源市场配置角度对劳动力（者）进行分析。“劳动者，即劳动要素供给者。”⑤ 美国劳动经济学家伊兰伯格（Ehrenberg）和史密斯（Smith）在《现代劳动经济学：理论与公共政策》中指出：“劳动经济学研究劳动市场运行的结果。确切地说，劳动经济学研究雇主和雇员对于工资、价格、利润以及雇佣关系的非货币因素（如工作条件）的行为反应。”⑥

劳动关系学主要研究雇佣关系中主体双方的权利、利益关系，对劳动关系主体一方的劳动者的界定是劳动关系理论的基点之一。劳动关系学中对劳动者的定义体现和反映现代产业中的劳动关系特征，劳动者是指在现代产业社会中受雇于他人、以劳动工资收

---

① 许涤新．政治经济学辞典：中册．北京：人民出版社，1980：408.
② 袁方．劳动社会学．北京：中国劳动出版社，1992：1.
③ 袁方．劳动社会学．北京：中国劳动出版社，1992：10.
④《中国劳动人事百科全书》编写委员会．中国劳动人事百科全书．北京：经济日报出版社，1989：741.
⑤ 杨体仁．现代劳动经济学原理．北京：红旗出版社，1991：28.
⑥ 伊兰伯格，史密斯．现代劳动经济学：理论与公共政策．北京：中国劳动出版社，1991：3.

入为基本生活来源的体力工作者和脑力工作者。[①] 劳动的从属性和劳动的有偿性，是劳动者所从事的劳动的两大主要特点，具体表现为：受雇于个人、公司或机构，使用雇主提供的劳动工具或设备，在工作中根据上级的指挥或指令完成一定的生产或经营任务，由雇主付给劳动工资。就社会经济关系的实质而言，现代产业社会中的劳动关系就是现代经济社会中的雇佣关系，劳动者是指雇佣劳动者或工资劳动者。被雇佣是劳动关系中劳动者最主要的特点。而被雇佣的主要标志是以劳动工资作为其基本的收入来源。按照这一标准，在现代社会生产过程中，尽管某些劳动者也从事着某种社会性的劳动，但只要不是作为受雇者而劳动，便不是劳动关系中的劳动者。所以，农民、个体劳动者、自由职业者、企业主，以及代表资产所有者并向其负责的经营管理人员，都不属于劳动关系中的劳动者。

从广义上说，经营管理者也是受雇者（所以其他学科也都认为经营管理者是现代市场经济中的劳动者）。但是对于劳动关系理论来说，经营管理者是直接行使经营管理权，决定雇佣条件，直接管理、支配劳动者的人员。在雇佣关系中，他是代表资产所有者行使雇佣权力的一方，是与劳动者相对应的劳动关系中的另一方，所以不是劳动关系理论中的劳动者。

劳动法律体系中对劳动者的定义主要体现在各国的劳动立法上。日本劳动法律规定："本法中的'劳动者'，是指不问其职业为何，以工资、薪俸或其他相当于工资、薪俸的收入为生活来源者。"[②] 韩国劳动法律规定："本法中'工人'一词，是指以获得工资为目的而从事向企事业或工作场所提供劳动服务的任何职业的人。"[③] 西班牙劳动法律规定：劳动者是指"一切自愿受雇于他人，领取报酬的雇佣劳动者，他们在某自然人或法人即雇主的组织和指挥下从事服务劳动"[④]。加拿大劳动法律规定："'职工'表示任何被雇佣以从事熟练的或不熟练的、体力的、办公室的、技术的或经营管理工作的人。"[⑤]

从以上关于劳动者的法律界定来看，作为劳动法律关系中的劳动者，其主要的特征为：(1) 受雇于他人，在他人指令或指挥下从事各类生产劳动。(2) 获得工资或相当于工资的报酬。(3) 具有独立身份。其中"受雇"是劳动者最主要的法律特征。

总体来看，劳动者具有以下基本特征，其一，劳动者是劳动力的所有者；其二，劳动者是自由的，即可以自由支配自己的劳动力；其三，劳动者除劳动力之外，并无其他生产资料，劳动力的价格——工资，是其基本的生活来源。这些特征集中地表现为，劳动者只有在被雇佣，并在所有者、经营者的指令或指挥下完成一定的工作任务，才能获取自己的劳动力价格。自由独立性、雇佣性是劳动者最主要的特征，这一特征从根本上决定了劳动者的法律地位和社会地位。

---

① 常凯．劳动关系・劳动者・劳权：当代中国的劳动问题．北京：中国劳动出版社，1995：16.

② 《劳动组合法》(1949 年)，第一章第三条。

③ 《劳工标准法案》(1953 年)，第一章第十四条。

④ 《西班牙劳动者宪章》(1980 年)，第一章第一节第一款。

⑤ 《劳工标准法》(1965 年)，第二条第三款。

第 2 节　劳动者的特征与分类

一、劳动者的特征指标

《美国劳动雇佣法》对劳动关系中的劳动者进行了具体指标上的界定，如表 2－1 所示。

表 2－1　关于劳动关系中的劳动者的具体指标

项目	内容
控制（最重要因素）	在完成工作的方式等方面（何时、何地及如何工作）接受完全、全面控制
监管	在广泛监管下进行工作
如何工作	必须遵守雇主安排的工作时间、工作地点、工作方式
培训	接受雇主的培训，以特定的方式工作；也可能与有经验的员工一起工作，以向他们学习；还可能参加企业安排的特定课程或会议
整体性	雇员所从事的工作是企业日常经营运行的一部分，并要与企业其他员工的工作相协调。企业的成功依赖于员工正在进行的工作
谁完成工作	雇员必须亲自完成被分配的工作，不能雇人代做
关系的持续	年复一年地为雇主工作
工作时间	雇主决定
工作场所	通常必须在雇主的办公室或其他雇主指定的场所工作
工作步骤	雇主可以对雇员必须完成的工作设定步骤，特别是当完成这项工作可以通过不同的步骤达到同样的结果时

这 10 个指标是劳动者基本特征的具体体现，主要是从劳动者收入性质、劳动者劳动的受支配性等角度进行界定。当然，在现实的劳动者认定中，应具体情况具体分析，并不是缺一不可，同时在不同情况下，各指标的重要性也不一样。了解这些指标，有助于我们在劳动关系的理论分析以及劳动争议处理实务中，具体把握和认定劳动者的身份及其相关的权利。

二、中国社会中的劳动者

（一）我国劳动者的分类与分层

在我国，劳动力是指 16 周岁及以上，有劳动能力，参加或要求参加社会经济活动的人口，包括就业人员和失业人员。就业人员是指在一定年龄以上，有劳动能力，为取得劳动报酬或经营收入而从事一定社会劳动的人员。具体指年满 16 周岁，为取得报酬或经营利润，在调查周内从事了 1 小时（含 1 小时）以上劳动的人员；或由于学习、休假等原因在调查周内暂时处于未工作状态，但有工作单位或场所的人员；或由于临时停工放假、单位不景气放假等原因在调查周内暂时处于未工作状态，但不满三个月的人员。在岗职工是指在本单位工作且与本单位签订劳动合同，并由单位支付各项工资和社会保险、住房公积金的人员，以及上述人员中由于学习、病伤、产假等原因暂未工作但仍由单位支付工资的人员。在岗职工还包括：(1) 应订立劳动合同而未订立劳动合同人员（如使用的农村户籍人员）；(2) 处于试用期人员；(3) 编制外招用的人员，如临时人员；(4) 派往外单位工作，但工资仍由本单位发放的人员（如挂职锻炼、外派工作等情况）。①

劳动关系中的劳动者是指拥有劳动力，将劳动力让渡给他人后，在他人支配下进行劳动，以获取工资收入的人。所以我们按照他所拥有的劳动力的素质、他在劳动分工体系中所处的位置等对劳动者内部进行分层。在中国因为还存在制度性隔离问题，所以还应该从劳动权益是否得到制度性的切实保障角度对劳动关系中的劳动者进行分类分析。

劳动关系中的劳动者可分为以下几类群体：第一类是劳动力素质较高，有知识、有文化的技术人员或管理人员，这类人一般称为白领工人；第二类是有一定的劳动技能，利用劳动技能直接操作生产工具、生产产品或提供劳务的工人，也可称为蓝领工人；第三类是没有技能，利用体力操作生产工具、生产产品或提供劳务，在劳动过程中劳动权益得不到制度性保障的工人，他们大部分是农村户口的劳动者；第四类是暂时失业或没有固定工作的失业人员，他们是劳动力市场上的劳动力后备军。

劳动者内部的不同群体，由于在社会生产过程中所处的地位不同、自身素质不同、作为劳动者所享有的权利的实现程度和实现方式不同，因此经济要求、政治诉求、社会意愿甚至生活方式等都不相同，这就造成劳动者群体内部的复杂性，进而又直接决定或影响了劳动关系运行和劳动关系处理的特点和要求。

(二) 中国社会中的“农民工”

农民转化为农民工是中国社会从农业社会转型为工业社会、从计划经济转型为市场经济的重要基础，是我国二元化社会中工业化、城镇化发展的具体体现。我国庞大的农民工群体是劳动者中的重要组成部分。根据国家统计局公布的《2020年农民工监测调查报告》，这一群体呈现出以下一些典型特征。

1. 农民工规模、分布及流向

(1) 农民工总量减少，流动半径进一步缩小。2020年，各地区各部门坚决贯彻党中央决策部署，统筹疫情防控和经济社会发展，有序推进复工复产，扎实做好“六稳”工作，全面落实“六保”任务，各项稳就业政策不断落实落地，国民经济持续稳定恢复，农民工就业保持总体稳定。2020年全国农民工总量28 560万人（见图2-1），比上年减少517万人，下降1.8%，规模为上年的98.2%。其中，外出农民工16 959万人，比上年减少466万人，下降2.7%；本地农民工11 601万人，比上年减少51万人，下降0.4%。在外出农民工中，年末在城镇居住的进城农民工13 101万人，比上年减少399万人，下降3.0%。

在外出农民工中，跨省流动农民工7 052万人（见表2-2），比上年减少456万人，

① 国家统计局．就业和工资．(2019-12-02). http://www.stats.gov.cn/tjsj/zbjs/201912/t20191202_1713057.html.

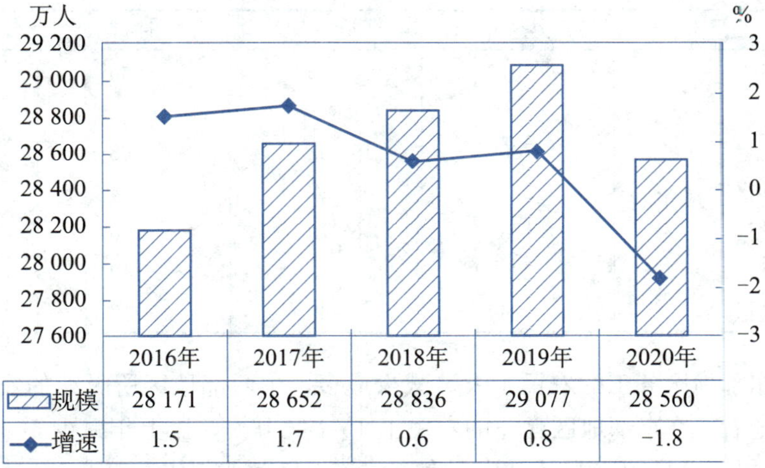

图 2－1　农民工规模及增速

下降 6.1%；在省内就业的外出农民工 9 907 万人，比上年减少 10 万人，占比基本持平。省内就业农民工占外出农民工的比重为 58.4%，比上年提高 1.5 个百分点。分区域看，东部、中部、西部和东北地区省内就业农民工占外出农民工的比重分别比上年提高 1.6、1.3、1.8 和 1.0 个百分点。

表 2－2　2020 年外出农民工地区分布及构成　　单位：万人；%

按输出地分	外出农民工总量			构成		
	外出农民工	跨省流动	省内流动	外出农民工	跨省流动	省内流动
合计	16 959	7 052	9 907	100.0	41.6	58.4
东部地区	4 624	719	3 905	100.0	15.5	84.5
中部地区	6 210	3 593	2 617	100.0	57.9	42.1
西部地区	5 490	2 557	2 933	100.0	46.6	53.4
东北地区	635	183	452	100.0	28.8	71.2

（2）东部地区输出农民工人数减少最多，占到减少总量的一半以上（56.5%）。从输出地看，东部地区输出农民工 10 124 万人（见表 2－3），比上年减少 292 万人，下降 2.8%，占农民工总量的 35.4%；中部地区输出农民工 9 447 万人，比上年减少 172 万人，下降 1.8%，占农民工总量的 33.1%；西部地区输出农民工 8 034 万人，比上年减少 17 万人，下降 0.2%，占农民工总量的 28.1%；东北地区输出农民工 955 万人，比上年减少 36 万人，下降 3.6%，占农民工总量的 3.3%。

表 2－3　农民工地区分布　　单位：万人；%

	2019 年	2020 年	增量	增速
按输出地分：				
东部地区	10 416	10 124	－292	－2.8
中部地区	9 619	9 447	－172	－1.8
西部地区	8 051	8 034	－17	－0.2

续表

	2019年	2020年	增量	增速
东北地区	991	955	−36	−3.6
按输入地分:				
在东部地区	15 700	15 132	−568	−3.6
在中部地区	6 223	6 227	4	0.1
在西部地区	6 173	6 279	106	1.7
在东北地区	895	853	−42	−4.7
在其他地区	86	69	−17	−19.8

(3) 在东部地区务工的农民工人数减少最多，中西部地区所吸纳的农民工继续增加。从输入地看，在东部地区就业的农民工 15 132 万人，比上年减少 568 万人，下降 3.6%，占农民工总量的 53%。其中，在京津冀地区就业的农民工 2 076 万人，比上年减少 132 万人，下降 6.0%；在苏浙沪地区就业的农民工 5 179 万人，比上年减少 212 万人，下降 3.9%；在珠三角地区就业的农民工 4 223 万人，比上年减少 195 万人，下降 4.4%。在中部地区就业的农民工 6 227 万人，比上年增加 4 万人，与上年基本持平，占农民工总量的 21.8%。在西部地区就业的农民工 6 279 万人，比上年增加 106 万人，增长 1.7%，占农民工总量的 22.0%。在东北地区就业的农民工 853 万人，比上年减少 42 万人，下降 4.7%，占农民工总量的 3.0%。

2. 农民工基本特征

(1) 女性和有配偶的农民工占比均有所下降。在全部农民工中，男性占 65.2%，女性占 34.8%。女性占比比上年下降 0.3 个百分点。其中，外出农民工中女性占 30.1%，比上年下降 0.6 个百分点；本地农民工中女性占 39.2%，比上年下降 0.2 个百分点。

在全部农民工中，未婚的占 17.0%，有配偶的占 79.9%，丧偶或离婚的占 3.1%；有配偶的占比比上年下降 0.3 个百分点。其中，外出农民工中有配偶的占 68.1%，比上年下降 0.7 个百分点；本地农民工中有配偶的占 91.1%，比上年下降 0.2 个百分点。

(2) 农民工平均年龄继续提高。农民工平均年龄为 41.4 岁，比上年提高 0.6 岁。从年龄结构看，40 岁及以下农民工所占比重为 49.4%，比上年下降 1.2 个百分点；50 岁以上农民工所占比重为 26.4%，比上年提高 1.8 个百分点，占比继续提高（见表 2-4）。从农民工的就业地看，本地农民工平均年龄为 46.1 岁，其中 40 岁及以下所占比重为 32.9%，50 岁以上所占比重为 38.1%；外出农民工平均年龄为 36.6 岁，其中 40 岁及以下所占比重为 66.8%，50 岁以上所占比重为 14.2%。

表 2-4 农民工年龄构成

单位：%

	2016年	2017年	2018年	2019年	2020年
16～20岁	3.3	2.6	2.4	2.0	1.6
21～30岁	28.6	27.3	25.2	23.1	21.1
31～40岁	22.0	22.5	24.5	25.5	26.7

续表

	2016年	2017年	2018年	2019年	2020年
41～50岁	27.0	26.3	25.5	24.8	24.2
50岁以上	19.1	21.3	22.4	24.6	26.4

（3）大专及以上学历农民工占比提高。在全部农民工中，未上过学的占1%，小学文化程度的占14.7%，初中文化程度的占55.4%，高中文化程度的占16.7%，大专及以上文化程度的占12.2%。大专及以上文化程度的农民工所占比重比上年提高1.1个百分点。在外出农民工中，大专及以上文化程度的占16.5%，比上年提高1.7个百分点；在本地农民工中，大专及以上文化程度的占8.1%，比上年提高0.5个百分点。

3. 农民工就业状况

（1）在第三产业就业的农民工比重继续提高。从事第三产业的农民工比重为51.5%，比上年提高0.5个百分点。其中，从事批发和零售业的农民工比重为12.2%，比上年提高0.2个百分点；从事住宿餐饮业的农民工比重为6.5%，比上年下降0.4个百分点（见表2-5）。在第三产业其他行业中，从事卫生和社会工作，公共管理、社会保障和社会组织工作的农民工比重有所增加。从事第二产业的农民工比重为48.1%，比上年下降0.5个百分点。其中，从事制造业的农民工比重为27.3%，比上年下降0.1个百分点；从事建筑业的农民工比重为18.3%，比上年下降0.4个百分点。

表2-5 农民工从业行业分布

	2019年（%）	2020年（%）	增减
第一产业	0.4	0.4	0.0
第二产业	48.6	48.1	−0.5
其中：制造业	27.4	27.3	−0.1
建筑业	18.7	18.3	−0.4
第三产业	51.0	51.5	0.5
其中：批发和零售业	12.0	12.2	0.2
交通运输、仓储和邮政业	6.9	6.9	0.0
住宿餐饮业	6.9	6.5	−0.4
居民服务修理和其他服务业	12.3	12.4	0.1
其他	12.9	13.5	0.6

（2）本地农民工月均收入增速快于外出农民工。农民工月均收入4 072元，比上年增加110元，增长2.8%。其中，外出农民工月均收入4 549元，比上年增加122元，增长2.7%；本地农民工月均收入3 606元，比上年增加106元，增长3.0%，增速快于外出农民工。

（3）东部地区的农民工月均收入增速快于其他地区。分地区看，在各地区就业的农民工月均收入均有增长。其中，在东部地区就业的农民工月均收入4 351元，比上年增加129元，增长3.1%；在中部地区就业的农民工月均收入3 866元，比上年增加72元，增长1.9%；在西部地区就业的农民工月均收入3 808元，比上年增加85元，增长

2.3%；在东北地区就业的农民工月均收入 3 574 元，比上年增加 105 元，增长 3.0%。

(4) 制造业农民工月均收入增速最快。分行业看，农民工就业集中的六大主要行业月均收入继续增长。其中，从事制造业的农民工月均收入 4 096 元，比上年增加 138 元，增长 3.5%；从事交通运输、仓储和邮政业的农民工月均收入 4 814 元，比上年增加 147 元，增长 3.1%；从事建筑业的农民工月均收入 4 699 元，比上年增加 132 元，增长 2.9%；从事住宿餐饮业的农民工月均收入 3 358 元，比上年增加 69 元，增长 2.1%；从事批发和零售业的农民工月均收入 3 532 元，比上年增加 60 元，增长 1.7%；从事居民服务修理和其他服务业的农民工月均收入 3 387 元，比上年增加 50 元，增长 1.5%（见表 2-6）。

表 2-6 分行业农民工月均收入及增速 单位：元；%

	2019 年	2020 年	增速
合计	3 962	4 072	2.8
制造业	3 958	4 096	3.5
建筑业	4 567	4 699	2.9
批发和零售业	3 472	3 532	1.7
交通运输、仓储和邮政业	4 667	4 814	3.1
住宿餐饮业	3 289	3 358	2.1
居民服务修理和其他服务业	3 337	3 387	1.5

4. 进城农民工居住状况

(1) 人均居住面积不断增加。进城农民工人均居住面积 21.5 平方米，比上年增加 1.1 平方米。在不同规模城市的农民工人均居住面积均有增加。分城市规模看，农民工所在城市规模越小，人均居住面积越大。2020 年，进城农民工在 500 万人以上城市居住的人均居住面积为 16.9 平方米，在 500 万人以下城市居住的人均居住面积均超过 20 平方米（见图 2-2）。

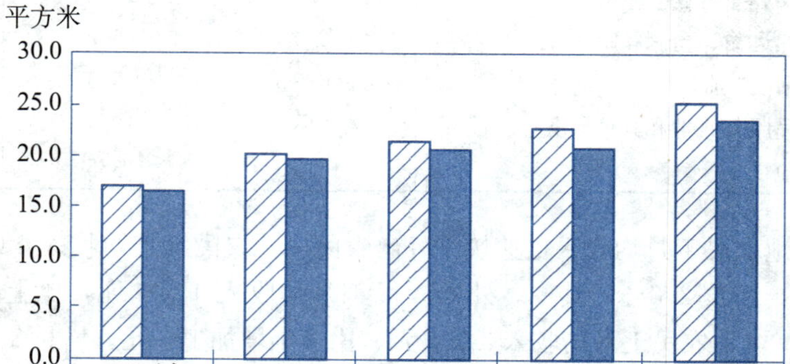

	500万人以上	300~500万人	100~300万人	50~100万人	50万人以下
2020年	16.9	20.3	21.6	22.6	25.3
2019年	16.5	19.7	20.6	20.9	23.7

图 2-2 按城市规模划分的进城农民工人均居住面积

(2) 居住设施继续改善。在进城农民工户中，居住住房中有电冰箱的占67.0%，比上年提高1.3个百分点；有洗衣机的占68.1%，比上年提高2.0个百分点；有洗澡设施的占85.4%，比上年提高1.7个百分点；有独用厕所的占71.5%，比上年提高1.9个百分点；能上网的占94.8%，与上年持平。拥有汽车（包括经营用车）的进城农民工户占30.8%，比上年提高2.6个百分点。

5. 进城农民工随迁儿童教育情况

(1) 3～5岁儿童入园率有所提高。3～5岁随迁儿童入园率（含学前班）为86.1%，比上年提高0.3个百分点。入园儿童中，28.9%在公办幼儿园，比上年提高3.7个百分点；37.2%在普惠性民办幼儿园，比上年提高1.5个百分点。

(2) 义务教育阶段儿童在校率与上年基本持平。义务教育年龄段随迁儿童在校率为99.4%，与上年基本持平。从就读的学校类型看，小学年龄段随迁儿童中，81.5%在公办学校就读，比上年下降1.9个百分点；12.4%在有政府资助的民办学校就读，比上年提高0.5个百分点。初中年龄段随迁儿童中，87.0%在公办学校就读，比上年提高1.8个百分点；7.1%在有政府资助的民办学校就读，比上年下降1.7个百分点。

(3) 义务教育阶段儿童面临的上学问题有所改善。对于义务教育阶段的随迁儿童，47.5%的农民工家长反映在城市上学面临一些问题，比上年下降3.4个百分点。本地升学难、费用高、孩子没人照顾是农民工家长认同度最高的三个主要问题，认同率分别为29.6%、26.4%和21.5%。其中，本地升学难和费用高的认同率较上年分别下降了4.6和2.5个百分点，孩子没人照顾的认同率较上年提高了6.0个百分点。认为学校师资条件不好的农民工所占比重增加较快，比上年提高4.6个百分点。

6. 进城农民工社会融合情况

(1) 进城农民工对所在城市的归属感和适应度不断增强。在进城农民工中，41.4%的人认为自己是所居住城市的"本地人"，比上年提高1.4个百分点。从进城农民工对本地生活的适应情况看，83.3%的人表示对本地生活非常适应和比较适应，其中，23.8%的人表示非常适应，比上年提高3.0个百分点；仅有1.2%的人表示不太适应和非常不适应。进城农民工在不同规模城市生活的归属感较上年均有提高。城市规模越小，农民工对所在城市的归属感越强。在100万～300万人城市的农民工归属感提高最多，在50万人以下城市的农民工对本地生活非常适应的比重提高最多。

(2) 进城农民工业余生活满意度提高。从进城农民工对业余生活的满意度看，60.5%的人表示对业余生活非常满意和比较满意，比上年提高7.6个百分点；36.1%的人表示一般，比上年下降6.2个百分点；3.4%的人表示不太满意和非常不满意，比上年下降1.4个百分点。

(3) 进城农民工参加所在社区、工会组织的活动更加积极。在进城农民工中，29.3%的人参加过所在社区组织的活动，比上年提高1.7个百分点，其中，3.9%的人经常参加，25.4%的人偶尔参加。加入工会组织的进城农民工占已就业进城农民工的比重为14.3%，比上年提高0.9个百分点。在已加入工会的农民工中，参加过工会活动的占85.8%，比上年提高1.6个百分点。

（三）“互联网＋”中的劳动者

新技术催生了新职业，新时代的劳动者应运而生，其中最典型的就是“互联网＋”带来的共享经济中的劳动者。

共享经济是指利用互联网等现代信息技术，以使用权分享为主要特征，整合海量的分散化资源，满足多样化需求的经济活动总和，是信息革命发展到一定阶段后出现的新型经济形态，是整合各类分散资源、准确发现多样化需求、实现供需双方快速匹配的最优化资源配置方式。2020 年我国共享经济参与者人数约为 8.3 亿人，其中服务提供者约为 8 400 万人，同比增长约 7.7%；平台企业员工数约为 631 万人，同比增长约 1.3%。

伴随新就业形态的快速发展，新职业不断涌现。共享经济企业充分发挥平台优势，在满足人们日常生活需要的同时，持续推进出行、住宿、生产、教育、医疗等领域的变革，成为经济社会数字化转型的重要推动力。依托共享平台的新就业涉及的领域宽、包容性强，既有创意策划、软件设计、在线教育等适合大学生群体的知识密集型复杂性劳动岗位，也有外卖骑手、网约车司机、云客服等适合文化水平相对不高群体的熟练性劳动岗位。

2019 年和 2020 年，我国先后发布了 3 批共 38 种新职业，与平台经济相关的职业如数字化管理师、物联网安装调试员、无人机驾驶员、电子竞技员等占比超过一半。如在服务业领域，伴随着数字化转型的持续推进，横跨 200 多个生活服务细分行业，出现了酒店收益管理师、无人车安全员、线上餐厅装修师等诸多富有特色的新工种。新职业的出现生动体现了我国经济发展“量”与“质”的变化，不仅丰富了就业岗位的种类，而且推动了整个社会就业结构的变化。①

第 3 节 劳动者与社会文化环境

一、劳动者社会化

（一）劳动者社会化的含义

一个社会的存在和发展离不开各种各样的合格劳动者所从事的劳动活动，那么这个社会怎样才能不断找到它所需要的劳动者来从事相应劳动岗位的劳动活动呢？这涉及劳动者的社会化问题。所谓劳动者社会化，指的是社会将一个普通社会人转变成一个能够适应一定的社会和时代文化，掌握社会所需要的劳动技能和必要的劳动规范，适应工作环境的文化，从而进行合格的劳动的过程。劳动者社会化包含三个方面的内容：

第一，掌握一个职业角色所必需的知识和技能。要成为合格的劳动者，首先需要掌握一定的劳动技能；其次必须经过一段时间的训练，把职业知识转化为实用的职业

---

① 国家信息中心分享经济研究中心．中国共享经济发展报告（2020）．（2020－03－09）．http://www.sic.gov.cn/News/568/10429.htm.

技能。

第二，了解工作环境的文化。劳动者在一定的社会分工体系下进行劳动，会受到一整套的习俗、惯例、公约、制度等的制约，这便是工作环境的文化。对于许多老职工来说，遵守劳动规范、顺应工作环境早已成了自觉的行动。但对于新到的劳动者来说，则有一个从了解、抵触、遵守到同化的过程。只有顺利完成这个过程，才能成为一个合格的劳动者。

第三，尝试身份的转变，使职业角色内化为个人的价值。即劳动者对工作环境的文化的适应与调节不仅包括社会性的内容，也包括心理性的内容。

（二）劳动者社会化的特点

劳动者社会化是以初级社会化，即个人未进入劳动岗位、成为劳动者以前的社会化为基础的。劳动者社会化与其即将进入的行业、职业、劳动岗位、劳动关系、劳动环境等紧密相关。作为个人社会化的一个特殊侧面，劳动者社会化在起点、目标、社会化施体、社会化受体、过程图式、引导方式与引导者等方面都有自己的特点。一般社会化和劳动者社会化的对比如表2-7所示。

表2-7　一般社会化和劳动者社会化的对比

比较项目	一般社会化	劳动者社会化
起点	从一生下来就开始	从进入某一职业或某一劳动岗位时开始
目标	使人成为合格的社会成员	使人成为合格的劳动者
社会化施体	主要受家庭、学校、邻里、社会的影响	主要受其所在劳动岗位、班组、车间、企业、行业及与之相关的劳动价值、劳动规范的影响
社会化受体	一般的人	劳动者
过程图式	不间断的、贯穿一生的过程	可能是连续的，也可能是间断的
引导方式	个体对个体（婴儿与幼年期）；集体对个体（进入学校以后）	个体对个体；个体对集体
引导者	父母、长辈、老师及朋友等	师傅、同事、培训者、劳动组织

从以上的比较中可以发现，劳动者社会化主要是面向工作和具体劳动岗位的过程，所以也只有在工作中、在具体的劳动岗位上，劳动者社会化才能最终完成。

（三）劳动者社会化的过程

劳动者社会化是一个循序渐进的过程。一些人在从事实际劳动很久以前就开始为某一工作做准备，而一旦进入实际的工作领域，社会化的过程就不仅包括学习该职业运作所必要的知识与技能，还包括了解职业文化及工作环境的文化。劳动者社会化的过程一般可以分为预期社会化、初始社会化、基础社会化和继续社会化四个阶段。

1. 预期社会化

所谓预期社会化，是指劳动者在进入某一具体劳动岗位之前，在他并不属于某一职业或工作群体时，由于希望加入这一职业或工作群体，从而在心理上认同该职业或群体，并在行为上也以该职业群体所要求的角色规范要求自己，为未来工作中的真实角色做准备。我们在大学阶段一个很重要的任务就是完成劳动者的预期社会化过程。

预期社会化过程是为正式担任工作角色做准备的阶段。这种准备包括两个方面：一是心理上的准备，二是行为上的准备。个体在心理上和行为上为将来希望从事的职业做准备时，尚需经受一定的考验。加拿大研究人员对医学院大学生的社会化过程进行研究发现，一个人如果要担当将来职业所要求的特殊角色，就必须进行道德和行为两方面的转变。为了使个体充分适应这种变化，他必须经历压抑过程、被检验过程和传统的公众示范过程。只有成功地进行了这种转变，才能算是成功地完成了为将来当医生所接受的医科大学教育。预期社会化的基础是对职业的认识，这种认识有可能是清晰的，也有可能是模糊的、间接的。一个人早期对职业的认识受到父母职业、个人年龄、学校教育及大众传播媒介的影响。

2. 初始社会化

劳动者在正式进入劳动场所、开始工作以前，要经历一系列有关的活动，如参观厂区环境，听取企业负责人的介绍，了解企业最一般的规章制度、组织结构、企业产品及其在市场上的地位，认识企业的有关领导和自己将要在一起工作的同事等，这些活动在管理中被称为劳动者的职前教育，而实际上它们就是劳动者初始社会化的主要内容。通过上述活动，劳动者可初步了解企业对职工的要求和职工的权利、义务与责任，初步熟悉企业总的特点和规范。绝大部分企业都非常重视劳动者的初始社会化，在劳动者入职之初，通常是在实习期和试用期就完成劳动者的初始社会化。

3. 基础社会化

在基础社会化过程中，劳动者一方面要学习、掌握必要的与劳动角色相关的生产知识和技能，另一方面还要适应和学习工作中的亚文化规范并进行心理上的转变。劳动者要设法了解他所扮演的职业角色所要求的规范，并力求使自己成为合格的扮演者，协调与职业角色有关的环境，处理好与岗位角色有关的纵向与横向关系。如果劳动者缺少预期社会化的准备，心理调节能力差，学习能力低下，社会适应能力有限，不善于处理各种人际关系，他的社会化就会失败。这一阶段不仅需要就业组织提供充分的学习和适应机会，也对劳动者自身的心理转变提出了要求和挑战，劳动者要积极调适自身定位和心态，以便顺利完成基础社会化。

4. 继续社会化

劳动者的继续社会化是指由于劳动者的年龄、地位、所处的技术环境等方面的变化所引起的劳动职业规范和劳动行为的重新调节和调整。

第一，年龄变化。随着年龄的增长，劳动者在体能和智能及对新技术、新思想、新概念的吸收能力上与年轻劳动者相比会有一定的差距；与此同时，其经验可能变得丰富，声望可能会提高。面对这些变化，劳动者需要对自己的行为进行相应的调整，这便是一个继续社会化的过程。

第二，地位变化。劳动者地位的变化表现在两个方面：一是在正式群体中地位的变化；二是在非正式群体中地位的变化。劳动者在正式群体中的地位变化一般表现为其职位的变化，如由普通员工变为管理人员或由管理人员变为普通员工。当劳动者由管理人员变为普通员工时，其原先所拥有的合法权威及行政命令或权力等就不再起作用，如果此时不能主动、积极地调整自己的行为，就会无法在新的工作岗位上愉快地工作。劳动者在非正式群体中的地位变化一般较难测量，但在这个环境中工作的人却能明显地感受到，并自觉地进行行为调整。如某人在刚进入劳动群体时可能只是一个远离非正式群体权力核心的人物，但随着其经验的增长及其在工作中的出色表现，他会逐步成为非正式群体中举足轻重的人物，这种在非正式群体中的地位变化也需要人们在行为上进行相应的调整。

第三，技术变化。当今的社会化生产过程越来越受到新的技术和工艺的影响，这种影响迫使劳动者不得不改变自己的知识结构和技能结构，去学习和掌握新的技术和技能。因为在技术革命对生产的冲击过程中，那些能够迅速学习新技术、适应新技术的人必然会在正式群体和非正式群体中处于相对有利的位置，从而使原有的社会关系格局发生变化。技术的变化也会使工作群体的结构发生变化，如在用先进的自动化技术代替落后的手工操作或机械操作时，就需要减少或增加某些人员，从而形成新的工作群体。这样，劳动者就需要适应新的人际关系与新的技术关系。

二、微观社会文化环境与劳动者

（一）技术与劳动者

在微观社会文化环境中，技术对劳动者的影响主要表现在：其一，构成一定的工作环境基础；其二，影响劳动者的劳动态度；其三，影响劳动者的价值观念。

技术首先是构成劳动者工作环境基础的重要变项。技术设备类型、技术复杂程度与技术装备等不同，劳动者的工作环境就不同。

在不同的技术条件下，劳动者对工作组织、直接监督人员、工作本身等方面会有不同的态度。如英国社会学家韦德伯恩（Wedderburn）和克朗普顿（Crumpton）在1960—1970 年间对英格兰东北部一家大型化工综合企业中劳动者态度与技术之间关系的研究中发现，运用的技术不同，工人从事工作的方式以及与直接监督人员的沟通形式等都有所不同，工人的劳动态度、其关心和注重的焦点，以及工人与管理人员的关系因此也有很大不同。[①] 这方面一项更为著名的研究是美国学者布鲁纳（Bluner）对印刷、纺织、汽车流水线和化工（炼油）四种行业劳动者的异化与自由的分析，这四种行业代表了四种典型的技术场景：印刷业是典型的以手艺为主的行业，纺织业以机械化技术为主，而汽车流水线则是典型的自动化生产，化工炼油是一种持续过程的劳动。研究结果表明，印刷工人的劳动满意感最高，异化程度最低，纺织工人的劳动满意感低于印刷工人，而异化程度则高于印刷工人，劳动满意感最低的是汽车流水线上的工人，他们的异化程度最高。布鲁纳因此认为，技术类型与劳动者的“异化”问题有着密切的联系，在现代技术条件下，劳动者的异化问题变得日益突出。它主要表现在：（1）无权感。工人

① 袁方．劳动社会学．北京：中国劳动出版社，1992：13.

觉得自己受技术的支配，而不是自己支配技术，是被动的反应者，而不是积极的行动者，如在流水线上工作，工人没有决策权，不能改变工作的速度，也不能控制劳动的数量与质量。（2）无意义感。工人看不到自己的工作与总体生产过程的联系，看不到最终产品结果，所以对自己工作的意义感到困惑。（3）孤独感。由于受到技术系统和一定规章制度的制约，工人在工作场所没有正常的社会交往，不能获得或建立令人满意的社会关系，工人觉得自己被隔绝起来，因此有强烈的孤独感。（4）自我疏远感。面对技术的无所不能，人们开始怀疑自身的价值。①

当然，现代社会中劳动者面临的这些问题并非完全不可克服，许多企业采取工作丰富化、工作扩大化、参与管理制、民主管理等方法，可以使工人克服自己被社会“疏远”的感觉。

（二）生产过程与劳动者

劳动者与技术的关系、技术对劳动者的影响，是通过劳动者的实际操作过程表现出来的。在操作过程中，劳动者与他人进行互动，发生联系，并形成一定的社会关系。不同的操作过程对劳动者的行为、社会化过程等有不同的影响。一般来说，流水线的操作过程会限制工人之间的交谈与交往，工人需要掌握的技术也比较单一，因此容易导致工人的“现代病”——异化现象。但是，如果流水线作业的技术要求高，需要工人在工作中投入较多的注意力与技巧，这样的工作也会引起工人的兴趣，并减少异化现象的出现。如前面提到的两位英国社会学家的调查，他们发现有的分厂虽然也是流水线作业，工作自由受到限制，但是由于其工作需要工人投入较多的注意力，因此工人仍然觉得工作有意思。但总的来看，流水线作业过程与成批生产作业过程相比，其工人更容易产生被剥夺感和无意义感。在成批生产作业过程中，由于工人的工作过程比较复杂，工作内容比较丰富，并能够见到自己的生产成果，因此工人一般容易觉得自己为他人与社会所接受，其社会化过程通常容易进行。当然，如果成批生产作业过于单调，劳动者也会觉得工作没有意思，但一般不会有被剥夺感。

（三）人际关系中的劳动者

工作中的人际关系主要包括劳动者日常大量接触的同事关系和上下级关系。

同事关系是指在同一劳动组织中从事一定职业的劳动者之间的社会关系。从互动的角度看，同事关系表现为竞争关系、冲突关系和合作关系，但同事关系除了关系双方在工作上的合作或冲突外，还包括从这种关系中得到的情感上的交流与满足。因此，劳动者之间的同事关系是形成劳动者非正式群体的主要基础。

上下级关系是指劳动者在工作场所中所结成的领导与被领导的关系，它取决于领导者（上级）在劳动群众（下级）中的实际影响力。领导的实际影响力取决于其权力性影响力和非权力性影响力。权力性影响力是一种合法权力，它可以是自上而下的授予，也可以由其他形式的委托产生。合法权力经常由领导者的职权体现，如在劳动群体中，厂

① Bluner R. Alienation and freedom. Chicago：University of Chicago Press，1964.

长、经理、车间主任等都有相应的职权，这种职权对普通职工群众有一种强迫性的、不可抗拒的影响，并可以因其强制性而使人产生服从与敬畏的心理。非权力性影响力更多地属于自然性影响力，它并没有合法权力所具有的那种明显的约束力与强制性，但在实际生产劳动中往往具有权力性影响力所不能发挥的作用。非权力性影响力不是由他人委托产生的，它是由领导者个人的一些特性决定的，比如领导者的道德、品行、人格、工作作风、工作能力，领导者的知识和业务水平，以及领导者与职工群众的感情等。在上下级关系中，非权力性影响力可以使人产生敬爱、敬佩、信赖和亲近的行为。实际影响力的大小可以影响劳动群体内部的心理气氛和工作效率。因此在上下级关系中，领导者有哪些权力、有多大的权力，应该受到法律与规章制度等的约束，否则就会出现工作上的混乱。

三、中观社会文化环境与劳动者

（一）企业文化的内涵与内容

中观社会文化环境是指具体的劳动组织或企业的文化环境，主要是组织文化。如果把组织文化看作组织或组织成员共同承认的价值观和意义体系，其中包括使这些价值观和意义体系具体化的物质实体的话，那么对劳动者产生影响的文化环境要素主要包括：（1）组织的意识形态，往往通过价值观和意义体系表现出来；（2）制度与规范体系；（3）组织方式；（4）组织的正式结构与非正式结构；（5）组织技术。

（二）企业文化中的劳动者

组织文化环境的上述方面制约着劳动者的劳动活动、意义建构、身份和认同感，而劳动者的行动又会影响到组织文化环境的特性与重构。劳动者与中观社会文化环境是一种吉登斯（Giddens）所强调的“结构二重性”关系。从劳动者的行为看，社会文化环境对劳动者有约束作用，但是劳动者在这种社会文化环境中不是被动的。行动者作为行动的主体，随时随地对其所处的制度环境与物质环境进行解释和谋划，制定出自己的行动策略，做出自己的行动选择，同时情境为行动者的行动选择划定了选择的范围，其做出的选择反过来又会影响到情境的变化。[①] 从实践上看，他们的行动有一种权宜性的取向，即根据社会文化情境来选择适合自己的行动，这种选择在当时的情境约束下不是一种收益最大化的选择，而是一种满意、合适的选择。

四、宏观社会文化环境与劳动者

（一）社会文化对劳动者的影响

宏观社会文化环境是指一个社会特有的社会制度、社会结构、社会习俗和社会规

---

① 安东尼·吉登斯．社会的构成：结构化理论大纲．北京：三联书店，1998：8.

范。劳动者作为社会分工体系中生产或向他人提供有价值的物品与服务活动的社会人，要受到这种文化环境的制约，违反这种文化的要求，会受到相应的制裁。宏观社会文化环境在本质上是一种社会秩序，它对劳动者的劳动活动设置了制度与结构上的约束。

（二）劳动者对社会文化的建构

劳动者并不是宏观社会文化环境的被动接受者，实际上，他是社会文化环境的体现者与建构者。比如，社会制度、习俗与规范的形成是一个历史的积淀过程，这一过程就与劳动者的长期劳动行为以及模式化的互动密切相关。劳动者的生产活动形成了一定的经济基础和经济结构，与此相对应，社会逐渐形成了一定的制度、风俗习惯与行为规范。社会制度、风俗习惯和行为规范不仅在劳动者的身上得到体现，而且通过劳动者的延续、社会化过程得以在代际继承、传递和沿袭。因此，劳动者在社会文化环境的形成中起着决定作用。同时，劳动者也通过自己的劳动实践、通过不同劳动者之间的结构及互动模式的变化，不断重新建构着社会制度、风俗习惯与行为规范。

第4节　劳动者行为

一、劳动者行为的内涵与特征

（一）劳动者行为的内涵

劳动者行为可以是劳动作业，也可以是与劳动作业无关的其他活动；劳动者行为可以表现为在工作场所与同事、领导或其他人的互动，也可以表现为在非工作场所与同事及领导的互动，前者如同事间的劳动协作，接待来本企业进行财务检查的人员，后者如在周末或下班以后到同事或者领导家里走访。劳动者行为可以界定为劳动者在有意地建构其劳动世界时所进行的实践活动。

（二）劳动者行为的特征

劳动者行为通常具有以下特征：

第一，行为主体（即劳动者）是具有理解力与创造性的主体，他们可以对劳动条件与环境施加影响；

第二，劳动者的劳动行为是有意义的，劳动社会学的重要任务之一就是去洞察和理解这种意义，并对之进行解释；

第三，劳动者的行为由一定的动机推动并与一定的目标有关；

第四，劳动者行为是在与他人的互动过程中产生的，这种互动是行为主体之间通过使用话语、姿态和其他符号进行意义协调的持续过程；

第五，作为行为主体的劳动者之间的互动会产生一些固定的模式，这些模式构成了劳动生活中理所当然的、大规模的安排；

第六，劳动者的个体行为与群体行为会对组织产生作用和影响，劳动者的社会行为会对社会结构与社会发展产生影响。

二、劳动者行为的类型

（一）劳动性行为与非劳动性行为

劳动性行为是指与制造产品、提供服务、创造经济价值与社会价值有直接联系的行为，如生产劳动、企业管理、接待顾客等。

非劳动性行为是指劳动者在劳动过程之外发生的，与创造经济价值与社会价值等没有直接联系的行为，如工会活动、职务竞争等。

（二）正式行为与非正式行为

正式行为是指由正式行为规范控制的行为，如经理行使职权、工人按时上班等。

非正式行为是指劳动者在非正式组织中为满足个人情感需要而与他人发生的互动，如限制产量、传播小道消息、拉关系、结帮派等。

（三）工具理性行为、价值理性行为、情感理性行为与传统行为

工具理性行为：当劳动者根据情景事实，通过选择合适的方式来努力实现某些特定的目标时，就产生了工具理性行为。

价值理性行为：这种行为取决于劳动者对真、美或正义之类较高等级的价值，或对某种主义的信仰和认同。

情感理性行为：这种行为是由劳动者的感觉、激情、心理需要或情感状态决定的，如劳动者在劳动场所的身体侵犯行为。

传统行为：这是劳动者遵循传统和在劳动实践中养成的习惯性行为，如驾驶员左行还是右行就属于这种行为。

（四）个体行为、群体行为与社会行为

劳动者的个体行为有三种类型：技术性个体行为，即劳动者单纯运用技术的行为，如电焊工的焊接行为；社会技术性个体行为，这是与劳动者的技术有关的社会性行为；社会性个体行为，即劳动者与他人交往时，不是以组织中的功能组成部分的身份交往，而是纯粹满足个人社会交往需要的行为，如人们在一起吃饭、打牌等。劳动社会学一般不研究单纯的技术性个体行为。对于社会技术性个体行为与社会性个体行为的考察，也是从与他人、与环境之间的关系的角度出发。

劳动者的群体行为并不等于个体行为的简单累加，个体在不断的相互作用过程中，会逐渐形成特有的行为规范和行为准则。劳动群体分为正式群体与非正式群体，与之相对应，劳动者的群体行为可以区分为正式群体行为与非正式群体行为。劳动者正式群体行为的特点是：（1）服从组织的总目标；（2）服从一定的合法权威；（3）与劳动者在正式组织中的地位相符；（4）受到各种正式的规章制度的限制。劳动者非正式群体行为的特点是：（1）具有同质性；（2）有特定的行为符号，主要包括风俗、习惯、规范；

(3) 与正式群体目标可能一致，也可能不一致；(4) 以社会性行为为主，没有正式约束；(5) 同一非正式群体有共同的兴趣、信仰、价值观与行为取向。

劳动者的社会行为是指劳动者进行的具有一定社会规模和社会影响的行为，如罢工行为。劳动者社会行为的发生有一定的社会基础，而且劳动者之间有着共同的利益要求。劳动者社会行为持续的时间可长可短，但规模往往会超过一个组织的范围。劳动者社会行为在开始时往往会带有某种自发性，但在发展过程中，有可能逐渐形成有组织、有领导的行为。劳动者社会行为一般会经历三个过程：首先是进行一次行动的集体行动者的构成过程，其次是通过界定集体行动的边界对集体行动者的认同过程，最后是认同的再生产。由于劳动者社会行为对整个社会的发展和结构的重组有着非常重要的影响，因此这个领域的研究已经引起越来越多的学者关注。

第5节 劳动者的权利和义务

一、劳动者的权利

《中华人民共和国劳动法》(以下简称《劳动法》) 第三条规定："劳动者享有平等就业和选择职业的权利、取得劳动报酬的权利、休息休假的权利、获得劳动安全卫生保护的权利、接受职业技能培训的权利、享受社会保险和福利的权利、提请劳动争议处理的权利以及法律规定的其他劳动权利。"

(一) 劳动就业权

个别劳权是以劳动就业权为基础和前提的，即只有实现就业，劳动者的其他劳动权利才有可能在具体的劳动关系中实现，劳动者的其他劳动权利也是以就业权为基础展开的。劳动就业权具有以下法律特点：劳动就业权是劳动者个人的权利，这一权利由劳动者个人自行支配，他人不得干涉或代替行使；劳动者有劳动的自由，同时也有不劳动的自由，政府虽然鼓励人们积极参加劳动，但也不能实施强迫劳动。劳动就业权作为工作权，一般包括两重含义：一重是自由工作或就业的权利，即平等就业权和自由择业权；另一重是请求提供有报酬的工作机会的权利，即职业保障权。

(二) 劳动报酬权

劳动报酬权是劳动者在劳动关系中享有的基本的、核心的权利。劳动报酬是劳动关系中的劳动者因付出劳动而获得的以工资为基本形式的物质补偿，是必要劳动的特殊形态。劳动报酬权有两个法律特点：一是这一权利在劳动关系中具有债权性质，即雇主必须支付给劳动者工资报酬；二是这一权利是劳动者生存权的基本内容之一，因而具有特别重要的意义。劳动报酬问题是个别劳动关系中最重要的问题。

(三) 休息休假权

休息休假权实质上是劳动者的健康权和生命权，是关系到劳动者本人以及生命延续的基本人权。劳动者生存的物质前提是健康和生命。为了保证劳动者的健康和生命，就必须对劳动者的劳动时间和劳动强度有所限制，保证劳动者为恢复体力、料理家务、繁衍后代享有充分的休息休假时间。休息休假与工作时间直接相关。工作时间是指劳动者在工作单位必须用来完成工作任务所要付出的时间。限制劳动时间是劳动者休息休假权利的重要内容。劳动时间的确定主要依据两方面原则：一是保证劳动者健康；二是劳动者能够完成相当数量的生产任务。这两方面都受到历史因素和社会因素的制约。

（四）社会保险权

社会保险权是公民社会保障权的一部分。社会保险权是指劳动者由于年老、疾病、失业、伤残、生育等原因失去劳动能力或劳动机会而没有正常的劳动收入来源时，通过国家社会保险制度获得物质帮助的权利。从性质上说，社会保险法是权利保障法，它的直接目的是保障劳动者的社会保险权。社会保险权作为劳动者的一项重要权利，是现代社会发展的客观要求，也是社会公平价值在法律中的体现。劳动者的社会保险权主要包括失业保险权、养老保险权、工伤保险权、疾病保险权和生育保险权等。

（五）劳动安全卫生权

劳动安全卫生权是指劳动者在劳动过程中，为保证自己的生命和身心健康，有获得在工作场所的职业安全和卫生保护的权利。劳动安全卫生权是一项重要的涉及劳动者生命健康的劳动者人权，就权利性质而言，首先是劳动者人身权。劳动法中对于职业灾害采用的是“非过失责任原则”，即劳动者在生产过程中，当生命健康受到侵害时，即使雇主没有过失，也要承担一定的赔偿责任。劳动者的劳动安全卫生权的具体标准是由国家颁布的劳动基准法确定的。

（六）职业培训权

职业培训权是指社会劳动关系中的劳动者享有在准备就业和实现就业过程中，为提高个人的技术技能而参加国家和企业举办的各种职业培训的权利。市场经济条件下的职业培训权是与劳动就业权联系在一起的，这一权利的行使是为了确保劳动力市场中的劳动者就业，这一权利主体中的相当一部分是劳动力市场中有劳动意愿及能力但没有工作的劳动者。劳动者的职业培训权是由国家强制力保障，并由政府有关部门和雇主承担实施义务的劳动基准权利。

（七）劳动争议提请处理权

劳动争议提请处理权是指劳动者在遇到劳动争议时，为保障自己的合法权益，享有向行政部门、劳动争议处理部门和司法部门提出和申请依照法定程序公正处理的权利。劳动争议提请处理权是程序权，是一项特别的诉权，即劳动诉权。劳动争议提请处理权是劳动者在权利受到侵害后，为请求公力救济而行使的一种请求权。劳动争议提请处理权的提出确定了劳动者是劳动诉讼的独立主体，确定了劳动者诉讼的法律地位，确定了劳动者的合法权益可以通过公法救济来得到保障。

二、劳动者的义务

劳动者作为劳动关系的主体，既享有权利，又承担义务。《劳动法》在规定劳动者权利的同时，也对劳动者的义务做了明确规定："劳动者应当完成劳动任务，提高职业技能，执行劳动安全卫生规程，遵守劳动纪律和职业道德。"概括而言，劳动者在劳动关系中的义务主要有：

（一）完成劳动任务的义务

完成劳动任务的义务是劳动者的基本义务。劳动者应当在约定的时间和地点，遵守劳动使用者（用人单位）的指示完成约定的工作内容。原则上，劳动者应当亲自履行给付劳动的义务，不得由他人代为履行，这是因为劳动关系具有人身关系。劳动给付的方式与范围受到劳动基准法、集体合同、劳动合同的限制。如果劳动使用者的要求是出于恶意，或者违反了法律法规、善良风俗，劳动者没有服从的义务；如果劳动使用者要求劳动者从事的劳动超出了约定范围，劳动者可以拒绝；但是如果有紧急情形或者职业上有特别习惯的，劳动者不能拒绝其所能给付的劳动。劳动时间与地点的约定，不能违反劳动基准法、集体合同的规定；劳动使用者不能任意要求劳动者改变工作地点，否则劳动者有权拒绝。

（二）忠实的义务

忠实的义务是基于劳动关系的身份性质而产生的。劳动关系中的双方之间不仅存在财产交换关系，而且存在明显的人身信任关系。因此，劳动关系中特别强调双方当事人都应当遵守诚实信用、职业道德原则，尽力维护对方的利益。劳动者的忠实义务有两方面内容：一是服从义务。劳动使用者对劳动者有指挥监督的权利，劳动者应当服从劳动使用者的指令，包括劳动使用者依法制定的企业内部规则和劳动纪律规定。当然，如果劳动使用者的指令违反法律法规，则劳动者没有服从的义务。二是保密义务。劳动者对于在工作中所了解到的劳动使用者的商业秘密和个人隐私负有保密义务。

本章小结

劳动是具有一定生产经验和劳动技能的劳动者使用劳动工具所进行的有目的的生产活动，是生产的最基本内容。劳动者具有三个基本特征，其内部具有复杂性。农民工群体是我国劳动者的重要组成部分。劳动者社会化的过程一般可以分为预期社会化、初始社会化、基础社会化和继续社会化四个阶段。影响劳动者的社会文化环境包括微观社会文化环境、中观社会文化环境和宏观社会文化环境。劳动者行为可以界定为劳动者在有意地建构其劳动世界时所进行的实践活动。劳动者的权利主要包括平等就业和选择职业的权利、取得劳动报酬的权利、休息休假的权利、获得劳动安全卫生保护的权利、接受职业技能培训的权利、享受社会保险和福利的权利、提请劳动争议处理的权利以及法律规定的其他劳动权利。劳动者的义务包括完成劳动任务的义务和忠实的义务。

复习与思考题

1. 辨析劳动者的内涵和特征。
2. 分析中国社会中农民工的特征与现状。
3. 分析劳动者与社会文化环境之间的关系。
4. 什么是劳动者社会化？与一般社会化相比，劳动者社会化有什么特点？
5. 分析劳动者行为的特征及类型。
6. 阐述劳动者的权利和义务。

附录

饭个爱豆、打个游戏，咋就变成“数字劳工”了？

大家知道吗，在逛网站、刷微博、刷抖音、网购、打游戏的时候，在给爱豆做数据的时候，我们都是被剥削的“数字劳工”。

一、什么是数字劳工

马里索尔·桑多瓦尔将数字劳工定义为：将信息与通信技术和数字技术作为生产资料的脑力劳动者和体力劳动者，包括生产者和使用者。根据桑多瓦尔的定义，数字劳工研究不仅聚焦于工程师、设计师或者媒体从业者的工作和日常生活，而且强调对工厂内外生产科技产品的产业工人进行研究的必要性。

也有学者认为数字劳工主要是指“将信息知识消费转化为额外的生产性活动而遭受剥削的劳动者”。从这个意义上讲，根据不同的劳动形式，互联网平台上常见的数字劳工有互动社交平台上的内容生产者与消费者、弹性雇佣制度下的网络“写手”，以及游戏产业链中的廉价“玩工”。这些数字劳工如身处游乐场一般，处于一种自主、自觉的劳动状态。数字成为劳工们的一种享受，既是一种自由劳动，也是一种被数字资本主义剥削的劳动。

二、困境：网络平台和用户的权益失衡

从广义的角度看，平台用户皆为数字劳工。在现有的社交平台上，几乎所有用户都会无意识地进行文字、图片和视频的生产，有时甚至会义务为网站宣传、翻译，而这种依靠吸纳网民休闲时间与剩余劳动生产力的“众包”生产方式也成为当代互联网公司实现资本增值的重要途径。国内的典型代表是新浪微博、知乎等平台。以新浪微博为例，新浪微博从商业意识出发，为网民构建了一个收益平台，但用户的表达和分享实质上都是在进行廉价甚至无偿、集体智慧式的贡献和劳动。学者塔拉诺娃指出，“在早期的虚拟社区里，这些劳工是免费的，他们建设一个网络社区，劳动是没有大量经济利益作为补偿的，作为交换的是交流的快乐。”在她看来“正是这些大量的免费劳工维持着互联网的运营”，但同时她也指出这些免费劳工并没有感知到被剥削。这也说明，目前生产内容的新媒体用户实际上是处于一种被隐性剥削的状态。因此数字劳工作为数字时代的一个庞大群体，存在于社会的各个行业、各个领域。在网络平台“受众”变成“用户”的逻辑背后，以互联网为代表的信息与通信技术改变了劳动力市场的位置与形式，将劳动的场所从工厂转移到网络，转移到每个人的电脑与手机上，每个人都成了被剥削的对象，并且心甘情愿地进行免费劳动。

现有的平台规则无法保障用户权益。现有的平台规则通过对非用户的去权来实现用户“赋权”。想要获得进入网络平台的资格、获得数字化生存的条件，孤立的个体就必须服从平台规则，将用户内容的版权、数据信息获取权、部分隐私信息等转让给媒介平台。在这一规则之下，网络平台缺少对用户发布内容的版权的保障机制，导致很容易被盗用，同时网络平台对平台上劳动者的权益也没有合理的保障制度。网络平台创造了良好的用户体验环境，实际上它的内容组织结构是以用户创造的内容来吸引用户。在这一状况下，网络用户和网络平台的收益分配极不均衡。网络平台用户只有达到一定的积累才能获得收益，而平台在从中抽成获得收益的同时，也从零散的注意力，例如广告、数据信息中获得了巨大利润。

实际上，“数字劳工”问题忽略了人的主体性价值。随着对网络平台使用的深入，用户的意识逐渐觉醒，并发觉了劳动剥削的存在。仅仅靠网络平台薄弱的情感、少量的价值回报已经不足以维系用户。不少用户成了消极生产者，这不利于平台的发展和平台长期利益的获得。那么就需要营造更好的网络平台生态环境，给予网络平台用户更多的保障以及以人为本的价值关注，从而使其创造更多的价值盈余。

三、困境的应对

第一，解决“数字成果”的归属权问题。纵观当下的数字劳动生产过程与结果，数据传输的最终解释权和主导权均被大型数字资本平台占有，而平台资本主义的本质是垄断资本主义。就国家与社会治理层面而言，要规制数字媒介平台的垄断，就要积极介入并且采取必要的行政措施予以规范。

第二，数字平台也需要主动承担起应有的企业责任，合理规范使用用户的“劳动数据”，避免造成受众商品的异化。想要创造更好的网络平台环境，改善数字劳工的负面影响，就需要在一定程度上改变现有的平台规则，保护用户权益，改善利益分配方式，创造出更好的平台机制，以保证用户和平台在生产、交易、分配等环节中达到权益的平衡，实现价值传递。

第三，技术赋能，利用区块链技术打破现行的平台版权让渡规则。获取利益是平台资本主义的天性，资本对于劳动者的剥削确实存在，但如果无法量化平台与用户的付出与收益，也就无法从根本上改善利益分配方式。区块链技术的出现让量化双方的付出与收益成为可能。利用最新的区块链技术，让碎片化、分散化的劳动时间被精确定量计算，从而确定数字劳工的劳动量，做到按劳分配，能够避免数字劳工的困境持续加深。

资料来源：知乎．饭个爱豆、打个游戏，咋就变成“数字劳工”了呢?．(2020－10－20). https://zhuanlan.zhihu.com/p/267149327.

第3章　劳动的环境：社会与市场中的劳动

学习目标

- 掌握劳动力需求的概念及其影响因素。
- 熟悉劳动力供给曲线。
- 了解影响劳动力流动的因素。
- 掌握失业的类型及成因。
- 了解大学生及农民工的就业形势。

开篇引例

近八成受访大学生认为现在就业形势严峻、就业难

据教育部公布的数据，2021 届全国普通高校毕业生总规模达 909 万人，同比增加 35 万人。2021 年第一季度以来国民经济呈持续稳定恢复态势，为稳就业奠定了坚实基础，但疫情对就业的深层次影响仍在持续，2021 届高校毕业生的就业形势依然复杂严峻。

中国青年网校园通讯社面向 5 762 名全国各级在校大学生展开问卷调查，结果显示：近八成大学生认为现在就业难，超八成大学生希望找对口专业工作，超三成大学生毕业后选择就业，超四成大学生对就业持期待态度，超四成大学生希望毕业后到省会城市发展。国企成为首选就业方向，工资待遇、发展空间、同事相处氛围成为就业主要看重条件，近四成大学生希望月薪 5 000～8 000 元，缺乏实践和工作经验成为就业主要困扰。

洛阳理工学院大二学生李天浩认为，现在毕业生人数逐年上升，就业形势严峻，就业压力大，“特别是偏向科技、互联网等方面的工作，对知识储备和实践能力的要求很高”。李天浩学的是自动化，他认为这个专业找工作并不难，但他想找专业对口的工作，“成为工程师可以赶上国家工业 4.0 的发展”。就业形势虽然严峻，但他认为机遇与挑战并存。为了消除就业压力，他选择在现阶段增加知识储备，“我还年轻，有更多精力改变自身不足、学习更多新知识，我既有能力也有时间改变自己”。

当不少毕业生都在为就业发愁时，山东职业学院铁道车辆专业的毕业生孟斌却很淡定从容。原因是他所在的专业每年都会吸引很多铁路局和地铁公司来学校招聘，他通过了中国铁路济南局集团有限公司的面试，当时就被拟录取，签订三方协议，现在正在实习。“正常情况下，8 月就正式入职了。”孟斌说。他一开始就想着尽早毕业，为家里减轻负担。“毕竟对于一个专科生来讲，能进国企拥有一份相对稳定的工作，也是一个不错的选择。”他坦言，自己对就业充满期待，没有太多就业压力，现在对未来满怀自信，“尽职做好车辆‘大夫’，努力工作，提升自己的能力”。

资料来源：近八成受访大学生认为现在就业形势严峻、就业难．(2021 - 06 - 04). http://edu. youth. cn/wzlb/202106/t20210604 _ 12995408. htm.

第 1 节　劳动力需求分析

一、劳动力需求概述

（一）劳动力需求的内涵

劳动力需求是指在某一特定时期内，在某种工资率下雇主愿意并能够雇佣的劳动量。具体有如下四层含义：第一，劳动力需求是雇主雇佣意愿和支付能力的统一，缺一不可。第二，劳动力需求是一种派生的需求，即劳动力需求是由于对物质产品和服务的需求而引起的。第三，劳动力需求是一种联合的需求或相互依存的需求。第四，生产技术的状况对劳动力需求影响较大。

（二）劳动力需求的影响因素

影响劳动力需求的因素很多，主要包括厂商所使用的技术、企业目标、时间的长短以及社会制度安排等，下面我们分别进行论述。

1. 技术对劳动力需求的影响

厂商对生产要素的需求具有“共同性”，即生产要素必须共同使用才能生产商品。生产函数可以很好地表达这种“共同性”关系。生产函数也表明在技术不变的条件下企业生产一定量的产品所必需的最低劳动数量。我们常常用劳动和资本两种生产要素的生产函数来分析技术对劳动力需求的影响，生产函数可以用下式表示：

$$Q = f(L, K)$$

生产函数表明了生产中投入量和产出量之间的相互依存关系，同时不同的生产函数反映了各种投入之间的配合比例关系。我们通常用技术系数的概念来反映生产一单位产品所需要的各种投入之间的配合比例关系。一般来说，技术系数可以划分为固定技术系数和可变技术系数。固定技术系数是指生产某一单位产品所需要的各种生产要素彼此之间不能替代。例如，某些工厂工人数与机器数之间的比例是固定的，人少了机器就不能正常运转；人多了也不能增加产量，因为没有相应的机器设备可用。可变技术系数是指生产某一单位产品所需要的各种生产要素的配合比例是可以变动的。显然，如果某企业的生产函数具有固定技术系数的特征，那么该企业在使用生产要素时就无法相互替代；如果某企业的生产函数具有可变技术系数的特征，那么该企业在生产中就可以根据生产的成本状况进行替代，以最经济的方式生产产品。

2. 企业目标对劳动力需求的影响

企业目标对劳动力需求具有很大的影响。一般来说，企业目标通常为利润最大化，在这样的目标下，企业试图在既定的成本下尽可能使生产量最大，或者是在既定的产量下尽可能采用最小的成本进行生产。因此，在生产技术既定的条件下，企业的劳动力需求还受到企业目标的影响。如果企业不是以利润最大化，而是以就业作为目标，则情况就大不相同。例如，中国在改革开放之前的就业体制是计划分配，企业目标也不是追求利润最大化，企业行为在很大程度上要受计划分配的制约。因此在这种企业目标下，企业对劳动力的需求不是以经济利润作为约束而是根据计划分配确定的。其结果对劳动力需求的影响是很不同的，企业的实际劳动力雇佣量大大超过了利润最大化行为目标所要求的雇佣量，因而出现了人们常说的“隐性失业”现象。再如，如果企业以管理效用最大化和销售收入最大化为目标，其所要求的劳动力需求也与利润最大化目标所要求的劳动力需求之间有很大的差异。

3. 时间对劳动力需求的影响

时间对劳动力需求的影响是通过其对技术即生产函数的影响体现出来的。事实上，生产函数在短期和长期可能是不同的，不同的生产函数就会导致劳动力需求的不同。资本、劳动和技术变动都需要一定的时间，其中资本调整所花的时间要比劳动调整更多，而生产技术（即生产函数）变动所需要的时间要比资本和劳动调整所花的时间更多。为此，通常将短期定义为只能改变劳动投入数量的时间范围，在这个时间段资本数量是不变的；将长期定义为可以改变劳动和资本投入数量的时间范围，但在这个时间范围内还不足以改变生产技术；将超长期定义为不仅可以改变各种生产要素投入数量而且可以改变生产技术的时间范围。

4. 社会制度安排对劳动力需求的影响

劳动力需求除了受到技术、企业在经济上的考虑、时间长短的影响之外，还受到社会制度安排的影响。在劳动力市场上，政府通过法律形式确立的制度结构主要包括以下四个方面：

（1）最低劳动标准。在企业经营状况变动导致劳动力需求减少和人口过剩的压力下，非熟练工人在劳动力市场上处于劣势，往往工资被压得很低，劳动条件十分恶劣，以致不得不进入低工资—多就业的恶性循环。针对这一情况，我国在《劳动法》中制定了相关规定，各地区目前都制定了不同的最低工资标准。

（2）最低生活保障。最低生活保障包括国家救济、养老保险、免费医疗等社会保障制度，确保人们能够维持基本生活所需要的最低生活标准，即排除了劳动者在最低限度的生存和安全得不到保障时可能产生的不合理的劳动合同。例如，美国、德国、日本分别建立了以《社会保险法》《社会保障法》等法律为核心的社会保障制度结构，将之为本国劳动力市场的重要组成部分。

（3）对工会组织和雇主权力在法律上的确认。在劳动力市场上，供需双方的力量对比往往不对等，在承认工会作为合法组织这样一种制度下，工会有权参与有关劳动条件等方面问题的决策，并在监督企业雇用工人、遵守最低劳动标准等方面发挥作用，这就在一定程度上限制了雇主的权力，使力量的对比有利于劳动者。

（4）对市场垄断和市场歧视的限制或利用。这些建构于劳动力市场之中的制度安排，对企业的劳动力需求行为具有很大影响，对企业劳动力需求的数量、结构及行为本身构成了约束。

二、劳动力需求的工资弹性

（一）劳动力需求的工资弹性的定义

劳动力需求的工资弹性是指工资率变化一个百分率所引起的劳动力需求变化的百分率的比值。可用以下公式表述：

$$e_d = -(\triangle L/L)/(\triangle W/W) = -(\triangle L/\triangle W)/(W/L)$$

式中，e_d为劳动力需求的工资弹性，$\triangle L$ 和$\triangle W$ 分别为劳动力需求 L 和工资率 W 的变动量。由于劳动力需求曲线是一条向右下方倾斜的曲线，因此劳动力需求和工资率的变动方向相反，即工资率上升，劳动力需求下降，故劳动力需求的工资弹性为负。为了计算的方便，一般在弹性的定义公式中加上负号。

劳动力需求的工资弹性的绝对值通常大于 1 或小于 1，因此，弹性值一般在 0 和∞之间，即 $0<e_d<\infty$。当劳动力需求的变化率小于工资的变化率时，即 $0<e_d<1$ 时，我们通常称劳动力需求曲线缺乏弹性。当劳动力需求的变化率大于工资的变化率时，即 $1<e_d<\infty$时，我们通常称劳动力需求曲线富有弹性。当劳动力需求的变化率等于工资的变化率时，即 $e_d=1$ 时，我们称劳动力需求曲线具有单位弹性。当劳动力需求的变化率等于零时，即 $e_d=0$ 时，我们称劳动力需求曲线完全缺乏弹性。当劳动力需求的变化率趋向于无穷大时，即 $e_d=\infty$时，我们称劳动力需求曲线完全富有弹性。如图 3－1 所示。

劳动力需求的工资弹性与劳动力需求曲线的斜率有关，但不完全相同。一般的经验规律是，陡直的劳动力需求曲线弹性较小，而平坦的劳动力需求曲线弹性较大。但是，劳动力需求的工资弹性与劳动力需求曲线的弹性是不同的，劳动力需求曲线的斜率是工资和劳动力需求变动量的比值关系，而弹性公式则是二者变动率的比值关系。

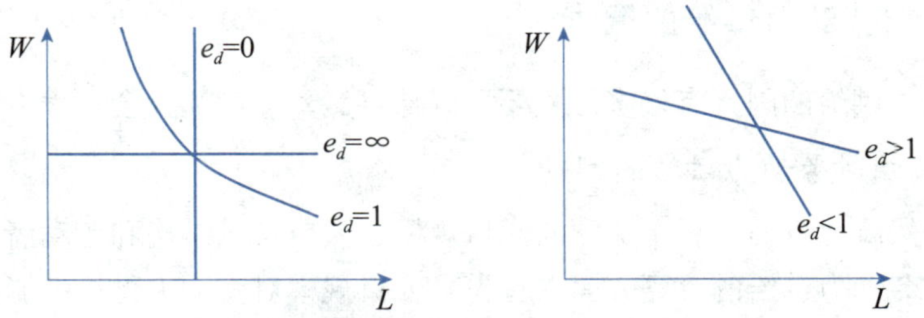

图 3-1 五种类型的劳动力需求的工资弹性

（二）影响劳动力需求的工资弹性的因素

在了解了劳动力需求的工资弹性后，我们进一步考察影响劳动力需求的工资弹性的因素。一般来说，对影响劳动力需求的工资弹性的因素的讨论可以归结为“希克斯-马歇尔派生需求定理”①。该定理认为在保持其他条件不变的情况下，下述情况将使得某类劳动力需求曲线具有更大的劳动力需求的工资弹性：第一，劳动投入与其他生产要素之间的可替代性更大；第二，利用该类劳动要素所生产的最终产品的需求弹性更大；第三，其他生产要素的供给弹性更大；第四，该类劳动成本占总生产成本的比重更大。从经验命题的角度看，上述定理一般是正确的，并且前三条总是成立的，最后一条只是在有些情况下不成立。工资率提高对劳动力需求的影响分为两个部分：第一，工资率上升将提高使用该类劳动的相对成本，雇主将减少使用该类劳动，增加其他要素投入，我们称之为替代效应；第二，工资上升将引起边际成本上升，提高产品价格和削减产量的压力会随之出现，导致劳动力需求下降，我们称之为规模效应。

第 2 节 劳动力供给分析

一、劳动力供给概述

（一）劳动力供给的内涵

劳动力供给是指劳动者提供的劳动数量，其测量指标是人—小时数，指在一定时间内一定数量的劳动者为市场提供的劳动时数。根据该定义，在人口一定的条件下，影响劳动力供给数量的因素有两个：第一，在市场上从事或正在寻找有酬工作的人数，这两个方面构成了劳动者的供给或劳动力。劳动力是劳动年龄人口中的一部分，我们将劳动力占劳动年龄人口的比例称为劳动力参与率。第二，每个劳动力愿意提供给市场的工作时数。

---

① 该定理首先由英国经济学家马歇尔（Marshall）提出，后由英国经济学家希克斯（Hicks）做了重大发展。参见 Marshall A. Principles of economics. 8th ed. London：Macmillan，1923：518－538；Hicks J R. The theory of wages. 2nd ed. New York：St. Martin's Press，1966：241－247.

（二）影响劳动力供给的因素

影响劳动力供给的因素有很多，主要可以从自然、经济和社会三大方面加以分析。

1. 自然属性对劳动力供给的影响

从人的自然属性方面来看，一国的人口规模、人口自然结构和劳动者个人的身体条件等都是影响劳动力供给的重要方面。首先，人口规模对劳动力供给的影响主要表现为在其他条件不变的情况下，比如劳动力参与率不变，高人口增长必然引起劳动力供给总量的增加。但是，人口规模的形成不是短期就能实现的。高人口增长引起的劳动力供给总量的增加，是要经历一个时间过程的，原因是劳动力的定义有严格的年龄限制。只有出生后的人口达到法定劳动年龄，比如中国是16周岁，才对劳动力供给总量产生影响。由于人口规模对劳动力供给的影响在短期内不会马上显现，因此我们将其称为“滞后效应”。换句话说，人口规模只在长期内起作用。其次，人口自然结构对劳动力供给的影响主要包括三个方面：其一是人口性别比例不同，劳动力供给不同。其二是人口年龄结构不同，劳动力供给不同。国际上将人口年龄结构划分为三种类型，即年轻型、成年型和老年型。其三是人口中的民族构成不同，劳动力供给不同。由于民族传统等各种原因，不同民族的人的劳动力供给状况有所不同。最后，劳动者个人的身体条件是影响劳动力供给的另一个自然因素。一些实证研究表明，在一些发展中国家，劳动者的身体条件是生产效率的关键影响因素。例如，在缅甸、厄瓜多尔这样的国家，由于疾病造成的工时损失占到可利用工时的13%～15%；而在美国，这一比例仅为3%。

2. 经济方面对劳动力供给的影响

从经济方面来看，劳动者对工作的偏好、对工资的刺激反应以及经济周期波动都是影响劳动力供给最重要的经济因素。劳动者的工作偏好对劳动力供给的影响是通过劳动者对工作和闲暇的不同选择态度而产生的。不同的劳动者对工作收入和闲暇休息的态度是不同的，这种不同的态度可以通过工资率变化所产生的收入效应和替代效应集中地反映出来。收入效应是指工资增加后劳动者感到更加富有，从而减少劳动力供给的一种反应行为。假如工作时间没有发生任何改变，而劳动者的工资增加了，劳动者将如何利用这笔钱呢？进行商品消费是其一，此外，劳动者可能要得到更多的休息或消费商品的时间以享用增加的财富。但是，休息时间是一种特殊的商品，它只能通过减少工作时间得到。因此，收入效应往往导致工作时间减少。替代效应是指工资增加后劳动者感到休息时间比以前更加昂贵，从而增加劳动力供给的一种反应行为。我们知道，休息时间是有代价的，这个代价就是工作所取得的收入，即工资报酬。当工资率上升时，休息时间的代价将更加昂贵，从而促使劳动者减少休息时间以增加劳动，从而获取工资报酬。由于收入效应和替代效应对劳动力供给的影响方向不同，因此工资率上升后劳动者的劳动力供给究竟是增加还是减少，取决于劳动者的偏好。有的劳动者可能会增加劳动力供给，有的劳动者可能会减少劳动力供给。总的影响要看经济社会中不同偏好的劳动者的构成。而经济周期波动对劳动力供给的影响是通过劳动力需求变化所产生的市场运行结果反映出来的。经济快速发展时，资本投资需求增大，从而导致劳动力需求增加，市场运行的结果会导致劳动力供给增加。当经济处于萧条时，资本投资下降，劳动力需求水平下降，市场运行的结果会导致劳动力供给减少。

3. 社会制度对劳动力供给的影响

从社会制度因素看，一国的劳动制度和工资制度是影响劳动力供给的最重要因素。首先，一国的劳动制度中一般都规定了休假期限，例如工作周、工作小时、节假日等。这些制度安排对劳动力供给有很大的影响。例如，不同的国家由于社会传统和经济发展水平不同设定了不同的节假日，有的国家多，而有的国家相对较少。美国等发达国家一般都有“定期休假制度”，这种制度规定，一些符合一定条件的工人，除了正常休假外，每五年还可以享受一次为期三个月的带薪休假。① 其次，一国的工资制度也是影响劳动力供给的重要制度性因素。不同的工资制度对劳动者的工作动力和效率的影响是不同的。

总而言之，影响劳动力供给的因素是多方面的。当我们分析某一具体劳动者或者某一国总的劳动力供给问题时，必须结合以上三个角度，才能得到比较准确的结论。

二、向后弯曲的劳动力供给曲线

劳动力供给涉及劳动者对其拥有的既定时间资源的分配。劳动者选择将一部分时间作为闲暇来享受，选择将其余时间作为劳动力供给。前者即闲暇直接增加了效用，后者则可以带来收入，然后通过将收入用于消费再增加劳动者的效用。因此，就实质而言，可以将劳动者看成是消费者，他们在闲暇和劳动二者之间进行选择，也就是在闲暇和劳动收入之间进行选择，以满足自己效用最大化的愿望。

个体的劳动力供给曲线代表了工资率与个人供给市场的劳动时数之间的关系。如图3-2所示，纵轴代表工资率（W），横轴代表每天的工作时数（H）。工资率和工作时数组合由图3-2（a）和图3-2（b）中的V点表示。如果工资率上升到W_2，工作时数会发生什么变化呢？对于劳动者1而言，工作时数将上升到每天H_2，对于劳动者2而言，工作时数将下降到每天H_2'。在图3-2（a）中，通过确定点X并连接点V所形成的一条直线就是劳动力供给曲线S_1。（S_1上的其他点可以采用类似的方法得到。）在图3-2（b）中，通过确定点X'并连接点V所形成的一条直线就是劳动力供给曲线S_2。对于劳动者1而言，供给曲线S_1向右上方倾斜，表明劳动者1愿意在更高的工资率下工作更长的时间。这反映了替代效应大于收入效应。然而对于劳动者2而言，供给曲线S_2的斜率为负，表明劳动者2愿意在更高的工资率下工作更短的时间。这反映了收入效应大于替代效应。

我们在这里没有完整地描述一条劳动力供给曲线，它很可能是一条既包含正斜率部分又包含负斜率部分的曲线。例如，经济学家常称之为向后弯曲的劳动力供给曲线。向后弯曲的劳动力供给曲线在工资率较低时有正的斜率，在工资率较高时有负的斜率。这种向后弯曲的劳动力供给曲线隐含的假定就是，在低工资率下，劳动者希望额外增加收

---

① 弗里曼．劳动经济学．北京：商务印书馆，1987：34.

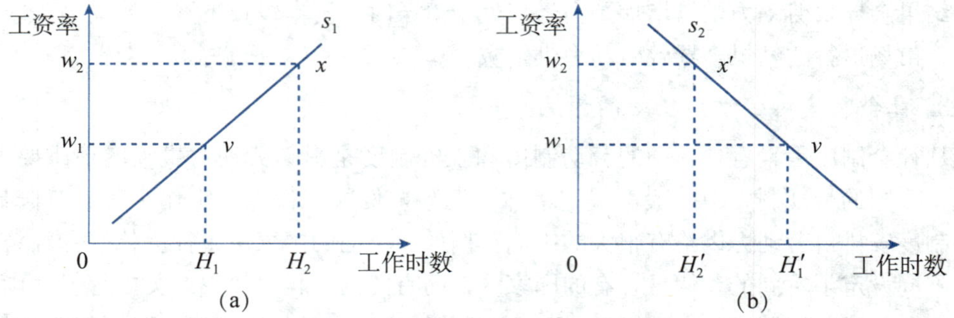

图 3-2 不同斜率的劳动力供给曲线

人的愿望很大以至于替代效应超过了收入效应。然而，当工资率超过某一数值后，劳动者的收入足够高以至于他对更高工资率采取的反应是愿意购买更多的闲暇而减少工作时数，也就是收入效应超过了替代效应，即当工资的提高使人们富足到一定的程度后，人们会更加珍视闲暇。因此，当工资达到一定程度而又继续提高时，人们的劳动力供给量不但不会增加，反而会减少。

第 3 节 劳动力流动分析

一、劳动力流动的内涵

劳动力流动在某些情况下也称劳动力迁移（migration of labor force），一般有多重含义，即地域性流动、行业性流动和职业间流动。劳动力流动主要有三种形式：第一，劳动力在本地更换行业职业；第二，劳动力在地区之间流动；第三，劳动力在行业之间流动（在其他行业就业）。

二、劳动力流动的影响因素

（一）年龄越大越不愿流动

在决定谁会迁移的问题上，年龄是最重要的因素。统计表明，劳动力流动的高峰年龄为 20～24 岁。处于这一年龄段的劳动者，每年都有一定量的人员跨地区流动。年龄为 32 岁的劳动者的流动率大约是 20～24 岁劳动者的 50%，42 岁以上劳动者的流动率大约只有 32 岁劳动者的 25%。① 有两个方面的原因可以解释流动为什么主要是年轻人从事的活动。首先，一个人越年轻，他从人力资本投资中所能够获得的潜在收益也就越高。正如人力资本理论所指出的，从一项投资中获得收益的时间越长，则这些收益的现值就越大。其次，迁移成本中的相当大一部分是心理上的，其中主要包括离开朋友、失去社会联系以及丢掉因熟悉周围环境而享有的收益等所造成的心理损失。当一个人刚刚

① 张抗私，等．当代劳动经济学．北京：经济科学出版社，2000：275.

成人时，这种心理损失相对来说还比较小，因为他在成年人的世界中尚未真正立足。然而，当一个人年纪大了以后，社会联系变得更为紧密，与流动相联系的心理损失会变得越来越大，这种情况就会抑制流动。家庭因素的作用也能说明这个情况。

（二）已婚家庭更不易流动

劳动力流动成本会随家庭规模的扩大而成倍增加。在年龄、学历相同的情况下，已婚劳动力比单身劳动力不易流动，而且当那些已婚劳动力的配偶已有满意的工作或工作收入较高时，他们更不易流动，当配偶双方都有较高的工资时，举家流动就更加不容易了。此外，家庭中的子女对劳动力的流动也是一个限制因素，父母和子女会拿预期的货币收益与流动的心理成本相比较，倘若后者太大，就不倾向于流动。许多经验研究发现：未婚的人比已婚的人更容易流动；妻子就业阻碍流动；妻子就业时间越长，家庭越不容易流动；有学龄儿童的家庭不易流动。

（三）教育与流动的关系

如果说年龄可能是预测谁将会从事迁移活动的最好指标，则教育就是预测同一群体内部哪些人会进行迁移的最好指标。图 3－3 显示的是 1998—2000 年我国 15～29 岁人口按受教育程度计算的跨县迁移率。从中不难看出，较高的受教育程度确实使得劳动者具有较高的迁移率。

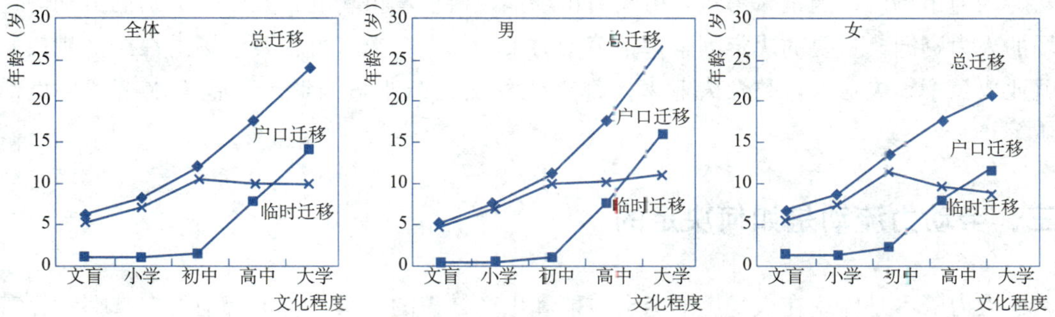

图 3－3　1998—2000 年我国 15～29 岁人口按受教育程度计算的跨县迁移率

资料来源：唐家龙，马忠东．中国人口迁移的选择性：基于五普数据的分析．人口研究，2007（5）：42－51.

同时我们也可以看到，自改革开放以来，中国以学者或留学生身份走出国门、走向世界甚至成为所在国新移民的人员占所谓“出国潮”的绝对比例，同样说明了受教育程度对劳动力流动的影响。

（四）迁移的距离如何影响流动

劳动力流动的可能性与迁移的距离呈反方向变动。统计结果表明，随着流动成本的上升，流动的劳动者数量随之下降。其一，距离越远，可能流动的劳动者获得的关于工作机会的信息就越有限。处于远距离的劳动力市场的人获得其他地方的就业信息非常困难，而了解家乡附近的就业前景比距离远的地方的就业前景要容易得多，如打电话的费用较低，与朋友和亲属的联系更为有用。其二，与迁移本身以及迁移之后回去看望朋友和亲戚的交通问题有关的货币成本以及迁移的心理成本，显然都会随着距离的增加而上升。这样，相比之下，人们更愿意进行近距离的迁移，而不大愿意进行远距离的迁移。

（五）技能越强，流动率越低

职业也是影响劳动力流动性的重要原因之一。职业流动是劳动力市场上劳动力供给的调整过程和劳动者的职业选择过程。职业流动性的高低可以用职业流动率的大小表示。一般来说，流动率与技术等级成反比。技术水平越高，流动率越低。管理人员和专业人员的流动率要比熟练工人的流动率小得多。从劳动力供给来看，专业技术特长的形成需要长期的教育和训练，劳动者需要投入大量的人力资本，改变职业不仅会使人力资本投资不能回收，而且也无法获利；从劳动力需求来看，劳动力市场对专业技术人员的需求量大，由于较高的报酬和较高的职业稳定性等职业优越性明显，劳动力一般不会放弃自己的专业，因而专业流动率低。但专业技术人员的地区流动率可能会高一些，这是因为专业技术人员的家乡观念一般比体力劳动者淡薄，同时由于专业技术人员越来越专门化，如果在地方劳动力市场找不到需要服务的雇主，其他一些地区又需要，专业技术人员为寻找更好的工作岗位而进行跨地区迁移的流动率就要比体力劳动者高一些。由于向远距离的地方迁移需要一笔可观的费用，体力劳动者的工资收入低，一般承受不起，所以只有高工资的专业技术人员才有能力进行这种长距离的迁移。

劳动力流动不单受个人因素影响，劳动力市场总体因素亦扮演重要角色。因此，若从劳动力市场总体因素来考量，劳动力市场能否留住本市场的工人或吸引别的劳动力市场的人力资源，重要的决定因素包括劳动力市场的人口数（可代表市场潜在经济规模）、就业成长率、失业人口数及失业率、都市化程度、产业结构形态、收入水平和环境品质等。

三、劳动力流动是如何决定的

人力资本是体现在人身上的劳动技能和生产知识的存量，一个劳动力在掌握和完善其自身技能的过程中，不仅要付出时间和精力，而且要付出直接和间接的经济成本。其直接经济成本可以看作是一种特殊形式的投资，即人力资本投资，这种投资可通过其未来工作取得附加的收入来形成回报。

人力资本模型可以用来理解和预测自发的劳动力流动。这种模型将自愿流动当成一种投资来看待，即劳动者为了在今后一个相当长的时间段内获得收益而在早些时候承担这种投资的成本。通常，劳动力流动基于以下两种假设：其一，劳动力流动是劳动者为了实现自己的利益而自愿迁移的行为。也就是说，劳动力流动不包括雇主造成的流动，如失业导致劳动者工作岗位的变化。其二，劳动者在劳动力市场上有流动的自由选择性。这主要是因为，虽然劳动力流动在某些方面是由资本的运动所支配的，但资本在一定时期内总是固定的。

如果与流动相联系的收益现值超过了与之相联系的货币成本和心理成本的总和，那么我们就可以认为，劳动者要么会决定更换工作，要么会决定进行地理上的迁移，或者是两者兼而有之。如果贴现之后的收益并不比成本高，那么劳动者就不会决定进行这种变动了。决定流动净收益（即流动收益减去流动成本）现值的那些因素也就是对劳动者的流动决策最终起决定作用的因素。如果我们把计算流动净收益现值的公式写出来，那么上述这些因素就可以被更好地确认下来。同时，这一计算公式也是我们在较为精确地估计流动净收益的时候所必需的。

$$\text{流动净收益现值} = \sum_{t=1}^{T} \frac{B_{jt} - B_{ot}}{(1+r)^t} - C$$

式中，B_{jt} 为劳动者在 t 年从新工作（j）中所获得的效用；B_{ot} 为劳动者在 t 年从原来的工作（o）中所获得的效用；T 为在工作 j 上的预期工作时间（用年限表示）；r 为贴现率；C 为在流动过程中所产生的效用损失（直接成本和心理成本）；$\sum$ 为加总符号，在这里是指从第 1 年到第 T 年这一时期每一年净收益贴现值的加总。

根据上述公式，如果某人的流动净收益现值大于 0，则意味着收益期望大于由于劳动力流动带来的货币上和心理上的综合成本，此人将会流动。如果某人的流动净收益现值小于 0，此人将不会流动。在其他情况不变的条件下，两种工作之间的效用差（$B_{jt} - B_{ot}$）越大，流动净收益现值就越大，此人就越有可能流动。

第 4 节　劳动失业问题研究

一、失业的定义

根据劳动统计概念，劳动人口分为两个群体：就业者和失业者属于劳动力，那些没有工作也不愿去工作者属于非劳动力。目前国际上对就业者的定义通常是，在调查周内至少有 1 小时的付酬工作的劳动者或在家庭企业中每周工作最低 15 小时的无酬劳动者。[①] 一个人有工作但因为休假、疾病、天气或罢工而暂时离开也被认为是就业者。统计上计算的失业者必须满足以下三个标准：（1）没有工作；（2）如果提供工作，愿意并且有能力工作；（3）在调查周的前 4 周内积极寻找过工作。失业率就是失业人数除以劳动力人数。

二、失业的类型、特征与治理措施

经济学家根据失业的特征和失业的根本引发机制，将各种类型的失业加以区分。一般来说，失业可以划分为三种类型：摩擦性失业、结构性失业和周期性失业。

（一）摩擦性失业

第一种失业类型是摩擦性失业。职业市场上的信息是不完全的，有职位空缺的雇主

① Kaufman B E，Hotchkiss J L. The economics of labor market. Chicago：Dryden Press，1999：648 - 649.

和寻找工作的人都要花时间去寻找彼此，从而产生了在工作和进出劳动力之间的持续流动过程。即使劳动力市场的供给和需求是平衡的，失业仍然会发生，因为企业和工人都在寻找最佳匹配。如果信息是完全的，流动是没有成本的，这个过程在瞬间就可以完成，失业就不会发生。但实际上，这些条件都不可能满足，那么一个动态的劳动力市场就不可避免地会生产一个副产品——存在一定量的摩擦性失业。其具体数量由寻找工作的劳动者和空缺工作的匹配速度、效率及周转频率决定。

摩擦性失业具有明显的特征：第一，它影响了所有人口群体、行业和地区中相对数量较多的人。但是对个人而言，摩擦性失业发生的概率是不同的。比如一些流动性大的行业像零售业或建筑业，以及特殊人口群体像青少年发生摩擦性失业的概率大一些。第二，摩擦性失业倾向于一个相对较短的时期。第一次换工作和第一次找工作的人根本就没有经历过失业，对于那些花一些时间去找工作的人，其失业的时间经常少于一个月。第三，一定量的摩擦性失业是不可避免的。因为有大量流动的劳动者进出劳动力市场，而且工作的转换需要一个过程，甚至一个密集的劳动力市场也不可能达到零失业率。第四，和其他类型的失业相比，摩擦性失业不仅带来经济成本，还会带来一些明显的经济利益。对劳动者而言，如果短期失业使他能进行更大范围的工作搜寻，失业就是一项值得的投资；对整个经济而言，如果劳动力流动过程能够使劳动力在地区和企业间进行合理有效的分配，那么一定量的摩擦性失业是必要的。然而并不是所有的摩擦性失业都是有利的，如那些频繁从一个没有前途的工作跳到另一个没有前途的工作的人所经历的失业。

摩擦性失业的特征表明了减少摩擦性失业可以采用的几种公共政策。一个明显的方法就是在劳动力市场上提高工作信息的流动性，比如，改善的公共就业服务有一个计算机化的职位银行，或有前途的求职者在与不同公司代表交谈时，其工作机会应该是平等的。公共政策同样可以通过降低不必要的流动而减少摩擦性失业。例如，美国等发达国家的一个经常性建议是改革失业保险系统。另一个已经被讨论了很多年的政策是美国在1993年实施的《家庭与医疗休假法案》。这个政策通过允许工人在一个有限的时期内休假而不是被辞退来减少摩擦性失业。如果一个人休假了，他再次进入劳动力市场时是作为就业者；而如果他被辞退了，再次进入就意味着他要经历寻找一份新工作的失业期。

（二）结构性失业

第二种失业类型是结构性失业。结构性失业是由于工作类型与寻找工作的人不匹配而产生的。这种不匹配可能与个人的技能、学历、地理位置或年龄相关。比如，如果经济中存在的工作是技术性的，比如软件工程师、空间技术工程师或经理人员，而寻找工作的要么是没有受过多少教育或没有工作经验的年轻人，要么是从没有技术性的工作岗位（如卡车司机之类）上被解雇的成年人，这时结构性失业就发生了。同样，如果北京和上海有工作空缺，而寻找工作的人在陕西或者山西等中西部地区，结构性失业也会存在。这种情况下的失业不是由于信息不完全，而是由于劳动力市场的流动性障碍，这种障碍阻止了失业者与求职者的匹配。在结构性失业情况下，市场上同时存在工作空缺和失业者，甚至从长期看，二者也不会很容易匹配。

结构性失业具有明显的特征：不像摩擦性失业，结构性失业倾向于集中在确定的群体，即那些受技术改变、所在企业衰退或国家内部的工作移动等因素负面影响的群体。而且，结构性失业是长期的。一个区域内那些被新技术替代或工厂倒闭后的工人很少能找到可选择的其他就业资源，这种情况下寻找工作可能要持续好几个月。这表明一条直线被频繁地分为摩擦性失业和结构性失业，因为二者都包括搜寻工作的过程。它们的主要区别在于搜寻工作的过程所花的时间，摩擦性失业相对短一点，而结构性失业要持续得长一些。

结构性失业的特征表明了减少结构性失业可以采用的几种公共政策。其一是政府提供某些培训项目或对某些项目进行资助。例如，将政府项目提供给为难以就业的年轻人提供就业技能服务的职业公司，给予为目标群体提供培训的企业税收优惠等。其二是通过提供再次安置津贴鼓励失业者流动，使失业者走出经济不景气地区。其三是给长期失业者提供公共服务工作，作为政府最后雇主的应对措施。

（三）周期性失业

第三种失业类型是周期性失业（需求不足失业）。这种失业产生的根本原因是经济中的总需求不足以为求职者创造足够的工作。摩擦性失业和结构性失业中的问题是空缺工作与求职者不能互相匹配，而周期性失业的发生是因为没有足够的工作。周期性失业与经济运动的上升和下降的周期性变化有关：在经济上升期，失业率会随着经济中对商品和服务的需求上升而下降，因为这会促使企业通过召回暂时解雇的工人以及招聘新求职者来增加就业；而在经济衰退期，销售量的下降使企业辞退现有工人以及减少新的招聘人员，经济中可存在的工作减少，失业率上升。导致周期性失业发生可能还有一个非周期性因素，如果经济缓慢增长，这种状态就会被认为是“经济停滞”。

周期性失业的特征：相对于摩擦性失业和结构性失业，周期性失业随着经济的扩张与收缩表现得每年都不一样。同摩擦性失业一样，周期性失业也倾向于整个经济的范围，虽然在经济衰退时耐用品企业和工业区的工人通常比其他工人的境况更糟。

一般来说，政府可以借助公共政策来减少周期性失业。最直接的办法就是调整财政政策和货币政策以确保持续健康、稳定的经济增长。一旦衰退开始，政府应通过减少税收或实行宽松的货币政策进行干预，以降低经济衰退的严重程度和避免造成大规模失业。另一个可选择的办法就是增加基础设施建设，比如在经济衰退开始时就建高速公路或新建城市项目，直接扩大就业。

第 5 节　劳动力中的重点群体

一、大学生就业分析

目前，我国大学生就业的最大特点就是就业人数多、增长快。自 1999 年各高校扩招以来，我国的高等教育逐渐从精英教育向大众教育转变，大学毕业生的人数逐年增加。教育部公布的数据显示，2018 年、2019 年、2020 年我国的大学毕业生人数分别为 795 万、820 万、874 万，这些逐年增加的数字充分说明了大学毕业生所面临的严峻就业现状，以及解决就业问题的迫切性和艰巨性。庞大的毕业生队伍使得劳动力市场上的就业压力增大，难以保障优质岗位的提供，同时，往届毕业生未就业人数的逐年增长也影响了应届毕业生的就业率。因此，可以看出持续增长的毕业生人数与社会对人才的需要之间出现了诸多矛盾，导致大学生"就业难"，同时他们为了能在劳动力市场上占得一席之地，随大流，使得大学生就业出现了一系列特殊现象。大学生就业问题一直以来都备受社会的关注，但是，在当前全球经济发展放缓、大学连续扩招、就业市场供大于求、就业结构性矛盾突出的前提下，大学生就业形势不容乐观。[①] 因此，本节旨在对大学生的"就业难"现状进行分析，同时对目前劳动力市场上出现的一系列大学生就业的特殊现象进行简单介绍，并浅析其出现的原因。

（一）大学生就业难的原因

大学生就业难问题的实质是高校的人才培养模式对人才市场的需求缺乏有效的回应。所谓的大学生就业难并不是大学生真的"无业可就"，其就业难表现在特定职业、特定地区、特定薪酬等方面。例如：大学生认为上大学本身就是对人力资本的一项重大投资，耗费的时间和金钱比高中多，这些投资应该得到回报。这种回报不仅体现在高工资报酬上，而且工作要体面，环境和福利也应该好。具体而言，当前大学生的就业难问题集中表现为城市就业难、体制内就业难和高薪就业难。[②]

1. 城市就业难

当今的大学毕业生大多想去北上广和东南沿海城市工作。受市场经济利益观的驱动，在择业过程中，多数人希望到经济较发达的大城市就业，他们过分强调和追求安逸舒适的工作岗位和环境，不愿意到偏远地区和基层单位等。一方面，他们认为，北上广和东南沿海城市的经济发展水平以及社会综合条件较好，能够给个人才能的施展提供较多的空间，也更容易实现人生价值，而且这些地区能够提供相对较高的工资收入。另一方面，大城市虽然生存压力大，生活节奏快，但信息更新也快，专业起点相对较高，不容易被社会淘汰。

尽管国家制定并实施了"西部大开发"和"中部崛起"战略，但是它们在促进大学生就业上的效果并不明显。这需要大批毕业生到"中西部去、到基层去、到祖国最需要的地方去"，但现实是即使是中西部贫困地区走出来的大学生也不愿回家乡做贡献，他们为了改变命运更倾向于选择北上广等大城市。不难看出，相对于北上广和东南沿海城市，中西部地区在吸引人才和保留人才等方面的能力都有待加强。

闹得沸沸扬扬的"逃离北上广"事件一度让人们怀疑大城市不再具有保留人才的优势，但是卷土重来的"重回北上广"让人们意识到逃离只是暂时的，大学生对大城市的就业偏好并没有改变，大城市仍是大学毕业生就业的首选之地，这些都加剧了大学生城

---

① 钮林豪．当前大学生就业难现状分析：基于凯恩斯就业理论．中国大学生就业，2014（18）：6－9.

② 卢倩．当代大学生就业现状分析：从 3 000 名大学生应聘清洁工谈起．开封：河南大学，2013.

市就业难的状况。

2. 体制内就业难

所谓体制内，是指那些有编制、有户口，工资、福利、待遇都有保障的单位，其代表性岗位就是公务员，以及事业编制的员工、教师等。《2020 年中国大学生就业报告》的调查数据显示，2019 届本科生毕业半年后在政府机构、科研事业单位的人就业满意度最高，而在民营企业的人、个体户就业满意度最低。

近年来持续升温的“公务员热”就是大学毕业生对体制内偏好的很好说明，公务员报考人数逐年增多，大学生则是报考的主力军。一方面，每年毕业的大学生中确实有一部分人的职业生涯规划就是获取一份体制内的工作；而另一方面，刨去这部分大学毕业生后，剩下的更多是为了缓解就业压力或者是不想那么早就业，更甚者是单纯随大流而选择报考公务员。

不可否认，“公务员热”的急剧升温与当前社会不容乐观的就业形势不无关系。在就业形势严峻、就业压力巨大的情况下，适逢国家加大公务员的招考比例，作为就业的一条出路，大学毕业生跃跃欲试也在情理之中。而且中国历来就有“学而优则仕”的传统，大学生希望通过公务员这一渠道晋升仕途也无可厚非。公务员系统优越的工资福利待遇也是其吸引大量报考者的重要原因，种种因素造成了目前“千军万马过独木桥”的局面，导致大学生就业出现体制内就业难的现象。

3. 高薪就业难

市场经济条件下，人们的所作所为都是从利益出发，大学生在求职择业过程中也不例外。大学生总是希望自己的工资能够高一点、再高一点。有社会学家计算过，一个大学生 4 年的花费相当于一个农村居民 20 年的纯收入。可见，大学生在大学期间花费了相当多的金钱，进行了这么多的教育投入，必定是希望能够在高薪的工作中收回成本，因此高昂的学费投入和不菲的求职成本都使得大学生在求职过程中比较青睐较高的工资待遇。

随着大学毕业生数量每年都在增加，劳动力市场出现了结构性矛盾。一方面，接受过高等教育的大学毕业生对自身的期望较高，倾向于到经济发达的城市和业绩、薪酬等方面都很好的单位工作。另一方面，有用人需求的用人单位希望招录到各方面条件都符合自己要求的人才。然而，现实情况却并非如此，大学生期盼寻找到的有保障、有编制、工资待遇好的用人单位数量有限，而其自身也不能百分百地满足用人单位的要求；大学生的就业意向与用人单位的实际需求错位，薪酬期望与用人单位的实际待遇错位，所学专业与经历等也不符合用人单位的实际需要。这样就出现了就业“双重缺口”的困境——大量毕业生找不到理想工作和大量用人单位招不到满意员工。大学生就业呈现出有业不就和无业可就的矛盾局面。在这种情况下，大学毕业生要想获得一份高薪工作就更加困难。

（二）大学生就业中的特殊现象

高等教育的大众化使现代社会的生产力结构发生了质的变化，促进了社会的发展。

大学生的就业状况受到多种因素的影响，反映了社会深层次问题。大学生数量增加所带来的就业难题导致大学生就业中出现了一系列特殊现象，衍生出不少社会问题，因此，有必要着重介绍大学毕业生就业过程中出现的几种特殊现象。

1. 蚁族

顾名思义，蚁族即为像蚂蚁一样的群体，具有群居且弱小的特点，它是对聚居在大城市边缘地带奋斗的大学毕业生群体的形象概括，是我国继农民、农民工、下岗职工三大弱势群体之后出现的第四大弱势群体。[①] 在《蚁族：大学毕业生聚居村实录》一书中，作者对蚁族下了一个描述性定义，指的是大学毕业生在大城市郊区和城乡接合部所形成的低收入聚居群体。这一群体大多没有正式和稳定的工作，收入较低，生活在城市的边缘，同时他们没有被纳入政府、社会组织的管理体制，更缺乏完善的社会支持体系，因此称这类大学生为蚁族。

2. 公务员热

自1994年我国正式建立公务员考录制度以来，公务员考试报名人数便逐年增加，近几年，公务员报考更是达到了空前的程度，各地报名情况异常火爆。大学生作为其中的主体，即使“裸考”，也抱着只要是机会就不能轻易放弃的心态参加考试。在报考公务员的大学生群体中，既有应届毕业生也有往届毕业生，还未毕业的在校生也争相报考，报考群体呈现多样化。为了增加录取机会，大学生往往多次报考不同地方的公务员。大学生群体考公务员热不仅造成了人才资源的浪费，而且造成了整个社会就业结构的失衡，在一定程度上带来了负面效应，应引起高度重视。[②]

3. 啃老族

啃老族又名NEET族（not in employment，education or training），该词最早产生于英国，之后渐渐为其他国家所使用，专指那些在受教育以后，不升学、不工作、不参加职业培训的年轻人。[③] 在我国，啃老族指18周岁以上且不在全日制学校学习，具有劳动能力却在经济上依靠父母救济的年轻人。也就是说，啃老族是指那些并非因找不到工作而赋闲在家，不仅衣食住行全依靠父母，而且花费往往不菲的群体，社会学家称之为“新失业群体”。[④]

近年来，我国就业形势严峻，部分大学生毕业后未能找到合适的工作，索性退出劳动力市场加入啃老族的队伍，成为啃老族人群的重要组成部分。国家和家庭进行了较高的人力资本投资却无法获得回报，造成人力资源浪费，毕业生也因无法获得工作而导致人力资本贬值。

4. 慢就业

对于慢就业现象，目前还没有统一规范的界定。一些大学生毕业后，既无就业规划

---

① 廉思．蚁族：大学毕业生聚居村实录．桂林：广西师范大学出版社，2009.

② 王丽君，陈金鑫．透析大学生火热报考公务员现象．新学术，2007（5）：57-58+69.

③ 吴志先，郑庆彬，蔡雪敏，等．大学生“啃老族”现象成因及对策：基于自我效能感理论应用研究．特区经济，2015（5）：133-135.

④ 张可．高校毕业生“啃老族”特殊就业现象的成因分析．企业导报，2015（9）：71+77.

也无继续深造的准备，而是通过游历、陪父母、创业考察、等待创业机会等方式慢慢考虑人生道路，这一现象即可称为慢就业。慢就业包括两个方面的“慢”：一是就业意识上的“慢”，即在就业过程中就业意识淡薄，缺乏主动性；二是就业行为上的“慢”，即在就业过程中不主动参加招聘会，逃避就业应聘，甚至不就业，以延长待就业时间。高校毕业生慢就业现象的出现，既有主观因素，也有客观因素；既有个人因素，也有家庭因素；既有社会因素，也有教育因素。[①]

二、农民工就业分析

（一）农民工就业现状

法国社会学家孟德斯鸠曾针对20世纪下半叶世界发达国家的情景这样描述：“20亿农民站在工业文明的入口处。”这一场景在21世纪上半叶的中国得以重现。农民工作为具有中国特色的工业化、城市化、现代化道路的必然产物，自21世纪初以来，其规模呈现出日益扩大的趋势，而农民工的就业问题也是劳动力市场中一直被关注的问题。

1. 农民工就业规模和增速

根据国家统计局2021年4月30日发布的《2020年农民工监测调查报告》（以下简称《报告》），2019年农民工的规模已经达到2.9亿人次，较2018年有0.8%的增速（见图3-4）。尽管2020年有新冠肺炎疫情的冲击，但各地区各部门坚决贯彻党中央决策部署，国民经济持续稳定恢复，农民工就业保持总体稳定态势，不过仍然有2.85亿农民工在流动。

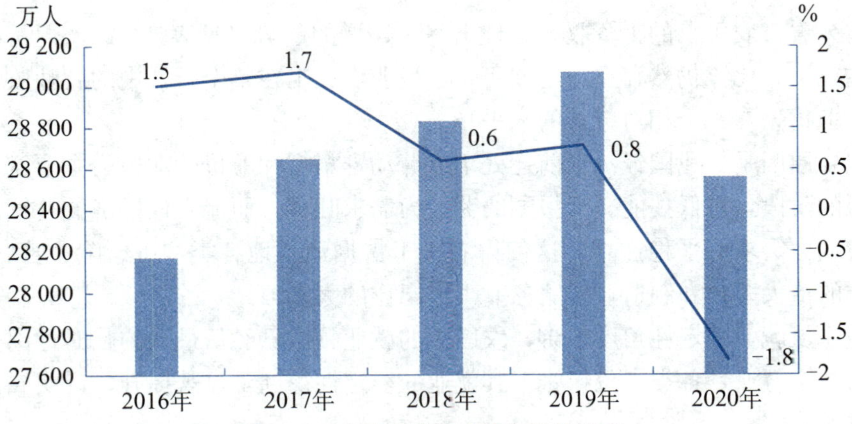

图3-4　农民工总体规模和增长速度

资料来源：2020年农民工监测调查报告。

2. 农民工从业行业分布

农民工主要从业于第二、第三产业，主要有制造业，建筑业，批发和零售业，交通

① 王淑珍．高校毕业生“慢就业”现象的成因及应对策略．中国林业教育，2021，39（1）：44-48.

运输、仓储和邮政业，住宿餐饮业，居民服务修理和其他服务业。近年来，农民工逐渐从第二产业转向了第三产业。根据《报告》，从事第三产业的农民工比重为51.5%，比上年提高0.5个百分点。其中，从事批发和零售业的农民工比重为12.2%，比上年提高0.2个百分点；在第三产业其他行业中，从事卫生和社会工作，公共管理、社会保障和社会组织工作的农民工比重有所增加。与此同时，从事第二产业的农民工比重为48.1%，比上年下降0.5个百分点。其中，从事制造业的农民工比重为27.3%，比上年下降0.1个百分点；从事建筑业的农民工比重为18.3%，比上年下降0.4个百分点（见表3-1）。

表3-1 农民工从业行业分布

	2019年（%）	2020年（%）	增减
第一产业	0.4	0.4	0.0
第二产业	48.6	48.1	−0.5
其中：制造业	27.4	27.3	−0.1
建筑业	18.7	18.3	−0.4
第三产业	51.0	51.5	0.5
其中：批发和零售业	12.0	12.2	0.2
交通运输、仓储和邮政业	6.9	6.9	0.0
住宿餐饮业	6.9	6.5	−0.4
居民服务修理和其他服务业	12.3	12.4	0.1
其他	12.9	13.5	0.6

3. 农民工月收入及其增速

总体来看，农民工的工资收入呈现出逐年递增的趋势（见表3-2），但是跟相应行业的平均工资相比，仍然存在一定差距，这说明农民工在整个行业中的就业收入虽然逐年增长，但仍处在一个相对较低的水平。

其主要原因是，我国经济目前还处于以劳动密集型和廉价劳动力为主要竞争手段和利润来源的阶段，对低技能、低报酬的劳动力需求旺盛，而流入地经济的持续快速发展又带来劳动力需求的平稳递增，这使得农民工占据流入地各类“脏、险、苦、累、差”工作岗位的绝大多数和制造业、服务业工作岗位的大多数。

但是，从就业稳定性角度来讲，农民工的就业领域已经从最初的临时性岗位、补充性岗位向各个行业、各类岗位扩张，其就业的稳定性得到了显著提升，说明农民工的就业形势日趋稳定。

表3-2 农民工月收入及其增速 单位：元；%

	2019年	2020年	增速	行业月平均工资
合计	3 962	4 072	2.8	7 542
制造业	3 958	4 096	3.5	6 512
建筑业	4 567	4 699	2.9	5 465
批发和零售业	3 472	3 532	1.7	7 421

续表

	2019年	2020年	增速	行业月平均工资
交通运输、仓储和邮政业	4 667	4 814	3.1	8 088
住宿餐饮业	3 289	3 358	2.1	4 196
居民服务修理和其他服务业	3 337	3 387	1.5	5 019

（二）农民工就业面临的问题

农村富余劳动力向非农产业和城镇的转移是世界各国经济社会发展的共同规律。一方面，工业化和城镇化的发展需要劳动力，从而形成了巨大的拉力；另一方面，由于农业收益率的下降，农民要增加收入，进城就业是最好的选择，由此产生了巨大的推力。推拉理论之下，产生了农民工的城市融入问题。

1. 农民工城市融入现象

在改革开放40余年的过程中，在城市吸引力和农村推动力的持续作用下，第一代农村转移劳动力出现了“农民—农民工—市民”的三阶段身份转换。而这一转换过程体现了农民非农化、人口城市化、农民市民化三个相互交织、相互影响的过程，即农民工的城市融入过程。对于农民工的城市融入问题，主要应该从外部环境与农民工自身两个维度来解决。外部环境主要是指农民工的社会网络，农民工自身的原因主要在于对角色转换的适应能力。

第一，社会网络与农民工城市融入。农民工的城市社会网络在初期是不完善的，他们最初的社会网络来自流出地的乡土关系网络，他们利用家乡最初的熟人网络在城市这样的陌生环境中获得生存机会，并在最初的社会网络基础上，通过进一步延伸和扩展自己的社交人脉来获取必要的资源、信息和支持，进而搭建起自己在城市中的社会网络。社会网络是农民工城市融入不可或缺的手段和途径。当迁入地和迁出地的社会、经济、文化环境差异很大或迁入地社会对移民极其不友善时，社会网络的作用尤其重要。

第二，农民工的角色转换适应能力与城市融入。进入城市的农民工，其社会角色发生了重大变化。农民工在实现向市民转换的过程中，会经历角色中断—角色认知—角色学习—角色扮演四个过程。首先是角色中断，即个体在前后扮演的两种角色之间出现了矛盾现象。其次是角色认知，个体在原来的社会角色发生中断后，需要对新的角色产生新的认知。再次是角色学习，即个体如果要成功地扮演好某种角色，就要习得特色社会规范，缩短与理想角色之间的差距。农民工在进入城市后，可以通过网络、报纸等媒介学习各种知识技能，实现自己的角色转换。但是那些不易于编码的隐性知识，使他们难以体会到城里人所需要的“情感”规范，例如对该城市的热爱。最后是角色扮演，即个体按照角色的规范与要求，充当特定角色，履行角色义务，做出规范行动。

农民工城市融入仅仅是城乡二元体制、城乡户籍分割等多重因素深远影响的结果之一。农民工社会保障的缺失让农民工处在一个高风险的就业状态，其面临的具体职业风险有很多。

2. 我国农民工社会保障问题

（1）农民工社会保障风险的产生。农民工进城务工可能面临的主要风险有职业安全风险和身体健康风险、居住环境风险、失业风险和收入风险。

第一，职业安全风险和身体健康风险。在现代工业生产中，因技术进步，各类大型机器和现代重型装备广泛应用，一方面使许多行业的生产效率大幅提升，另一方面使劳动者的职业安全风险同步增加了。与此同时，农民工的城市融入问题给农民工造成了心理压力大、抑郁、焦虑等诸多不良影响，带来身体健康风险。

第二，居住环境风险。农民工群体的居住环境风险主要集中在住房成本高、居住环境差、配套设施不齐全、房价高、住房保障缺乏等方面。根据国家统计局发布的《2020年农民工监测报告》，进城的农民工人均居住面积仅有21.5平方米。

第三，失业风险。农民工进城务工的失业风险主要表现在两方面：一是进城后找不到工作；二是找到工作后也很不稳定，不能实现持续就业。导致高失业风险的原因主要是农民工就业的结构性矛盾比较严重，农民工大量在第二产业和第三产业就业。但是随着新生代农民工不再愿意从事劳动强度大、不体面、工资待遇低、没有自由的制造业工作，我国沿海一带的企业面临"用工荒"，大量岗位空缺，而大量的新生代农民工却找不到自己想要从事的岗位。

第四，收入风险。收入风险有三层含义：一是农民工的人力资本存量不高制约了其收入水平；二是农民工工资收入缺乏正常增长机制；三是农民工的收入有可能被拖欠甚至化为泡影。造成农民工收入风险的原因主要有以下几点：首先，农民工人力资本存量偏低，大多处于低学历、低技能状态，使其很难获得高质量的就业机会；其次，农民工在谈判中处于弱势地位；再次，产业结构升级加大了农民工面临的失业风险和收入风险；最后，生活成本的不断提高加大了农民工的收入风险。

（2）农民工社会保障制度现状。社会保障制度具有"自动稳定器"的作用，它可以增强人们的稳定预期，减缓经济周期波动的负面影响，降低农民工在市场中面临的各类风险。表3-3对农民工养老、医疗、工伤、失业、社会救助与社会福利政策进行了整理。

表3-3 农民工养老、医疗、工伤、失业、社会救助与社会福利政策汇总

颁布时间	政策名称	主要内容
	养老保险政策	
1991年7月	《全民所有制企业招用农民工合同制工人的规定》	第二十五条指出企业招用农民工实行养老保险制度
1997年7月	《国务院关于建立统一的企业职工基本养老保险制度的决定》	为探索农民工养老保险制度铺路
2010年9月	《关于印发城镇企业职工基本养老保险关系转移接续若干具体问题意见的通知》	进一步调整、规范农民工参加养老保险的相关政策
	医疗保险政策	
1998年12月	《国务院关于建立城镇职工基本医疗保险制度的决定》	确定了城镇职工基本医疗保险的适用范围，农民工在原则上也适用此项原则
2003年5月	《关于城镇灵活就业人员参加基本医疗保险的指导意见》	明确要求将灵活就业人员纳入基本医疗保险制度范围

续表

颁布时间	政策名称	主要内容
2004 年 5 月	《关于推进混合所有制企业和非公有制经济组织从业人员参加医疗保险的意见》	明确提出以农民工为重点，积极引导其参加医疗保险
2006 年 4 月	《关于贯彻落实〈国务院关于解决农民工问题的若干意见〉的实施意见》	明确指出，农民工的医疗保障要以大病医疗为重点，即将农民工纳入医疗保险制度范围
2006 年 5 月	《关于开展农民工参加医疗保险专项扩面行动的通知》	
2009 年 12 月	《流动就业人员基本医疗保障关系转移接续暂行办法》	农民工可以结合自己的情况自由选择城镇职工基本医疗保险、城镇居民基本医疗保险、新型农村合作医疗三种医疗保险
2016 年 1 月	《关于整合城乡居民基本医疗保险制度的意见》	农民工和灵活就业人员依法参加职工基本医疗保险，有困难的可按照当地规定参加城乡居民保险
	工伤保险政策	
2003 年 4 月	《工伤保险条例》	原则上，农民工如果与用人单位存在劳动关系，则在用人期限内的劳动者都在参保范围
2004 年 6 月	《关于农民工参加工伤保险有关问题的通知》	首次出台关于农民工工伤保险的专门性政策
2004 年 12 月	《关于进一步推进矿山等高风险企业参加工伤保险工作的通知》	进一步强调了从事高风险职业的劳动者参加工伤保险的必要性和紧迫性
	失业保险	
1999 年 12 月	《失业保险条例》	农民工群体首次在中央指定的失业保险政策中被单独提到
	社会救助与社会福利政策	
2003 年 1 月	《国务院办公厅关于做好农民进城务工就业管理和服务工作的通知》	对农民工的就业、工资、培训、子女就业都做出了相关规定
2003 年 9 月	《国务院办公厅转发农业部等部门2003—2010 年全国农民工培训规划的通知》	加快农村富余劳动力转移就业的关键在于加强农民工培训
2006 年 1 月	《国务院关于解决农民工问题的若干意见》	首次提出社会救助要突破户籍限制，为农民工提供平等的社会服务
2008 年 12 月	《国务院办公厅关于切实做好当前农民工工作的通知》	主要包括：农民工子女教育问题、疾病预防问题、计划生育问题和返乡农民工问题
2016 年 2 月	《国务院关于加强农村留守儿童关爱保护工作的意见》	首次提出在源头上逐步减少儿童留守现象

本章小结

本章从劳动力需求、劳动力供给、劳动力流动、劳动力失业问题以及劳动中的重点就业群体五个不同的方面共同阐释了劳动的环境，通过对劳动力需求及劳动力供给的基本分析，展现了劳动力市场运行的基本规律，而后进一步重点分析了劳动力流动的原因以及失业的类型及成因，最后结合劳动力市场中的现象分析了当前大学生及农民工的就业现状，以期给读者一定的启发。

复习与思考题

1. 什么是劳动力需求、劳动力需求的工资弹性？
2. 如何理解向后弯曲的劳动力供给曲线？
3. 哪些因素会影响劳动力流动？
4. 失业的类型有哪些，其成因是什么？
5. 大学生及农民工就业难的原因分别是什么？

附录

人力资本的相关概念

在劳动环境中，劳动力个人的健康状况、专业技术知识和职业技能等方面的差异也是值得分析的重点，此处简单介绍人力资本的相关概念，以便读者从不同维度更加全面地了解整个劳动力市场的环境。

一、人力资本与人力资本投资的概念

人力资本是一种与物质资本相对应的资本形式，它表现为能为任何个人带来永久性收入的能力和知识等。从价值的角度看，任何个人对自身进行的知识、技能、智力和健康方面的投入，如果能够给投入者带来超过投入价值的价值，且投入者占有和支配这部分价值从而产生更高的投入积极性，那么这种投入所形成的价值便是人力资本。而任何能够提高劳动力素质（劳动生产率）的活动都可称为人力资本投资。

二、人力资本投资的主要形式

1. 正式教育

教育投资是人力资本投资中最重要的形式，包括学前教育、小学教育、中学教育、大学教育等正规教育的费用支出。无论是政府还是社会团体、劳动者个人及其家庭，投资主体用于普通教育的费用均属于人力资本投资。这种形式的投资形成和增加了人力资本的知识存量，表现为人力资本构成中的“普通教育程度”，即用学历来反映人力资本存量。接下来，我们以大学教育投资为例，引入一个简单的人力资本模型来分析人力资本投资（见图 3－5）。

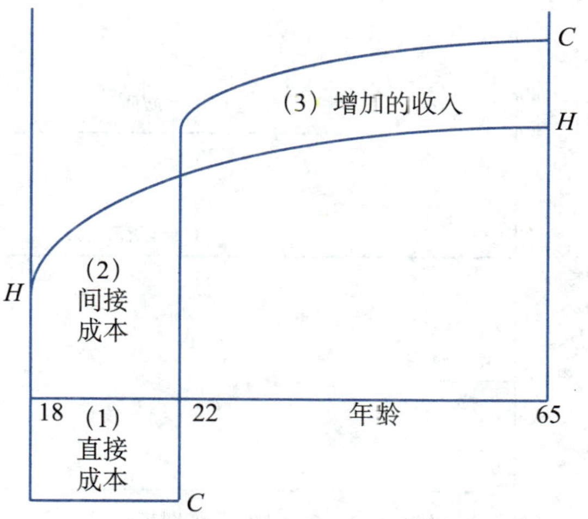

图 3-5 教育决策的成本-收益模型

假设某人高中毕业，考虑是否有必要去读大学，他该如何决策呢？单纯从能不能为他将来的工作带来更高的收入角度来看，理性的决策应该是对上大学的成本和收益进行比较。在图 3-5 中，曲线 HH 表示如果 18 岁高中毕业后决定放弃上大学而立即进入劳动力市场的收入剖面曲线。而曲线 CC 表示决定在进入劳动力市场前上四年大学的成本-收入剖面曲线。横轴下的区域（1）代表上大学期间支出的直接成本，区域（2）代表上大学期间所放弃的收入，即间接成本或机会成本，（1）与（2）的面积之和为上大学的个人总成本或总投资。区域（3）表示大学毕业后可获得的净收入增量，它等于上完大学再谋求就业所能赚得的终身收入与不上大学直接工作所能赚得的终身收入之差。从图 3-5 中可以看出，大学教育投资的经济收益是增加的未来收入流。但在实际分析中，由于与大学教育投资相关的成本和收益发生在不同时点上，还应具体考虑净现值及收益率等问题。

2. 职业技能培训

职业技能培训投资是人们为了获得与发展从事某种职业所需要的知识、技能与技巧所发生的投资支出。这种投资方式主要侧重于人力资本构成中的职业、专业知识与技能存量。企业所投资的职业技能培训根据人力资本是否具有普遍的实用性，可分为一般培训与特殊培训。一般培训是指所有企业或行业都适用的技能培训，即一般培训能够提高工人在所有企业的生产率。特殊培训指仅适用于某一特定企业的培训，即特殊培训只能提高工人在本企业的生产率。

与正式教育一样，培训需要以现在的成本来换取未来的收益。因此，我们对一般培训与特殊培训的成本与收益进行简要的分析（见图 3-6）。

图 3-6 展示了一般培训的基本情况。图中 W_u 和 MRP_u 分别代表未经过培训的工人的工资率和边际收益产品①。W_t 和 MRP_t 分别代表培训期工人的工资率和边际

① 边际收益产品（marginal revenue product，MRP）指额外雇用一名工人所带来的企业总收入的增加，即额外雇用一名工人将增加企业的总产出，从而增加企业的收入，收入的增加部分就是 MRP。

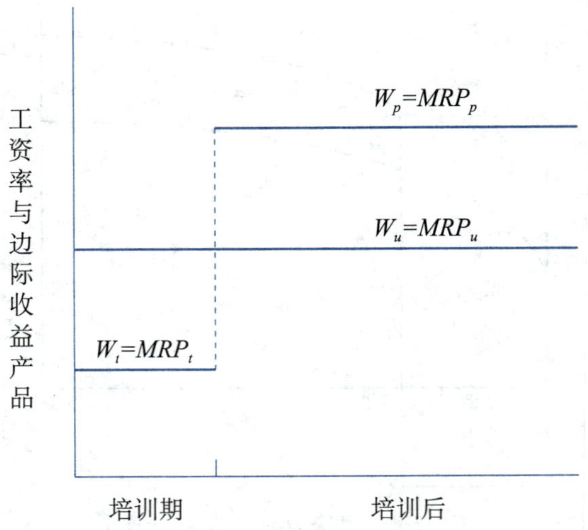

图 3-6　一般培训的成本-收益分析

收益产品，W_p和MRP_p分别代表培训后工人的工资率和边际收益产品。如果工人在培训期始终未接受培训，其工资率为图中的W_t线，低于W_u，其差额（W_u-W_t）部分为培训成本，即由个人所承担的人力资本。而培训后，受训工人的工资率为W_p，其差额（W_p-W_u）部分为培训收益。因此，工人在培训期间的边际收益产品（MRP_t）低于未接受培训的工人的边际收益产品（MRP_u）。而工人在接受培训后，其边际收益产品高于未受过培训的工人的边际收益产品（$MRP_p>MRP_u$）。如果工资率低于边际收益产品，工人可能在接受完培训后就流向其他企业。只有当接受培训的净现值大于零时，工人才会接受培训。

在图 3-7 中，W_u和MRP_u分别代表未经过培训的工人的工资率和边际收益产品，MRP_t与MRP_p分别代表工人在培训期与培训后的边际收益产品。但与图 3-6 相反，经特殊培训后的边际收益产品仅适合该企业，工人获得的特殊培训将会提高其在该企业的劳动生产率，但是特殊培训不可转让，因此工人将不对培训进行支付，且不会接受较低的工资。在培训期间，其工资率仍保持在W_u的水平上，而在培训后，由于特殊培训无法增加工人在其他企业的边际收益产品，因此雇主也无须再将工资率提高到W_u以上的水平。基于此，从雇主角度来看，培训使其在培训期间负担了成本（$W_u>MRP_t$），但在培训后也获得了收益（$MRP_p>W_u$）。

3. *劳动力流动*

劳动力流动是劳动力市场中一种十分常见的现象，一般指劳动力在不同地理区域范围或不同工作岗位间的自愿选择和流动。劳动力的合理流动在宏观上可以实现人力资本的优化配置，调节人力资本分布的稀缺程度，而在微观上可以使个人的人力资本实现最有效的利用。

劳动力流动对提高终身收入具有不确定性，因为劳动力流动也涉及成本与收益。劳动力流动的成本主要包括交通费、变价费、流动过程中所放弃的收入、离开

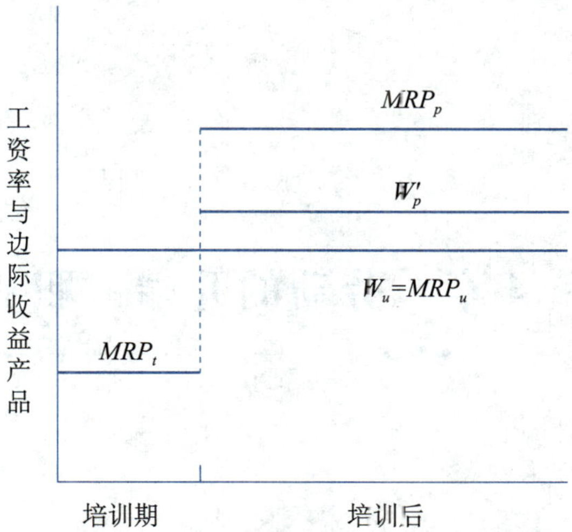

图3-7 特殊培训的成本-收益分析

家庭和朋友所带来的心理损失以及资历和养老金的损失。人们需将这些成本与流动后预期所获收入的大小相权衡。如果预期收入增加值的现值超过增加的成本的现值，人们就会选择流动；反之，则不会流动。具体可用以下公式进行表述：

$$VP=\sum_{n=1}^{N}\frac{E_1-E_2}{(1+i)^n}-\sum_{n=1}^{N}\frac{C}{(1+i)^n}-Z$$

式中，VP 为净收益现值；E_2为第 n 年新工作所获得的报酬；E_1为第 n 年原工作所获得的报酬；N 为从事新工作的预期时间；i 为年利率；C 为第 n 年因流动所带来的直接成本和间接成本；Z 为流动所带来的净心理成本减去心理收益。如果 $VP>0$，表明预期收益超过劳动力流动所带来的货币成本和心理成本之和，个人选择迁移；反之，$VP<0$，个人选择维持现状，不进行流动。一般来说，在其他条件相同的情况下，两份工作的年均收入差异（E_1-E_2）越大，净收益现值（VP）越高，个人流动的可能就越大。

第4章　劳动的开端：职业生涯规划

学习目标

- 理解什么是职业生涯规划。
- 掌握职业生涯发展周期理论和职业生涯选择理论。
- 识别自己的人格特征、职业兴趣、职业能力。
- 学会在进行职业生涯规划时思考个人的职业价值观。
- 掌握目标设定的原则。
- 学会分解自己的职业目标。
- 掌握职业生涯决策的方法。
- 了解国内读研、出国留学及创业的特点。
- 学会做好求职准备工作。

开篇引例

迷茫的吴铭

吴铭，广州某大学大一新生。怀着对大学的憧憬，他非常兴奋地走进了大学校园，开始了充满新鲜与刺激的大学生活。开学已经一个月了，每天他都忙忙碌碌的，参加各种各样的活动，参加各个社团的面试，上课……

渐渐地，他发现，积极参加各种活动的大多数人都是像他这样的新生，大二的师兄师姐们则忙着别的事情：有人忙着谈恋爱，有人天天泡在图书馆，有人迷恋"神剧"，有人打游戏，也有不少同学忙着做兼职赚钱。随着好奇心与兴奋感慢慢减退，吴铭感到了前所未有的迷茫——自己每天都很忙，却不知自己在忙什么，或者为何而忙。他觉得这种状态还不如高中，那时“目标”清晰，全力拼搏考个好大学。可到了大学才发现，目标没有了，自己竟不知大学四年该怎么过。虽然有很多喜欢的社团和活动，但不知参加什么好。吴铭对自己的专业也不太了解，不知道毕业后能干什么。如果有人能够清楚地告诉他怎么办就好了……

资料来源：刘瑞晶．职业生涯规划：理论、案例与实训．北京：中国人民大学出版社，2015.

第 1 节　了解职业生涯规划

一、什么是职业

（一）职业的内涵

职业（occupation）的概念大家并不陌生，学者们研究的角度不同，对其定义也不同。总的来说，职业是指人们为获取一系列需要（既包括获取物质报酬的需要，也包括精神及心理方面的需要）的满足而从事的连续的、相对稳定的、专门类别的社会工作，是人的社会角色的重要方面。

我国于 1999 年颁布了第一部《职业分类大典》，进入 21 世纪以来，随着经济社会发展、科技进步和产业结构调整升级，我国的社会职业构成和内涵发生了很大变化，2015 年版的《职业分类大典》将我国职业归为 8 个大类、75 个中类、434 个小类、1 481 个职业。

时代的进步催生了许多新职业，2015—2021 年我国共发布 4 批新职业信息。第一批新职业主要集中在高新技术领域，包括人工智能工程技术人员、电子竞技运营师、无人机驾驶员等 13 个新职业；第二批包括网约配送员、健康照护师、无人机装调检修工等 16 个新职业；第三批主要涉及预防和处置突发公共卫生事件领域、适应高校毕业生就业创业需要的新业态领域以及促进脱贫攻坚领域，新增在线学习服务师、社群健康助理员等 9 个新职业；第四批新增企业合规师、碳排放管理员、食品安全管理师等 18 个新职业。人力资源和社会保障部已于 2021 年 4 月启动《职业分类大典》修订工作。在这样一个发展迅速、就业困难的时代，劳动者应开阔眼界关注蓬勃发展的新兴职业，以便在就业时有更多的选择。

延伸阅读

新职业：网络主播

2014 年，网络直播在中国开始生根发芽，网络主播的一路发展见证了中国网络产业的井喷式发展。根据第 45 次《中国互联网络发展状况统计报告》，截至 2020 年 3 月，我国网民规模达到 9.04 亿，手机网民规模达到 8.97 亿，其中，网络直播用户规模高达 5.6 亿，占网民整体的 62.0%。

（二）区分工作与职业

职业等同于工作吗？如今，任何想要保住工作的人都不会说出“那不是我的工作”这句话。最有价值的员工就是那些懂得灵活应对，按要求做事，且不计较职务高低、职责内外的人。可见，职业与工作是有区别的。一般来说，一份工作是指在一个岗位上完成一系列任务和进行一系列活动。这些任务与职业有关，因为职业是由一系列工作组成的，职业除了包含一系列工作，还包含对待工作的态度和行为方式，这些态度和行为方式受个人的整个生活经历的影响。[①] 职业是个性与工作活动的结合，因此，它是一个人的主要身份标志和自我认知。作为终将迈入职场的大学生，你要仔细考虑你想选择的职业是什么。

（三）职业与专业的关系

接受高等教育已然成为实现较好的就业与职业发展的主要途径。在填报高考志愿时，其实就已经在进行职业生涯规划了，是在对未来的专业与职业进行探索。专业目标的设定，应当是结合自身兴趣爱好自主做出的，而当前高中毕业生的专业选择有时具有盲目性，对于此专业需要满足哪些要求与具备哪些素质知之甚少，导致所学专业与今后从事的职业不同。

专业不同于职业。职业的内涵是个人在社会中所从事的作为主要生活来源的工作。而专业是根据科学分工或生产部门的分工把学业分成的门类。可见，职业教育是要教会学生掌握某一种谋生手段，专业教育是要教会学生研究和应用某一学科知识的方法。

专业为职业提供基础。专业学习是职业生涯的必要准备，是高校培养人才的载体。学生们掌握了某一领域的专业知识后，较大程度上会选择在该领域发展。目前我国授予学位的学科门类有 13 个，进而细分为一级学科、二级学科，为大学生走上工作岗位奠定基础。通常情况下，高等教育的“专业”和“研究方向”强调专业知识面，因而基础宽厚、学科知识相对完整，这种模式下培养的人才常被称为“通才”。但是，面向市场的专业教育不仅应做到如此，还应以某一类职业岗位为依据，从而使这种模式下培养的人才成为具有一定理论知识水平和较强岗位工作能力的“专才”。[②]

职业为专业提供导向作用。以职业为目标选择专业与课程是明智的选择。北京品友互动信息技术有限公司 CEO 黄晓南的故事就是一个生动的例子：我是一个喜欢倒推的人，读大学时就很清楚自己的职业规划，而且之后十多年的职业发展基本上和我当时的规划是一致的。我大学学的是英语专业，同时辅修了法学和经济学。毕业后，我在外企工作过一段时间，英语起到了非常重要的作用；法学为我构建了一个很严谨的逻辑思维体系，我现在做的大数据分析都是依赖于逻辑推演；经济学除了基本原理，其实和法学异曲同工，很多数学推演也训练了我的思维，并让我有了商业头脑。对于现在的大学生来说，最后还是要走向社会的，所以要为自己考虑长远一点，至少要看 5～10 年的发

---

① 萨克尼克，若门夫．职业指导：职业生涯规划教程：第 11 版．北京：中国劳动社会保障出版社，2017.

② 李炎生，周玉俊．教学型大学之学科、专业、课程与职业关系解析．九江学院学报，2008（1）：112－115.

展。在大学期间，要尽可能地去涉猎更多领域，全方位地刺激大脑，然后搭建起一个完整的思维框架。[①]

近年来，有些学校实行大类招生，在低年级按照大类培养，高年级再细分专业，此外允许学生转专业，实行主辅修制、双学位，这些制度让学生对专业的选择有了更多的自主权，多了选择、调整专业的机会。所以，学生们可以根据职业来选择自己的专业。

二、什么是职业生涯规划

（一）生涯与职业生涯的内涵

生涯（career）是个人通过从事工作所创造出的一种有目的的、延续不断的生活方式。Career 也常译为职业生涯，指从事某种活动或职业的生活。

根据中国职业规划师协会的定义，职业生涯是指人的一生中的职业历程。职业生涯分为两个方面：外职业生涯（对外在职场而言）和内职业生涯（对个人自身而言）。外职业生涯是指从事职业时的工作单位、工作时间、工作地点、工作内容、工作职务与职称、工作环境、工资待遇等因素的组合及其变化过程。它依赖于内职业生涯的发展而增长。内职业生涯是指从事一种职业时的知识、观念、经验、能力、心理素质、内心感受等因素的组合及其变化过程。它是别人无法替代和窃取的人生财富。

（二）职业生涯规划的含义

职业生涯规划（career planning）简称生涯规划，是指个体在对自己生涯的主客观条件进行测定、分析、总结的基础上，对自己的兴趣、爱好、能力、特点进行综合分析与权衡，并结合时代特点，根据自己的职业倾向，确定最佳的职业奋斗目标，并为实现这一职业目标制定出行之有效的具体安排计划与措施。

职业生涯规划不仅可以帮助个体找到适合自己的工作，还可以促进个体明确职业发展。在寻找工作时需要做到的就是人职匹配，了解自己的兴趣、能力，通过相关量表工具评估自己的职业倾向、职业能力、价值观等，将自己放在合适的岗位上，实现自身价值。找到合适的岗位后，通过职业生涯规划明确今后的发展目标，这需要继续了解行业前景、职位要求等，基于此进行专业、能力的进一步拓展。

第 2 节 职业生涯发展基本理论

一、职业生涯发展周期理论

（一）舒伯的职业生涯发展理论

舒伯（Super）为世界职业规划与生涯教育领域做出了突出的贡献。他以动态的生

① 赵新语．专业和职业关系大吗？．中国企业家，2014（14）：23.

涯发展为研究视角，把职业生涯看成是一个持续的过程，由童年开始伴随个人的一生。基于此他提出了生涯彩虹理论，认为人在一生当中必须扮演九种主要角色，依序是儿童、学生、休闲者、公民、工作者、夫妻、持家者、父母和退休者（见图 4-1）。

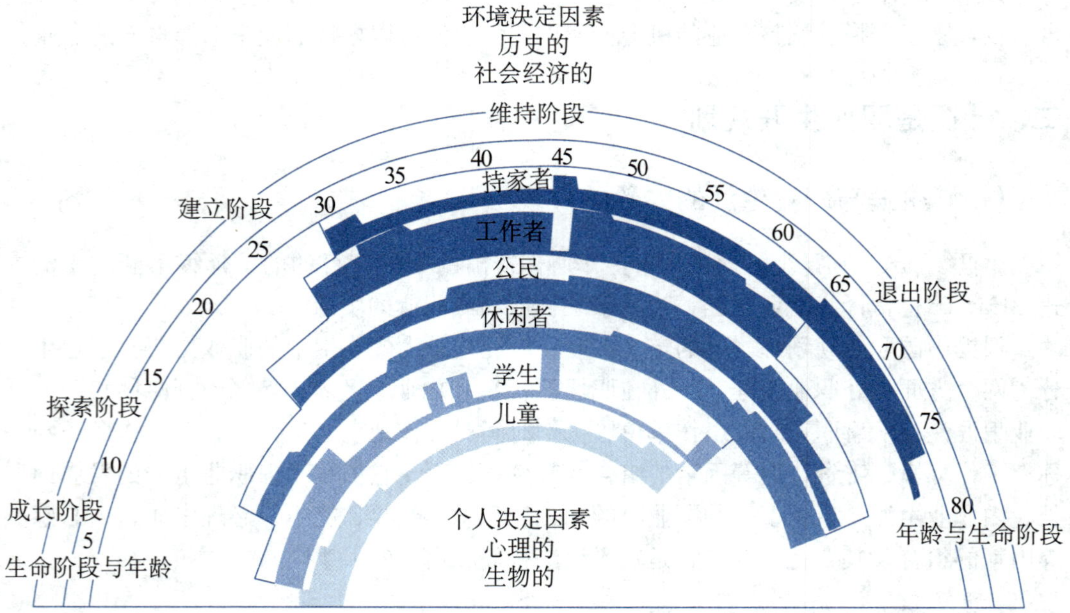

图 4-1 生涯彩虹图

如图 4-1 所示，生涯彩虹图存在两个维度。最外的横向层面代表人一生所经历的发展阶段，即生活广度。横向的生活广度也就是所说的生涯，包括人一生发展的五大阶段，即成长阶段、探索阶段、建立阶段、维持阶段和退出阶段。此处的年龄划分并不是固定不变的，个体不同，年龄的划分存在差异性。里面的纵向层面代表人一生所扮演的多重角色，即生活空间。纵向的生活空间由角色和职位组成，包括儿童、学生、休闲者、公民、工作者、持家者等。在一生中的各个时间段一个人所扮演的角色可能是一个或是多重的。

可以看到，随着年龄的增长个体会扮演不同的角色，它们交互影响从而塑造个体独特的生涯类型。在发展历程中，个人随年龄的增长而扮演不同的角色，图的外圈为主要发展阶段，内圈阴影部分长短不一，表示在该年龄阶段各种角色的分量；个人在同一年龄阶段可能同时扮演数种角色，因此彼此会有所重叠，但所占比例有所不同。

（二）金斯伯格的职业生涯发展阶段理论

金斯伯格（Eli Ginzberg）是美国著名的职业指导专家、职业生涯发展理论的先驱和典型代表人物，研究的重点是从童年到青少年阶段的职业心理发展过程。他将职业生涯的发展分为幻想期、尝试期和现实期三个阶段。

（1）幻想期：11 岁之前的儿童时期。此时期职业需求的特点是：单纯凭自己的兴趣爱好，不考虑自身的条件、能力水平和社会需要与机遇，完全处于幻想之中。

（2）尝试期：11～17 岁，这是由少年儿童向青年过渡的时期。此时期在职业需求上呈现出的特点是：有职业兴趣，但不局限于此，更多的是客观审视自身各方面的条件和能力；开始注意职业角色的社会地位、社会意义，以及社会对该职业的需要。不过由于长期的学校学习，对社会和职业的了解还不全面，职业的主要考虑因素是个人兴趣和理想主义。尝试期又分为四个子阶段：兴趣阶段（11～12 岁）、能力阶段（13～14 岁）、价值观阶段（15～16 岁）、综合阶段（17 岁）。

（3）现实期：17 岁以后的青年年龄段。此时期所希求的职业不再模糊不清，已有具体的、现实的职业目标，表现出的最大特点是客观性、现实性、讲求实际。现实期分为三个子阶段：试探阶段、具体化阶段、专业化阶段。在试探阶段个体会根据尝试期的结果，进行各种职业试探活动；在具体化阶段个体会根据试探阶段的感受，将职业目标具体化；在专业化阶段个体会根据具体化阶段的目标，进行专业知识、能力的就业准备。

（三）施恩的职业生涯发展阶段理论

著名职业生涯管理专家施恩（Edgar H. Schein）立足于人生不同年龄段面临的问题和职业工作的主要任务，将职业生涯分为九个阶段。

（1）成长、幻想、探索阶段。一般 0～21 岁的人处于这一职业发展阶段。其主要任务是：发展自己的需要和兴趣，发展和发现自己的能力和才干，为进行实际的职业选择打好基础；学习职业方面的知识，寻找现实的角色模式，获取丰富的信息，发展和发现自己的价值观，做出合理的受教育决策，将幼年的职业幻想变为可操作的现实；接受教育和培训，开发工作世界中所需要的基本习惯和技能。个体在这一阶段所扮演的角色是学生、职业工作的候选人、申请者。

（2）进入工作世界阶段。16～25 岁的人步入该阶段。首先，进入劳动力市场，谋取可能成为一种职业基础的第一份工作；其次，个人和雇主之间达成正式可行的契约，个人成为一个组织或一种职业的成员。个体扮演的角色是应聘者、新学员。

（3）基础培训阶段。该阶段的年龄为 16～25 岁。与进入工作世界阶段不同，此阶段个体要扮演实习生、新手的角色。也就是说，个体已经迈进职业或组织的大门。此时的主要任务一是了解、熟悉组织，接受组织文化，融入工作群体，尽快取得组织正式成员资格，成为一名有效的成员；二是适应日常的操作程序，应付工作。

（4）正式成员资格阶段。此阶段的年龄为 17～30 岁，在这一阶段，个体会取得组织正式成员资格。面临的主要任务有：承担责任，成功完成与第一次工作分配有关的任务；发展和展示自己的技能和专长，为提升或进入其他领域的横向职业成长打基础；根据自身才干和价值观、组织中的机会和约束，重估当初追求的职业，决定是否留在这个组织或职业中，或者在自己的需要、组织约束和机会之间寻找一种更好的配合。

（5）职业中期阶段。处于职业中期阶段的正式成员，年龄一般在 25 岁以上。主要任务有：选定一项专业或进入管理部门；保持技术竞争力，在自己选择的专业或管理领域内继续学习，力争成为一名专家或职业能手；承担较大责任，确定自己的地位；开发个人的长期职业计划。

（6）职业中期危险阶段。这一阶段的年龄为 35～45 岁。主要任务为：评估自己的进步、职业抱负及个人前途；就接受现状或者争取看得见的前途做出具体选择；建立与他人的良师关系。

（7）职业后期阶段。40 岁以后直到退休，可以说是职业后期阶段。此时的职业任务有：成为一名良师，学会指导、指挥别人，对他人承担责任；发展、深化技能，或者提高才干，以担当责任；如果求安稳、就此停滞，则要接受和正视自己的影响力和挑战能力的下降。

（8）衰退和离职阶段。此阶段一般在 40 岁之后到退休之前，不同的人在不同的年龄会衰退或离职。此时的主要职业任务为：一是学会接受权力、责任、地位的下降；二是基于竞争力和进取心的下降，要学会接受和发展新的角色；三是评估自己的职业生涯，着手退休。

（9）离开组织或退休阶段。在失去工作或组织角色之后，个体会面临两大问题或任务：一是保持一种认同感，适应角色、生活方式和生活标准的急剧变化；二是保持一种自我价值观，运用自己积累的经验和智慧，以各种资源角色，对他人进行传、帮、带。

二、职业生涯选择理论

（一）特质-因素理论

特质-因素理论是关于个人特质和职业所需资格相匹配的理论，是最早的职业生涯选择理论，由美国学者帕森斯（Parsons）在《选择一个职业》一书中提出，也称作“人职匹配理论”。

特质-因素理论认为个别差异现象普遍存在于个人心理与行为中，每个人都具有自己独特的能力模式和人格特质，而某种能力模式及人格特质又与某些特定职业存在相关性。帕森斯提出职业选择需要关注三个步骤：

第一步是评价自己的生理和心理特点，通过心理测评及其他测评手段清楚地了解自己的身体状况、能力倾向、兴趣爱好、气质与性格以及家庭背景、学业成绩、工作经历等情况，并对这些资料进行整合分析。

第二步是分析各种职业对求职者的要求，获得相关职业信息，包括：职业的性质、工资待遇、工作条件以及晋升的可能性；求职的最低条件，诸如学历要求、所需的专业训练、身体要求、年龄、各种能力以及其他心理特点方面的要求；为准备就业而设置的教育课程计划，以及提供这种训练的教育机构、学习年限、入学资格和费用等；就业机会。

第三步是人-职匹配。在了解自己的特点和职业的各项指标的基础上，对两者进行比较分析，以便选择一种既适合个人特点又有可能得到并能取得成功的职业。

（二）职业锚理论

著名职业生涯管理专家施恩教授在其 1978 年出版的职业生涯开发与管理的经典著作《职业的有效管理》（又译《职业动力论》）一书中首次提出了职业锚的概念。

锚是船只停泊定位时所用的铁制器具。职业锚实际上就是人们选择和发展自己的职业时所围绕的中心。它强调个人能力、动机和价值观三方面的相互作用与整合，在实际工作中是不断调整的。施恩教授提出的职业锚理论包括八种类型：

（1）职能型。职能型的人追求在技术/职能领域的成长和技能的不断提高，他们对自己的认可来自他们的专业水平，喜欢面对来自专业领域的挑战。

（2）管理型。管理型的人追求并致力于工作晋升，倾心于全面管理，独自负责一个部分，可以跨部门整合其他人的努力成果，他们想去承担整个部分的责任，并将公司的成功与否看成自己的工作。

（3）独立型。独立型的人希望随心所欲地安排自己的工作方式、工作习惯和生活方式，追求能施展个人能力的工作环境，最大限度地摆脱组织的限制和制约。

（4）稳定型。稳定型的人追求工作中的安全感与稳定感。他们可以预测将来的成功从而感到放松。稳定感包括诚信、忠诚以及完成老板交代的工作。

（5）创业型。创业型的人希望使用自己的能力去创建属于自己的公司或完全属于自己的产品（或服务），而且愿意去冒风险，并克服面临的障碍。

（6）服务型。服务型的人一直追求他们认可的核心价值，例如帮助他人，改善人们的安全，通过新的产品消除疾病。

（7）挑战型。挑战型的人喜欢解决看上去无法解决的问题，战胜强硬的对手，克服难以克服的困难障碍等。追求新奇、变化和克服困难是他们的终极目标。

（8）生活型。生活型的人喜欢允许他们平衡个人需要、家庭需要和职业需要的工作环境。他们希望将生活的各个主要方面整合为一个整体。

（三）认知信息加工理论

认知信息加工理论认为职业生涯发展就是看一个人如何做出生涯决策以及在生涯问题解决和生涯决策过程中如何使用信息。1991 年，《生涯发展和服务：一种认知的方法》一书阐述了这一认知信息加工的方法，即认识信息加工理论（cognitive information processing（CIP）theory）。

认知是指人们的思维方式或者人们的头脑是如何加工信息的。认知信息加工理论是基于在职业生涯问题的解决和决策的制定过程中大脑接收、编码、存储和利用信息与知识的理念而形成的一种理论，强调职业生涯问题的解决是一个认知过程。

金字塔模型构成了认知信息加工理论的基本框架，如图 4－2 所示。

金字塔的底部是知识领域，包含自我知识和职业知识。自我知识包括自我的价值观、兴趣和技能三个基本要素。在职业选择的过程中，个体需要保持乐观、积极的态度，尽可能减少消极情绪对价值观、兴趣和技能的干扰。在这个过程中个体可以想象自己“更好的”样子、总结过去成功的经验和失败的教训、听取别人的意见等。职业知识包括对职位学习、学校学习的认识等，与自我知识相对。自我知识绝大多数存在于个体过去的记忆中，职业知识则广泛地存在于政府文件、报告、参考资料等中。

金字塔的第二层是决策技能领域，即如何解决问题。职业生涯问题的解决需要大量的记忆空间和强大的信息加工能力。职业生涯问题的解决和决策是一个连续的过程，可以用 CASVE 循环来表示，即沟通（communication）、分析（analysis）、综合（synthe-

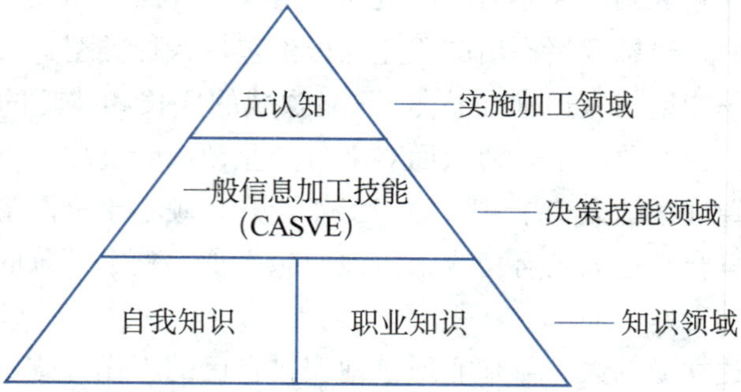

图 4-2 认知信息加工理论

sis)、评估（valuation）、执行（execution）五个阶段。

金字塔的顶部是实施加工领域，也称为元认知。元认知是个体对自己认知过程及结果的感知、体验和调节，也就是对认知的认知。元认知中有三个重要的技能：自我语言、自我觉察和监督与控制。自我语言是人们就自己的表现与自己交谈，是一种自言自语式的内在对话。一个有效的职业生涯问题解决者必须有一个重要的信念，即“我是一个有能力解决自己的问题的人”。积极的对话能产生一种积极的期待，能强化积极的行为。自我觉察是指解决问题和做出决定时个体能够意识到自己是任务的完成者。监督与控制可以帮助当事人监控决策的整个过程。

第 3 节 自我认知

一、人格认知

正如上一节介绍的认知信息加工理论所说，解决职业生涯问题和做出职业选择最好从认识自我开始。人格（personality）是指个体在对人、对事、对己等方面的社会适应中行为上的内部倾向性和心理特征，表现为能力、气质、性格、需要、动机、兴趣、理想、价值观和体质等方面的整合，具有整体性、稳定性、独特性和社会性的特点。

瑞士心理学家卡尔·荣格（Carl Jung）认为性格差异同时会决定并限制一个人的判断。同时，他认为这些差异是与生俱来的，并且在一个人的一生中相对固定。后来，伊莎贝尔·迈尔斯（Isabel Myers）和凯瑟琳·布里格斯（Katharine Briggs）在荣格的心理学类型理论的基础上提出了一个个性测验模型，并以她们的名字命名，叫作迈尔斯-布里格斯类型指标（Myers-Briggs type indicator，MBTI）。

MBTI 认为一个人的个性可以从四个角度进行分析（见表 4-1）。

- 驱动力的来源：外向（extroversion）/内向（introversion）。
- 接收信息的方式：感觉（sensing）/直觉（intuition）。
- 决策的方式：思维（thinking）/情感（feeling）。
- 对待不确定的态度：感知（perceiving）/判断（judging）。

表 4-1　MBTI 的四个维度

外向型（E）	内向型（I）
从人际交往中获得能量； 积极活动； 经验先于理解； 社会化，爱表达； 不怕打扰，喜自由沟通； 偏好新异刺激。	从精神世界获得心理能量； 偏好内省； 理解先于行动； 重隐私，低调； 不怕长时间做事，勤奋，怕打扰； 偏好静态的外部环境。
感觉型（S）	**直觉型（I）**
着眼于现实； 重视现实性和常情； 关注具体性和特殊性，善于细节描述； 倾向于循序渐进的工作方式； 着重常规，相信确定有形的事物； 倾向于观察具体事件； 偏好已知事物。	着眼于未来； 重视想象力和创造力； 关注普遍性和象征性，使用隐喻和类比； 倾向于跳跃性的工作方式； 不拘常规，相信灵感和推断； 倾向于把握事件的全局； 偏好新的思想观念。
思维型（T）	**情感型（F）**
退后思考，对问题进行非个人因素、客观的分析； 公正，坚定，怀疑； 倾向于分析性和逻辑性的工作方式； 行为简洁、经济，带有批判性； 奉行清晰一致的客观原则。	超前思考，考虑行为对他人的影响； 温和，同情，体贴； 倾向于和自己情感一致的工作方式； 期望行为得到他人认同； 奉行清晰一致的主观价值观。
感知型（T）	**判断型（F）**
行为保持开放性； 时间观念宽松，经常变动最后期限； 着重工作过程； 倾向于使问题带有弹性； 在获取新信息的过程中不断改变目标。	行为有组织性和系统性； 时间观念严谨，认真对待最后期限； 着重工作结果； 倾向于解决问题； 认真完成预设目标。

以上就是 MBTI 对各维度的解释，当然，MBTI 的测评结果只代表一个人在每个维度上的偏好，不是绝对的。比如内向型的人也会有爱和人交流的时候，表现出外向型的特征。因此，不要用 MBTI 的测评结果绝对限定一个人的人格特征。

四个维度相互影响，因而探究个人的人格类型需要将四个维度结合来看。四个维度各有两个不同的类型，经过排列组合，MBTI 共有 16 种人格类型。16 种人格类型中的每一种都具有独特的个性特征，每一种个性特征都有各自的特点，没有好坏之分，只有偏好差异，理论上并不存在完美的人格类型。你可以通过前文四个偏好特征或者查阅相关测试题目得到自己的性格特征和职业偏好，了解自己的性格类型以及对应的职业特点，从而更好地帮助自己进行职业选择。

二、职业兴趣认知

兴趣（interest）是指专注做某件事时体会到的愉悦感；职业兴趣（vocational interest）是个体对于自己从事某种类型工作的个人偏好选择，是个体主动认识、接触或选择某种职业时所表现出来的积极心理倾向，它让人在情感层面向往某种职业，并对此职业赋予优先关注。

延伸阅读

职业兴趣与兴趣是否一样

职业兴趣与兴趣是否一样呢？一个同学喜欢写作，他是否能把写作当作职业呢？答案是不一定。

从图 4－3 中可知要保持长期的职业兴趣需要满足两个条件。

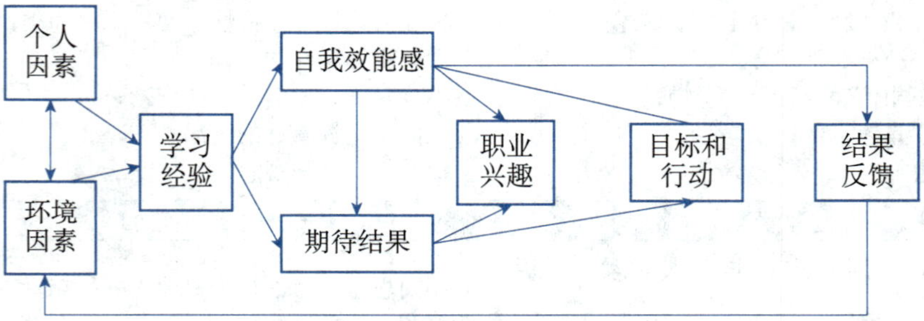

图 4－3　社会认知理论

条件 1：具有积极且长期的自我效能感。面对工作你很有信心，觉得自己能做好，这就说明你具有积极的自我效能感。它会指引我们制定目标，面对困难时找到解决方案，保持更强的毅力，从而在工作上长期投入和持续进步。

很多人认为喜欢就能持续获得自我效能感，把一件事做好。但心理学家哈克特（Hackett）的研究却发现并非如此。在这项实验中，研究人员测试了受试学生是否喜欢数学，及他们对数学的自我效能感，然后令他们解决简单或复杂的数学序列任务，在数学任务成功或失败后，再次测试他们学习数学的自我效能感。结果表明，喜欢数学与否并不能决定最终的自我效能感；而能不能成功解答任务才是影响自我效能感的关键。如果一个学生很喜欢数学，但总是解答不了问题，那他的自我效能感也会很低。所以保持长期兴趣，除了喜欢还需要确保擅长能做好，否则因不擅长导致的反复失败可能会使我们丧失信心，进而失去兴趣、选择放弃。

条件 2：符合内心期待。当我们做的某事满足了自己的预期后，往往就更想做这件事。然而从兴趣转向职业，可能无法符合我们的预期结果。一方面，无法获得积极的反馈。一样东西你当作兴趣爱好，做到 50 分就会得到夸奖，做到 60 分就会被夸奖是个天才。而作为职业人士，做到 80 分是理所应当，做到 70 分则会被认为很差。另一方面，无法符合物质期待。把写作当兴趣就挺好，可如果要把它当作职业还要考虑金钱、地位、发展等问题。

因此，在做出职业选择前你需要考虑清楚自己对工作的结果预期是什么，自己能否从事该职业。希望你认清什么是职业兴趣，它不仅需要喜欢，还需要擅长、能实现预期目标。

资料来源：根据网络资料整理。

美国心理学教授霍兰德（John Holland）经过大量测试研究，将大部分人的职业兴趣区分为六大类型，即现实型（realistic）、研究型（investigative）、艺术型（artistic）、社会型（social）、企业型（enterprising）、常规型（conventional），如图 4－4 所示。

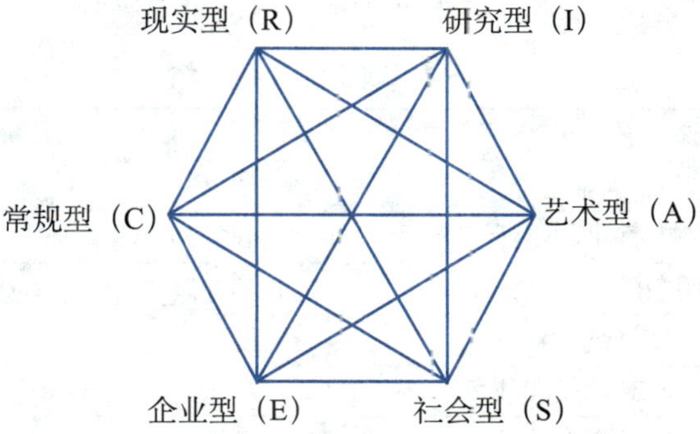

图 4－4　霍兰德职业类型分类

多数人可被纳入六大类型中的一种，但一个人可能不只符合一种类型，而是兼具几种类型的特征。各类型的关系可利用六角形的模式解释：相关程度较高的类型距离较近，有许多一致的地方，如与常规型（C）相近的类型是企业型（E）和现实型（R）；相关程度较低的类型距离较远，如艺术型（A）和常规型（C）；每种类型间也存在中性关系，类型间既存在一致的地方也存在不一致的地方。理想的职业选择是个人能找到与其人格类型重合的职业环境。如果一个人在与其人格类型一致的职业环境中工作则容易感到乐趣及内在的满足，也最有可能充分发挥其才能；如果一个人在与其人格类型相近的职业环境中工作，经过努力应该可以适应此种职业环境；如果一个人在与其人格类型相斥的职业环境中工作，将不会感到快乐，也很难适应环境，甚至无法胜任工作。

通过阅读上述描述或者通过相关测试，有些人的兴趣可能与所学专业一致，当然也会有兴趣与所学专业不一致，甚至是六边形对角线两端的情况。这能否说明如果选错了专业、职业就需要马上调换呢？需要说明的是，一项测试并不一定准确，仍需要通过其他方法进一步考察。转换专业、职业时应该慎重考虑．职业生涯规划并不倡导“非感兴趣的专业不学，非感兴趣的工作不做”，生活中有许多所学专业与所从事职业不同的例子。兴趣是学习、工作的驱动因素，大学生通过课堂学习能够引发对自身职业兴趣的思考。

三、职业价值观认知

俗话说：“人各有志。”这个“志”表现在职业选择上就是职业价值观（work values），它是一种具有明确的目的性、自觉性和坚定性的职业选择方面的态度和行为，对一个人的职业目标和择业动机起着决定性的作用。

由于每个人的身心条件、年龄阅历、教育状况、家庭影响、兴趣爱好等方面的不同，人们对各种职业有着不同的主观评价。各种职业在劳动性质的内容、劳动难度和强度、劳动条件和待遇以及所有制形式和稳定性等诸多方面上，都存在差别。再加上传统的思想观念等的影响，各类职业在人们心目中的声望、地位便也有了好坏高低之分，这些评价既影响人们的职业价值观，也影响人们对就业方向和具体职业岗位的选择。

米尔敦·罗克奇（Milton Rokeach）将价值观分为两种类型：第一种类型为“终极价值观”，是一个人希望通过一生达到的终极目标；第二种类型为“工具价值观”，是个体更喜欢的行为模式或实现终极价值观的手段（见表4-2）。

表4-2 职业价值观分类

终极价值观		工具价值观	
项目	描述	项目	描述
舒适的生活	富足的生活	雄心勃勃	辛勤工作、奋发向上
振奋的生活	刺激的、积极的生活	心胸开阔	开放
成就感	持续的贡献	能干	有能力、有效率
和平的世界	没有冲突和战争	欢乐	轻松愉快
美丽的世界	艺术与自然的美	清洁	卫生、整洁
平等	兄弟情谊、机会均等	勇敢	坚持自己的信仰
家庭安全	照顾自己所爱的人	宽容	谅解他人
自由	独立、自主选择	助人为乐	为他人的福利工作
幸福	满足	正直	真挚、诚实
内在和谐	没有内心冲突	富于想象	大胆、有创造力
成熟的爱	性和精神上的亲密	独立	自力更生、自给自足
国家安全	免遭攻击	智慧	有知识的、善于思考的
快乐	快乐的、闲暇的生活	符合逻辑	理性的
救世	救世的、永恒的生活	博爱	温情的、温柔的
自尊	自重	顺从	有责任感、尊重的
社会承认	尊重、赞赏	礼貌	有礼的、性情好
真挚的友情	亲密关系	负责	可靠的
睿智	对生活有成熟的理解	自我控制	自律的、约束的

了解当代大学生职业价值观的特点对于思考自身价值观具有参考意义。相关学者对当今大学生的职业价值观进行研究后，总结出如下特点：（1）择业观更强调自我价值的实现；（2）择业观具有与时俱进的特点；（3）择业价值取向具有多样性，但更趋于实际化，更重收入；（4）择业目标明确，但趋于短期化和功利化；（5）具有矛盾性。

大学生突破传统价值观念的束缚，将就业当成自我发展和实现自身价值的一个过程，这种意识上的觉醒不得不说是一种进步。并且根据自身的兴趣和发展的需要，大学生的择业范围也越来越广，价值取向具有多样性。同时，现代大学生与之前的大学生相比，提前关注自己的择业问题。从20世纪80年代的临毕业两三个月开始考虑，到90年代的平均毕业前一两个学期开始考虑，到如今的入学之初就开始关注各方面的就业信息和政策，这些都有利于择业目标的明确和对自身形成更深刻的认识。

但是，当代大学生的就业价值观也出现了很多偏差，具体表现在大学生的择业标准越来越务实化、功利化。越来越多人的择业取向偏重于个人，当个人利益与长远利益、集体利益发生冲突时，较多的大学生愿意选择个人利益与自身价值，只关心个人价值的实现和实际物质利益的得失。调查显示，面对大学生村干部政策和西部支教政策，大部分大学生表示支持但不愿参与其中，大部分学生对职业的选择趋于高地位、高薪水、高层次。他们都倾向于留在大城市发展，而不愿意再回到农村或边远地区投身于落后地区的发展。实际上，这些都是大学生在择业标准上受眼前利益的驱动，择业观念趋于短期化、功利化的反映。

同时，学生们的择业取向表现出一定的矛盾性，主要表现为追求物质利益与精神价值的矛盾，追求自我价值与社会价值的矛盾，追求长期利益与眼前利益的矛盾等。如上文所述，大部分学生对西部支教政策是支持的，却不愿参与其中，这些人希望投身于国家与社会的建设却又害怕基层的生活太苦，不愿放弃高收入。一些人想要主动追求理想的职业，却又害怕实力不足。这些都是大学生在择业时存在的矛盾心理。[①]

延伸阅读

“内卷”和“躺平”：网络热词的情感表达

宽泛来说，“内卷”就是没有实质意义的消耗。有些工作费钱费时又费力，还把简单问题复杂化。生活中诸多低水平重复的工作，表面上看是为了精益求精，不得不让参与此事的人按部就班、埋头苦干，但其工作方向是向内收敛，而不是向外发散。

如今，“内卷”这个网络热词已被各行业借用，有关“内卷”的讨论铺天盖地。我认为，这也没有什么不好，一旦明白了“内卷”的含义，大家便可以有意识地避免陷入“内卷”，减少“内卷”造成的资源浪费和个体伤害。所以，无论你是决策者还是执行者，做事之前都应该认真判断一下，尽可能避免“内卷”。社会应该鼓励和推动开放自由的竞争环境。只有不断向外突破、创新和创造，一些内卷化的状态才不会困扰我们，社会才会回归到蓬勃向上的常态。

近段时间，“内卷”的语义逐渐泛化，对“内卷”的反对演变为对竞争的厌恶。逃避可耻，但是有用——与其参与低效且没有意义的竞争，不如不去竞争，直接选择“躺平”。于是，一个与“内卷”内涵截然相反的网络热词——“躺平”横空出世，掀起了又一场讨论。

所谓“躺平”，就是面对日常生活压力、职场竞争以及家庭中的一些小矛盾，个别人选择“躺倒在地”、不闻不问。“躺平”看上去似乎有些小痛快——无论生活掀起多大风浪，我自躺倒不动，用一种“拒绝裹挟”的姿态对抗现状。甚至有人说：“躺平就是我的智者运动，只有躺平，人才是万物的尺度。”不过话说回来，“躺平”真的就能让你从眼前的困境中脱逃吗？或许在网络上高唱“躺平”的那些人，大概也能感觉到这只是一种空想。

当然，“躺平”要分很多种，有工作躺平、子女教育躺平、消费躺平以及人际关系躺平……作家莫言对这种人际关系躺平做了详细的描述。他在《晚熟的人》中说：“本性善良的人都晚熟，并且他们被劣人所催熟。当别人聪明伶俐时，他们又傻又呆；当别人权衡利弊时，他们一片赤诚……”后来，莫言给出的答案是：“自给自足，自得其

① 朱文伟．大学生的职业价值观与职业选择．科技视界，2014（13）：202，204.

乐。”意思是完全靠自己的本事和汗水吃饭，不依附任何关系施舍，人要自强自立，同时要找到自己生活的乐趣，要在工作之余有健康的爱好，这不是为了炫耀，而是为了内心的充盈和愉悦。这或许可以给正在“内卷”或者“躺平”的人一种解决问题的途径。

前有“内卷”一词，后有“躺平”文化，如何协调自己的内心成了人们思考的问题。我认为，找到自己身上的潜力，发掘自己身上的光芒，是最重要的事情。只有做出这样的努力，才不至于陷入“内卷”，也不至于消极“躺平”。但愿人们能把自己的人生放在历史的长河里观照，并对自身与所处环境进行理性、客观的评估。

资料来源：陈兆平．“内卷”和“躺平”：网络热词的情感表达．国家电网报，2021－06－11（5）.

四、职业能力认知

职业能力是个体将所学的知识、技能和态度在特定的职业活动或情境中进行类化迁移与整合所形成的能完成一定职业任务的能力。职业能力是我们在职场中的竞争利器，是雇主非常感兴趣的部分，他们十分关注员工“能够做什么”。对于尚未进入职场的大学生而言，在进行职业选择时要将自己的能力与职业匹配，实现职业发展，包括：（1）根据自己的能力类型选择匹配的职业；（2）能力水平要与职业层次一致；（3）发挥自己的优势能力。①

小贴士

1 万小时定律

作家格拉德威尔在《异类》一书中指出：“人们眼中的天才之所以卓越非凡，并非天资超人一等，而是付出了持续不断的努力。1 万小时的锤炼是任何人从平凡变成世界级大师的必要条件。”他将此称为“1 万小时定律”。

有学者将职业能力区分为三种类型：专业知识技能、自我管理技能和可迁移技能。

专业知识技能是指那些需要通过学习才能获得的特别的知识或能力，这些技能涉及你学习的专业和课程，它们是你所懂得的东西。当下，许多大学生一方面不喜欢目前的专业，另一方面又担心专业不对口、竞争力不够。如果不愿从事所学专业方面的职业，有很多渠道可以学习其他专业知识，例如课外培训班、资格认证考试等。

自我管理技能经常被看作是个性品质，而不是技能，因为它们通常被用来描述或说明个体具有的某些特征。优良的自我管理技能有助于个体更好地适应环境，取得更大的个人成就。在当今社会的招聘过程中，雇主越来越注重大学生的抗压能力、人际沟通能力、环境适应能力、学习能力等，而这些能力就属于大学生的自我管理技能，掌握这些软技能有助于大学生在职场中和同事和谐相处，处理复杂的工作。

可迁移技能是职业生涯中除岗位专业能力之外的基本能力，适用于各种职业，能适应岗位的不断变换，是伴随人终身的可持续发展能力。在职业规划中，可迁移技能是需

① 李旭旦，吴燕．职业能力与职业选择．成才与就业，2008（Z2）：25－26.

要被最先和最详细叙述的，它是最能持续运用和最能够依靠的技能。

表 4-3 中涉及的技能经常在简历、面试中出现。

表 4-3　简历、面试中经常出现的技能及其描述

技能	描述
沟通	沟通技能包括阅读、书写、编辑、倾听、陈述和人际关系等方面的能力
创造力	创造力是指创造性地解决问题的能力
批判性思维	批判性思维方面的技能包括诸如在某种情境或组织中找出问题，思考问题的复杂性，通过研究或搜集证据评估解决问题的各种方法，得出结论或找到解决办法
领导能力	领导能力是指为团体制定目标并指明方向的能力
生活管理	生活管理技能包括时间管理（如长期项目、日常生活、为行动做准备）能力、适应变化能力、财务管理能力等
研究/项目开发	研究/项目开发技能包括为解决问题和制定决策而寻找信息的技能
社会责任	社会责任方面的技能包括尊重个体和文化差异，发现他人身上令人钦佩的品质
团队合作	团队合作方面的技能包括在团队中提出某种观点，或是使得团队成员互相合作、彼此协商
技术/科学	技术/科学技能与社会科学、生物学和物理学等领域的经验有关，当前最为常见的技术/科学技能是对计算机的应用

延伸阅读

网络主播的职业能力

透彻了解推荐的商品

为了更好地介绍产品，主播需要参与从选品到营销的各个环节，对电商运营的各个链条内的相关知识要了如指掌。

熟练运用销售技巧

直播间要考虑的因素有很多，包括货品结构、爆款主推、直播主题、直播节奏、直播时长等。主播介绍的不仅是产品，也是销售方案，他要提前设计好脚本结构和节奏。主播要有很强的语言说服力和人格魅力，以及对观众素材的捕捉及渲染能力。

灵活使用语言艺术

一个主播最重要的能力就是即兴口语表达能力，良好的口才能够把产品信息清晰、准确地传达给观众，在与观众互动交流的同时实现销售目的，并且能够实时地营造现场气氛，给观众带来快乐和满足感。主播在与观众的交流中应做到以下八个方面。

（1）用心交流。在直播中，要感受交流对象的心理，选择合适的沟通方式真诚地与之交流。主播是否真诚，观众是一定能够感受到的。

（2）善于捕捉。从与观众互动的有限内容中展开联想和想象，并从中捕捉对方感兴趣的话题，激发对方的沟通欲望，从而在情感和观点上与观众产生共鸣。

（3）会讲故事。故事是最吸引人的语言形式之一，主播应力求把产品与动人的小故事相结合，用声自然柔和，说话声情并茂，情真意切。

（4）推销自我。让观众了解主播的经历、生活和爱好，引导观众亲近、信任主播，因为观众只有接受你这个人，才能接受你所推荐的产品。

(5) 寻找共性。主播通过和观众交流共同熟悉或喜欢的事物或地方，可以建立信任感，进而分享所推荐产品与该事物或地方的关联。

(6) 擅长表演。借助表演来增强交流的趣味性，提升主播个人魅力，同时巧妙地把产品穿插在表演中推荐。

(7) 话语风趣。营造融洽的交流氛围，要让观众一看到这个产品就能联想到当时的愉悦。

(8) 善解人意。主播既要善于发现对方的优点，还要对个别观众一些不合理的要求和不恰当的语言给予包容和谅解，努力做到情绪稳定、谈笑自如，按照设计好的节奏进行直播。

总之，在任何一个行业里要做到最优秀的那一个，都要尊重和接受行业游戏规则，不断探索和总结，提高自身能力。

资料来源：符进叶．试谈网络直播带货主播．中国广播电视学刊，2021 (3)：81-83.

第4节 职业生涯的决策与求职准备

一、职业目标与职业生涯决策

(一) 设定职业目标

哈佛大学做过一项调查研究，研究课题是“什么样的人才能获得成功”，调查结果显示，3%的人目标清晰且长远，这些人成了社会精英；10%的人目标清晰但短期，这些人成了各行业的成功人士；60%的人目标模糊，这些人事业平平；27%的人无目标，这些人工作不稳定。可见目标对于个人的职业生涯发展具有重大的指导意义。

SMART 原则有助于进行目标管理。

(1) 具体 (specific)。目标一定要明确，一次只能聚焦于一个目标，如果目标太大，就要把目标分解成一个个小目标，并且目标要清晰，要有明确的结果。

(2) 可测量 (measurable)。可测量就是目标是否可以用指标或成果的形式进行衡量。在目标实现的过程中，进度最好也是可以衡量的，至少要有几个关键事件点来表示目标的实现进度。在实现目标的过程中，对于完成目标的一些事务或关键事务也要能够进行量化。

(3) 可达到 (attainable)。就自身能力而言设立这个目标应是现实的、可能实现的，但是应该有一定的难度。

(4) 和其他目标具有相关性 (relevant)。即目标与目标之间要有一定的关联性，整体都要为大目标或者大方向服务。

(5) 有时间限制 (time-based)。目标一定要有时间限制，否则，时间一长，新鲜感一过，目标就很难再继续下去。

（二）职业目标分解

依据上述原则确立职业目标后，接下来要做的就是将目标分解。主要有两种分解目标的方法，第一种为按时间分解，第二种为按性质分解。

1. 按时间分解

个人的职业目标按时间可以分为人生终极目标和阶段目标。人生终极目标是整个人生的职业发展目标，取决于一个人的价值观念、知识能力水平，是对环境、组织、自身条件、家庭条件做了大量分析之后得到的；一个人的职业生涯长达 40～45 年，按照时间阶段可以把职业目标分为长期目标、中期目标和短期目标。

长期目标是指时间为 5 年以上的目标，它的描述较为粗略、不具体，基本特征为：目标是个体认真选择和社会发展需求相结合的产物；有实现的可能性，但同时具有挑战性；能在一定时间内实现；符合自己的价值观，个体自豪于自己的选择；立志于创造美好的未来。

中期目标的时间一般为 3～5 年，相较于长期目标更为具体，其基本特征为：基本符合自己的价值观；与长期目标保持一致；结合自己的志向和环境要求制定目标；可以用明确的语言定量说明；有比较明确的时间，且可做适当调整；对目标的实现做过可行性评估。中期目标是大学生在大学期间应该达到的目标，比如你是选择毕业后直接进入职场，找一份心仪的工作；还是选择进一步深造；抑或是选择走上创业的道路。

短期目标是指时间为 1～2 年的目标，是中期目标和长期目标的具体化呈现。其主要特征为：目标服从于中期目标；目标切合实际且具有操作性；有明确的完成时间；目标需要适应环境；目标未必由自己的价值观决定，但可以接受。

延伸阅读

大学四年的规划

对大学生来说，制定短期目标十分重要。

大学一年级——自我认知及对专业的初步了解阶段

了解自己的人格特征、找到自己的兴趣所在是至关重要的。所以，大学生在适应了大学学习生活之后，首先需要花一些时间尽可能地了解自己的特长、爱好、兴趣和价值观。这些信息将帮助大学生了解感兴趣的专业，有意识地选择主业和职业发展方向，并开始探索丰富多彩的工作世界。因此，大一新生应当主动进行自我认知，了解所学专业的特点及发展前景。具体要做的工作如下：

（1）发展自己现有的兴趣和能力，并不断发现自己潜在的兴趣和能力，可以通过参加学会组织、文体活动、通识教育课和课外活动等，抓住校内外提供的一切尝试和锻炼机会。

（2）阅读一些关于不同行业和职业的介绍材料，对行业和职业有基本的认识，比如了解某行业的发展前景如何、各种职业应该具备的基本素质与能力。

（3）与家人、朋友、老师以及周围所有可提供信息的人（包括网上结识的人——他们大多会很坦诚地跟你谈论自己的工作以及对工作的认识、感受）探讨自己的职业兴趣。

(4) 做些职业倾向测试，更多地了解自己，确认自己喜欢的职业和所长。

(5) 刻苦学习，尽己所能争取取得好成绩，至少保证每门功课都能通过，以顺利地获取毕业证书及学位证书。

大学二年级——生涯扩展阶段

通过大一的尝试之后，大学生对自身特质已有了基础、全面的了解，同时对职业概况和工作世界有了初步的认识，但还要继续深入探索和收集有关职业生涯发展领域的信息。可以通过暑期实习、社会实践和志愿活动掌握第一手材料。在这个阶段，你需要了解自己感兴趣的职业的有关信息，了解就业市场；与一些在职业生涯发展领域工作且令你感兴趣的人取得联系，并争取在某一专业工作岗位上度过一天；通过实习实践、兼职和志愿活动获得工作经历，更多地了解自己的工作偏好，主动参加就业市场和其他相关的职业生涯发展项目，增加对整个就业领域的了解。在实践和比较全面把握信息的基础上，逐步明确专业和职业发展方向，并做出初步的职业选择。

大学三年级——整理与评估选项阶段

社会实践和暑期实习会帮助你获得一些能力，这时你需要对自己的技能进行重新认识和评估，了解在哪些方面还有潜能。在大三这一专业课最为集中的学习阶段，你可以进一步明确自己的方向。为明确你在专业和学术方面的目标，现在你要再次问自己："我是谁?""我到底要什么?"

在这个阶段你需要逐步明晰：从大一到现在你的兴趣是否有变化，对现在的行为有什么影响？你本科毕业后是直接找工作、攻读硕士研究生还是去海外留学？如果是攻读硕士研究生，是继续学习本科专业还是换专业，是在本校读还是换学校读？如果是留学，你想去哪个国家？最希望去哪所学校？你需要为此做哪些准备？如果想创业，需要评估自身的创业意向、创业项目的可行性和外部资源支持情况。

大学四年级——就业决定阶段

在这一阶段你要为自己提前规划和确定职业生涯规划。面对从学生到职业人的身份转变，应提前准备好求职申请信、简历和成绩单。通过校园招聘会、人才市场和网络等确认自己的就业岗位。

在这一阶段你需要思考的主要问题有：

(1) 你希望生活、工作的地区/城市能够为你提供哪些职位?

(2) 你怎样找到适合自己的岗位?

(3) 你已经尝试找了几个职业，哪一个最适合你?

所要做的准备有：通过各种可利用的联系渠道寻找工作机会，并争取被推荐；尝试所有的机会，如参加招聘会和用人单位的宣传活动，阅读就业岗位目录，参加各种校园面试，与校友联系，了解他们在工作第一年面临的挑战、困惑、感受及体会。

在制定年级目标的同时，大学生还可以细化自己的短期目标，比如制定上学期目标和下学期目标；按假期制定暑假目标、寒假目标等。此外，我们还可以按内容制定学习目标、生活目标、社团实践目标、兼职目标、实习目标等。

资料来源：苏文平．职业生涯规划与就业创业指导．2版．北京：中国人民大学出版社，2020.

2. 按性质分解

按性质职业生涯还可以分为外职业生涯与内职业生涯，相对应，职业生涯目标也可以分为内职业生涯目标与外职业生涯目标。

（三）职业生涯决策的方法

人生就是一连串的选择和决策：简单的决策包括每天早上选择穿什么衣服出门，中午吃什么，和谁一起吃。更为复杂的抉择包括选择和什么样的人交往，和什么样的伴侣恋爱，从事什么样的职业。正如约翰·坎贝尔所说，“正是你在生活中每个环节的选择和决策塑造了你的人生，决定了你的成败”。

职业生涯决策是个人根据各种条件，并经过一系列活动后，进行的目标决定，以及为实现目标而制定优选的个人行动方案。以下方法能帮助你进行职业生涯决策。

1. SWOT 决策模型

20 世纪 80 年代，管理学教授韦里克（Heinz Weihrich）提出了 SWOT 分析法（见表 4－4）。SWOT 分析是市场营销与企业经营管理中经常使用的功能强大的分析工具：S 代表优势（strength），W 代表弱势（weakness），O 代表机会（opportunity），T 代表威胁（threat）。其中，S、W 是内部因素，O、T 是外部因素。同时 SWOT 分析是一个非常有用的职业决策工具。如果对自己做个细致的 SWOT 分析，那么你会很明了地知道自己的优点和弱点，并且会仔细地评估出自己所感兴趣的不同职业道路的机会和威胁，从而做出决策。

表 4－4　SWOT 决策表

内部因素分析	S：自身优点优势 1. ____________ 2. ____________ 3. ____________	W：自身缺点劣势 1. ____________ 2. ____________ 3. ____________
外部因素分析	O：外部给予的机会 1. ____________ 2. ____________ 3. ____________	T：面临的挑战和危险 1. ____________ 2. ____________ 3. ____________

一般来说，在进行 SWOT 分析时，应遵循以下四个步骤：

首先，评估自己的长处和短处。每个人都有自己独特的天赋和能力，你可以通过一些具体的词来描述自己，出现频率较多的词就可以构成你的优点和缺点。此外，还可以通过一些职业测评工具进行自我了解，或者请教师长、同学帮助诊断，借助他人的信息反馈来识别自己的优势和劣势。

其次，找出你的职业机会和威胁。不同的行业（包括这些行业里的不同企业）面临不同的外部机会和威胁，这些机会和威胁会影响你的第一份工作和今后的职业发展。

再次，提纲式地列出今后五年内你的职业目标。仔细地对自己做一个 SWOT 分析评估，列出你毕业后五年内最想实现的三个职业目标。这些目标可以包括：你想从事哪一种职业，或者你希望自己拿到的薪水属于哪一个级别。请时刻记住：你必须竭尽所能地发挥出自己的优势，使自己与行业提供的工作机会完美匹配。

最后，提纲式地列出一份今后五年的职业行动计划。请你拟出一份实现上述第三步列出的每一个目标的行动计划，并且详细地说明为了实现每一个目标，你要做的每一件事以及何时完成。如果你觉得你需要一些外界帮助，请说明你需要何种帮助以及将如何获取这种帮助。

2. CASVE 循环模型

如前文所述，职业生涯问题的解决和决策是一个连续的过程，可以采用 CASVE 循环模型来表示，即沟通、分析、综合、评估和执行。

（1）沟通。在这个阶段要找到关于职业理想与现实之间存在差距的信息。这些信息可能通过内部或外部沟通途径传递给个体。内部沟通包括情绪信号，例如不满、厌烦、焦虑和失望，还有身体信号，如昏昏欲睡、头痛、胃部疾病等。外部沟通包括父母对你的职业规划的询问，同事、朋友对你的职业的评价，或者是杂志上刊登的关于你的专业前景的文章。

（2）分析。在这一阶段，你需要花时间去思考、观察、研究，从而更充分地了解差距，了解自己有效做出反应的能力。在这一阶段，你通常会改善自我认知，不断了解职业世界和家庭需要。

（3）综合。这一阶段主要是综合和加工上一阶段提供的信息，从而制定消除差距的行动方案。其核心任务是，确定我可以做什么来解决问题。这是一个先扩大后缩小选择清单的过程。首先，尽可能多地找到消除差距的方法，发散地思考每一种办法。然后，缩小有效方法的数量，通常缩减到 3～5 个选项，因为头脑中最有效的记忆容量和工作容量就是这个数目。

（4）评估。在评估阶段要选择一个职业、一份工作或大学所学的专业。第一步是评估每一种选择对职业生涯决策者和他人的影响。第二步就是对综合阶段得出的选项进行排序。按照消除差距的程度依次排序，最终选择一个最佳选项，并且做出承诺去实施这一选择。

（5）执行。这是实施选择的阶段，把思考转换为行动。

CASVE 循环是一个不断重复的过程，在执行阶段之后，决策者又回到了沟通阶段，从而确定沟通阶段存在的职业问题是否得到了很好的解决，是否最有效地消除了理想与现实的差距。依据是否需要再做出决策以及是否容易获得信息资源等，个体将决定是否重新开始一次 CASVE 循环，直到职业生涯问题被解决。

3. 职业生涯决策平衡单

决策平衡单经常用于问题解决和职业咨询。应用决策平衡单时应先系统地分析每一个可能的选项，判断分别执行各选项的利弊得失，然后依据其在利弊得失上的加权计分排定各个选项的优先顺序，以执行最优先或最偏好的选项。

决策平衡单的主体框架为：

（1）个人物质方面的得失，即选择某一个职业生涯选项，判断在物质方面我能够得到或失去的东西。一般包括：个人收入、健康状况、休闲时间、未来发展、晋升状况、社交范围等。

（2）他人物质方面的得失，即选择某一个职业生涯选项，判断在物质方面对他人的影响，常见的他人一般是家人，常见的他人物质方面的得失比如说家庭收入。

（3）自我赞许与否，即做出一项选择时，我能够得到或者失去的精神层面的东西。比如：改变生活方式、富有挑战性、实现社会价值、更有成就感等。

（4）社会赞许与否，即做出一个选择时，他人（一般是指家人）在精神方面的得失，例如：父亲的支持、母亲的支持、妻子/丈夫的支持等。

实际应用时，由于认为“自我赞许与否”和“社会赞许与否”仍显得笼统，职业生涯辅导专家金树人将最后两项改为“个人精神方面的得失”与“他人精神方面的得失”，就是在“自我—他人”以及“物质—精神”所构成的四个范围内考虑。

步骤一：确定你的职业决策考虑因素，如做人力资源管理工作、做营销工作、考研三个方案。

步骤二：把三个方案填入职业生涯决策平衡单的选择项目中（见表 4－5）。

步骤三：对于职业决策考虑因素，根据你的职业选择的重要性和迫切性，赋予它权数，加权范围为 1～5 倍（5 表示“非常重要”；4 表示“重要”；3 表示“一般”；2 表示“不重要”；1 表示“最不重要”），权数越大说明你越重视该因素。

表 4－5　职业生涯决策平衡单

项目		重要性权数（1～5 倍）	生涯选择一		生涯选择二		生涯选择三	
			＋	－	＋	－	＋	－
个人物质方面的得失	1. 收入							
	2. 工作的难易程度							
	3. 升迁机会							
	4. 工作环境的安全性							
	5. 休闲时间							
	6. 生活变化							
	7. 对健康的影响							
	8. 就业机会							
	其他________							
他人物质方面的得失	1. 家庭经济							
	2. 家庭地位							
	3. 与家人相处的时间							
	其他________							
个人精神方面的得失	1. 生活方式的改变							
	2. 成就感							
	3. 自我实现的程度							
	4. 兴趣的满足							
	5. 挑战性							
	6. 社会声望的提高							
	其他________							

续表

项目		重要性权数（1～5 倍）	生涯选择一		生涯选择二		生涯选择三	
			＋	－	＋	－	＋	－
他人精神方面的得失	1. 父母支持							
	2. 师长支持							
	3. 男（女）朋友支持							
	其他________							

步骤四：打分，根据每个方案中的因素进行打分，优势为得分，缺点为失分，分值在－5 到＋5 之间，＋5 表示“该因素在职业生涯选择中得到了完全的满足”，0 表示“不知道或者无法确定”，－5 表示“该因素在职业生涯选择中完全未得到满足”。

步骤五：计算方法，将每一项的得分和失分乘以权数，得到加权后的得分或失分，分别计算出总和，然后用加权后的得分减去加权后的失分得出“得失差数”，并以此分数做出决定。最后比较三个选择方案的得失差数，得分越大，表明该职业方案越适合你。

二、职业生涯行动

（一）国内读研、出国留学、创业的比较

大学时间过得飞快，眨眼间你就可能已经成为学校里大三的学长、学姐。此时，摆在你面前的有就业、国内读研、出国留学、创业的决策，这个决策对你以后的职业发展影响重大，你需要多方位了解信息，进行理性、谨慎的思考。

1. 国内读研

据报道，2022 年考研报考人数为 457 万人。近年来的就业压力、一些企业在招聘时要求“研究生及以上学历”，以及新冠肺炎疫情的影响等诸多因素都使得许多大学生转战考研。

选择读研有利有弊。其益处为：满足有些岗位是硕士研究生甚至是更高学历的必备条件；在研究生期间可以吸收更多专业知识、提升科研能力、获得丰富的实践经历等，从而提高竞争力；在研究生学习阶段，身边的同学可能是不同学科、不同年龄和不同背景的人，广结益友可以拓展自己的人际关系网络；研究生阶段的思维更加成熟，可以继续结合自身情况思考职业生涯，找到适合自己的职业发展路径。

读研的风险：机会成本，有些同学可能会遇到很大的学习困难，而毕业后就业压力仍然存在，此外，硕士研究生或博士研究生毕业后年龄偏大，失去年龄优势；经济压力，读研期间开支较大，虽然有奖学金、补助等，但仍入不敷出；就业选择，若是进行学术研究，层次越高，就业面越窄，毕业后，面对激烈的竞争，本专业可能在一段时间内成为就业选择的束缚。

因此，大学生应结合自身特点、当前各行业的人才需求状况来理性决策是否读研。如果选择读研就要着手行动，坚定地坚持下去，仔细查阅相关资料，合理做好备考工作。此外，应做好承担考研落榜后找工作处于不利地位的风险的心理准备。

2. 出国留学

选择出国留学攻读研究生如今成为越来越多人的选择。出国留学的优点如下：有些国外大学排名较高、学科专业水平高于国内，能够提供较高水平的专业知识与技能；国内的研究生学制一般为 2～3 年，欧美国家大多为一年制，这样可以缩短求学时间，尽早参加工作；留学的经历可以使外语水平得到一定程度的提升，多元化的环境能完善自己的思维方式，并且在陌生的环境中独立性能得到锻炼；等等。

出国留学的缺点如下：费用高，从申报到留学期间需要花费一大笔钱；国外大学宽进严出，对学生毕业的要求很高，因此学习压力会很大；目前出国留学的学生太多，留学生的含金量降低；语言不通、饮食不习惯、价值观的偏差等都是不小的挑战。此外，新冠肺炎疫情以及国外的安全问题，也成为大学生是否选择出国留学的考虑因素之一。

做出了出国的决定后就要行动起来，学习语言、准备出国留学材料与申请国外大学都需要花费时间与精力。

3. 大学生创业

创业是就业的一种形式。对于个人来说，创业不仅能解决自己的就业问题，还能提高自己的能力，增加社会实践经验，实现理想；对于国家来说，创业不仅减轻了社会的就业压力，还为他人提供工作岗位，因此国家出台了一系列政策鼓励大学生创业。

我们在鼓励大学生创业的同时也要指出，并不是所有人都适合创业。创新能力是创业者最基本的素质，能够使创业者发现或创造一个新的领域，致力于理解所创造的新事物。此外，每一个成功的创业者都经历了许多磨难和质疑。关于数字时代的就业创业，本书后文会详细介绍，在此强调大学生要慎重思考自己的创业意向、性格特征，在做好充分的创业准备之后再做决定。

延伸阅读

斜杠青年

“斜杠青年”是指不满足于单一职业的生活方式，选择多重职业或拥有多个身份，谋求多份收入，有无限潜能又充满激情，实现多元生活的人群。这些人在自我介绍时或在个人名片上用斜杠来区分自己的职业或身份，例如，张一，作家/导演/制片人。于是，“斜杠”就成了他们的代名词。

做“斜杠青年”给了自己的未来无限的可能性，但首先要理性分析多个理想实现的可能性，应根据自身潜质去筛选，先实现一个理想，在力有所余的情况下不断去实现多个理想。其次要选择自己热爱的。正如一位职业规划师所言：“作为一个‘斜杠青年’，每一个‘斜杠’都是自身通过努力突破行业界限的勋章。每一项工作内容，都满足了自己对该领域的兴趣爱好，而这所有的工作的组合，则指向自己最终的职业理想。”

资料来源：黄英．“斜杠青年”：漫步在理想与职业舞台上的新群体．中国青年研究，2017（11）：81－86.

（二）职业生涯行动：求职准备

1. 求职信息的获取

求学之后总要走向职场，求职信息搜集是每位职场人士在求职、跳槽或制定职业生涯规划前要完成的必修课，可以帮助求职者了解各类职业的现状及前景，从而做出适合自己的职业抉择。

职业信息的搜集途径有很多，在此主要介绍以下几种。

(1) 政府部门。政府部门推出的有关就业方面的法律、法规、决定、规划、举措等信息有较强的宏观指导作用。

(2) 学校的就业指导中心。学校通过发布关于就业信息的统计分析，清晰地展现各专业、各层级、各地区毕业生的就业流向，以此作为指导毕业生就业的经验和依据。此外，专业的就业指导老师，不仅能通过各种途径和方式与用人单位取得联系，获取就业信息，而且具备大量的专业指导知识，对毕业生而言有极大的帮助。

(3) 校园招聘会。每年毕业季多家用人单位会进驻各大高校，由于针对的是应届毕业生，因而不要求求职者有工作经验，并且节省了求职者的交通成本。

(4) 各种媒体。在信息时代，网上招聘已经越来越普遍、快捷。常见的招聘网站有智联招聘、Boss 直聘、拉勾招聘、猎聘、前程无忧、脉脉和实习僧。

(5) 人际关系网络。人际关系网络包括自己的亲戚、朋友、老师、同学以及校友资源等。应聘单位会通过内部推荐的形式来节约招聘成本，因此可以通过人脉关系网络来争取更多的面试机会。

(6) 社会实践、实习。在实习过程中，求职者能更加全面、深入地了解用人单位的真实情况，有更多的机会表现和“推销”自己，并判断这家企业是否适合自己的职业发展。

2. 求职信息的分析

获取求职信息只是找到了通往就业的大门，要想真正跨过就业的门槛，还需要掌握处理和应用求职信息的方法与技巧。

(1) 及时了解行业环境、进行自我定位。选择职业、处理求职信息，绝不可忽视客观的就业形势和宏观经济环境。择业期望符合自己所处时期的就业形势是大学生进行职业选择和职业发展定位的客观前提。同时，处理职业信息、进行职业选择，要结合自己的学习成绩、专业特点、兴趣、优缺点和性格特点等，认真考虑自己是否符合工作岗位的要求，是否适合并愿意从事这个职业。

(2) 全面了解求职信息。主要包括：用人单位的性质及隶属关系；具体工作岗位及对所需人才的具体要求；用人单位的文化背景、工作环境；用人单位的绩效考核体系、培训体系及薪酬体系，以及为员工的培训和发展所提供的空间等；用人单位的发展目标；等等。此外，大学生所获取的职业信息往往只是用人单位单方面的自我描述，甚至给人以自我吹嘘的感觉。因此，大学生可通过咨询在用人单位工作的校友、请教专业老师、向当地的亲戚和朋友打听、上网搜索媒体或其他人/组织对用人单位的评价、亲自到用人单位参观等途径打探用人单位的真实情况，提高就业的安全稳定系数。

(3) 做好充分的准备。不同用人单位选择人才的标准是不同的，通过阅读、分析招聘广告，可以了解各种职位对任职者在专业知识和技能方面的要求，甚至是个性特征方面的要求。①

近年来各地都会组织很多场针对应届毕业生的招聘会，很多用人单位的招聘会在大学校园中举办。这些招聘会大多是向所有在校生开放的，建议大学生在大三甚至大二期间参加招聘会体验一下，看看用人单位对职位有什么要求；如果能够趁招聘者不忙时聊几句，听听他们对应聘人员的具体要求，收获会更大。通过多元化的职业探索，大学生可全面了解自己感兴趣的职业的情况，以便及早确定职业目标，根据理想职业的要求提升自己的能力与素质。

3. 求职法宝：简历

雇主最先看到的很可能是你的简历，因此一份优秀的简历是很好的推销自己的工具。简历是对个人教育及工作经验的简单概括，旨在帮助你吸引面试官的注意、寻求面试机会。简历应该能显示出你是怎样的一个人，以及会给组织带来什么价值。②

在撰写简历前需要做一些准备工作，首先是个人情况盘点，你可以把在大学期间参加的实践、实习经历都记录整理下来形成数据库。记录的内容包括但不限于：工作单位/实习单位的名称、地址、联系方式，工作期限，职位名称，所需技能。在真正求职时应选择和目标岗位职责匹配的经历，再进行表达上的润色，提高简历撰写的效率。建议在大二期间就进行简历的撰写工作，完整写一次简历可以很好地看到自己的不足，以便在大学后期抓紧时间查漏补缺。

大学生在申请职员岗位时偏爱 1 页的简历。对于申请管理职位、受到更多教育、有更多管理经验的人来说，2～3 页的简历比较合适。

延伸阅读

STAR 法则

STAR 是情境（situation）、任务（task）、行为（action）、结果（result）四个英文单词的首字母缩写。STAR 法则的具体含义是：

S：事情在什么情况下发生？

T：你如何明确你的任务？

A：针对这样的情况，你采取了什么行动？

R：结果怎样，在这样的情况下你学到了什么？

简历中应主要包括以下几个方面：

(1) 个人情况：姓名、出生年月、联系方式、邮箱、现居住地、个人照片。

(2) 教育背景：毕业院校、专业（主要列举几个和岗位相关的课程）、获奖经历、

① 高俊玲．职业信息的搜集与应用．出国与就业（就业版），2010（6）：58－59.

② 里尔登，等．职业生涯发展与规划：第 4 版．北京：中国人民大学出版社，2016.

学习情况。

（3）求职意向：意向岗位、期望工作地点。

（4）实习经历：在撰写实习经历时要做到：有针对性——岗位需要什么能力，要找到能强调此能力的经历；数据化——能让面试官更直接地看到你的价值；结构化——清楚地表达工作流程，有逻辑性；精简化——方便面试官获取有效信息。

（5）个人技能：包括通用技能（外语、Office、数据分析）以及岗位相关技能。在撰写个人兴趣爱好以及个人优势时最好与所应聘岗位的职责有一定的相关性。

（6）自我评价：可以选择写或不写，但不能用简单的形容词堆砌而是要有支撑的论据，要能够匹配前面的求职意向。

本章小结

职业是个人在社会中所从事的作为主要生活来源的工作。随着时代的进步，社会上涌现出了新的职业类型，大学生应该关注新兴职业，了解现在所学专业与职业的关系。具体来说，专业不同于职业，专业为职业提供基础，职业为专业提供导向作用。

职业生涯是指人的一生中的职业历程。大学生在大学期间就应该着手进行职业生涯规划。职业生涯发展周期理论主要有舒伯的职业生涯发展理论、金斯伯格的职业生涯发展阶段理论和施恩的职业生涯发展阶段理论；职业生涯选择理论有特质-因素理论、职业锚理论、认知信息加工理论等，为职业生涯规划打下了很好的理论基础。

在进行职业生涯规划前应充分对自我进行认知，包括人格认知、职业兴趣认知、职业价值观认知和职业能力认知。

职业生涯决策是个人根据各种条件，并经过一系列活动后进行的目标决定，以及为实现目标而制定优选的个人行动方案。职业目标的制定需要根据SMART原则，职业目标可以按照时间、性质进行分解。职业生涯决策要运用科学的方法，如SWOT决策模型、CASVE循环模型、职业生涯决策平衡单等。

了解国内读研、出国留学、就业以及创业的特点，结合自身情况选择适合自己的方案。学习求职准备工作，包括求职信息的获取与分析、撰写自己的求职法宝——简历。

复习与思考题

1. 简述职业、职业生涯、职业生涯规划的内涵。
2. 概括本章提到的职业生涯发展周期理论的核心内容。
3. 概括本章提到的职业生涯选择理论的核心内容。
4. 结合自身情况，谈谈职业与专业的关系。
5. 思考你的人格类型是什么。
6. 思考如何将你的个人兴趣与职业相匹配。
7. 你心仪的工作要求求职者具备哪些职业能力？

8. 简述你主要的三个职业价值观。
9. 简述目标设立的原则。
10. 规划你大学四年的生活。
11. 职业生涯决策的方法和工具有哪些？选择一个你感兴趣的方法简要说明。
12. 你打算考研/保研/出国留学吗？为什么？
13. 你打算创业吗？如果打算，你目前的想法（准备）是什么？还需做哪些准备？
14. 求职信息的获取途径有哪些？动手找找你感兴趣的求职信息。
15. 着手整理你的简历数据库。

第 5 章　劳动者发展：职业能力开发

学习目标

- 学会认知自我。
- 学会设定目标。
- 学会自我管理。
- 理解什么是心智模式，学会改善心智模式。
- 认识团队合作的重要性，了解如何提升领导力。

开篇引例

高祖置酒洛阳南宫

高祖置酒洛阳南宫。高祖曰："列侯诸将无敢隐朕，皆言其情。吾所以有天下者何？项氏之所以失天下者何？"高起、王陵对曰："陛下慢而侮人，项羽仁而爱人。然陛下使人攻城略地，所降下者因以予之，与天下同利也。项羽妒贤嫉能，有功者害之，贤者疑之，战胜而不予人功，得地而不予人利，此所以失天下也。"

高祖曰："公知其一，未知其二。夫运筹策帷帐之中，决胜于千里之外，吾不如子房。镇国家，抚百姓，给馈饷，不绝粮道，吾不如萧何。连百万之军，战必胜，攻必取，吾不如韩信。此三者，皆人杰也，吾能用之，此吾所以取天下也。项羽有一范增而不能用，此其所以为我擒也。"

第1节 认知自我

一、了解自我与展示自我

古语云：知人者智，自知者明。胜人者有力，自胜者强。能了解他人的人是有智慧的，能了解自己的人是聪明的。能清醒地认识自己、对待自己，这才是最聪明、最难能可贵的。

（一）自我意识

自我意识（self-awareness）是指了解自己的行为动机、偏好和个性，以及这些因素如何影响你的判断、决策以及与他人的交往。内心的情感和想法、兴趣爱好、个人的长处和短处、价值观、技能、行为目标、处事能力、领导倾向以及对沟通形式的偏好，这些都只是形成自我意识诸要素中的一部分。

1. 形成自我意识的好处

形成自我意识，或者说对自我有较为准确的了解是高效工作的起点。马基雅维利①是一位精干的作家和政治活动家，他曾写道："没有对自己的了解而要领导或试图领导他人是一种愚蠢的行为，必然会带来灾难，招致失败。"形成自我意识有以下优点：

（1）了解自己与他人的差异；

（2）制定并实施一个完美的自我完善计划；

（3）恰如其分地确定自己的人生目标和职业目标；

（4）改善与他人的关系；

（5）懂得差异存在的价值；

（6）有效地对他人进行管理；

（7）提高工作效率；

（8）提升为组织、团体和家庭做贡献的能力。

只有了解了自己的特长和爱好，才有助于选择一份理想的职业或工作，从而既能挣到钱，又能保证心情愉快。若是任由他人的意见和看法左右自己的选择，那就有可能选错行，很难保证使自己快乐。

2. 缺乏自我意识的后果

正确的自我评价有助于你做好所从事的工作，也能使你从工作中得到快乐。值得一提的是，人们还应该了解缺乏自我意识带来的负面影响。如果没有很强的自我意识，就不能做出正确的决策，就会妄自尊大，以致影响事业的成功。缺乏自我意识不仅意味着

---

① 尼科洛·马基雅维利（Niccolo Machiavelli，1469—1527），文艺复兴时期意大利著名的思想家、政治活动家和历史学家。

竞争力的丧失，因为人们不明白自己究竟有多大的能耐，还意味着事业走入歧途。[①] 缺乏自我意识，人们就难以正确地判断自己，不能适时地调整自己，为进步创造条件。

(二) 自我意识提升

了解自我的第一步是认识自身的优点、缺点、偏见、态度、价值观和感知能力。我们可以通过多种方式提升了解自我的能力，其中包括对亲身经历进行分析、从他人角度看待自己、自我披露、获取不同的经历、提高自己的情商等。

1. 自我分析

自我分析（self-analysis）是指在一次经历或事件中将自己作为研究对象加以审视。这要求人们在事后尽量客观地审视自我对行为、态度、思想以及与他人的相互关系所带来的积极的或消极的影响。

在进行自我分析时，首先要分析与情感事件有关的思想和感觉。通过这种对情感的思考，人们可以基于这些经历获得关于人生的新认识和新看法。由于有了新的认识和看法，个人的行为和认识就会有所改变，将来在处理事务时也会更加有效。

2. 他人知觉[②]

我们也可以通过了解他人对我们的看法以及我们的行为是如何受他人意见影响的来提升自我意识水平。通过从他人的角度看待自己，我们可以了解自身的长处以及需要改进的地方。通过学习准确解读他人，我们可以促进自我了解和提高判断水平。通过他人的反馈，我们可以更好地认识自己。

3. 多样化经历

在不同的情况下，通过与不同的人交往可获得多种经验，这也是提升自我意识的一个途径。例如，在国外生活或学习、学习一门新语言、旅行、阅读一本关于新事物的书、获得广泛的工作经验等都是拓宽我们经历的方法。当处于一种新环境时，我们可以通过使用已有的技巧，获得新的技巧；通过与他人接触，发展友谊，发现新事物，进而学习新事物。增加阅历对我们的能力、价值观和奋斗目标是一种检验，这将有利于提高我们的自我意识水平。

(三) 展示自我

1. 自我披露

自我披露（self-disclosure）是指让他人了解你的想法、感觉和需求。通过自我披露向他人透露你对某一情境的反应，透露与该情境有关的经历。由于你透露了个人信息，与你交往的人就能够更加清楚地了解你，懂得你做事的动因——你的动机、忧虑、工作

---

① 潘丽萍在《网络时代大学生自我意识的缺陷与克服》一文中深入探讨了网络时代大学生自我意识的缺陷及其可能产生的危害。

② 他人知觉是指通过对别人的言谈、举止、行为、表情、仪表、风度等外部特征的知觉，了解他人的动机、情感、意图等，进而依据他人的外在表现推测其内在心理状态，即人们常说的“听其言、观其行而知其人”。参见王怀明．组织行为学：理论与应用．北京：清华大学出版社，2014.

风格、长处和短处，这些信息可以帮助他人判断应采取何种策略才能更有效地与你合作。此外，由于你的自我披露，对方为了回应你也会进行自我披露，这可以使你更好地谋划策略，从而了解对方并与之有效地合作。

2. 建立信任

在自我披露中加入信任，一个人际关系等式就成立了。这两个要素构成了一个循环：你越信任他人，就越多地进行自我披露，越多披露就越信任他人。那么，应如何定义信任呢？

信任（trust）是一个多维概念，一个人信赖其他人，相信他们诚信可靠，就是信任。在学习、工作和生活中，与同学、同事和朋友建立关系时相互信任是非常重要的。

要建立一种成熟的关系，信任是不可或缺的。根据辛德勒（Schindler）和托马斯（Thomas）的理论，信任包括五大要素（见图5-1）。如果你具备如下性格特点，人们就会认为你是值得信任的。

（1）诚信（integrity），指诚实与真诚。简而言之，就是想法和言辞一致。诚信也与诚实披露的能力有关。

（2）能力（competence），指知识与能力。你了解自己的优势和局限。自己在有能力时，能给予他人帮助；自己在有需要时，也能够寻求他人的帮助。

（3）始终如一（consistency），指做事善始善终，处理问题时具有良好的判断力。

（4）忠诚（loyalty），指忠于朋友和理想。一个值得信赖的人会向朋友和同事提供支持，而不论他们是否在场。

（5）开放的心态（openness），指乐意接受新的观点，愿意和他人交流思想。具备这一要素的前提是你了解自己，并且乐意与别人分享信息、袒露心迹。

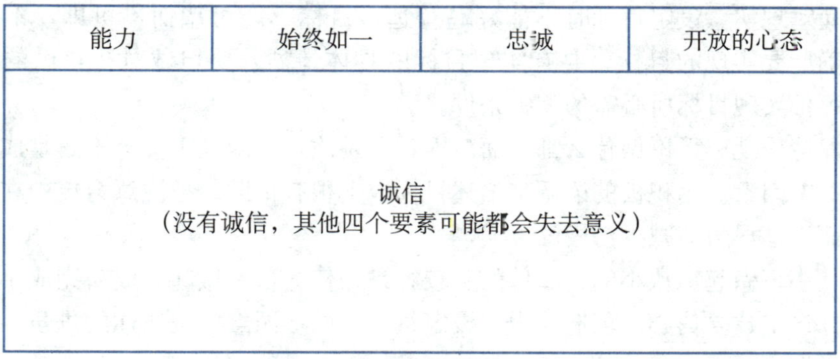

图5-1 信任的五大要素

二、目标设定与职业道德

目标（goal）是指在一个确定的时间段里，我们为自己设定的行为标准和工作效率。如果我们的生活没有计划，结局将会怎样？有效的目标不仅给我们指明了方向，而且为我们提供了衡量自己表现的标准，还使得个人和组织清楚地了解自己正在努力实现什么。

(一) 目标设定

目标设定（goal setting）是一种判断生活或工作中各种事项的轻重缓急，并为实现个人目标和职业目标制定战略步骤的方法。[①] 成功的个人和组织都知道，要得到满意的结果，关键在于有效的目标设定。

1. 目标设定的重要性

设定目标有诸多好处。

（1）鼓舞士气，获得尊重。实现目标会帮助你充分认识自己的能力。成功实现目标会使你信心倍增，相信自己能够取得更多成就。

（2）目的明确，方向清晰。把目标写下来会使你的梦想和希望变得很实际。目标设定为我们确立了目的地，也为我们指出了到达那里的路线。

（3）受到激励。目标设定能帮助我们获得内驱力。一旦明确了目标，我们就会把自己的行动直接指向梦想和抱负的实现。目标建立了，我们就会产生动力，而且随着目标的逐步实现，动力也渐渐增强。

（4）提高投入产出能力。目标设定为我们提供了一种衡量自己成功的标准。系统的目标设定可帮助我们明确如何分配时间和资源。目标设定会帮助我们更出色地完成工作、战胜困难。从某种程度上说，如果一个人坚定不移地要实现自己的目标，目标越困难，表现就会越出色。

2. 目标设定的有效行为

用来设定目标的方式会极大地影响成功实现目标的能力。以下是成功进行目标设定必须实施的行为。

（1）面对现实。设定目标时不能好高骛远，目标不能可望而不可即，不能不着边际。要明确所要实现的目标，要有实现目标的具体计划，要坦诚对待自己的技术和能力，真实评价实现目标所必需的相关条件。

（2）保持乐观。无论做什么都要面对困难和挑战，在困境中坚持不懈是成功设定目标的一个关键因素。用积极的语调来描述目标也会很有帮助。把注意力集中在实现积极的方面，而不是尽力去减少消极的方面。

（3）从小事做起。从小的、简单的、较容易操作的目标做起。成功完成小目标会为将来的目标设定建立信心、创造动力。设定每一步的参照点以记录你的进步，这会使长期目标变得切实可行。

（4）承担责任。即使可能需要寻求他人的帮助和支持，自己的事情还是要靠自己。设定目标时就应该知道，你有能力把自己的精力用于个人目标的实现。

（5）坚持不懈。要有效地实现目标，就要有坚定不移地朝着目标前进的动力。坚持不懈是实现想要达成的每一个目标的必备素质。

---

① 目标设定理论（goal-setting theory）于20世纪60年代由埃德温·洛克（Edwin Locke）提出，该理论认为挑战性的目标是激励的来源，因此特定的目标会增进绩效；当困难的目标被接受时，会比容易的目标获得更佳的绩效。该理论强调目标设定所产生的激励作用。

(二) 道德影响

道德 (ethics) 一词来自希腊语“ethos”，它体现的是个人或者团体的品行特征。人们依照道德规范来辨别是非。要在组织中确立并维持一种道德规范并不是一件容易的事情，因为人们所面临的实际情况十分复杂。每个人都有不同的世界观（这与各自的人生经历、受教育程度、家庭背景、宗教和政治信仰、洞察力以及价值观等相关），并把这一世界观融入决策和目标制定过程中。

1. 道德困境

无论是一个单独的个体，还是一个团队、一个组织，抑或是组织中的一个成员，道德都会在其决策过程中发挥作用。道德困境[①] (ethical dilemmas) 是指这样一种境地，即决策的做出在很大程度上取决于个人或组织的判断，而不是建立在无可争议的事实基础之上。道德困境是一个综合的结果，包括误解、价值冲突、文化差异、利益冲突以及基于性别、经济水平、宗教、年龄、性取向、成长过程、种族以及按种族划分的各种差异，还包括贪欲。

2. 影响道德的因素

在评价组织的道德行为时，必须牢记三个影响行为和活动的因素：组织成员的个人道德、组织的企业文化以及整个社会的文化。个体必须在一个组织环境中工作，而组织环境实际上也反映了外部环境的压力。

(1) 个人道德。当道德行为和个人的价值观、道德伦理以及思维方式一致时，就会对目标和行动产生直接影响。研究表明，一个人若出于私利、缺少自尊，或者嫉妒心强，那么他的抱负越大，其目标中的道德因素就越少。个人行为和性格中体现的价值观是职业行为的基础。

(2) 组织道德。一个组织的文化和惯例对其成员的价值观、态度和行为都会产生影响。研究表明，道德标准、对员工的培训以及一以贯之的价值导向有助于员工了解公司的道德规范。公司的道德规范形成了，员工的道德水平会随之提高，他们会明白公司对自己的要求，进而形成良好的工作态度，减少公司内部的人员流失。

(三) 道德决策

道德决策 (ethical decision making) 指识别涉及道德问题的事件，进行道德判断，决定按照道德规范运作，并最终按照道德原则实施。道德决策指导你在制定决策时不仅要考虑自己，而且要考虑那些会受到该决策影响的人。

1. 道德决策的好处

按照道德指导原则和行为标准来处理不能用既定标准和固定程序处理的情况，有如下好处：

(1) 改善与他人的关系。在遇到冲突时依据道德指导原则，有理有据地对待他人，

① 韩东屏．论道德困境．哲学动态，2011 (11)：24-29.

有助于使他人感受到彼此之间的尊重和理解，从而提高他人对你的认可，改善你们之间的关系。

（2）提高美誉度。如果你一直按照道德决策做你认为正确的事情，你周围的人会普遍认为你是值得交往的。

（3）提高自己和他人的满意度。当你以道德为原则要求自己时，你会对自己的行为有更高的认可，从而提升自我满意度；当你主动推动道德行为，并身体力行地带动他人以道德为行为准则时，其他人会对你有更高的评价。

2. 提升道德水平的方法

进行正确的道德决策需要的不是一系列原则，而是正确的价值观。为了帮助员工处理好道德决策问题，组织必须提高员工的道德觉悟水平。这可以从明确组织的价值主张和期望做起，然后制定出员工可以遵守的原则和决策框架，使他们既能遵守公司章程，又能大胆进行道德判断。

第2节 自我管理

即时案例

富兰克林的作息时间表

富兰克林出身贫寒，只念了一年书，就不得不在印刷厂做学徒。但他刻苦好学，自学数学和4门外语，成为美国的政治家、外交家、科学家、发明家，从而闻名于世。在自我时间管理方面，他把每天的作息时间列成表格，规定自己何时工作、何时休息、何时娱乐。表5-1是他的作息时间表，可以作为参照。

表5-1 富兰克林的作息时间表

时间	任务
5：00—7：00	起床、洗漱、祷告、早餐 规划白天的事务和下决心 晨读和进修 在这段时间里，他向自己提了一个很有意义的问题：我一天将做哪些有意义的事
8：00—11：00	切实执行一天的工作计划
12：00—13：00	读书或查账，吃午饭
14：00—17：00	把未做完的工作迅速完成，把已经做好的工作仔细检查，有错的地方立即改正
18：00—21：00	整理杂物，把用过的东西归到原处 晚餐、听音乐、娱乐、聊天 进行每天的反省 此段时间，他提了一个帮自己反省的问题：我今天做了什么有意义的事情
22：00—次日5：00	睡觉

富兰克林原本是个普通人，他是怎样走向成功之路的呢？富兰克林成功的秘诀是什么呢？善于自我管理，具备良好的品德习惯，进行自我管理和监督，是一切成功的条件。

一、时间管理

时间是一种特殊的资源，对于不同的人有不同的价值。时间就是生命；时间就是金钱；时间就是财富，是千金难买的无价之宝。学会高效管理时间，以有价值的活动去充实有限的时间而不是任由时间流逝，是现代人应该具备的一项基本技能。

（一）认识时间管理

1. 时间的特点

时间看不见、摸不着，是物质运动的顺序性和持续性。时间的主要特点如下：

（1）不可回溯。时光的隧道是单向的——只有前进，没有后退。昨天过完是今天，接着是明天，逝去的永远不会再回头。它不像空间一样，到过的地方还可以“旧地重游”。

（2）绝对公平。时间对任何人来说都是公平的，每个人的一天都是 24 小时。它不能买、不能卖、不能租、不能借，不论是富翁还是乞丐，都不能改变这个事实。

（3）供给毫无弹性。时间的供给量是固定不变的。在任何情况下不会增加，也不会减少，每天都是 24 小时，所以我们无法开源。

（4）无法蓄积。时间不像人力、财力、物力和技术那样能被积蓄、储藏。不论你愿不愿意，我们都必须消费时间，所以我们无法节流。

（5）无法暂停。对于时间，我们无法像操纵机器那样操纵它，决定何时“开”、何时“关”，没有人可以阻挡它的前进。对于时间，我们毫无选择的余地，只能被迫以每天 24 小时的固定速率消耗它。时间一过，一切都将成为往事。

（6）无法失而复得。时间无法像丢失的物体一样可以失而复得，它一旦流逝，则永远丧失。花费了金钱，尚可赚回，但若挥霍了时间，任何人都无法挽回。

2. 时间管理的演进

学习时间管理（time management），需要先了解时间管理的历史演进。时间管理大致经过四代沿革，这一沿革过程是一个逐渐优化的过程。①

（1）第一代时间管理是一种“备忘录”型时间管理。其特点是用一个详细的备忘录或便条列出任务清单，然后按照任务一件一件地做完。如果一天结束时完成了大部分任务，就可以将任务在备忘录上划掉；否则就要增列到明天的备忘录上。

（2）第二代时间管理是一种“未雨绸缪”型时间管理，强调“规划与准备”。其特点是制定时间表，记录应该做的事情，表明完成任务的期限，注明开会的日期等。

（3）第三代时间管理是一种“明确目标”型时间管理。其特点是明确自我的价值观

① 翟国兴．时间管理的 4 个时代．新东方，2003，(Z2)：31.

及个人的人生目标，再按照价值观和人生目标确定哪些事情是重要的、哪些事情是不重要的。第三代时间管理的主旨是“规划、制定优先顺序，操之在我”。

(4) 第四代时间管理是一种“自我管理”型时间管理。其优点是主张人比事更重要，强调应进行个人管理，以取得生活、事业、健康、家庭等重要人生层面的平衡。

虽然时间管理经历了四代沿革，但后一代时间管理并不是对前一代时间管理的否定，而是进一步完善和发展。从时间管理的演变过程可以看出，时间本身不能被管理，能够被管理的是个人和个人的选择，时间管理本质上就是自我管理。

(二) 时间去哪了

对于面对更多自由和更多诱惑的当代大学生来说，时间管理的重要性不言而喻。① 时间管理意识不足，或不会把握时间是大学生面临的普遍问题。②

大学生浪费时间的倾向主要表现在显性和隐性两个方面。

(1) 显性浪费时间。如漫无边际地上网、逛街、聊天、发呆等，这种时间利用方式几乎不创造任何价值。它产生的原因包括缺乏时间观念，缺乏计划性，缺少主动意识。

(2) 隐性浪费时间。如上课神游、看书听音乐、上课做其他课程的作业等，你似乎在专心从事手头上的事情，实际上并非如此，这有时比什么都不干还要糟糕。因为人的认知资源是有限的。在重要的事情上一心二用是一种敷衍行为，它很可能会让重要知识点在不经意间悄悄溜走，而我们自己并不知道。

(三) 高效管理时间

1. 时间管理的前提

时间管理只是一种方法和手段，这种方法和手段能不能被运用，主要取决于行为当事人对时间的态度以及心理建设水平。

(1) 珍惜时间。时间如空气一样，每个人都可以免费得到。时间也是一种资源，如果任其白白浪费，也就损失了用于干其他事情而得到的收益。因此，我们要将时间看成是一种资源，改变对时间的态度。

(2) 做好心理建设。做好心理建设是时间管理的第二个前提。心理建设包括要有时间管理的愿望，愿望是进行时间管理的关键；要明确价值，确定长期、中期、短期目标，价值和目标是时间管理的最高宪法；要有行动力，让时间管理能够切实执行；要有自控能力，时间管理的过程其实就是自我管理的过程。

2. 时间管理的法则

(1) 取舍法则。每个人的时间和精力都是有限的，不可能做到面面俱到、有求必应。因此，取舍法则是高效时间管理的第一个法则。要在明确价值观和人生目标的基础上，知道哪些事情是不能舍弃的、哪些事情是必须舍弃的。俗话说：“舍得，舍得，有舍才有得。”

---

① 李小芳，卢新发，仰滢．时间管理：青年成功的必修课．中国青年研究，2004 (2)：75－80.

② 杨玢．对大学生时间管理的调研与分析．中国轻工教育，2010 (5)：89－90.

(2) 帕累托法则。如何取舍？这就需要我们遵循时间管理的第二个法则——帕累托法则，即我们通常所说的二八法则。① 该法则由意大利经济学家帕累托（Pareto）② 提出，其核心思想是生活中80%的结果几乎源于20%的活动。因此，我们要把注意力放在20%的关键事情上。

(3) 主次法则。即使是那些最重要的20%的事情，也有主次之分。聪明人不会眉毛胡子一把抓，而是将焦点集中在主要矛盾上，解决了主要矛盾之后，才逐步解决相对次要的矛盾。

3. 时间管理的方法

(1) 做计划。做事情必须要有计划，与其紧张地做事，被事情推动，不如自己推动事情，轻松地前进。只要在时间上做好安排，就能做到这一点。花一点时间做计划，可以在做事过程中节省很多时间。

(2) 区分轻重缓急。著名管理学家斯蒂芬·柯维（Stephen Covery）③ 提出了时间管理四象限法则，即按照重要性和紧急程度将事情分为四类：重要紧急、重要不紧急、不重要紧急、不重要不紧急。对四类事情应采取不同的处理顺序。

(3) 善用零碎时间。生活中有许多零碎的时间好像不太重要，干不了什么事情。其实，这些时间虽短，却可以充分利用起来做一些事情。善用零碎时间，把那些小块时间充分利用起来，并坚持下来，就能收获不一样的结果。

(4) 学会说“不”。学会说“不”是避免干扰、保持焦点的一个重要方法。通过对那些不重要且不紧急的事情说“不”，从而将注意力集中在关键任务上。

(5) 学会搁置。搁置不等于放弃。由于受到心理定式或者条件不成熟等因素的影响，有些重要事情暂时无法处理。此时，千万不要太固执，可以把问题记下来，等条件成熟了再去解决。这就像踢足球，左路打不开，就试试右路。总之，不要钻牛角尖，否则，不仅解决不了问题，还会影响心情。

4. 时间管理的工具

目前，人们研究出了很多时间管理工具，既有简单的，也有复杂的；既有纸质的，也有利用计算机操作的。考虑到实际情况，本书主要介绍五种既简单又有效的时间管理工具。

(1) 时间花费稽核表。根据你过去一周的活动情况，如实地填写图5-2，并回答以下四个问题。

1) 各象限的时间百分比大致是多少？

2) 你在哪一个象限的事务上投入了最多的时间和精力？

3) 当花费大量时间和精力处理第一象限中的事务时，你的身体、心理、事务效果发生了什么变化？

---

① 刘秀英．对二八管理法则的诠释．经济理论与经济管理，2004（8）：57-59.

② 帕累托，意大利经济学家，他在从事经济学研究时偶然注意到19世纪英国人的财富和收益模式，从中总结出了二八法则。

③ 斯蒂芬·柯维，美国著名管理学大师，其在著作《要事第一》中提出了时间管理的“四象限法则”。

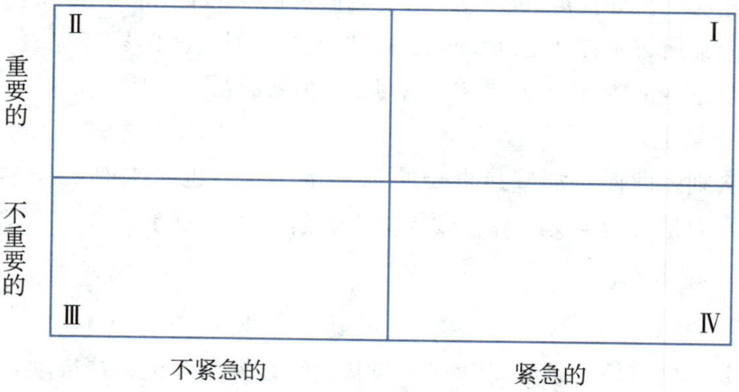

图 5-2 时间花费稽核表

资料来源：杨杰．时间管理．北京：中国纺织出版社，2003：25.

4）当你不处理第一象限的事务时，你把时间花在哪一个象限上了？

（2）时间日志分析。时间日志分析是一种通过简单记录某一时间段的时间应用情况来分析时间利用的整体情况的分析方法。通过时间日志分析，行为当事人可以发现之前完全没有意识到的问题和行为。时间日志样本如表 5-2 所示。

表 5-2 时间日志样本——一天的部分时间

日期：×月×日，星期×

开始时间	结束时间	活动	效果	评价
8：00	11：40	上课	中	提高专注度
11：40	12：00	午饭	好	
12：00	12：45	午睡	中	少看手机，快速入睡
12：45	13：30	预习下午课程	中	提高效率

资料来源：琼斯，洛夫斯特．A⁺时间管理法．北京：金城出版社，2020.

（3）任务清单。把你在相关时间（周、天等）内所要完成的任务列在一张活动清单上，然后根据任务的重要性和价值的相对大小依次排序（A：必须做；B：应该做；C：可以做），最后对三类任务进行规划、处理，如表 5-3 所示。

表 5-3 任务清单

任务	优先度			开始时间	结束时间	效果
	A	B	C			

（4）干扰情况分析表。根据表 5-4 如实填写你在某个时间段内所受到的干扰，并分析：

1）哪些干扰令你付出了最大代价？

2）谁是最经常、最明显的干扰者？

3）哪些干扰是可以避免的？

表 5-4　干扰情况分析表

开始时间	干扰方式	事件	结束时间	干扰者	干扰原因

（5）时间改进计划表。要做一个高效的时间利用者，除了要经常反省自己的时间利用情况外，还要经常思考如何有效改进时间利用情况，以便使单位时间的效率和效能最大化。时间改进计划表样例如表 5-5 所示。

表 5-5　某同学的时间改进计划表

时间记录	有效时间（分钟）	消耗过程	效率得分	改进意见
7：00—7：30	30	起床、吃早餐	4	维持现状
7：30—7：40	10	背单词	5	维持现状
7：40—11：20	220	上课	3.5	提高效率
11：20—12：40	80	吃中餐、洗衣服	4	维持现状
12：40—13：25	45	午睡	4	维持现状
13：25—15：40	135	学习数学、英语	3	制定计划，提高效率
15：40—17：00	80	开工作会议	2.5	转变工作方式
17：00—17：30	30	吃晚餐	4	维持现状
17：30—18：30	60	运动	5	维持现状
18：30—21：30	180	复习	3	提高效率
21：30—22：30	60	阅读课外读物	3	增强计划性

二、压力管理

相对高中，大学是一个轻松自在的地方。在这里，没有老师逼着我们学习，平时的作业也不多，我们有足够的时间去做自己想做的事情。但是，随着现代社会的竞争日益激烈，大学也变成了一个充满压力的地方，无论是学习还是在社团工作，我们都能体会到压力的存在。

（一）认识压力

1. 压力的产生过程

压力就是我们想要处理某件事情，但又不确定怎么处理，或者面对的事情太多，我们感到难以应对，由此产生的一种焦虑、紧张的状态。压力是一个复杂的身心过程，包括压力源、认知评估和焦虑反应三个方面（见图 5-3）。

图 5-3　压力的产生过程

（1）压力源[1]。任何情境或刺激如果对我们具有潜在的威胁或危害，这种情境或刺激就成为压力源。例如，与同学发生矛盾、家里发生重大变故、面临考试等。

（2）认知评估。当我们认为上述刺激或情境对自己确实产生威胁时，就会形成压力。但假如我们认为这一刺激或情境对自己是一种解脱或乐趣而不是威胁，就不会形成压力，这一过程被称为认知评估。

（3）焦虑反应。所谓焦虑反应，是指我们意识到自己的生理健康、身体安全、心理状态、事业或自尊，甚至是自己所关心的人等正处于危险的状况或受到威胁时所做的反应。

2. 压力的主要来源

我们的压力从何而来？研究表明，压力来自压力源，几乎任何生活的改变都有可能成为我们的压力源。心理学家通过研究，把产生压力的各种生活事件分为四种类型，即四种类型的压力源。

（1）躯体性压力源。躯体性压力源是指对我们的躯体直接产生刺激作用从而造成身心紧张状态的刺激物，包括物理刺激物、化学刺激物、生物刺激物。对我们来说，躯体性压力源主要表现为身高、长相及各种生理上的疾病等。

（2）心理性压力源。心理性压力源是指来自我们头脑的紧张性信息，如心理冲突、挫折、不切实际的理想、敏感、过分猜疑，以及与学习或工作责任有关的压力等。[2] 心理性压力源的一个特点就是它直接来源于我们的认识和想法。

（3）社会性压力源。社会性压力源主要是指引发我们生活方式变化并要求我们对这种变化做出调整和适应的情境或事件。社会性压力源的范围小到个人生活中的变化，大到社会生活中的重要事件。我们的生活有时会因某些事件的发生而产生一些变化，而这些变化会给我们带来压力。有些大学生进入大学之后，面对新的教学方式和学习方式，感到不适应，压力很大，这种改变就是一种社会性压力源。

（4）文化性压力源。文化性压力源主要表现为个体从一种语言环境或文化背景进入另一种语言环境或文化背景中，由于面临全新的生活环境、陌生的风俗习惯、不同的生活方式而产生的压力。当我们初到外地上大学或者出国留学时，如缺乏心理准备，就可能难以适应新的环境，从而产生压力感，情绪低落。

3. 审视压力

谈到压力，我们马上就会想到压力给我们带来的负面影响，如谈虎色变。其实，压

---

① 压力源（stress）又称应激源或紧张源，是指任何能够被个体知觉并产生正性或负性压力反应的事件或内外部环境的刺激。

② BIO国际组织教材编写组．心理咨询与治疗基础．北京：人民日报出版社，2007.

力是一把双刃剑，适度的压力可以增强我们的动机，促使我们高效地完成任务。当我们遇到问题时，如果能正确对待，将压力看成是促使自己前进的一种动力，那么压力就有利于我们的发展。适度的压力是维持正常心理功能和生理功能的必要条件，有助于我们应对自己的学习和生活。

（二）有效管理压力

压力管理的目的在于将压力维持在一个适度的水平，在避免压力过大造成不良影响的同时，最大限度发挥压力的积极作用。

1. 提高压力承受力

在生活中，我们不可避免地会遇到各种压力，但不同的人在面对同样的情境时感受到的压力是不同的，也就是每个人对压力的承受力不一样。导致这种差异的因素有很多，我们了解之后便能更有针对性地提高我们的压力承受力。

（1）经验。在面对同一事件或情境时，个体经验上的差异会影响到压力感。例如，一帆风顺的人一旦遇到挫折就可能会惊慌失措，不知道如何应付；而经历过许多挫折的人，在面对同样的打击时就不会显得束手无策。所以，积累经验是提高压力承受力的重要一步。

（2）准备状态。对即将面临的压力事件是否有心理准备也会影响对压力的感受。心理学家曾对两组接受手术的患者做实验，在手术前对其中一组讲明了手术的过程及后果，患者对手术有了心理上的准备，能将手术带来的痛苦视为正常现象并坦然接受；而对另一组不做特别介绍，患者对手术一无所知，表现出过分担忧手术后的痛苦，对手术是否成功持怀疑态度。结果，手术后有准备的患者比没有准备的患者使用的止痛药更少，而且平均提前3天出院。由此可见，提前做好充分准备可以有效降低压力感。

（3）认知评估。认知评估在增强压力感或缓解压力感中起着重要的作用。面对同样的压力情境，一些人惶恐不安，而另一些人则泰然处之，原因在于不同的人对同样的压力情境的认知不同。一般来说，个体在面对压力时，在没有任何实际的压力反应之前会先辨认压力和评估压力。

对压力的认知评估包括两个阶段：第一阶段是初步评估压力源的严重性；第二阶段是评估处理压力的可能性。如果我们评估压力很大，又没有相应的应对策略，就会产生一种持续性的紧张、焦虑。

（4）性格。心理学家弗里德曼（Friedman）和罗森曼（Rosenman）描述了两种对立的人格类型——A型人格①和B型人格，其中A型人格的主要特点是性子急、时间紧迫感强、缺乏耐心、成就欲高、上进心强、具有苦干精神、工作投入、做事认真负责、富有竞争意识、办事匆忙、生活常处于紧张状态等。心理学研究表明，不同性格特征的人对压力的感受是不同的，A型人格的人在面对压力时，性格中的不利因素便会表现出来。因此，完善我们的性格有助于提高我们的压力承受力。

---

① 弗里德曼和罗森曼根据自己的临床观察和长期的跟踪研究，发现了基本的人格特征与心脏病发病率之间的关系，从而提出了A型人格理论。

（5）环境。我们的压力源与我们所处的小环境有着直接的联系。小环境主要包括工作单位、学校及家庭等。如果我们长期生活在一个充满矛盾、冲突的环境中，内心的压力感自然会变得很大，长此以往我们应对压力的能力就会下降，如果再遇到其他压力事件就很容易被击垮。所以，及时解决小环境中出现的问题、提高环境的舒适感是十分重要的。

2. 健康的压力应对方式

面对压力时，我们会采用一些方法和技巧去应对，以减轻压力带来的心理负担。一般来说，应对压力的策略有两类：处理困扰与减轻不适感。处理困扰是指直接改变压力源；减轻不适感是指不直接解决问题，而是通过调节自己来消除不良反应。无论是直接面对压力源，还是自我调节，都有许多方法可以采用。

第3节　心智模式、情商与逆商修炼

心智[①]决定视野，视野决定格局，格局决定命运，命运决定未来。心智成熟的五种表现是：（1）平等看待异性；（2）肯定自己；（3）学会宽容；（4）重视简单；（5）客观看待问题。

一、心智模式修炼

为什么两个人在观察了同一事件后，对事件的描述不一致，注意到的细节不一致，采取的决策不一致，最后的行动也不一致？

（一）认知心智模式

为什么不同的人对同一事件的反应会不一致？是什么原因让他们表现出了不一致？问题解答的关键正是接下来我们要学习的内容——“心智模式”。

心智模式（mental model）也称心智模型，是人们在成长的过程中受环境、教育、经历的影响，而逐渐形成的一套思维行为模式。心智模式一旦形成，将使人自觉或不自觉地从某个固定的角度去认识和思考所发生的问题，并用习惯的方式解决。任何一个人都有自己特殊的心智模式，这既是教育的功劳，也是此人在特定生活、工作环境中逐步形成的。

1. 心智模式的特点

心智模式对个人的成长与发展有着重要的影响，它影响着人们的学习、生活以及解

---

① 心智是人们的心理与智能上的表现，是指人们对已知事物的沉淀和储存，通过生物反应而实现动因的一种能力综合，是人们各项思维能力的综合。乔治·博瑞（George Boeree）认为心智主要包括以下三个方面的能力：获得知识；应用知识；抽象推理。博瑞认为，一个人一生的幸福与他的心智直接相关。人与人之间存在智力上的差异，即每个人心智的力量强弱不一，且这方面的差异可能存在天壤之别。

决问题的方式等方方面面，它是个人表现出与他人不同的行为方式的内在原因，这些都是由心智模式的特点决定的。心智模式有以下五个特点：

(1) 根深蒂固地存在于每个人心中，即江山易改，本性难移。

(2) 大多数人自我感觉良好，对自己的缺点、不足没有很深的认识。

(3) 人无完人，每个人的心智模式都有缺陷。

(4) 心智模式有时效性，受到社会发展、科技进步等的影响。

(5) 学习是一个改善心智模式的过程。

2. 不良的心智模式

不良的心智模式对个人的负面影响十分严重，对自我提升、健康发展都存在很大的阻碍。当今大学生的不良心智模式主要有以下几种表现：

(1) 目标不清，动力不足。有些大学生没有自己认可的或比较清晰的目标和计划。学生如果没有目标，或者目标不清晰，会导致学习或做事动力不足。大学生在一定程度上存在这种不良心智模式，致使他们在学习、工作以及生活中缺乏激情，对未来信心不足，缺乏内驱力。

(2) 以偏概全，思考局限。有些大学生习惯于从自己的角度思考，而不能把自己放到整个环境中去考虑。具体表现为考虑问题以偏概全，不能正确地对待自己、对待别人，总以自我为中心，难以适应环境。在学习、生活上，往往只看到自己或小团体的利益，一旦遇到困难和挫折，就会产生情绪波动，甚至认为周围的一切都好像在跟自己作对，凡事对自己都不公平，不能理智对待。

(3) 思维定式，反应钝化。人生的经历会固化为心智模式的一部分，随着时间的推移，容易形成思维定式。有的学生失败的思维定式明显，负面情绪太多，对成功没有任何奢望，也不去做任何努力，甚至认为自己努力也没有用，无论如何也不会成功。这种不良的心智模式导致大学生思维迟钝、能力退化、素质下降，使其对遇到的任何成长机会视而不见，墨守成规。

(4) 推诿责任，缺失感恩。受西方社会思潮和价值观念的负面影响，当代大学生的责任意识出现弱化倾向，表现为自我意识浓厚、纪律观念淡薄。有些大学生的个人责任与社会责任错位，为了个人利益忽视集体利益，甚至自己做错了事情，还要把责任推到别人身上。另外，受社会上流行的拜金主义、享乐主义、个人主义等腐朽思想的影响，大学生的价值取向趋于功利化，致使大学生感恩意识缺失，存在感恩认知、行为上的偏差。

(二) 修炼心智模式

心智模式是深植于我们心中的关于自己、别人、组织及周围世界每个层面的假设、形象和故事，并深受习惯思维、定式思维、已有知识的局限。因此，心智模式的修炼可能是五项修炼中最实际的修炼，也是最艰难的修炼。因为所谓的改善心智模式意味着否定和抛弃既有的心智模式，建立对自己来说并不习惯的新的心智模式，改变心中对周遭世界如何运作的既有认知。这个过程实际上是实现心灵上的痛苦转变。

1. 改善心智模式的作用机理

从本质上看，心智模式是人们在大脑中构建起来的认知外部现实世界的“模型”，它会影响人们的观察、思考以及行动。心智模式的作用机理包括三个方面，如图 5 - 4 所示。

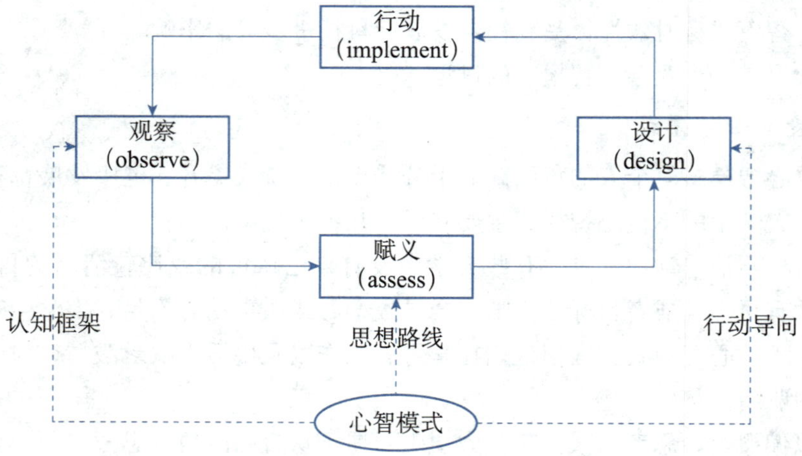

图 5 - 4 心智模式的作用机理示意图

图 5 - 4 上部显示的是个体学习的 OADI 循环（Kofman，1992），下部则显示了心智模式的作用机理。[①] 心智模式的作用机理主要有三种，即心智模式通过三种途径影响个体的观察、思考和行动，具体包括：

（1）认知框架。心智模式为人们提供了观察世界的认知框架，如同一个“滤镜”，会影响人们所“看见”的事物。具有不同心智模式的人在观察同一事物时，往往会有不同的感受或得出迥然不同的结论。这就是心智模式作用的体现。

（2）思想路线。认知心理学家瓦瑞拉（Varela）认为，人的认识并不是一个简单被动地反映客观事实的过程，而是我们的经验世界创造的主动过程。基于从外部世界获取的信息，我们对其进行解读，做出合理的假设、想象，并按照特定规则或逻辑进行推论，从而做出判断和决策。在这方面，每个人其实都有很多切实的感受。

（3）行动导向。彼得·圣吉（Peter Senge）[②] 指出，心智模式不仅决定我们如何理解世界，而且决定我们如何采取行动。因为人们在成长和发展心智模式的过程中，会逐渐总结规律、发现模式，形成一些对世界的概括性的看法，即价值观和世界观，这会影响人们的判断和行为。例如，相信“X 理论”[③] 的管理者认为员工是懒惰的、千方百计

---

① 白洪山．组织变革有效切入的三部曲：变革管理从改变员工心智模式入手（之一）.（2007 - 05 - 11）. https://wenku.baidu.com/view/50818cd749649b6648d7470e.html.

② 彼得·圣吉是美国麻省理工学院（MIT）斯隆管理学院的资深教授，其著作《第五项修炼》涉及个人和组织心智模式的转变，它深入到哲学的方法论层次，强调以企业全员学习与创新精神为目标，在共同愿景下进行长期而终身的团队学习。

③ X 理论和 Y 理论是管理学中关于人们工作源动力的理论，由美国心理学家道格拉斯·麦格雷戈（Douglas McGregor）于 1957 年在其所著的《企业中人的方面》一书中提出。这是一对基于两种完全相反假设的理论，X 理论认为人们有消极的工作源动力，而 Y 理论则认为人们有积极的工作源动力。

谋求个人利益而不顾公司利益的，从而更倾向于采取严格的管控措施；而相信“Y 理论”的管理者认为员工是积极的、能自我约束和激励的，因此更倾向于采取授权、激励等管理措施。

2. 改善心智模式的方法

心智模式改善方法如图 5-5 所示。

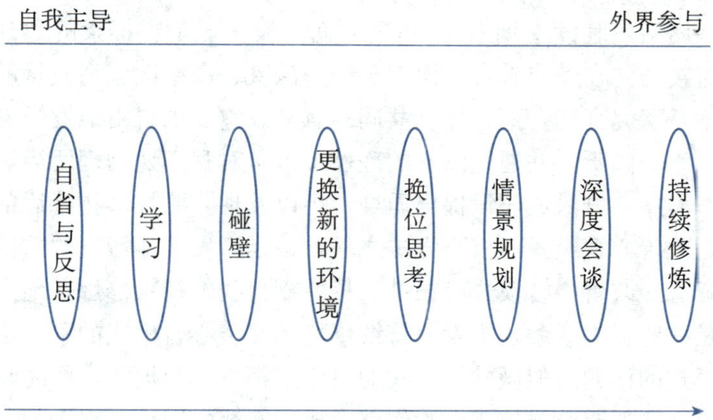

图 5-5　心智模式改善方法

(1) 自省与反思。自省与反思是改善心智模式的核心方法。通过自省与反思，我们得以发现自己内心深处隐藏的成见、假设、逻辑、规则，使这些图像浮现出来，借此可以对其有效性加以检视。此外，自省与反思也可以让我们以开放的心态接纳不同的意见。

(2) 学习。通过获取新的信息，开阔自己的视野，可以拓宽观察框架；通过了解新的思考逻辑，掌握更多的规则，可以更新思考路线；通过借鉴新的观念，形成新的习惯，可以修正自己的价值导向。总之，通过学习，人们可以获得合时宜的心智模式，使行动更有效。

(3) 碰壁。在当今信息泛滥、浮躁的时代，主动地自省和“学而知之”显得难能可贵，更常见的情形似乎是“困而知之”：因为老办法行不通了，按照原有的规则得出的看法显得不伦不类，据此做出的对策和行动碰壁了，这会促发人们觉察和内省。因此，不回避、不隐藏问题，而是积极地面对问题、困难与挑战，积极地分析原因，尤其是反思自己内心的心智模式，是个人学习、提升的重要契机。

(4) 更换新的环境。心智模式的形成具有路径依赖性，也就是说由于每个人的成长环境与经历不同，心智模式也可能是不一样的。在这方面，孟母三迁的故事深刻地揭示了外部环境对心智模式的影响。对此，换一个新环境有助于个体心智模式的改善。

(5) 换位思考。《列子》中“疑邻盗斧”的小故事形象生动地说明：当我们心里有了某种想法之后，通过心智模式的“选择性观察”机理，就会发现更多能印证这种想法的事例，从而更加坚定自己的判断。这是心智模式的自我增强特性。同时，这个故事也告诉我们，当有了新的资料之后，我们会进行新的推论，从而改变自己的判断。如果能不断发现新的资料或能用新的视角去解读现有的各种资料，就可以持续优化自己的心智模式。

(6) 情景规划。运用情景规划法(scenario planning)可以改善集体心智模式。不同于传统的战略规划或预测方法，情景规划法质疑人们认为理所当然的一些基本假设，开发一系列新的情景，帮助管理者以新的视角或方式观察这个世界。从某种意义上讲，情景规划法的特别之处就在于它能促进管理者心智模式的改善。

(7) 深度会谈。相对于个人学习，与他人的交流更可能让自己豁然开朗，正如人们常讲的“听君一席话，胜读十年书”。在这方面，彼得·圣吉推崇的“深度会谈”是一种有价值的交流技巧。在圣吉看来，深度会谈是深入、高层次、高质量的沟通、倾听与共享，其目的不是探究真相，而是建立共同的意义。它要求自由地发掘微妙的话题，摒弃自己的成见，悉心倾听，并通过深入的理性思考，对我们认为理所当然或顺理成章的一些经验、工作程序、方法或假设提出质疑，借以发现隐藏在事物背后的真正规律。因此，深度会谈是改善心智模式的核心方法之一，也是激发集体智慧的重要手段。

(8) 持续修炼。改善心智模式归根结底只能靠自我的持续修炼，他人无法替代，外界的条件也只是一些促进或激发因素。持续修炼是改善心智模式的不二法门。

虽然心智模式的话题看似微妙，但我们每个人都有心智模式，每时每刻都受心智模式的影响。如果不能驾驭心智模式，我们就会成为心智的囚徒；善于驾驭并改善心智模式，我们才能成就全新的自我。

二、情商修炼

(一) 认识情绪

情绪是人对客观事物主观的、有意识的体验和感受，是人的需要是否获得满足的反映。情绪既可以是对情境的反应，如恐惧是对危险情境的反应；也可以引发行为，如愤怒可以导致我们做出攻击行为。情绪还可以成为行为的目标，如我们会以特定方式行事，以获得快乐。情绪虽没有好坏之分，但有积极和消极之分。一般而言，需要得到了满足就会引起积极情绪，需要得不到满足就会引起消极情绪。

1. 人类的基本情绪

情绪是复杂多样的，古今中外对如何划分情绪的种类提出了很多观点。美国著名情绪心理学家普拉特切克(Plutchik)[①] 认为，人类的原始情绪有八种：悲痛、憎恨、暴怒、警惕、狂喜、崇敬、惊悚和惊诧。普拉特切克用一个倒椎体模型来形象地说明其情绪理论。锥体的截面被划分为八种原始情绪，其中相邻的情绪是相似的，对角位置的情绪是对立的，锥体自下而上表明情绪由弱到强的变化。由于这个锥面展开后形如一朵色彩缤纷的花，因此也被称为“情绪地图”(见图 5-6)。情绪地图呈现的是人类最基本的八种情绪，图中的八个花瓣就代表了人类最基本的八种情绪。

---

① 其以著名的情绪三维模式广为人知。

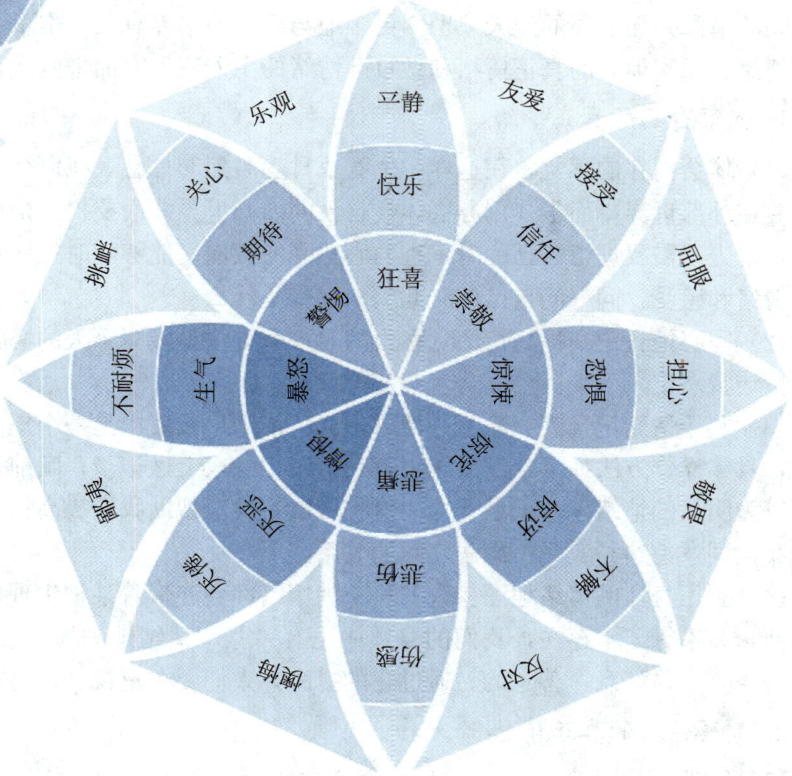

图5-6　情绪地图

2. 情绪的外部表现形式

表情动作是情绪的外部表现形式，是人们认识自己和他人情绪的一个主要途径。表情动作主要有三类：面部表情、身段表情、言语表情。

(1) 面部表情。面部表情（facial expression）是指通过眼部肌肉、颜面肌肉和口部肌肉的变化来表现各种情绪状态。例如，眼睛不但可以传情，还可以交流思想。面部表情是一种十分重要的非语言交流手段，艺术家往往通过对人物面部表情的描绘，来表现人物的情绪和情感，栩栩如生地展现人物的精神风貌。

(2) 身段表情。身段表情（posture expression）是除面部表情之外，身体其他部位的表情动作。人在不同的情绪状态下，身体姿态会发生不同的变化，如高兴时“捧腹大笑”，恐惧时“紧缩双肩”，紧张时“坐立不安”，等等。

(3) 言语表情。言语表情（language expression）是指情绪在言语的音调、节奏、速度等方面的表现。例如，人在喜悦时，语调高昂、语速较快、言语节奏感明显；人在悲伤时，语调低沉、语速缓慢、言语间断、语音高低差别很小、言语无节奏感；人在愤怒时，声音高尖且颤抖，有时言语沙哑。

（二）修炼情商

综合国内外相关研究，情商主要包括以下五个方面：了解自己情绪的能力、情绪管理能力、自我激励能力、识别他人情绪的能力和人际关系处理能力。研究还发现，人与人之间的情商并无明显的先天差别，更多地与后天的培养有关。本章主要从觉察自己的真正情绪、觉察他人的真正情绪和做自己情绪的主人三个方面来阐述如何提高情商。

1. 觉察自己的真正情绪

（1）体会内在的感觉。在这样一个竞争日趋激烈的社会，我们往往容易将注意力的焦点放在外部世界，而很少用心去体会自己的内心世界。而要提高情商、保持敏锐的觉察力，首先就需要训练自己随时审查内心感受的倾向，能够随时把注意力由外在转向自己的情绪和感受，问一问自己此时此刻的感受是什么。

（2）写心情日记。提高情绪觉察力的另一个方法是撰写个人的心情日记，将自己每天的情绪状态记录下来。

（3）利用情绪记录表。除了心情日记外，情绪记录表也是一个提高情绪觉察力的好方法，具体操作方法如下：清晨醒来就在情绪记录表上做记录；睡前再记录一次，并将当天较为明显的情绪事件记录下来。这种方法不仅能帮助我们提高情绪觉察力，而且能帮助我们洞察情绪与实践、想法之间的关系。

（4）利用身体的情绪地图。人的每一种情绪都会连带着某种生理反应。眼睛看不见的东西，并不等于不存在，我们的身体中也有一张“情绪地图”。生理反应是在给人们提出警告，它是好意、善意的。通过它的提醒，人们要去重视、调整不良情绪。

2. 觉察他人的真正情绪

（1）同理心。同理心（empathy）是指在人际交往过程中，能够体会他人的情绪和想法、正确理解他人的立场和感受。同理心最早由人本主义心理学家卡尔·罗杰斯（Carl Ransom Rogers）[①] 提出。具有良好的同理心是正确了解他人情绪、建立人际互信的基础。缺乏同理心的人既无法表达相互关怀和理解，也无法建立融洽的人际关系。

（2）敏感性训练。敏感性训练（sensitivity training）又称 T-团体训练，由美国行为科学家利兰·布拉德福德（Leland P. Bradford）[②] 等人提出。敏感性训练的目的是通过受训者在共同学习环境中的相互影响，提高受训者对自己的情感和情绪、自己在组织中所扮演的角色、自己同他人的相互影响的敏感性，进而改变个人和团体的行为，达到提高工作效率和满足个人需求的目标。[③]

3. 做自己情绪的主人

情绪无好坏之分，但由情绪引发的行为有好坏之分，行为的后果也有好坏之分。情

---

① 卡尔·罗杰斯，美国心理学家、人本主义心理学的主要代表人物之一。他的贡献之一就是他对“共情”（也译作同理心）范畴的发展。

② 利兰·布雷德福，美国行为科学家、心理学家。

③ 刘永芳．管理心理学．北京：清华大学出版社，2016.

绪管理不是要消除不良情绪，而是在觉察不良情绪之后，调整情绪的表达方式。如同亚里士多德所言："任何人都会生气，这没什么难的，但要能适时适所、以适当方式对适当的对象恰如其分地生气，可就难上加难了。"简而言之，情绪管理就是适时、适所地对恰当对象恰如其分地表达情绪，以减少情绪引发的不良后果。

三、逆商修炼

俗语说："人生之不如意，十有八九。"前进的路上没有一帆风顺，而一个人在逆境中的表现往往决定了其人生走向和高度。面对逆境，有的人努力奋进，百折不挠；有的人在经过一番努力争取后，偃旗息鼓；有的人一旦陷入，就心怀恐惧、回避问题。不同的态度导致了不同的结局，或是到达成功的彼岸，或是缩手缩脚、碌碌无为。

（一）认知逆境

"思想有多远，我们就能走多远。"阿尔伯特·艾利斯（Albert Ellis）的理性情绪疗法[①]告诉我们，有什么样的想法，就会有什么样的反应。面对逆境，如果以消极的心态去认知，我们必然会被逆境压倒；反之，以积极的心态去认知，我们最终就能突破逆境。那么，我们应该用什么样的心态去认知逆境呢？

（1）人生的常态。不论是工作还是生活，我们都希望一帆风顺，拥有一个顺心顺意的环境。然而，这是不可能也不现实的事。逆境经常像影子一样跟随着我们，并不时给我们带来困扰。人不可能永远都处在顺境当中，只有认识了这一点，才能为自己成功驾驭逆境做好心理准备。

（2）成功者的代价。"天将降大任于斯人也，必先苦其心志，劳其筋骨，饿其体肤，空乏其身，行拂乱其所为，所以动心忍性，曾益其所不能。"现实生活中，无数人的成长、成功经历都在深刻、生动地诠释着这句话。

（3）成长的机会。顺境固然有利于人的成长和成才，但物极必反。如果一个人长期处在顺境中，就会成为温室里的一朵花，经不起任何风吹雨打。而且，一个人长期处在顺境中，往往会迷失自我，丧失对外界环境变化的敏感性和危机意识。在人生发展道路上，逆境常常给人以当头棒喝，使我们在前进的道路上保持清醒的头脑。同时，逆境也是一种磨炼。在逆境中，我们应努力寻找不足，改掉缺点，通过积累经验和磨砺心智不断突破，从而达到人生的新高度。

（二）驾驭逆境

面对逆境，我们可以采取两种应对方法：情绪应对（emotion-focused coping）和问题应对（problem-focused coping）。情绪应对试图使处于逆境中的人在主观上感觉更好，

---

① 理性情绪疗法（REBT）是由美国心理学家艾利斯于 20 世纪 50 年代创立的。他认为人的情绪和行为障碍不是由某一激发事件直接引起的，而是由于经受这一事件的个体对它不正确的认知和评价所引起的信念，最后导致特定情景下的情绪和行为后果。

问题应对则直接解决困难和挫折，突破逆境。

（1）情绪应对。当逆境来临的时候，不管是心理承受力强的人还是心理承受力弱的人，都会出现这样或那样的情绪，如有的人痛哭，有的人失望，有的人焦躁不安……如果这些消极情绪得不到很好的处理，不仅会影响我们思考问题的能力，而且会影响我们的身心健康。

成功者的不同之处就在于始终不轻易放弃，就算在逆境中，他们也会穿越重重乌云，看到太阳，看见希望，依靠自身的努力走向成功。做人做事，贵在坚持。大凡事业上的成功，都离不开逆境中的坚持。“坚持就是胜利”的信念会让我们在逆境中看到希望和成功，从而减轻逆境带来的情绪困扰。

（2）问题应对。情绪应对在安抚情绪方面可以起到非常好的效果。但问题并没有解决，因此冷静下来之后，我们还需要积极行动起来，想办法去解决问题，突破逆境。

第 4 节　团队合作与领导力提升

一、团队合作

1994 年，美国圣迭戈州立大学管理学教授斯蒂芬·罗宾斯（Stephen P. Robbins）[①]首次提出了“团队”（team）的概念。团队是指为了实现某一目标而由相互协作的个体所组成的正式群体。团队合作是保证团队正常运转、产生 1+1>2 效果的根本。如今，随着社会分工的日益精细，团队合作的重要性越来越凸显。

（一）自然界的团队合作

自然界是一个神奇的地方，在漫长的进化过程中，生物发展出了各种维持其物种生存的法则和方法。无数的事实告诉我们，人类需要“道法自然”。其中，狼和大雁身上所体现的团队合作精神，在今天这个强调竞争的社会，尤其值得我们学习和效仿。

1. 狼群的团队合作

在广阔的草原上，大雪过后，大地白茫茫一片，此时许多动物都已进入冬眠模式。由于狼群很少储存食物，因此必须出去寻找食物。然而，在这样的环境下寻找食物是非常困难的，狼群必须保存体力，因为连续的劳累再加上饥饿和严寒的折磨，它们很可能会丢掉性命。聪明的狼群在此时采取单列行进的办法，一头接着一头，这样它们就能保证消耗最少的体力。

狼群不但懂得彼此合作，而且会与其他动物合作，如与乌鸦合作。当乌鸦在高空中发现受伤或死亡的猎物时，就会把消息传递给狼群，并引导它们到达猎物所在地。捕获猎物后，狼群用尖锐的爪子撕开猎物的躯体，然后与乌鸦分而食之。正是具备了这种合

---

① 斯蒂芬·罗宾斯是美国著名的管理学教授、组织行为学权威，在《组织行为学》一书中对“团队”这一概念进行了系统阐释。

作精神，双方在适者生存、优胜劣汰的自然规律中生存了下来。

2. 雁群的团队合作

每到秋季来临，天空中就会有成群结队的大雁向南方迁徙。南飞的雁群是一支完美的团队。首先，雁群由许多有共同奋斗目标的大雁组成。其次，在团队中，它们有明确的分工。当中途停下休息时，它们中有负责觅食、照顾年幼大雁或老龄大雁的青壮派；有负责雁群安全、巡视放哨的安全员；有负责安静休息、调整体力的领头雁。雁群通过共同振动翅膀来形成气流，为后面的队友提供“上乘之风”。在雁群中，有任何一只大雁受伤或生病而不能继续飞行，雁群中都会有两只大雁自发地留下来守护、照看受伤或生病的大雁，直至其恢复或死亡，然后再加入新的雁群，继续南飞直至目的地，完成迁徙。

（二）团队合作的重要性

1. 团队合作精神是人才素质的基本要求

如今，随着专业分工日益精细，能互相配合、善于互相配合就成为每个员工必备的职业素质。如今，具备团队合作精神已成为职场对人才素质的一项基本要求。

运行良好的蒸汽机需要各个齿轮之间的良好配合，不管是大齿轮还是小齿轮，哪个坏了都不行。组织也一样，每个员工只有相互配合、合作，才能达到“人心齐，泰山移”的效果。如果每个员工都只从自己的角度思考问题，不配合、不合作，甚至内耗，那么组织就会是一群乌合之众，势必影响整个组织的效能，导致 1+1<2 的后果。

2. 团队合作是个人发展的需要

团队是为了实现某一目标，由两个或两个以上的人所组成的群体。团队不同于团体，也不同于群体，更不同于团伙。团队的构成要素可总结为 5P，即目标（purpose）、定位（place）、职责职权（power）、计划（plan）、人（people），如图 5－7 所示。

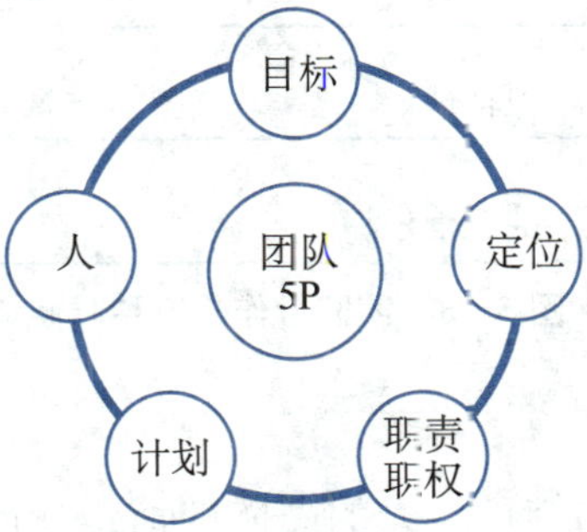

图 5－7　团队的 5P

（1）目标。团队若有一个既定目标，就能为团队成员导航，让团队成员知道要往何处去，没有目标团队就没有存在的价值。

（2）定位。定位分为组织定位和个体定位。组织定位是指团队在组织中处于什么位置，由谁选择和决定团队成员，团队最终应对谁负责；个体定位是指团队成员在团队中扮演什么角色。

(3) 职责职权。职责职权是指整个团队在组织中拥有什么样的决定权，比如财务决定权、人事决定权等。

(4) 计划。计划是指目标的最终实现需要一系列具体的行动方案。

(5) 人。人是构成团队最核心的要素。两人或两人以上就可以组成团队。团队的其他四个要素都需要"人"这个要素去承担、实施和实现。

3. 个人与团队之间的关系

团队需要人，而个人与团队之间的关系又是怎样的呢？团队目标的实现需要各个成员通力合作，个人的发展也要依赖团队。当今社会是一个强调合作的社会，不管是企业还是科研单位，都讲究团队合作。作为个体，不管你是身居高位还是普通员工，单凭一个人是无法完成一个项目的。组织的命运和利益包含着每一个员工的命运和利益，没有哪个员工可以使自己的利益与组织脱节。"大河有水小河满"，只有整个组织获得更多利益，个人才有可能获得更多利益。

(三) 突破团队合作的障碍

其实，团队合作的重要性几乎每个人都明白，但团队成员之间要愉快合作却不是件容易的事情。美国著名管理学家帕特里克·兰西奥尼 (Patrick Lencioni) 在其著作《团队的五种机能障碍：一个关于团队协作的经典管理寓言》中，提出了影响团队绩效的五种机能障碍，即缺乏信任、惧怕冲突、欠缺投入、逃避责任和无视结果（见图 5-8），那么，如何突破这些障碍呢？

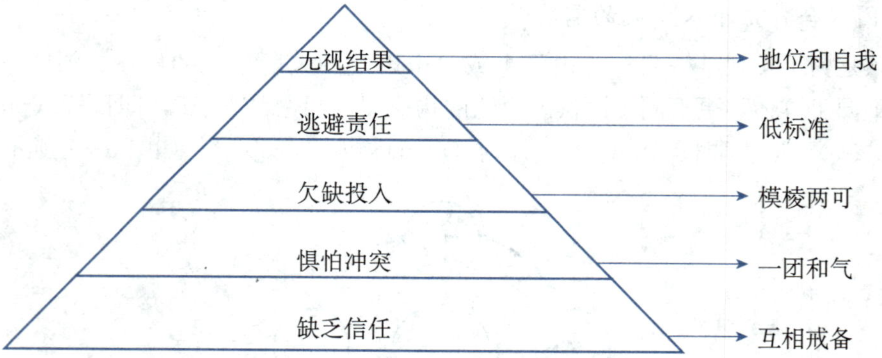

图 5-8 团队合作的五种障碍

1. 突破缺乏信任障碍

信任是建立一个完美、团结、强大的团队的前提。俗语说："用人不疑，疑人不用。"这句话说的其实就是信任问题。然而在现实工作中，领导与下属之间、领导与领导之间、同事与同事之间存在种种彼此不信任的现象。因为彼此的不信任而相互猜忌和戒备，自然就无法有效地合作。信任是团队合作的心理基础，是打造高绩效团队至关重要的条件。

2. 突破惧怕冲突障碍

传统观点认为，所有的冲突都是不良的、消极的，它常常被看作破坏合作、非理性的同义词。在传统观点看来，冲突是有害的，是应该避免的。然而，越来越多的事实证明，如果为了维持表面的一团和气，有了问题也不商量、解决，就会导致一些显而易见的问题没有人提出来。

冲突的相互作用观点认为不仅要接纳冲突，而且要鼓励冲突。一定水平的冲突可以使团队保持旺盛的生命力，团队成员也会变得善于自我批评和不断创新。冲突水平与团队绩效的关系如图5－9所示。

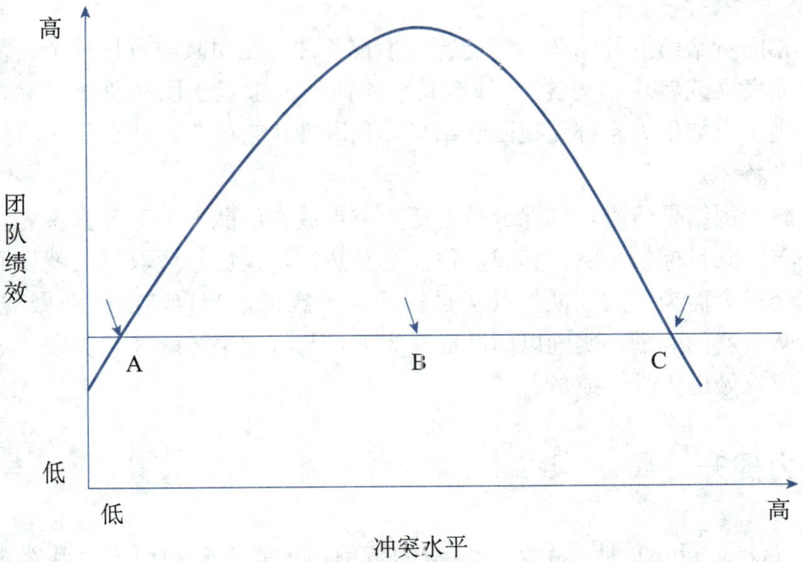

图5－9　冲突水平与团队绩效的关系

从图5－9中可知，冲突水平太高或太低都会引起冲突功能失常，导致团队绩效降低。对于不同的冲突情境，其团队内部的特征不同，团队绩效也不同（见表5－6）。

表5－6　三种情境的特征

情境	冲突水平	冲突类型	团队内部特征	团队绩效
A	低或无	功能失常	冷漠、迟钝、对变化反应慢、缺乏创新	低
B	最佳	功能正常	生命力旺盛、自我匹配、能不断创新	高
C	高	功能失常	分裂、混乱、无秩序、不合作	低

3．突破欠缺投入障碍

如果团队少了必要的争论，有问题大家也不说，团队成员就会变得欠缺投入，那么该如何克服团队欠缺投入呢？首先，要强调一切都面向团队，每件事都应有个人的承诺，工作的进展和成功完全由其兑现的承诺来衡量；其次，确定最终期限，确保每个阶段工作目标的落实，还要在团队中及时反馈；最后，注意鼓励团队成员接受不确定性。其实，不确定性本身蕴含了大量学习机会。只要对意外和不利情况及时进行分析和处理，团队仍可以从不确定性中获得最佳结果，并增加团队成员承担风险的信心。

4．突破逃避责任障碍

由于缺乏积极投入，不能达成共识，所以在遇到问题时，团队成员就会选择逃避责任，于是就出现了各家自扫门前雪的情况。等问题浮出水面，也很少有人主动站出来承担责任、解决问题，最终问题越拖越严重。

为了避免团队中出现逃避责任的不良倾向，首先，要公布工作目标和标准，让表现不佳的成员感到压力，使其改进工作。其次，要定期进行工作成果回顾，一旦发现问题，要向成员指出。最后，进行基于团队的嘉奖，关键成员会因其卓越的贡献而得到其他成员的尊重和仰视，有助于团队树立模范典型。

5. 突破无视结果障碍

无法互相问责给第五种团队障碍创造了生长条件。在团队成员将其个人需求（如自负心理、职业发展或者表彰奖赏），甚至其小团体的需求置于团队总体目标之上时，无视结果就产生了。如果大家都无视团队结果，只顾埋头自己干，那么团队将无法产生合力，也很容易解体。

如何克服无视结果障碍，确保成员把努力重点放在团队发展上呢？首先，要公布团队目标。公布团队目标的团队，其成员往往更具热情，也更希望取得成就。而那种仅仅声称“我们会尽力而为”的团队，其成员往往会无意识地为自己的失败做准备。其次，给予基于团队成就的奖励。奖励以团队成果为准，与特定集体绩效相关联。最后，还要奖励为团队成就做出贡献的成员。

二、领导力提升

领导力（leadership）是指个人在负责的范围内，能充分利用人力和客观条件，以最小成本达成工作目标的能力。在一个以社会分工为基础的现代社会，团队不仅需要成员相互配合和协作，也需要他人积极配合和协作。因此，在团队中，无论我们是身处领导职位还是普通职位，都应该或多或少具备一些领导力。

（一）权力的来源

领导力与权力是密不可分的，要达成一定的目标，就必须具备影响他人的权力。权力是促使他人高效行动、实现组织目标的手段。著名组织行为学家约翰·弗伦奇（John French）和伯特伦·雷文（Bertram Raven）指出，权力来自五个方面：强制性权力、奖赏性权力、法定性权力、专家性权力和参照性权力。①

1. 强制性权力

强制性权力是最为普遍存在的权力基础。拥有强制性权力的人可以要求他人做事，比如，如果A能解雇B或使其停职、降级，并且B很在乎他的工作，那么A对B就拥有了强制性权力。强制性权力实际上就是惩罚性权力。

2. 奖赏性权力

与强制性权力相反的是奖赏性权力。如果你能剥夺他人有价值的东西或给他人造成

① 弗伦奇和雷文在他们1959年发表的论文《社会权力的基础》中，提出了五种权力类别模型，这个模型折射出权力拥有者依赖的不同基础或资源。

不良的影响，那么你对他就拥有了强制性权力；而如果你能带给他人某种积极的利益或帮助他人免于消极的影响，那么你对他就拥有了奖赏性权力。

3. 法定性权力

法定性权力代表一个人通过正式组织层级结构中的职位所获得的权力。一个人一旦有了组织的正式任命，就具有了相应的法定性权力。一般而言，法定性权力还包括强制性权力和奖赏性权力。但是，法定性权力的涵盖面比强制性权力和奖赏性权力更为宽泛。这种权力还包括组织成员对职位权威的接受和认可。

4. 专家性权力

专家性权力是指一种来源于专长、技能和知识的权力。世界的发展日益得益于技术的发展，专门知识与技能也成为权力的主要来源之一。众所周知，医生在治病救人领域很有权威，为什么呢？因为医生有很强的专家性权力，医生所说的话不能不听，所以大多数人都愿意遵从医嘱。

5. 参照性权力

参照性权力是由于对他人的崇拜及希望自己成为那样的人而产生的，其基础是对他人的认同。如果景仰一个人到了要模仿他人行为和态度的地步，那么这个人对你就拥有了参照性权力。企业之所以要请明星做广告——即使这些明星对产品缺乏专业知识，主要是因为他们对大量的“追星族”有很强的参照性权力。

(二) 领导力提升技术①

1. 提高个人才能

知识、能力等才能因素是形成个人权力的主要来源。不同类型领导者的具体才能会有所差异，不过不管是行政型领导、经营型领导还是技术型领导，都要具备以下四种才能：概念技能、管理技能、人际技能和专业技能。

(1) 概念技能。概念技能又称战略技能，即作为一个领导者应该有思想、有想法。有思想的人视野宽阔、眼界高明、思维睿智，对他人往往具有很大的内在感染力，总会受到同事和下属的敬佩。古今中外，有思想的伟人的身后往往都有成千上万的追随者。

(2) 管理技能。领导包含管理性活动，要成为一名合格的领导者，必须具备较强的管理技能，如组织能力、计划能力、协调能力、控制能力、决策能力、执行力等。

(3) 人际技能。领导是一种通过影响他人来完成组织目标的活动。因此，与人交往就成了领导者的主要工作内容。领导者的人际技能包括沟通能力、公关能力、激励能力等。

(4) 专业技能。专业技能即对本专业领域的知识和技能的了解和掌握。

然而，这四种技能对于处于不同层级的领导者来说，重要性是不一样的（见表 5-7）。

---

① 麦克斯韦尔．领导力的 5 个层次．北京：金城出版社，2012.

表 5-7　四种技能对于不同层级领导者的重要程度

项目	概念技能	管理技能	人际技能	专业技能
基层领导	不太重要	重要	重要	非常重要
中层领导	重要	很重要	很重要	重要
高层领导	非常重要	很重要	很重要	不重要

2. 提升个人魅力

魅力（charismatic）是一种使人潜移默化地接受对方影响的素质，对欣赏它、希望拥有它的追随者拥有很强的感召力和影响力。个人魅力不仅表现在外形上，而且表现在一个人的内心世界、个人修养、性格等方面。越来越多的研究发现，具有领袖魅力的领导对下属具有更强的感召力和影响力，他们能激励下属付出更多的努力，而且下属会更加喜爱自己的领导，对领导表现出更高的满意度。

3. 采用权变领导[①]方式

每个人做事情的意愿和能力是不一样的：有的人想做事，但能力不足；有的人能力很强，但不想做事。对于不同的人，应该采取不同的领导方式。

领导生命周期理论认为，下属的成熟度对领导者的领导方式有重要作用。对不同成熟度的员工应该采取不同的领导方式（见图 5-10）。成熟度是指人们对自己的行为承担责任的能力和意愿的大小。它取决于两个要素：能力和意愿。

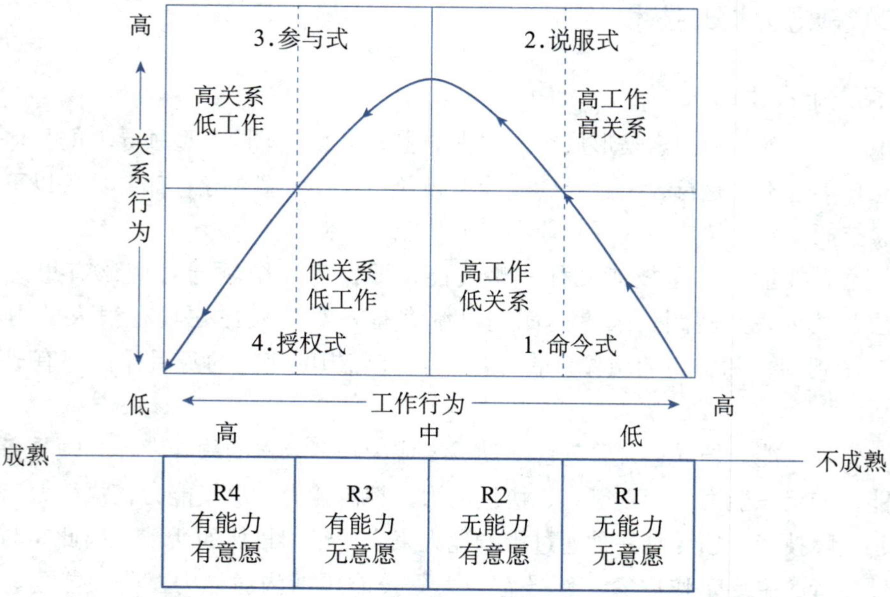

图 5-10　领导生命周期理论图解

① 权变领导理论（contingency leadership theory）亦称“领导情境理论”，是领导理论的一种，于 20 世纪 60—70 年代初形成。该理论认为，不存在一种绝对的最佳领导方式。领导是领导者、被领导者及其环境因素相互作用的动态过程。

4. 学会有效授权

在现代社会，面对复杂的工作，即使是能力超强的领导者也不可能独揽一切。因此，领导要知道如何授权。

5. 善用权术

领导者的权力基础来自强制性权力、奖赏性权力、法定性权力、专家性权力和参照性权力。同样的权力，不同的人运用起来效果可能不一样，这就是人们所说的权术问题。权术通常被看成是一种负面的东西。其实，权术只是运用权力的技术。运用得当，可以起到提高领导效能的作用。

本章小结

了解自我与展示自我是人际交往中重要的沟通技巧，是提升自我和改善人际关系的有效途径。本章探讨了目标设定的重要性、目标设定的有效行为，以及道德因素在目标设定过程中的重要性。本章还介绍了心智模式的特点、改善心智模式的作用机理和方法，以及情商修炼、逆商修炼对人生的重要性和修炼方法。不管在自然界还是在现代社会中，团队合作都是成功的有效途径，只有突破团队合作的障碍，才能实现团队合作的最大效益。本章还讨论了权力的五种来源和领导力提升的五种技术。

复习与思考题

1. 缺乏自我意识会造成哪些不良后果？
2. 压力的主要来源有哪些？如何有效管理压力？
3. 不良心智模式的具体表现有哪些？如何改善心智模式？
4. 团队合作的障碍有哪些？如何突破这些障碍？
5. 如何提升领导力？

第6章 劳动的场景：劳动过程

学习目标

1. 了解劳动过程的基本概念。
2. 了解相关理论对劳动过程内涵的阐释。
3. 了解新就业形态下劳动过程的主要特征。

开篇引例

外卖骑手的劳动过程

随着以互联网为基础的各种新技术手段不断出现，新的工作模式应运而生，拓展出诸如平台经济等新的模式，而传统工厂体制的生产模式被不断解构。与传统生产模式相比，新的生产模式在“空间”和“时间”两个维度上都呈现出新的特征。从空间维度来说，平台经济的弱空间依赖性使工人的工作场景不再仅仅局限于传统的“工厂体制”，而是摆脱了工厂物理空间的束缚，进入一个相对自由的环境之中。从时间维度来说，依附于平台的劳动者们不用严格遵守传统“朝九晚五”的上班打卡制度，可以自主选择工作时间段，似乎在劳动时间的安排上享有了相较于传统工人更多的自由。这样的工作特点吸引了个体化社会中不愿受别人管束、渴望自主决定生活方式的年轻工人。

外卖骑手就是依附于平台的典型的劳动者群体。从时间上看，骑手的劳动过程分为三个阶段，即到店、取餐和送达；从空间上看，骑手的劳动过程涉及三个地理坐标，即等单地、商家和顾客所在地。骑手拿到订单以后，第一步就是根据商家所在位置找到相应店铺，第二步是从商家前台或者后厨取餐，最后一步是根据顾客的位置将订单送达。在这一过程中，骑手每完成一步都需要通过手机向平台系统反馈。平台系统根据骑手反馈时其手机的定位和配送时间长短来判断反馈是否属实。通常情况下，骑手反馈时的定位与商家或顾客所在位置的直线距离不能超过500米，骑手取餐和送达之间的时间间隔不能少于5分钟。如果平台系统判定反馈不属实，那么骑手就无法进行下一步操作。

除了在时空上对外卖骑手的劳动过程进行监管外，平台系统还会在配送的不同环节提供具体指导。例如在“接单—到店”环节，骑手可以通过平台系统显示的订单热力图查看订单需求的区域分布，然后到订单需求量大的区域等单或抢单，这样接单的概率更高。又如，在“到店—取餐”环节，骑手可以通过平台系统查看订单的预计出餐时间。当有多个订单要取时，骑手就可以根据订单的预计出餐时间合理规划取餐顺序。再如，在“取餐—送达”环节，骑手按照平台系统规划的送餐路线和顺序送餐，可以提高送餐的准确率和时效性。在骑手配送的同时，消费者也参与其中。在骑手向平台系统反馈到店、取餐和送达等操作时，平台系统也会同时将骑手的反馈传递给消费者。不仅如此，消费者还可以在外卖平台软件上实时查看骑手的运动轨迹。从骑手接单的那一刻起，平台系统就通过动态地图将骑手的行踪呈现给了消费者。因此，骑手在配送过程中是否存在拖延、绕路行为，消费者通过查看动态地图便了如指掌。平台系统通过赋予消费者这种俯视全局的“上帝视野”增强了他们对送餐的控制和预见性，但也在无形中给外卖骑手增加了不小的压力。因为骑手在工作过程中始终明白，有一双甚至好几双眼睛在盯着自己。

送餐结束后，结合骑手在配送过程中的表现以及订单送达是否超时、撒漏等标准，平台系统还会要求消费者对骑手的配送服务进行评价，从“非常差”到“一般”再到“超赞”。

最后，平台系统会根据消费者给出的评价对骑手进行奖惩。奖惩分为两种形式，一种是虚拟积分即“蜂值”，另一种是现实奖金。前者关系到骑手的“等级”，后者则直接关系到骑手的收入。通常情况下，骑手每完成一个订单的配送，就会获得一个“蜂值”。如果得到好评，会再增加两个“蜂值”。但如果配送超时，骑手就会被扣除四个“蜂值”；如果被投诉，被扣除的“蜂值”会更多。平台系统根据骑手的“蜂值”评定骑手等级，“蜂值”越高的骑手等级越高。相比于等级低的骑手，等级高的骑手具有优先获得平台系统派单的特权，每单配送的提成也更多。以某外卖团队为例，青铜骑手即最低等级的骑手每单的配送提成是8元，而王者骑手即最高等级的骑手每单的配送提成是8.5元。此外，骑手如获得好评，会被平台系统直接奖励1～2元；如得到差评，会被处罚10～20元；如被投诉，则处罚的金额更高，一般在200元以上。

第1节 劳动过程的基本概念

在现实生活中，任何人类劳动都有一个劳动过程，它发生在一个具体的劳动场景下。所谓劳动过程，就是劳动者通过有目的的活动，运用生产资料对劳动对象进行加工，改变劳动对象创造使用价值的过程。在商品经济条件下，劳动过程不仅表现为商品的生产过程，也是价值的形成过程。

一、劳动过程的三要素

从劳动过程的定义可以看出，劳动过程中包括三个最基本的要素：劳动、劳动对象、劳动资料。

（一）劳动

劳动是人类在劳动过程中所提供的劳务，包括脑力劳动和体力劳动；劳动的提供并不是任意的，而是有目的的、能动的，为满足自身的物质需要和精神需要而进行的一种社会实践活动。正是由于劳动一开始就是社会活动，因此劳动的目的、方式和劳动能力的发挥都受到当时社会历史条件的限制。同时，人的劳动有着双重效果，它不仅改变了劳动对象，同时在劳动中也改变了人本身及人类的社会状况。

劳动具有人类专属性和创造性。从表面上看，劳动作为一种活动，是对自身生活有用的自然物质的占有，这与自然界动物的活动没有什么区别，如蜘蛛通过织网来捕食猎物，蜜蜂通过建筑蜂房储存蜂蜜。然而，动物的这些活动并不能称为劳动，因为它是动物的生存本能。马克思指出："蜘蛛的活动与织工的活动相似，蜜蜂建筑蜂房的本领使人间的许多建筑师感到惭愧。但是，最蹩脚的建筑师从一开始就比最灵巧的蜜蜂高明的地方，是他在用蜂蜡建筑蜂房以前，已经在自己的头脑中把它建成了。"① 由此可见，人的劳动和动物的本能活动最不同的地方，在于人的劳动是受自觉意识支配的、能动的和具有一定目的的活动，这就是劳动的人类专属性。人类的劳动不仅知道为什么去做、怎样去做，而且知道将会做成怎样，这些就是人类劳动和动物活动之间的本质区别。同时，在劳动过程中，劳动者的生产经验和劳动技能是逐渐积累和加以丰富的，劳动者的劳动能力也是不断提高的。

（二）劳动对象

劳动对象是指人们在生产过程中利用生产工具将劳动加于其上的一切东西。劳动对象有两类：一类为自然生成物，如原始森林、矿藏等；一类为人们加工而成的产品，如钢材、棉花等。劳动者使用劳动工具进行劳动，只有作用于劳动对象，才能使之转变为

---

① 马克思，恩格斯．马克思恩格斯全集：第23卷．北京：人民出版社，1972：202.

人们所需要的物质资料。这种劳动才是具体的、有用的劳动，由此形成的生产力才能成为现实的生产力。劳动对象是生产力中必不可少的一个要素，劳动对象的数量、质量和种类对于生产力的发展有很大的影响。随着科学技术的进步，人们不断发现自然界中的许多新的有用物质，或者物质的许多新的有用属性（如石油不仅是燃料，而且是重要的化工原料），使劳动对象的范围不断扩大和多样化。当代新的材料革命和生物工程的兴起，使人类可以选择性能更好的、更廉价的劳动对象，这对于生产力的发展具有重大意义。

根据上述定义，劳动对象的主要特征有：

（1）劳动对象的自在性和它变性。劳动对象总是保持着它自身所具有的性能与特点，无论是在某个劳动过程之中还是在劳动过程之外，这就是劳动对象的自在性，它是劳动对象区别于产品的基本特征。劳动对象的自在性，从特定的角度反映了劳动对象的特殊性质，劳动对象是要被加工和改造的但又未被加工和改造过的物质资料，它保持着这个劳动过程之外所具有的性能、特点、存在形式，所以才有加工和改造的必要。

劳动对象还具有显著的它变性。从劳动过程的开始到结束，劳动对象都在不断发生变化，劳动过程一旦完成，它的物质性能和存在形式就变了，而且其在劳动过程的地位也发生了根本性变化，失去了作为劳动对象的特性，转化为产品。只要还是劳动对象，它就必然具有自在性，自在性完全丧失的时候劳动对象就转化成了劳动产品。同时，在劳动对象存在和被改造的不同阶段，自在性和它变性的具体结合状态是不同的。在劳动对象存在和被改造的初期，其自在性很突出；在被改造的过程中，它变性不断地发展，最后克服了自在性，于是也就结束了作为劳动对象的存在。

（2）劳动对象的一元性和多样性。任何劳动对象都始于自然界，是自然物质的转化形式，这是劳动对象的一元性。它不仅揭示了劳动对象的物质渊源，还进一步表明了社会物质生产力系统与自然界的关系——社会生产力的运动总是在一定的自然环境中进行，并且从自然界中取得生产所需要的一切物质资料，即社会生产力的一切物质要素都源于自然界。可见，认识劳动对象的一元性能促使我们协调社会物质生产力系统与自然物质循环系统，调节社会生产与自然资源和生态环境的关系。

一种自然资源或产品可转化为多种劳动对象，一种劳动对象可由多种物质资源充当，甚至一种劳动对象能够通过劳动由多种自然物质转化而成，这就是劳动对象的多样性。劳动对象的多样性突出地反映和体现了劳动的作用，表明了劳动对自然限制的突破，以及劳动在改造自然的物质生产劳动过程中的主导地位和决定作用。

（3）劳动对象的等级性和结构性。劳动对象是在劳动过程中被劳动加工和改造的物质资料，因此，“被加工和改造”是劳动对象的本质特征。劳动过程的性质和功能决定了劳动对象被加工和改造的程度和状况，进一步决定了劳动对象呈现出不同的等级层次，因此表现出了一定的等级性。造成劳动对象等级高低的因素有很多，但最终体现在劳动对劳动对象的利用和改造的程度上。社会生产力水平是决定劳动对象等级性的重要因素，较低的生产力发展水平决定劳动对象的等级普遍较低，反之则较高；社会生产力的不断发展必然使劳动对象的等级普遍提高。但是，不管是原始社会时期简单的劳动对象，还是当今社会庞大复杂的劳动对象，都同时由许多具体的劳动对象构成，并且各种具体的劳动对象之间有着一定的比例和结构关系。

劳动对象的结构随着社会生产力的发展而变化。随着社会生产力的不断发展，劳动对象的数量和种类不断增加、等级不断提高，劳动对象之间的比例和结构关系发生变化，造成劳动对象的不断扩大和复杂。因此，劳动对象的结构性由社会生产力发展水平和性质决定。不同的生产部门和劳动过程有不同的劳动对象，各生产部门和各劳动过程之间的构成比例和结合方式，决定着不同劳动对象之间的比例和结构关系，即劳动对象是一个具有内部结构和比例关系的整体。

（三）劳动资料

劳动资料是指劳动者在劳动过程中用来改变或影响劳动对象的一切物质资料或物质条件，因此，劳动资料也被称为劳动手段。

首先，正如马克思所指出的："各种经济时代的区别，不在于生产什么，而在于怎样生产，用什么劳动资料生产。"① 其次，劳动资料包括充当劳动对象容器的物品，如管、桶、瓶等，马克思称之为生产的脉管系统。广义地说，劳动资料还包括劳动过程中除劳动对象以外所需的一切物质条件，如建筑物、道路等。

一般将劳动手段（劳动资料）分为实体性劳动手段和非实体性劳动手段两个方面。实体性劳动手段是指在生产经营产品和提供各种服务的过程中用以改变或影响劳动对象的物质资料和物质条件。实体性劳动手段的范围很广泛。根据马克思的经典划分，首先是被称为生产的骨骼系统和肌肉系统的劳动工具，例如人类的机器、所有高等灵长类动物的手、简单工具、蜜蜂和蚂蚁的足等；其次是被称为脉管系统的充当劳动对象的容器的物件，如人类的管、桶、瓶等。实体性劳动手段都耗费了一般劳动，它是商品价值的重要组成部分。非实体性劳动手段是指在生产经营产品和提供各种服务的过程中用以改变或影响劳动对象的非物质劳动手段，包括科学技术、知识产权、技术秘密、经营秘密、特许经营权、商誉等。

二、生产资料和生产劳动

劳动过程的三个要素可以分为两个方面：劳动资料和劳动对象统称为生产资料，是劳动过程的物的方面，又称物化劳动；劳动本身表现为生产劳动，是劳动过程的人的方面，又称活劳动。在劳动过程中，物必须与人结合才能发挥作用，其中人起着决定作用。

（一）生产资料（物化劳动）在劳动过程中的作用

物化劳动是活劳动的对称，人们借助于劳动资料（包括机器设备等）进行劳动，使劳动对象（包括原料、燃料等）发生预定的变化，生产出新产品，这种新产品就是劳动与物相结合的结果。劳动过程结束后，劳动由流动形式转化为物质形式，凝结在物当

---

① 马克思，恩格斯．马克思恩格斯全集：第44卷．北京：人民出版社，2001：210.

中，所以称为物化劳动。也就是说，作为劳动结果，物化劳动就是价值本身。马克思在《资本论》中多次使用“物化劳动”一词。马克思并不否定生产资料（物化劳动）及各种非劳动要素在价值创造和价值构成中的作用；在生产过程中，物化劳动的价值转移到新产品中。

马克思认为，生产力高的劳动在同样的时间内所创造的价值比同种社会平均劳动要多。① 从劳动力的角度看——由于劳动者素质、劳动能力提高，劳动者由简单劳动力变为复杂劳动力，那么“少量的复杂劳动等于多量的简单劳动”②。在同样的时间内，复杂劳动所创造的价值比同样的社会平均简单劳动创造的价值更多。而从物化劳动（生产工具、机器设备）的角度看——使用先进的生产工具、机器设备可以领先于社会正常的生产条件，因此可以在相同的时间内创造出更多的使用价值。交换过程中遵循的等价交换原则是以生产某种使用价值所需要的社会必要劳动时间来衡量的，所以从这个角度看，可以认为在同样的时间内，使用先进的物化劳动（生产工具、机器设备）创造的价值比同种社会平均劳动创造的价值要多。但是这种价值是相对的、暂时的，随着先进生产工具、机器设备的普及，这种超额价值会消失。也就是说，利用物化劳动来节省活劳动不能起到与活劳动创造价值完全相等的作用。

（二）活劳动在劳动过程中的作用

活劳动是与物化劳动相对称的劳动，是指劳动者在物质生产过程中对脑力和体力的耗费。在生产过程中，只有加入了人的活劳动，才能将生产资料（即物化劳动）变成符合人们需要的另一种形式的使用价值，即新产品。一方面，生产资料的价值借助于活劳动转移到新产品中，它的价值量是不变的；另一方面，凝结在新产品中的活劳动，除了转移生产资料的旧价值外，还创造新价值。这种转移旧价值和创造新价值的过程，是以劳动为媒介同时进行的。

生产商品的抽象劳动创造价值，确切地说是活劳动创造价值，但这里所说的劳动创造价值与我们所说的商品价值是两个不同的概念。一般意义上的商品价值包括转移到新产品中的生产资料价值＋新价值（劳动力的价值＋剩余价值）。而劳动创造价值是指商品生产中活劳动创造的新价值，生产商品的活劳动是新价值的唯一源泉，活劳动也是剩余价值的唯一源泉。

（三）物化劳动与活劳动在劳动过程中的关系

物化劳动与活劳动在价值创造与价值构成中均起着重要作用。一方面，虽然物化劳动（生产资料）是价值创造和价值构成的必要条件，但不应该认为物化劳动与活劳动共同创造价值，而去片面夸大物化劳动（生产资料）在价值创造和价值构成中的作用；另一方面，虽然活劳动是价值的唯一源泉，但不能否定物化劳动（生产资料）是价值创造和价值构成的必要条件。

---

① 马克思，恩格斯．马克思恩格斯全集：第43卷．北京：人民出版社，2016：323.

② 马克思，恩格斯．马克思恩格斯全集：第44卷．北京：人民出版社，2001：58.

马克思对此做过生动的说明，“工人不保存旧价值，就不能加进新劳动，也就不能创造新价值”[①]。因为工人要通过劳动创造价值，就必须将生产资料作用于劳动对象，没有这些生产资料，劳动是不可能进行的，而正是由于劳动凝结在新产品中，才形成价值；可见劳动过程既是使用生产资料创造新使用价值的过程，也是转移旧生产资料的价值和创造新价值的过程。工人的劳动既保存了旧价值，同时也创造了新价值。“由于加进价值而保存价值，这是发挥作用的劳动力即活劳动的自然恩惠，这种自然恩惠不费工人什么，但对资本家却大有好处，使他能够保存原有的资本价值。当生意兴隆的时候，资本家埋头赚钱，觉察不到劳动的这种无偿的恩惠。但当劳动过程被迫中断的时候，当危机到来的时候，资本家对此就有切肤之感了。”[②] 因为在危机期间，工厂停工，没有工人去劳动，离开了工人的活劳动既无法创造新价值，也无法转移旧价值。机器虽然停止转动，但它会受自然腐蚀力的影响，还应按期提取旧价值，这部分旧价值就成为资本家的无形损失。这充分说明，转移旧价值和创造新价值的劳动是活劳动而不是物化劳动。在商品价值的形成中，活劳动是创造价值的劳动，是新价值的唯一源泉。

第2节 劳动过程理论

在社会学的研究领域中，有一些专门研究劳动者劳动过程的理论，以揭示资产阶级如何通过高压和专制的手段控制劳动过程，以推动劳动力最大限度地转化为劳动，达成剥削工人阶级、获取高额利润的目的。该理论的立场和观点最早来自《资本论》第一卷中的“资本主义的劳动过程”。正如上文所述，马克思认为资本主义生产过程是劳动过程和价值增殖过程的统一，是商品生产的资本主义形式。[③] 然而随着资本主义的发展，马克思的劳动过程理论在解释现实时面临一些挑战，因此出现了一些社会学家如布雷弗曼（Harry Braverman）、布洛维（Burawoy）等对劳动过程新问题的理论阐释。本节将主要介绍西方社会学家关于劳动过程的相关理论。

一、马克思的劳动过程理论：劳动过程就是被剥削的过程

在《资本论》的“工作日”一章中，马克思检视了1863年提交给英国童工调查委员会的证词。其中一份是由一家墙纸厂的一名童工母亲提供的：“我这个孩子7岁的时候，我就常常背着他在雪地里上下工，他常常要做16个钟头的工！……当他在机器旁干活的时候，我往往得跪下来喂他饭，因为他不能离开机器，也不能把机器停下来。”[④] 在做工时被喂饭，就像给蒸汽机添加煤和水一样，这个孩子成了一件“劳动工具”。马克思在考察了工厂主获得的利润之后，质疑每天把一个人当作工具使用的劳动过程持续

---

① 马克思，恩格斯．马克思恩格斯全集：第44卷．北京：人民出版社，2001：240.
② 马克思，恩格斯．马克思恩格斯全集：第44卷．北京：人民出版社，2001：240.
③ 马克思，恩格斯．马克思恩格斯全集：第44卷．北京：人民出版社，2001：230.
④ 马克思，恩格斯．马克思恩格斯全集：第44卷．北京：人民出版社，2001：286.

多长时间才算公平？支付多少薪酬才算是公平地对待了充当工具的人？

在《资本论》第一卷的“资本主义的劳动过程”中，马克思向世人首次展示了他独到的政治经济学分析。他认为，古典政治经济学的缺陷在于不懂得劳动与价值之间的关系，他批判性建构的劳动价值论就是要揭示资本主义生产过程的本质只有一个——攫取剩余价值。资本主义生产过程表现为劳动过程和价值增殖过程的统一：(1) 劳动者的劳动属于资本家；(2) 劳动产品归资本家所有；(3) 劳动过程的目的是生产剩余价值。对此，他有非常直观的举例说明：“根据小麦的味道，我们尝不出它是谁种的，同样，根据劳动过程，我们看不出它是在什么条件下进行的：是在奴隶监工的残酷的鞭子下，还是在资本家的严酷的目光下；是在辛辛纳图斯耕种自己的几亩土地的情况下，还是在野蛮人用石头击杀野兽的情况下。”① 因此，劳动者的劳动过程既是资本家对产品和剩余价值的追逐过程，也是劳动者被剥削的过程，在这个过程中，劳动者不过就是既定的奴隶，除了联合的抗争根本不可能摆脱后来资本主义技术的使用与发展所带来的工人的无势，即“机器不是使工人摆脱劳动，而是使工人的劳动毫无内容”②。资本家对工人的压榨，一定会促使工人联合成巴黎公社那样的“生产者的自治政府”③ 来加以反抗，于是，资本主义私有制的丧钟就会被敲响。

二、不情愿的劳动人口：工人偷懒是如何避免的

布雷弗曼主要问了这样一个问题：资本家是如何避免工人偷懒从而成功地榨取工人的剩余价值的？既然资本家购买的只是工人的劳动潜力而非劳动本身，那么如何避免工人偷懒、如何保证剩余价值从布雷弗曼所谓的“不情愿的劳动人口”中生产出来呢？马克思的利润公式过于抽象，无法给我们描述一个真真切切的过程。

在资本家与工人的契约关系中，尽管工人受资本家的支配，但工人的工作潜力、实际进行的劳动的质与量存在诸多不确定因素。对于资本家而言，为了实现所购买的劳动力的“充分有用性”，必须通过对劳动过程的控制来挖掘工人对资本的无限适应性和工人的劳动潜力，以实现资本家资本的增殖，这就产生了管理问题，而“控制是一切管理制度的中心思想”。要想在“自由劳动契约”的基础上进行劳动过程，资本家能够从工人的劳动中获得最高的收益，就需要将资本家的意志强加给工人，也就是通过管理进行控制。

布雷弗曼认为，资本家以管理控制取代了传统工匠的自我控制，是避免工人偷懒而实现剩余价值的基础。在工匠传统时代，工匠传统代表着工人对生产知识的全盘掌握和对劳动过程的控制，但在资本主义进入垄断阶段以后，资本家逐步实现了以管理控制取代传统工匠的自我控制。而这又是通过两种方式实现的：其一是工厂内部生产的分工，劳动过程被分解乃至细碎化为脱离专门知识和训练的简单劳动，以降低对工人的依赖。

① 马克思，恩格斯．马克思恩格斯全集：第44卷．北京：人民出版社，2001：215.

② 马克思，恩格斯．马克思恩格斯全集：第44卷．北京：人民出版社，2001：487.

③ 马克思，恩格斯．马克思恩格斯选集：第3卷．北京：人民出版社，2012：99.

其二是通过泰勒制的科学管理和机械化等手段，工人关于生产过程的知识开始被剥夺，对劳动过程的控制也随之拱手让出。在泰勒及其追随者的努力下，科学管理最开始出现在美国，后来发展到英国、德国等主要资本主义国家，成为组织和控制劳动过程的重要手段。在泰勒以前，管理部门对劳动过程的控制仅仅是规定和监督生产任务，而非直接对工人的生产过程加以干涉，工人仍然控制着劳动过程，因此仍然掌握着关于生产的大量知识和技艺。而科学管理则摧毁了这种工匠传统，劳动过程不再依靠工人的技能，工人不再作为一个工匠，而仅仅是一个生产工具。

与科学管理运动几乎同步的则是科技革命带来的机械化。科学本来是中立的，却被垄断资本收编。科学的发展带来了大规模的机械化，这意味着泰勒用组织手段才能实现的控制现在可以用机械手段实现了。以机器为中心组织劳动过程，其结果不是人控制劳动过程，而是劳动过程控制了人。或者说，不是直接的生产者而是占有机器的资本家控制了劳动过程。

布雷弗曼戳穿了科技革命和机械化、自动化使工作技术含量提高的神话。事实上，不仅在他的年代，即使在今天，也流行着这样的看法：现代化的科学生产需要受过良好训练及良好教育的高技能劳动人口。布雷弗曼却指出这是一种十分“印象主义”的看法。在科技革命之后科学已经成为资本家的私人财产。科学和工程技术知识完全集中在管理部门手中，留给工人的只是一种经过重新解释、非常不完全的技能概念：特别纯熟灵巧、有限而重复的动作、“速度即技能”等。布雷弗曼在这里分析了“技术”的定义。仅仅同机器连在一起、熟练地操作机器并不能算作技能，因为概念和执行的分离使工人往往只知其然而不知其所以然。实际情况是“科学越是被纳入劳动过程之中，工人就越不了解这种过程；作为智力产物的机器越复杂，工人就越不能控制和理解这些机器”。

延伸阅读

哈里·布雷弗曼

哈里·布雷弗曼是美国工人活动家、马克思主义经济学家。布雷弗曼生于一个工人家庭，17 岁就参加托洛茨基主义运动，不久加入美国托派政党——社会主义工人党。布雷弗曼进入布鲁克林学院后因经济困难休学，工作于布鲁克林海军造船厂。之后在海军造船厂、铁道修配厂、基础钢铁工业设备厂等企业工作了 14 年。他最有影响力的作品《劳动与垄断资本：二十世纪中劳动的退化》于 1974 年出版，论述了发达资本主义条件下雇佣劳动与垄断资本关系的性质及其历史发展特征，科学地指出垄断资本主义条件下的劳动过程不仅需要直接经验，精通马克思在这方面的先驱著作以及辩证法同样重要。布雷弗曼也有这个特长。实际经验和理论才能的结合，使他在帮助我们了解生活于其中的这个社会方面做出了无比重要的贡献。

三、制造同意：工人为何努力工作

在马克思看来，资本主义的劳动过程是一个残酷压榨工人的过程，这种压榨会促使工人联合成巴黎公社那样的“生产者的自治政府”来加以反抗，促成他们从自在阶级向自为阶级转变，这必然最终带来无产阶级革命和资本主义私有制的灭亡。然而，资本主义私有制并没有迎来马克思所预期的死亡结局。甚至，马克思提出这种论断的方式遭到了以布洛维为代表的西方社会学家毫不留情的批判。

1974 年，布洛维到联合公司的机械工厂进行民族志研究，他在田野中发现了一个“反常”的现象：工人们都积极投身于工作中，包括他自己。从这里开始，他认为关于劳动过程的问题不能只考虑强迫，而是要发掘这种“同意”的机制是什么。在寻找这一问题的答案时，布洛维认为，马克思的结论过于简单，原因在于马克思只注意到资本主义生产方式的结构性要素，没有注意到劳动过程的主观要素。围绕“工人为何卖力工作”，或者说资本主义的劳动过程是怎样在工人“同意”的基础上确保和掩盖剩余价值的这一问题，布洛维提出，“马克思在他的劳动过程理论中没有为同意的组织留出空间，而同意的组织对诱发劳动者在将劳动力转化为劳动的过程中具有合作意愿是必需的”。对于“同意”的制造，即劳动过程的主观性建构方式，布洛维在其著作《制造同意：垄断资本主义劳动过程的变迁》中从关系方面和实践方面进行了劳动过程的分析。

布洛维认为，有三种机制可以解释“制造同意”。

一是赶工游戏。通过赶工游戏，工人们的日常交谈都是围绕赶工进行的，人们在积极参与赶工游戏的同时，也加强了对规则的认可。工人劳动并不仅仅是为了追求经济上的利益，还是为了获得对生产现象的控制感、树立自己的权威。这场游戏成功化解了冲突，并把纵向冲突转化为横向冲突。

二是内部劳动市场的兴起。按照经典马克思主义理论的论述，在竞争资本主义时代工人是无产者，除了将劳动力出卖给资本之外一无所有，严重的失业问题赋予了资本家极大的自由裁量权，资产阶级在劳动力市场中占有绝对的支配地位，他们可以在外部劳动市场自由买卖劳动力。然而，布洛维发现，在垄断资本主义时代，内部劳动市场日臻完善。一方面，随着现代企业制度与相关法律法规的完善，企业寻求和培养一名新员工的机会成本越来越高，新员工和现有员工的磨合成本越来越高，而内部劳动市场的建立对于稳固生产中的关系、削减劳动力替换成本意义重大；另一方面，随着知识经济的兴起与技能分工的深化，许多职位在引进和培训员工时专业性有所增加，员工向企业外流动无疑会给企业带来巨大损失，所以资本家更乐于以强大的内部劳动市场来维持长期稳定的雇佣关系。布洛维所在的工厂展现了完善的内部劳动市场的具体方式，主要包括分化岗位结构、制度化空职安排、建立职业培训系统以及维持雇员对企业的承诺等，企业按照劳动难易程度的不同划定了 12 种劳动级别，工人的基本工资随劳动级别的高低按顺序排列，工人可依据职位竞标体系实现岗位流动，并通过职业培训迅速胜任新岗位，工人的福利同资历挂钩。总体上，在资本家给予工人更多的自主权和更优待遇的掩饰下，工人自愿或被迫对企业忠诚，他们更加紧密地嵌合在资本主义生产中。

三是建立内部国家。在垄断资本主义时期，资方以强制方式控制或管理劳动过程，这显然不利于生产与统治秩序的稳定。于是，资本家通过巩固“内部国家”来制度化生产关系，重新组织生产过程，也就是通过产业或企业内部“组织、改造或压制生产中的关系与生产关系所引起的斗争”的一整套制度，主要包括集体议价制度和完整的申诉机制，为工人对强制管理的不满找到发泄的渠道，并在一定范围内约束了资本家的专断行为，即利用资本在可接受限度内的妥协换取工人的同意及配合。

四、情感的商品化：“空姐的微笑”是如何被控制的

美国社会学家霍克希尔德（Hochschild）在其著作《心灵的整饰：人类情感的商业化》中提出了“情感劳动”概念。这一概念进一步扩展了马克思关于劳动的定义，马克思指出：“我们把劳动力或劳动能力，理解为一个人的身体即活的人体中存在的、每当他生产某种使用价值时就运用的体力和智力的总和。”① 情感劳动则指在劳动过程中雇主要求劳动者不仅要付出体力和脑力，更要付出情感。霍克希尔德在《心灵的整饰：人类情感的商业化》中比较了太平洋西南航空的空乘人员与《资本论》中提到的 19 世纪 60 年代墙纸工厂的童工的处境②，并认为墙纸工厂的孩子在劳动过程中，除了疲惫、饥饿和厌倦，再也没有其他的感觉。而空乘人员则享受着上流社会四处旅游的自由，沉浸在为他人创造出来的魅力之中，她甚至成为工作单调、薪资较少的职员们艳羡的对象。但如果仔细分析两者，我们就可以发现意想不到的共同之处。墙纸工厂里的童工所做的工作，要求心灵与手臂、心灵与手指、心灵与肩膀之间协调配合。我们简单地称之为体力劳动。空乘人员在推着沉重的餐车往来于过道时，从事着体力劳动，而当她准备和实际处理紧急降落和撤离时，则从事着心理/劳心工作（mental work）。但在从事这种体力劳动和心理劳动的过程中，她还在做其他的事情，霍克希尔德称之为“情感劳动”。这种劳动，要求一个人为了保持恰当的表情而诱发或抑制自己的感受，以在他人身上产生适宜的心理状态——就空乘人员而言，就是要让他人产生在一个欢乐又安全的地方得到关怀的感觉。因此，对于空乘人员的劳动过程来说，航空公司不仅对她们的肢体动作提出要求——如何手持食物托盘，而且对她们的情感劳动和显示轻松微笑的方式提出要求。微笑就好比是化妆、制服、背景音乐、飞机装饰的柔和温馨色彩以及日间饮料的延伸，所有的一切都用来调动乘客的情绪。

除了空乘人员之外，现实生活中不同职业的劳动过程中的情感劳动也随处可见。在高档服装店工作的售货员，要管好自己的嫉妒之情；华尔街的股票交易人要管好自己的恐慌之情。对于法官而言，因为可能接触到各类让人不安的暴行证据，他也就面临着如何识别和管好诸如恐惧、愤怒、慷慨和怜悯之类的情感，同时还要维持不偏不倚的公正形象。因此，可以看到，情感本来属于私人化的领域，是人们在共同体中得以沟通和互助的一个重要手段，但在新自由主义经济发展中，情感本身也被纳入资本主义的生产体系，从私人化的生活中抽离出来，变成一种有价值的商品。

---

① 马克思，恩格斯．马克思恩格斯全集：第 44 卷．北京：人民出版社，2001：195.

② 卡尔·马克思在《资本论》的“工作日”一章中，描述了 19 世纪 60 年代的一家墙纸生产厂商利用 7 岁童工进行生产活动的场景。

五、后福特主义是资本主义劳动过程的新出路吗

20 世纪 50 年代后，在各主要工业国家中，福特制劳动过程是占据主导地位的生产方式。在微观上，福特制要求机器专用化、生产工艺和零部件标准化，以便于流水线作业，从而提高生产效率和产量；此外，福特制承认工会组织的合法地位，工人群体可以通过集体谈判来提高工资。在宏观上，基于福特制劳动过程，形成了大规模生产和大规模消费相结合的社会生产方式，带来了发达资本主义国家的经济繁荣。但随着消费品市场趋于饱和，市场需求越来越追求个性化、多样化，加之受到诸多不利外部冲击，在 20 世纪 70 年代后，福特制的危机开始显现。

有两种被认为是供给方解决福特主义危机的办法：实行弹性的工资制度，通过工资的减少来恢复边际利润；或者是改变劳动过程以快速地提高劳动生产率。这两种办法被西方学者概括为新福特主义和后福特主义。前者通过打破福特主义刚性化的劳资集体谈判制度、采用弹性化的劳动关系来缓解工资上涨的压力，以使福特主义的生产组织能够继续维持下去；后者则通过对“第三意大利”和日本“丰田生产方式”的研究和模仿，对福特主义劳动过程进行创新，通过培育协商机制、劳资合作关系来达到提高劳动生产率和大规模生产多样化产品的目标，通过适应细分市场的要求以提高边际利润。

那么，新福特主义和后福特主义哪一个更能正确地预见资本主义劳动过程的转变方向呢？现有研究认为，代表资本主义劳动过程演变的最新方向的，应该是那些对福特主义危机采取了创新性反应的资本主义企业，即通过创新来提升边际利润。因此，以持续性创新为基础的大生产组织通过多层次转包机制控制中小企业的网络模式是未来发达资本主义国家主导性的生产组织，这基本上反映了目前发达资本主义国家劳动过程变迁的实际。后福特主义的主要目标是减少所有不能增加产品最终价值的间接劳动形式，包括监督活动、质量控制、维护工作和清理工作等。后福特主义认为，最大利润来自为特定消费者的特定需求提供产品或劳务的过程。企业采用各种信息技术和组织创新形式来详细地追踪消费者的行为并予以及时反应，从而以更短的生产周期、更低的存货水平向消费者提供多品种的产品。当消费者的需求信息到达后，一系列的过程就开始了：消费者需要产品的信息传递到最终生产线，最终生产线需要的不同零部件信息传递到那些生产半成品的地方，一直传递给原材料和其他投入的供应商。生产和销售的每一步都在必要的基础上完成任务，即在整个过程中下一阶段的使用结果决定“及时生产”。这就意味着生产者、供应商和销售商之间的关系已经形成了信息和技术共享的网络，有助于形成紧密协作设计的新惯例。

第 3 节　新就业形态下的劳动过程及特征

2011 年，国际劳动组织提出了非标准就业的概念，指不同于标准就业的、更加灵活的就业形式，主要包括临时工、兼职、临时机构、分包、依赖性自营职业等。在传统

正规就业模式下，由企业特定岗位和专职受雇人员提供相关服务，劳动者以企业单位为依托，围绕固定职位开展经济活动。在新经济、新业态和新模式下，劳动者转向依托各类平台并将其作为劳动价值交换媒介，以具体工作任务为轴心来融入经济活动。随着分享经济的兴起，大量的分享经济平台提供了服务众包就业机会和按需服务就业机会，前者如外卖订餐平台等，后者如网约车平台和民宿租赁平台等。这些依托终端优势涌现出的大量虚拟互联网平台直接进行高效的供需匹配，发包方把产品和服务需求发布在平台上，劳动资源供给方或者劳动者本人通过精确筛选直接搜索到就业和服务需要，快速实现劳动和服务价值交换，劳动者不再受传统组织的约束，即新就业形态下劳动往往不存在固定的、实体的或单一的劳动就业场所，而是围绕劳动任务、生产工具或便利条件低成本地开展经济活动。

这也导致新就业形态下的劳动关系呈现多样化、灵活化特征。单一的劳动合同用工已不再是唯一的用工方式，劳务派遣、人力资源外包逐步成为劳动力市场的主要雇佣方式。就个人提供劳动力的方式而言，自我雇佣、独立承包、众包以及共享经济也正在挑战雇佣关系的单一性。多样灵活的劳动关系尽管满足了新型市场的多样化就业需求，但其用工统计困难、用工稳定性差以及保障缺乏的特点加大了劳动关系协调的难度。与此同时，虽然新就业形态在一定程度上对于企业降成本、补短板、提效率提供了助力条件，但是相对于稳定的劳动关系，新就业形态下的劳动者对企业的忠诚度以及责任心都有所减弱，降低了企业发展的稳定性。

从新就业形态的劳动过程看，其主要表现出以下特征。

一、个体性和自由度增强，人身从属性弱化

新就业形态下，互联网平台兼具企业和市场双重属性，会将劳资合作的可能边界扩大，创造劳资交易的新形式。这就可以增加企业的灵活用工，并为劳动者灵活就业创造条件，一定程度上打破了原有的劳动力市场分割状态，促进了劳动和资本的双重“解放”。

由于平台用工安排的任务化和非固定化，劳动者的个体性和自由度增强，对平台的人身从属性弱化。借助网络和信息技术，平台将生产服务链条中的劳动内容细化、简化、标准化为一个个相对独立的项目模块，用工以模块化、网络化、碎片化的劳动任务而非固定的就业岗位为主，在“用时间消灭空间”中不断扩大用工范围，劳动组织形式较为松散。平台通常不强制性地限定劳动时间和地点，网约工间歇性按单聚散，二者之间的支配-服从关系强度较弱，呈现工作任务碎片化、劳动控制碎片化特点。平台通常仅管控网约工完成劳动任务的过程，而其他时间由网约工自我管理。网约工完成一单即实时获得一单的提成，接受和完成任务的个体独立性较高、灵活自主性较强。网约工在较大程度上可根据本人意愿和预期收入等实行弹性化劳动力供给，自由选择是否上线和接单，自主决定劳动任务完成的具体方法、手段和路径，弹性安排自己的劳动时间、地点和强度。

二、生产资料供给去中心化和平台用工管理去科层化

网约工进出平台和“跨界”兼职的自由度增强，对平台的组织从属性弱化。除 App 软件和数据信息由平台提供外，平台劳动者自主配备交通工具和智能手机等用以完成劳动过程的其他生产资料，并自主承担其使用成本。平台劳动者通过电脑和手机下载平台 App 并注册或自由退出，便捷高效地与平台开展或终止合作。相比传统工业化组织中仅提供劳动力这个主观劳动条件、完全依赖雇主提供生产资料这个客观劳动条件来完成劳动过程的受雇劳动者，平台劳动者对企业组织和资产投入的依赖减小，就业门槛和跨平台流动成本降低。平台与平台劳动者通过互联网进行不稳定性较高的远程交易合作，二者的关系表现出较强的虚拟化、扁平化、弹性化特征。平台用工“但求使用，不求拥有”，且开放性较高，一般要求平台劳动者“自带技能”，但不要求其全职服务，大大简化甚至省却了招聘面试、培训等环节，扩大了平台劳动者的人力资源作用空间，拓展了零工经济的覆盖对象、地域范围和发展空间。平台劳动者用手机在平台注册后即获得网络零工身份，“游击式”抢接劳动任务订单，也可跨平台零散接单，通过兼职从事更多工作来实现更高收入和个人价值多元化，而不必依赖或从属于某个特定平台，不必从事全职工作，不必“在同一时间、同一空间（或者说同一劳动场所），为了生产同种商品”而一同工作。

三、劳动过程控制权的生成根源由物质资本所有权向数据所有权扩展

平台经济下，数据生产要素商品化进程加速，数据成为最重要的信息载体，具有高流动性、可再生性、可共享性、高初始固定成本、零边际成本和累积溢出效应等特征，能够通过提供价格信号和数字化信息来引导市场主体行为，相对独立地介入产业体系、植入生产过程的各个环节，发挥集约化整合其他生产要素的组织职能，成为影响资源配置利用效率与劳动生产率的关键生产资料。没有数据，平台经济等新经济、新业态的发展就“无米下锅”。这既丰富和拓展了生产资料的内涵与形态，促进了劳动任务、业务信息、报酬结算的数据化和网络化，也使生产资料的来源结构和相对重要性发生变化，推动生产方式由福特制转向网络化的弹性积累制，使平台劳动者与平台形成依赖和控制关系的新形态。

平台劳动者的劳动过程与数据网络信息技术紧密相连，高度依赖相比其自带的生产资料更为重要的数据形态生产资料，对作为数据信息交换枢纽的平台存在明显的数据依赖和经济依赖。相比传统工业化企业中的受雇劳动者，平台劳动者的劳动的数据从属性更加凸显。平台对平台劳动者的劳动过程拥有实际控制力，不仅在于平台拥有物质资本，更在于平台依托网络信息技术从事信息的搜集整合、加工处理和传输匹配服务，占有数据这个非实体性的关键生产资料。凭借对数据这一关键生产要素的所有权和支配权，平台不仅可以更好把握消费需求的特点及其变化，而且能够与平台劳动者之间形成数据信息不对称，获得相对于平台劳动者的强势地位，形成胁迫式激励和控制平台劳动

者劳动自主性的权力，还可能以数据信息中介服务费来遮蔽资本利润。

四、劳动控制手段的数字化

新就业形态下，劳动过程控制以数字化管理为主导，通过技术控制的确定性来减少劳动的不确定性。从对劳动过程的规范控制看，网络和信息技术为平台限制劳动流程与内容等提供了“数字化机器”和“数字化的手”。借助网络和信息技术，平台推进分工的深化、精细化和生产的自动化、智能化，推进不标准的劳动过程趋向标准化，将劳动过程控制嵌入数字化的劳动流程规范、量化的劳动服务绩效和质量控制指标中，使原本难以监管的劳动过程变得易于监管。通过网络和信息技术的赋能，平台淡化、弱化与隐匿了对平台劳动者的直接指挥和强制训诫，将劳动控制的焦点从劳动过程转向了劳动结果，推行更加注重劳动结果考核验收的计件工资制度或劳务报酬制度，推行由系统自行按单结算提成的报酬支付方式。凭借信息支配权和市场接入渠道控制权，平台推行弹性雇佣式的激励性薪酬体系和表面松散、内在严格的用工管理，但也容易引导网约工主动参与“赶工游戏”，以奋斗之名软性强制其过度劳动，将其团结抗争意识消解于内部竞争和“多劳多得”的制度设计中。

五、劳动过程控制主体向消费者扩展

借助网络和信息技术，平台为劳动力和劳务商品供求双方提供了快速便捷的连接、低成本的交易和实时交互的渠道，推动了原本难以调动和整合的分散化劳动与市场需求直接、精准、高效匹配。消费者通过简单的手机、电脑操控就能选择需要的劳动服务、获取劳动进行情况。

这种控制主体向消费者扩展的劳动过程，以网约车平台最为明显。一方面，乘客作为消费者，他对于司机的评价关乎网约车司机的口碑、信誉，会直接影响其排单量，进一步说可以影响司机的经济收入并制约其职业发展空间。另一方面，消费者的评价监督遮蔽了平台对劳动过程的控制。网约工通过平台接抢任务订单后，点对点地按消费者要求提供定制化劳动服务；在消费者通过平台以移动支付形式按单付酬后，网约工与平台按协议即时分成消费者的支付款。在这种劳动服务及报酬支付链条下，网约工的劳动收入与消费者的评价监督的联系更为紧密，甚至在形式上抽离了平台相对网约工的管理控制角色，使劳动过程凸显为网约工与消费者的关系。这既可促使网约工提高劳动努力程度和尽量满足消费者要求，以此“刷好评”“刷积分”“刷等级”，也可在一定程度上将消费者与网约工形塑为两个直接交易和相互对立的密切互动主体，模糊和遮蔽了劳动从属性。

同时，平台劳动者与消费者的双向制约不对称、机制不健全。消费者的评价监督对平台劳动者的收入和声誉的影响往往是单边的，而平台劳动者基于平台评价消费者行为的渠道不畅或约束效力较小。此外，劳动过程控制主体向消费者扩展暗含着劳资矛盾转移，在一定程度上消解了平台劳动者来自平台的被控制感和劳资冲突的在场感，平台劳动者与平台的利益矛盾和冲突被掩盖在平台、平台劳动者、消费者之间及其内部分层分化的复杂关系之中。

本章小结

劳动过程是指劳动者通过有目的的活动，运用生产资料对劳动对象进行加工，改变劳动对象、创造使用价值的过程。马克思的劳动过程理论认为，资本主义生产过程表现为劳动过程和价值增殖过程的统一：劳动者的劳动过程，既是资本家对产品和剩余价值的追逐过程，也是劳动者被剥削的过程，在这个过程中，劳动者不过就是既定的奴隶，除了联合的抗争根本不可能摆脱后来资本主义技术的使用与发展所带来的工人的无势。

新就业形态下的劳动关系呈现多样化、灵活化特征。单一的劳动合同用工已经不再是唯一的用工方式，劳务派遣、人力资源外包逐步成为劳动力市场的主要雇佣方式。多样灵活的劳动关系尽管满足了新型市场的多样化就业需求，但加大了劳动关系协调的难度。新就业形态下的劳动过程表现出劳动者的个体性和自由度增强，人身从属性弱化；生产资料供给去中心化，平台用工管理去科层化；劳动过程控制权的生成根源由物质资本所有权向数据所有权扩展；劳动控制手段的数字化；劳动过程控制主体向消费者扩展等特征。

复习与思考题

1. 劳动过程的三要素是什么？
2. 简单阐述物化劳动和活劳动在劳动过程中的作用。
3. 社会学家布洛维认为能够解释“制造同意”的三种机制是什么？
4. 新就业形态下的劳动过程有什么主要特征？

第 7 章　薪酬管理

学习目标

- 了解什么是薪酬。
- 掌握薪酬体系的构成和类型。
- 了解薪酬管理的基本原则。
- 掌握薪酬水平策略的类型。
- 理解薪酬管理的发展趋势。

开篇引例

190 万元年薪无人应聘

新西兰一位名叫艾伦·肯尼（Alan Kenny）的家庭医生简直要处于一种怀疑世界的状态了。因为在过去两年，作为托科罗阿小镇一家诊所合伙人的他一直在寻找一位医师，但竟然没有一个人愿意来工作。

肯尼医生现在要崩溃了，据他说他去年根本没有休假，因为连个代理的医师都找不到。但是更让人郁闷的是，他开出了一年相当于 190 万元人民币的薪酬，而且不用加班，不占用周末的时间，一年还有超长的三个月假期。

但关键就是没人应聘……

连当地媒体都坐不住了，他们甚至专门发了一篇报道，告诉大家在托科罗阿，这一薪酬意味着：一年的薪水就可以在当地买两套带有四个卧室的房子，还有一个游泳池那么大的花园。用这些钱去购买坐直升机加上野餐的服务，一共可以玩 740 次，平均每天将近两次。

另外，托科罗阿空气清新、气候宜人，随便一走都是优质风景区的水准。

但还是没人去，现在这个医生快愁坏了，因为预约的病人已经达到了 6 000 个……

新西兰有关人员表示，可能是因为这个地方比较偏远，而且宽带设施也不是太好，所以大家都不愿意去。简单来说，就是不能上网！

该选 190 万元的工资，还是选上网呢？好矛盾……

资料来源：新西兰人很郁闷，190 万年薪三个月假期招不来一个医生．(2016-02-26). http://bbs. tianya. cn/post-170-808077-1. shtml.

第1节 薪酬管理概论

一、薪酬的内涵与外延：何为薪酬

（一）薪酬的概念

薪酬概念的界定目前可分为三类：第一类认为薪酬即报酬，即员工完成工作后获得的各种内在报酬和外在报酬[①]。第二类是指员工因为存在雇佣关系而从雇主那里获得的各种形式的经济收入以及有形服务和福利。这一概念包括直接经济报酬（薪酬）和间接经济报酬（福利），得到了较多的采用。[②] 第三类仅包括货币性薪酬（即基本薪酬和浮动薪酬之和），并不包括福利。世界薪酬协会（WorldatWork）采用的就是这种定义。此外，美国联邦政府人事管理署（OPM）和美国劳工统计局（BLS）也倾向于使用这种定义，如 BLS 的薪酬词典中明确表示，"compensation"的含义等于"earnings"和"remuneration"，均指一位或一群劳动者在一段时间内为雇主提供劳动和服务从而获得的各种薪酬或工资之和。随着经济和社会的发展，近年来，福利占比逐渐提高，因而有学者认为将薪酬与福利区分开来进行分析是非常有必要的。

（二）相关概念区分

工资，英文中与之相对应的单词是"wage"，这一概念主要在 20 世纪 20 年代被企业广泛使用。当时，工资的支付对象主要是蓝领工人（从事体力劳动），他们根据每天或每周工作的时长从雇主处领取报酬，此外在加班时要拿加班工资，福利等方面只占很小的部分，基本工资占绝大部分比例。[③]

薪水，英文中与之相对应的单词是"salary"。与工资不同，它是指脑力劳动者的收

---

① Martocchio J J. Strategic compensation: a human resource management approach. 6th ed. Pearson Prentice Hall, 2013: 4.

② 加里·德斯勒．人力资源管理：第 12 版．北京：中国人民大学出版社，2012：422.

③ 文跃然．薪酬管理原理．2 版．上海：复旦大学出版社，2013：3.

人。在美国，salary 是指向那些排除在美国《公平劳动标准法》（FLSA）外，不受相关加班条款约束、没有加班工资的豁免职工支付的基本薪酬。使用这种薪酬支付方式的任职者主要包括管理人员、专业人员等白领阶层，他们的基本薪酬通常采取年薪或者月薪的形式，即企业在单位时间（如一年或一月）后，一次性向员工支付的较为稳定的报酬。在其构成中，福利占有较小比例，基本工资的占比相对较大，其目的是保证相对稳定的薪水支付水平。

一般情况下，我们将一位员工因为为某个组织工作而获得的所有他认为有价值的东西统称为报酬（reward）。[①] 从该定义中显然能发现，其一，报酬并不仅仅指货币或者可以直接折合为货币的物品，还包括员工在心理上获得的某些收益。其二，出于不同个人在价值观和需求等方面会存在差异的考虑，A 员工认为属于报酬的部分，在 B 员工看来可能并不在报酬的范围内，或者虽然也认为是报酬，但其价值有所不同。举例来说，在工作中能够结识很多同事和工作伙伴对于某些员工来说是一种他所能获得的很有价值的报酬，但在另一些员工看来可能属于忽略不计的报酬。

（三）薪酬的分类

根据表现形式的不同，薪酬可分为经济薪酬和非经济薪酬。在此基础上，经济薪酬分为直接经济薪酬和间接经济薪酬。直接经济薪酬又称核心薪酬，是企业以货币形式支付给员工的报酬，主要包括基础工资、绩效工资、奖金、津贴、股权、红利等；间接经济薪酬指企业以安全保障或实物的形式向员工提供的各种福利，如保险、优惠、补助、带薪休假等。非经济薪酬包括工作本身的内在特征及为员工创造的良好工作环境、组织特征等所带来的心理效用[②]，具有成本低、效果持久的特点。工作本身的内在特征带来的心理效用主要包括工作的趣味性和挑战性、在工作中获得的个人成长和发展机会等；良好工作环境带来的心理效用主要包括舒适的工作条件、领导者的工作风格、同事的个人品质和和睦的团队氛围等；组织特征带来的心理效用主要包括组织的管理水平和文化氛围、组织在产业中的领先地位以及由于快速发展而提供的大量机会等。经济薪酬蕴含着直接的现金价值，而非经济薪酬则是对员工社会情感和自我实现等高层级需求的满足。[③] 非经济薪酬之所以也是薪酬的一部分，主要是因为从劳动者角度考虑，这些心理效用在其选择工作和进行职业规划时会产生重要影响。从企业角度考虑，这也是企业吸纳新鲜血液、保留关键人才的重要手段。

根据发生机制的不同，薪酬可分为内在薪酬和外在薪酬。内在薪酬指员工由于完成工作而形成的心理形式，外在薪酬则包括货币奖励和非货币奖励。[④] 显然，内在薪酬一定是非经济的，但外在薪酬不一定是非经济的，如优越的办公条件等非货币奖励。一般而言，内在薪酬通常不会直接计入成本，但内在薪酬的改善将会产生长期的影响。与内在薪酬相比，不论是员工自身还是企业方面都更倾向于关注外在薪酬，这主要是因为内

---

① 刘昕．薪酬管理．4 版．北京：中国人民大学出版社，2014：3.
② 彭剑锋．人力资源管理概论．3 版．上海：复旦大学出版社，2018：374.
③ 贺伟，龙立荣．基于需求层次理论的薪酬分类与员工偏好研究．商业经济与管理，2010（5）：41.
④ 约瑟夫·马尔托奇奥．战略薪酬：人力资源管理方法：第 2 版．北京：社会科学文献出版社，2002：1－2.

在薪酬难以明确界定和量化，并且难以进行讨论、谈判，而外在薪酬相对来说较易被确切定义和量化，进而容易让企业和个人在不同行业、地域、组织等之间比较和调整。管理层需要确定不同的内在薪酬和外在薪酬组合所适用的场合和时间，以防止外在薪酬削弱内在薪酬所导致的不利后果。[①]

二、薪酬体系的构成

（一）基本薪酬

基本薪酬（basic pay）也被称为固定薪酬。它不随员工的工作结果或业绩的完成情况而定，是一个组织根据员工所在职位承担的工作职责，或者员工为了完成组织制定的工作任务所需具备的能力或技能而向员工支付的相对稳定的、不会随意变动的薪酬。在某些情况下，企业以员工所负责的工作或职位的难度、职位的价值或者对企业的重要性为依据来明确员工的基本薪酬，也就是采取职位薪酬制。此外，企业也会根据员工在完成工作任务时所体现出来的技能水平或自身能力水平的高低来确定其基本薪酬，也就是使用技能薪酬制或能力薪酬制。因此，基本薪酬水平取决于企业的薪酬结构和制定薪酬体系的理念。

一般来说，基本薪酬是一个组织的固定成本的重要组成部分，为员工提供了赖以生存的收入来源，具有保障性和稳定性。但这并不是说基本薪酬在确定之后就是固定不变的，相反会随着内外部因素的变化而不断进行调整。一般受到以下几方面因素的影响：（1）员工的工作或职位发生变化。这主要体现在组织实行职位薪酬制的情况下，如员工职位晋升或职级提升后，与之相伴的总是基本薪酬的上涨。（2）员工本人在该职位上掌握的知识、技能、技巧和经验等发生变化。这主要体现在组织实行技能薪酬制的情况下，如员工通过参加培训、自学、长期工作经验的积累，技能有所提高，或者考取更高级别的技能资格证书，从而绩效有所提高，组织往往也会对其加薪。（3）通货膨胀或物价变动程度。显然，物价水平或生活成本的上升是推动企业调整基本薪酬的一个重要因素，不过，企业往往会将这部分调薪同年度调薪一起加以考虑，而不是分开做两次调整。此外，企业所处行业的竞争激烈程度、地区经济水平、企业产品的市场受众等，都会在一定程度上影响员工的基本薪酬水平。

（二）浮动薪酬

浮动薪酬（variable pay）又称可变薪酬、奖金，是以员工是否完成或超额完成某种事先明确的工作任务、个人或团队目标或者组织收益计划为依据而浮动的报酬。与基本薪酬不同，浮动薪酬是直接随工作结果或业绩的完成情况而变化的，其目的就是使员工所获薪酬与业绩之间产生直接的联系。因此，浮动薪酬对员工而言具有很强的激励性，有助于组织绩效目标的实现，对提升业绩水平从而达到节约企业成本、增加企业收益等目的具有积极作用。浮动薪酬在薪酬体系的构成中属于变化性很强的部分，必须在每一

---

① 刘昕．薪酬管理．4 版．北京：中国人民大学出版社，2014：6.

个绩效周期内不断重新加以确定，员工必须不断努力才能获得这种薪酬。①

一般情况下，我们可对浮动薪酬进行分类，即划分为短期和长期两种类型。短期浮动薪酬或短期可变薪酬往往基于组织建立的非常具象化的绩效目标。而设立长期浮动薪酬或长期可变薪酬的目的是能在一定程度上激励员工努力完成企业跨年度或多年度的绩效目标。在现实生活中，许多企业的高层管理者和某些专业技术人员等核心人才所获得的与实现企业长期目标（如资产增长、销售增长、盈利、市场份额、每股收益和社会责任等）挂钩的红利等，都属于长期浮动薪酬。与短期浮动薪酬相比，长期浮动薪酬更能够将员工获得的薪酬与企业长期目标甚至是组织战略目标的实现联系在一起，同时也能够对一个组织的企业文化的形成、发展和完善起到不可忽视的支撑作用。

（三）福利

对于福利（benefit），虽然国内外学者有不同的定义，但大多数人都认可的是，并非根据员工工作时间的长短或者工作任务的完成情况来计算应支付给员工多少福利。与基本薪酬和浮动薪酬相比，福利通常具有以下两点特征：一是支付方式不同，福利采取的是实物或延期支付的方式；二是有固定成本特征。② 福利大致可分为三类：（1）向员工及其家属提供的服务，包括工作期间的餐饮和娱乐、孕婴休息室、家庭理财咨询、工作结束后安排专车返家、节日礼品等。（2）各类保险，包括医疗保险、失业保险、工伤保险、意外伤害险、养老保险、企业补充养老保险等。（3）非工作时间付薪，指在员工没有向企业提供劳动、没有进行与工作相关的行动的情况下为其提供一定的收入流。一方面包括工作期间的带薪非工作时间（盥洗换装时间、工休时间等）；另一方面包括非工作期间的带薪时间（年假、病假、事假、企业假）。作为一种特殊的付薪形式，福利也有其独特的功能：能使员工以较低的成本预算购买部分产品（如人寿保险）从而吸引和保留人才；能向员工传递企业文化和价值观；能使员工在一定程度上获得税收减免。

三、薪酬管理的基本原则

任何一个组织在设计薪酬体系时都必须遵循以下五大原则。

（一）对外具有竞争力原则

组织的员工不可避免地会将其薪酬与其他企业从事类似工作的劳动者的薪酬进行对比，而这种对比往往会对求职者是否从事该职业、是否在该企业任职或者是否离开所属企业去其他企业任职等选择产生较大影响。因此，大多数企业通常会定期或不定期地进行市场薪酬调查，以此来对员工薪酬进行适当调整，从而减少员工产生强烈的外部不公平感。当然，在薪酬体系的设计中，要根据企业的战略目标和劳动力市场供求状况来确定合适的外部竞争力。

---

① 刘昕．薪酬管理．4版．北京：中国人民大学出版社，2014：51.

② 文跃然．薪酬管理原理．2版．上海：复旦大学出版社，2013：7.

（二）对内具有公正性原则

企业在进行薪酬体系设计时，要遵循公正性原则，这是保证薪酬制度能够有效发挥作用的前提之一。① 正所谓“不患寡而患不均”，“均”不是绝对化，而是相对平均，这就是内部公正性的体现。对内具有公正性即薪酬具有内部一致性，之所以会有这一原则，是因为组织内部不同职位的员工之间不可避免地会将其薪酬进行比较。具体来说，当企业采取职位薪酬制时，员工会将其薪酬与同事或上级所获薪酬进行比较，并以此来判断企业根据自己所在职位的工作职责支付的薪酬是否公正合理。这一对比不仅会对员工的总体工作态度产生影响（如员工是否同意晋升等），还会对员工的忠诚度以及与不同行业、不同职位的员工之间的合作产生影响。在实际生活中，企业会采用职位评价的方式来调整员工对企业内部薪酬的公正性的态度。

（三）对员工具有激励性原则

通常情况下，员工在向组织提供劳动时，往往将下面两点作为实现目标：一是在工作中不受歧视，能够享受公平；二是个人所获得的薪酬和管理层的认可与其绩效相匹配。当然上述目标的实现可以与薪酬挂钩，企业也可以把满足员工的自我实现需要作为一种实现方式。但对于绝大多数员工而言，在绩效和个人薪酬之间建立必要的联系仍是一种最直接同时也是最有力的激励措施，因为它不仅能够为员工提供一种经济保障，同时也能使员工产生被需要感和成就感。因此，为了能有效提高员工绩效、实现企业战略目标，企业在进行薪酬管理时注重激励性原则就显得非常必要，如从科学合理的角度出发设计多样化的薪酬激励要素（职权、股权、工资、发展机会等）与薪酬结构，以满足复杂的、多层次的、不确定性的员工需求，使薪酬设计反映出不同类别员工的特点。②

（四）成本控制原则

所谓成本控制原则，就是在最低成本下使薪酬发挥尽可能大的功效。事实上，任何一家企业的行为目标都是追求利润最大化或成本最小化。在当前大力推动市场营商环境改革的大背景下，企业不仅要考虑开源的问题，更应该将节流作为增强企业效益和提高核心竞争力的重要手段之一。薪酬作为企业成本的重要组成部分之一，不可避免地会成为企业进行成本控制的主要对象。如果将提高员工绩效的主要举措放在一味追求高薪方面，那不仅会对企业成本造成一定的压力，还可能会使员工产生坐享其成、不思进取的不良想法。同时，企业给予员工过高的薪酬水平也会在一定程度上破坏市场整体薪资水平，扰乱正常的市场秩序。③ 因此，企业在进行薪酬管理时不应该脱离成本控制原则。

（五）合法合理原则

企业经营首先要做的是合法，其次是合理，薪酬管理更是如此。《劳动法》《劳动合

① 贺国强．企业薪酬管理的基本原则与策略．中国商论，2019（9）：158.

② 彭剑锋．人力资源管理概论．3 版．上海：复旦大学出版社．2018：431.

③ 席春．企业薪酬管理的基本原则与策略．时代金融，2016（23）：124.

同法》以及各地制定的最低工资标准等对员工的薪资水平提出了明确要求，员工的薪酬受到法律保护，企业必须遵守。具体来说，法律规定的应包含在薪酬内归员工享有的部分不能缺失，企业应严格遵守法律制度规定的有关标准。薪酬的设计除了合乎法律制度外，还必须合理。对于不同职位肩负的不同职责或所需的不同技能、技巧与能力，对应的员工的基本薪酬应该有所不同，但薪酬的高低最起码要能保障员工及其家属的基本生活所需，还要符合所在地的物价水平、消费习惯等。除此之外，在设计薪酬水平及发放手段时，在合法的前提下，还需要考虑员工获得薪酬后缴纳个人所得税的问题，因为这可以在不提高成本的情况下，使员工的个人可支配收入增加。

第2节 薪酬体系

一、基于职位的薪酬体系：薪酬是支付给岗位的吗

（一）内涵特点

基于职位的薪酬体系是以职位对组织的重要性和价值（如工作任务的难易程度、应承担的责任以及职位对组织战略目标的实现所起的作用）为依据，同时考虑任职员工所需具备的基本素质（如知识、技能、经验等），最终决定向员工支付与职位价值相当的薪酬水平的一种薪酬决定制度。显然，基于职位的薪酬体系最大的特点就是职位价值决定员工薪酬，即员工在企业中担任何种职务就能以此获得何种薪酬。与其他薪酬体系相比，职位薪酬体系是一种较为传统的确定职工薪酬水平的体系设计，它在确定薪酬时将职位本身的价值作为重点进行考虑，而相对较少考虑员工在其中发挥的作用。① 可见，基于职位的薪酬体系既有长处，但也存在不可忽视的不足：（1）对员工来说，基于职位的薪酬体系相对更加客观公正，职位晋升会导致薪酬水平提高，这在一定程度上使员工更有动力努力工作，提高自身能力。（2）对企业来说，通过对职位价值进行较为准确的评价进而确定薪酬的方式操作简单、成本低、更易获得员工的认同，有利于企业的薪酬管理。（3）晋升与员工薪酬挂钩容易导致某些员工的工作活动以晋升为导向，不利于员工在企业中横向流动；此外当员工晋升无望时，这种薪酬体系会使该员工的薪酬很难有大幅变动，员工的工作热情受到打击，甚至会发生人才流失的现象。

（二）设计要点

企业在选择基于职位的薪酬体系时，要先进行以下几个方面的评估以确定是否适合实行该薪酬体系。

（1）每个职位的职责范围、工作难点、任职资格要求是否具体化、可描述，是否基本稳定。职位薪酬体系要求存在于该体系内的各职位的内容都必须明确界定，因为只有这样才能进行后续的职位分析、职位评价等。同时，企业中职位内容频繁变动必然会引

---

① 刘昕．薪酬管理．4版．北京：中国人民大学出版社，2014：69.

起职位薪酬体系发生相对波动和间断。[①]

（2）企业能否按照员工能力安排相应职位。职位薪酬体系体现的是一种“官本位”的价值导向，职位层级每升一级，员工的薪酬就会提高一定幅度。因此，若员工能力与所处职位不匹配，不公平现象就会发生，会引起员工的不满。所以企业实施职位薪酬体系时必须保证能够按照员工自身能力安排合适的职位，当员工能力发生变化时也能及时对其职位进行调整。

（3）企业中设置的职位等级是否足够多，薪酬水平设计是否合理。若职位等级多，员工就可以通过不断提升能力来寻求晋升机会，从而获得更高的薪酬，这不仅会不断提升员工的工作积极性、提升员工的业绩水平，也会在企业中形成一种良性竞争的良好氛围。另外，企业薪酬的设计必须符合地方最低工资标准的要求，在职位薪酬体系中必须使最低职位层级的员工获得的薪酬能满足其自身及家属的基本生活所需。

职位薪酬体系的设计有四步：第一步是运用专门方法收集、分析组织中特定职位的定位、工作职责、绩效目标、工作要求、工作关系等基本信息，也就是进行职位分析，并根据这些内容形成职位说明书及职位说明报告。其中，职位说明书主要包括职位描述和职位的任职资格要求两部分。职位分析方法主要有访谈法、非定量问卷调查法、文献分析法、工作日志法等。第二步是以职位工作内容、所需要的技能、对组织的重要性、企业文化以及外部市场为基础来确定特定职位的相对价值，即进行职位评价。主要有职位分级法、职位分类法、因素比较法、要素计点法四种职位评价方法。第三步是在外部劳动力市场进行薪酬调查。职位分析与职位评价是在组织内部进行的一系列活动，只能够实现薪酬管理的内部公正性，而想要实现外部竞争性，就需要在外部劳动力市场上对相应职位进行薪酬调查，并将调查得到的结果与职位评价的结果结合分析。[②] 第四步是对综合分析后得到的职位的平均价值进行高低排序，建立职位等级结构，这同时也是建立组织薪酬等级结构的过程。

二、基于能力的薪酬体系：薪酬是支付给能力的吗

（一）内涵特点

基于能力的薪酬体系，就是以处在典型职位上的任职员工的胜任力高低及他们对组织的忠诚度为依据来明确不同员工薪酬水平的一种薪酬决定制度。从定义中能看出，“能力”在这里指的是胜任力，即能推动员工提高工作绩效的包括知识、技能、价值观、品质、内驱力等在内的内外在特征的集合，具有可预测性和可测量性。该词对应的英文单词是“competency”。我们可以通过胜任力冰山模型或胜任力洋葱模型对胜任力进行更加深入的了解，这两种模型非常类似，只是相关个性特征的变化顺序有所不同（前者是由上而下，后者是由外到内）。在冰山模型中，斯潘塞（Spencer）将胜任力包含的内容分为“水面之上”和“水面之下”两部分。漂浮在水面之上的行为、知识、技能等属

① 刘昕．薪酬管理．4 版．北京：中国人民大学出版社，2014：70.

② 彭剑锋．人力资源管理概论．3 版．上海：复旦大学出版社，2018：439.

于表象特征，相对而言易于观察和评价，也容易通过培训来改变和发展。而潜藏在水面之下的自我形象、个性、社会动机等属于深层特征，是看不到的，且越往下越难发现，这些特征不易受外界影响而发生变化，但在一个人的行为和业绩表现中发挥着重要作用，必须通过外在的具体行为进行推测。

基于能力的薪酬体系一方面有利于员工优化自身的职业规划，在一定程度上把握自己的发展，不断提升能力水平。另一方面能够有效减少企业在推进流程重组和组织改革时可能遇到的阻力，有利于企业提高灵活性和快速适应急剧变化的外部环境，增强竞争力，推动可持续发展。[①] 在如今知识大爆炸的信息化时代，个人能力越强获得的薪酬水平就会越高，这看起来是理所当然的行为，但我们应该清楚地看到，基于能力的薪酬体系也存在一些不足：首先，企业若选择能力薪酬体系，为了保证薪酬发放的公正合理，就必须定期对体系内员工的能力进行评估，对薪酬进行调整，这无疑会增加管理的难度。其次，通过对部分案例企业的研究发现，在实际中，能力薪酬体系会增加企业的人工成本（如工资成本、培训成本等）。

（二）设计要点

基于能力的薪酬体系设计是以对员工在工作中表现的胜任力进行评估为基础的，即通过衡量与员工高绩效有关的行为特征和基于职业发展通道的任职资格与职业化行为评价来代替对员工工作产出的评价，即对绩效的衡量。因此，该薪酬体系适合市场、研发等专业人员。[②] 企业选择能力薪酬体系之前需要考虑以下两个问题：

（1）本企业是否有将现有薪酬体系转变为能力薪酬体系的必要。首先，能力薪酬体系是否一定会促进企业发展，其使用效果是否足以令人忽略其存在的缺陷，这些问题目前还没有大量学者和企业能给出定论。就现状而言，这一薪酬体系只在如研发行业、IT行业等特殊行业和企业中有较好的适用性。其次，若改变原有薪酬体系，企业必然会面临各个方面的重大变革，而这一过程中存在风险，需要付出代价。如果企业的管理能力有限，可能会放大能力薪酬体系的缺点，其优点则变得不值一提。

（2）要采用能力薪酬体系就必须在企业人力资源管理领域的整体重大变革中将能力薪酬作为重要一部分实施。[③] 不能单纯将设计好的能力薪酬方案直接在现有人力资源管理系统中实施，而是要在人员招募与培训、职位管理、绩效管理、薪酬管理、员工关系管理等人力资源管理系统的各个职能中都强调能力的重要性。同时，企业要充分意识到，能力薪酬体系并不是对绩效管理的替代，因而要将能力与绩效评价和开发系统结合考虑。

三、基于绩效的薪酬体系：薪酬是支付给贡献的吗

（一）内涵特点

基于绩效的薪酬体系是以员工在特定岗位上创造的业绩多少和对组织贡献的价值大

---

① 文跃然．薪酬管理原理．2 版．上海：复旦大学出版社，2013：7.

② 彭剑锋．人力资源管理概论．3 版．上海：复旦大学出版社，2018：427.

③ 刘昕．薪酬管理．4 版．北京：中国人民大学出版社，2014：37.

小为基础来确定其应获得的薪酬水平的一种薪酬决定制度。它是一种非传统的薪酬体系。该体系有员工持股、股票期权、计件薪酬、个人绩效薪酬等多种形式。[①] 在这个薪酬体系中，薪酬的内容主要包括中期奖励计划（把以年为单位的工作业绩完成情况以及工作目标实现情况作为参考）和长期激励计划（如股权期权、影子股票计划、利润分享计划等，以长期的工作绩效完成情况以及工作目标实现情况为依据）。绩效薪酬要追溯到具有激励性质的计件工资报酬制度，其最大特点就是薪酬与员工创造的经济价值挂钩，即绩效越优秀薪酬水平就越高。它充分肯定了员工对企业的重要程度及其自身价值，将对员工的有效激励作为管理的重要一部分。在传统的薪酬体系中，企业往往默认随着工作年限的增加，员工的工作经验和熟练程度会逐渐积累，因此工龄是影响薪酬水平的重要因素。而在非传统的薪酬体系中，组织更多地强调其对个人或团体能产生多大程度的激励作用。很多采用这类薪酬体系的企业会设计针对个人的收益分享计划以及针对团队的奖励激励计划。绩效薪酬体系作为一种能提供有效激励和管理的辅助手段，受到越来越多的企业重视。

绩效薪酬体系的优越性主要表现在：一方面，员工获得的收入水平与创造的绩效直接挂钩，激励效果明显，有利于吸纳和保留核心人才。当企业对员工的绩效能够给予公正合理的评价时，员工就能从工作中获得成就感和责任感，从而能强化工作动机和提高工作努力程度。同时绩效越好薪酬越高的管理理念也能在员工之间形成一种良性竞争的氛围，有助于企业整体绩效的提高和组织战略目标的实现。另一方面，能够降低企业的经营成本。首先，绩效薪酬意味着员工的薪酬水平会随员工个人、团体、组织绩效的变化而变化，故而企业能根据经营状况对员工薪酬进行灵活调整，从而缓解在支出成本上的压力；其次，由于绩效薪酬体系实现了个人利益和集体利益的一致，因此减少了设置专门人员对员工日常工作进行监督的必要性，这也就在一定程度上节省了企业在这方面花费的人工成本。但该体系也存在不容忽视的缺陷：（1）有可能降低员工对团队合作的积极性，破坏对同事的信任。个人为了获得高收入，会保守对待自己在工作中积累的有效经验和教训、封锁收集的最新信息，员工会认为这是一种不人性化、功利化的薪酬制度，从而增加工作压力。（2）在基于绩效的薪酬体系中，若提高绩效标准，那么员工即使能贡献原有的工作价值，获得的薪酬水平也会降低。因此员工会反对企业进行技术进步投入和管理制度改革，从而不利于企业的可持续发展。（3）企业对员工的绩效水平往往难以准确、公正、客观地衡量。首先，并非所有的企业都拥有一套完善的绩效考核系统；其次，外部环境的变化可能会使得绩效衡量的标准不合适。如当经济出现衰退时，员工需要付出更多的精力和时间才能完成之前制定的绩效目标，才能保持原来的薪酬获得水平，而此时的收入会让员工觉得付出与收获不匹配。

（二）设计要点

将薪酬浮动与绩效改善全面挂钩，一定程度上促进了“责任共担、收益共享”的收

---

① 林健．论高等学校绩效薪酬体系的目标与原则．中国高等教育，2007（10）：23.

入分配制度的确立。[①] 若绩效薪酬体系设计得合理且有效，不仅能够提高员工积极主动工作的动力，提高企业整体绩效，引导员工为实现组织战略目标而努力奋斗，而且能在人才竞争日趋激烈的劳动力市场环境下创建和保留一支与组织中长期发展战略目标相契合的人才队伍。因此，企业在采用绩效薪酬体系时需要把握以下原则：

（1）遵循薪酬管理的基本原则。即在设计具体的薪酬体系时要体现对外具有竞争力、对内具有公正性、对员工具有激励性、成本控制、合法合理五大原则。只有这样才能设计出被员工普遍接受的、切合实际的薪酬体系，才能顺利地实施。

（2）要不断激励员工通过正当积极的方式提高自己的绩效水平，以此推动组织整体绩效的提高。要保证取得优秀绩效水平的员工确实能获得高薪酬，保证薪酬水平会因为员工为企业创造的绩效而有所不同。其实企业在绩效薪酬体系中设置的员工需要达到的绩效标准传达了企业想要实现的绩效目标。

（3）要牢记企业设计该体系的目标。绩效薪酬体系假设员工的绩效水平会随着员工明确薪酬与绩效的关系而不断提高，因此设计目标就是要提高个人、团队和组织的绩效，把绩效薪酬作为企业变革的重要手段，促进员工价值观和企业文化的改变。

四、基于市场的薪酬体系：我的薪酬谁说了算

（一）内涵特点

基于市场的薪酬体系是以行业标准和地区人才市场的供求变化为依据来确定企业整体薪酬水平和员工具体薪酬水平的一种薪酬决定制度。在这种体系中，薪酬的决定因素主要包括市场调查结果、员工自身的独特性和员工的稀缺程度等。当然，具体到薪酬水平是高于、低于还是等于市场平均水平，企业还需要考虑实际经营状况和人力资源发展战略，而且企业和员工要通过谈判确定员工个人的薪酬水平。[②] 市场薪酬体系一般对企业的核心人才、可替代人才较为适用。具体来说，对于核心人才，因为劳动力市场上供不应求，所以企业可以通过较高的薪酬策略进行吸引和保留；对于一般的替代性强的员工，企业也可以根据市场供求状况对薪酬进行调整从而节省一定的企业成本，提高竞争力。此外，若企业选择市场薪酬体系，就意味着员工的薪酬根据市场而定，从长期看员工更容易接受，能维持良好的工作氛围，降低某些内部矛盾发生的概率。

（二）设计要点

企业若选择市场薪酬体系，首先，在确定员工薪酬标准时要参考劳动力市场的现行薪酬水平，进行广泛、客观、详细的市场薪酬调查，确保调查数据具有科学性，并且周期性地根据行业标准的变化做出适当调整。调查对象主要包括与本企业存在行业竞争的企业或产品与服务相似的同类企业，其目的主要是帮助本企业充分了解劳动力市场的供求变化，并在制定合理的内部薪酬水平时能提供一个参照物。除此之外，在企业外部，

① 冯兴龙，伍延松．全员绩效薪酬体系杠杆作用研究．企业管理，2017（S2）：29.
② 彭剑锋．人力资源管理概论．3版．上海：复旦大学出版社，2018：426.

国家出台的一系列宏观经济政策和行业特点等是企业进行薪酬定位时需要考虑的重要因素；在企业内部，企业的发展阶段、经营状况、人才的稀缺程度等要素也会在企业确定薪酬水平和薪酬增长范围时产生重要影响。其次，劳动力归根到底属于生产要素的一种，伴随着我国社会主义市场经济体制改革的持续深入，市场经济发展的广度和深度不断拓展，市场价值规律逐渐表现出对劳动力要素的定价功能。因此，企业在设计市场薪酬体系时必须尊重市场价值规律。

五、组合薪酬体系

随着经济全球化的不断深入，各行各业的复杂性不断加深，越来越多的企业管理层发现任意一种单一的薪酬管理模式都无法满足企业的发展战略要求，不能充分调动员工的工作积极性。所以在实践中，企业会根据行业特点、实际经营状况、支付能力、企业内部职位设置等因素，从基于职位、能力、绩效、市场的薪酬体系中选择两种或多种进行组合，设计出适合本企业发展的薪酬体系，即组合薪酬体系，以对员工形成有效激励，从而促进员工、团队和组织绩效水平的提升。

第 3 节　薪酬水平

一、薪酬水平的概念和作用：我应该拿多少钱

（一）概念

薪酬水平反映了外部竞争性，是劳动力市场的价格信号，也是衡量工薪阶层参与社会分配程度的标准。薪酬水平的研究视角分为两类：一是薪酬相对值角度；二是薪酬绝对值角度。从相对值角度看，薪酬水平是指组织间的薪酬关系，即组织相对于其竞争对手的薪酬水平的高低。在薪酬战略中，薪酬水平的决策主要考虑当地市场的薪酬行情和竞争对手的薪酬水平。企业在进行市场薪酬调查后，可以根据企业战略、资金情况，就某个岗位、某类岗位或者企业整体等确定合适的薪酬水平。从绝对值角度看，薪酬水平是指企业支付给不同职位的平均薪酬，强调了薪酬总量，薪酬水平越高，劳动力成本越高。但有的企业认为高薪可以带来更高的工作效率、降低员工的离职率，从而减少招聘成本和培训成本。

（二）作用

薪酬水平的作用主要体现在以下几个方面：

（1）薪酬水平的高低反映了企业薪酬的外部竞争性。薪酬的外部竞争性是指一家企业的薪酬水平的高低以及由此产生的企业在劳动力市场上的竞争力大小。[①] 值得注意的

---

① 刘昕．薪酬管理．4 版．北京：中国人民大学出版社，2014：3.

是，薪酬的外部竞争性应该就某一类职位进行比较，将一个企业的整体平均薪酬与另一个企业的整体平均薪酬比较是没有意义的。例如A公司的平均薪酬高于B公司，但是A公司总经理的薪酬低于B企业，A公司技术岗位的薪酬高于B企业。显然A公司的薪酬外部竞争性不一定高于B公司。假设薪酬对求职者的意愿起决定作用，对于应聘总经理的人来说，B公司的薪酬更有吸引力；对于技术人员来说，A公司是更好的选择。

（2）薪酬水平的高低对企业成本有较大影响。薪酬水平越高，企业需要付出的成本越高。由于人事成本高，如果企业不能减少其他成本，就会对生产的产品高定价，在市场中处于不利地位。尤其是劳动密集型产业，对于消费者来说，在产品没有太大差别的情况下，更倾向于便宜的商品。但是对于技术行业，薪酬水平低难以吸引到优秀人才，不能形成技术支持，产品也难以满足消费者需求，企业在市场中将处于不利地位。所以，虽然薪酬水平高低对企业成本有很大的影响，但是并不能一味地降低薪酬水平。

（3）薪酬水平能够对塑造企业形象发挥巨大的作用。较高的薪酬水平说明企业有一定的支付能力，求职者更期望加入这类企业，因为企业能够保证工资的足额按时发放，增加了劳动者对企业的信任感，在劳动力市场中塑造了良好的形象。较好的经济状况能够保证企业运营良好，生产高质量的产品。优质的产品能够增加购买者对企业的信任，从而在产品市场中塑造良好的企业形象。

二、薪酬水平策略的类型：为什么不同企业的薪酬有差异

薪酬水平策略的类型分为领先策略、跟随策略、拖后策略和混合策略。企业需要根据企业战略、企业文化、支付能力、员工类别等确定薪酬水平，对于不同职位可以采用不同的策略。

（一）领先策略

领先策略又称薪酬领袖策略或领先型薪酬策略，即采用高于市场平均薪酬水平的方法，适用于规模较大、薪酬成本在总经营成本中比例较低、处于高速成长期、在行业中处于领先地位、投资回报率较高的企业。处于高速成长期的企业，对人才比较急缺，会对关键技术岗位的薪酬采取领先策略。

领先策略采用高薪酬水平，企业成本会更高，产品定价也会更高，如果雇用的人员创造的收益远大于成本，即高投入转化为高回报，那么企业得到的收益可能会远大于付出的成本。这对于企业和员工来说是双赢的。但是，当企业的产出收益难以抵消成本时，较高的薪酬水平可能会成为负担。

（二）跟随策略

跟随政策又称市场追随策略、市场匹配策略，是根据标杆企业确定薪酬水平的方法。实施这种薪酬水平策略的企业会选取特定企业为标杆企业，其经费与模式都向自己的标杆企业看齐。大多数企业会采用这种策略。

这种策略在吸引人才方面没有独特的优势，但是也没有什么劣势，可以通过多种优

质的招聘渠道来提高员工的质量。这种策略的风险可能是最小的，既不会面临高薪酬成本带来的压力，也不会担心薪酬过低而招不到合适人选。

（三）拖后策略

拖后策略又称滞后策略，是指不考虑竞争对手的薪酬水平，以节约成本为目的的方法，适用于规模较小的企业。由于企业利润率低，经济实力不够强大，薪酬成本在总成本中所占比重较大，所以企业对员工薪酬的支付能力相对较弱。但企业可以利用非经济性薪酬（成长和发展机会、从事富有挑战性的工作、参与决策的机会、工作地点交通便利等）来提升岗位的吸引力和员工的归属感。

（四）混合策略

混合策略是指针对不同的职位、不同的部门、不同的员工或者总薪酬的不同组成部分采用不同的薪酬水平策略。混合策略更加具有针对性和灵活性，能够通过对核心岗位和普通岗位确定不同的薪酬水平，更好地传递企业的价值观。例如对核心关键岗位设立高水平薪酬，更容易招聘到高水平、高质量的人才；或者对基本薪酬采取跟随策略，而绩效薪酬采用领先策略，这也是很多企业采用的方式。

三、薪酬水平的影响因素

薪酬水平的定位是一个两难抉择，会受到劳动力市场和产品市场的双重压力。

（一）劳动力市场的影响

劳动力市场可以将人力资源配置到不同的生产用途中去，进而确立薪酬水平和雇佣水平。① 在外部劳动力市场中，企业需要考虑外部竞争性。企业薪酬水平的确定应该考虑内部公平、外部公平和个人公平，其中外部公平要求企业员工获得的劳动收入应该与劳动力市场价格持平。② 劳动力市场中往往有大量的企业和劳动者，当劳动力供给和需求相同时，会产生一个均衡点。但是这个均衡点并不是一成不变的，当环境发生变化，供给或者需求曲线改变时，会形成一个新的均衡点。企业可以将市场工资率作为确定薪酬水平的依据。

1. *劳动力需求*

劳动力需求是指在某一特定时期，企业在某一工资率下愿意并且有能力支付的最大数量。劳动力需求是一种派生需求，是从消费者对产品和服务的需求中派生出来的。企业是否雇用某一个劳动者，首先需要衡量其创造的价值是否大于工资率，即进行边际成本和边际收益的比较。边际成本是指雇用一个劳动者需要付出的成本，等于市场工资率。边际收益是指在一定条件下，增加一个雇用量所能创造的收益。企业应该根据边际

---

① 刘昕．薪酬管理．4版．北京：中国人民大学出版社，2014：3.

② 黄蓓．企业薪酬管理公平性研究．合肥工业大学学报（社会科学版），2009，23（5）：56－59.

价值来确定薪酬水平。当企业成本大于边际收益时，企业不考虑雇用劳动者；当企业成本小于边际收益时，企业会增加劳动力需求。当最后一个人的边际成本等于边际收益时，企业达到最大利润，达到最大劳动力需求。

边际收益是从产出角度衡量一个劳动者的价值。实际上，在入职之前劳动者创造的收益企业是不能准确知道的。我们只能从投入角度，通过学历、技能证书、工作经历等来衡量劳动者的价值，确定薪酬水平。限制最高薪酬水平也是解决这一问题的方法，最高薪酬水平不能超过边际收益，企业可以通过提高绩效薪酬的比例来激励员工。

2. *劳动力供给*

劳动力供给是指在一定条件下，劳动者能够并且愿意承担的工作总量。根据来源不同，可以把劳动力供给分为内部供给和外部供给。本节主要讨论劳动力外部供给。影响劳动力供给的因素有劳动参与率、员工对闲暇与工作的偏好、人力资本投资状况、员工实际努力程度等。

(1) 劳动参与率。劳动参与率是指就业人口和失业人口占 16～65 岁劳动年龄人口的比例，反映了经济活动的状况。从整体来看，劳动参与率越高，市场上的劳动力供给越多，从而降低薪酬水平。从微观来看，影响劳动参与率的因素有很多。家庭经济状况越差，劳动力进入社会参与生产的意愿越大；家庭主妇不参加劳动，女性的劳动参与率低；员工年龄越大，离职的意愿越弱，求职的意愿越强。

(2) 员工对闲暇与工作的偏好。员工能够并且想要提供的工作总量也会影响劳动力供给，表现在员工对闲暇与工作的偏好上。市场上很多企业采取小时工资制，员工会把一小时的工资与闲暇效用相比较，只有在工资率超过闲暇效用的情况下才可能增加劳动力供给。工资率上升会产生两种效应，一种是替代效应，一种是收入效应。替代效应是指工资上升，收入增加，劳动者用劳动代替闲暇。收入效应是指工资上升，劳动者收入增加，更加富有而追求闲暇。一般而言，当工资率较低时，替代效应大于收入效应，工作对闲暇的替代率会更高，机会成本上升，员工会增加劳动力供给；当工资率上升到足够高时，收入效应很可能会大于替代效应，员工宁愿放弃一小时的工资，也要增加闲暇的时间，最后可能会减少劳动力供给。

(3) 人力资本投资状况。人力资本投资状况是指劳动者对自己的教育、技能、工作经验等要素的投入力度。一般来说，受教育程度更高的劳动者更倾向于加入劳动生产，受过在职培训或者进行了一定的努力和资本投入的员工能工作更长的时间，二者的共同之处都是对人力资本进行了时间或者金钱上的投入，而且这部分员工能够在工作中获得高收益以及高水平薪酬。

(4) 员工实际努力程度。劳动参与率、员工对闲暇与工作的偏好反映了劳动力供给数量，人力资本投资状况反映了劳动力供给质量。劳动力供给数量和质量是静态概念，员工实际努力程度是动态概念。[①] 因为员工只有积极努力地工作才会把生产要素转化为生产率，达到企业制定的绩效标准，获得高水平薪酬。一般来说，在企业薪酬结构合理的情况下，尤其是对于可变薪酬比例更高的岗位，更加努力的员工可以获得更高水平的

---

① 刘昕．薪酬管理．4 版．北京：中国人民大学出版社，2014：3.

薪酬。

(二) 产品市场的影响

除了劳动力市场，产品市场也会对员工薪酬水平有较大的影响，表现在产品市场的竞争程度和产品的需求程度。产品市场分为完全竞争市场、垄断市场、垄断竞争市场和寡头市场。在完全竞争市场中，企业数量足够多，产品数量足够多，产品的价格不会发生太大的变化，因而企业可以支付市场平均水平的工资。在垄断市场中，新企业难以进入，无论企业制定什么样的产品价格都不会影响利润率，所以企业会支付高水平的薪酬。

在产品市场，有时消费者对某一类产品需求巨大，企业在短时间内难以满足，或者企业通过产品的差异性来吸引消费者购买，两者都可以增加产品需求。假设企业的技术、资金和劳动力成本保持不变，当消费者对产品的需求上升时，企业为了扩大产量，会雇用更多的劳动者，在产品价格不变的情况下，企业的总利润变多，高利润率使得企业的支付能力提升，因而对员工采用高薪酬水平。

第4节 薪酬管理的发展趋势

一、薪酬管理存在的问题

在企业经营过程中，有效的薪酬管理不仅能够强化对员工的激励，激发员工的工作热情，促进个体绩效水平的提高，而且一定程度上能降低企业对人工成本的耗费，推动组织战略目标的完成，实现企业的长远发展。从社会主义市场经济体制建立开始，我国企业薪酬管理的方方面面都有了很大的改善，但就目前而言，传统的薪酬管理仍然发挥着一定的影响，这就导致在薪酬管理过程中，企业仍面临诸多问题。

(1) 薪酬体系与企业的经营战略脱钩，体系设计不合理。[①] 薪酬战略是企业人力资源系统的细化和分解，其核心就是通过一系列的薪酬发放制度对员工形成有效激励，助力企业竞争优势的获得和维持。在实际中，企业往往能制定完善的发展战略，却不能使之与薪酬管理系统充分融合，如企业在不同的发展阶段会有不同的战略目标与之相适应，但与此同时大部分企业没有及时调整薪酬战略，导致薪酬体系设计不能与时俱进。[②] 此外，企业对特定职位的评估不够客观公正。某些管理人员进行职位评价时主要依据过往经验，缺乏专业的人力资源管理知识，这在一定程度上会带有主观性，管理者认为重要的职位就要设置较高的职级，反之就会设置相对较低的职级。显然，这很难实现对人力资源的合理配置。

(2) 绩效评价体系不合理，相应制度不完善。考核指标的制定、考核的具体内容和

---

① 姜农娟，邓冬．中国企业薪酬管理问题研究．经济问题探索，2003 (2)：65-66.

② 巩俊伟．企业人力资源薪酬管理的问题与对策分析．中国商论，2020 (9)：116.

方式方法无法做到公开和透明，考核的过程中不免会带有考核者的主观意愿，因此考核结果并不能客观全面地反映员工的绩效完成情况。另外，企业在管理过程中，通常会建立一系列对员工而言具有挑战性的绩效任务，而这些绩效目标往往需要多人、团队甚至多部门合力才能完成，因此对其进行绩效考核难以准确区分员工个人为企业创造的价值，从而使绩效评价制度缺乏公平性，长期会对员工的能力发挥产生不良影响，对员工的薪酬激励达不到预期效果，最终对员工在工作中的态度、创造力和价值观产生消极作用。

（3）企业制定的薪酬激励制度有所欠缺。建立完善的员工激励制度是企业进行薪酬管理时的一项重要内容。当企业的薪酬制度能对员工产生有效的激励时，员工必然能在后续的工作行动中表现出来（如在工作中具有主观能动性、对企业的忠诚度提高等），从而有助于实现企业的发展目标。然而，目前在薪酬激励制度的设计上，一方面在人力资源管理水平较低的企业中员工的行为不能及时得到激励。当员工做出企业倡导的行为或有卓越的创新想法时，会在一段时间内较为关注上级的行动，若得不到及时的激励，不仅会影响员工个人的工作积极性和创造性，该员工对其他员工的示范作用也会受到影响。另一方面，虽说薪酬奖金基于多劳多得，但大多直接与产出值挂钩，并不能充分体现员工的综合素质、技能水平。若缺乏多方位和中长期激励机制，企业难以吸纳和保留核心人才，造成人员流失。①

二、薪酬管理的发展趋势

（一）全面薪酬

全面薪酬是目前发达国家普遍采用的一种薪酬支付方式，起源于20世纪80年代中期的美国。在结构大调整时期，美国许多企业改变了薪酬管理办法，探索出了相对浮动的、与绩效挂钩的薪酬机制。全面薪酬体系适合创新型、倡导高绩效的企业。② 全面薪酬又称自助式薪酬、弹性薪酬和整体薪酬，是指员工作为雇佣关系一方所得到的所有形式回报的总和。③ 但是学者们在全面薪酬具体内容的分类上有所区别。一种分类是经济性薪酬和非经济性薪酬；另一种分类是内在薪酬和外在薪酬。两种分类方式虽然有所不同，但本质上表达的内容是一样的。外在薪酬主要是指为员工提供可以量化的货币性收入④，包括经济性薪酬和非经济性薪酬。经济性薪酬是指基本薪酬、可变薪酬、福利等货币性报酬，非经济性薪酬是指优越的工作条件、良好的工作氛围、晋升机会、培训机会、成就感等精神方面的激励。⑤ 内在薪酬是不可量化的奖励价值和机会，是员工的一种心理收益，主要满足员工高层级的自我实现需求，例如工作的成就感、参与决策的权威感、创造力的发挥、弹性的工作时间等。

① 王清绪．企业人力资源管理中的薪酬管理创新探讨．中国商论，2019（21）：116.
② 刘爱东．全面薪酬体系初探．中国人力资源开发，2004（3）：20－22.
③ 薛俊峰．浅析企业管理中的全面薪酬体系．人口与经济，2009（S1）：79－80.
④ 赵玉莲．全面薪酬理论及其实施策略．全国商情（理论研究），2012（10）：25，28.
⑤ 顾建平，张兵．薪酬管理八大趋势．企业管理，2006（6）：88－89.

在知识经济时代，知识型员工是企业的关键人才与核心动力，如何吸引、留住、激励这部分员工成为重要的研究课题。知识型员工普遍受教育程度高，具有高度专业化的知识和技能，而且关注个人成就、社会声望、发展机会等非经济性薪酬，体现了需求层次多样化的特点。全面薪酬体现了多元化特点，能够满足员工的多层次需求，可以有效缓解我国国有企业人才流失的局面，是未来发展的方向。

（二）短期薪酬转向中长期薪酬

目前，企业对员工支付的薪酬从短期薪酬转向中长期薪酬。短期薪酬是指企业在员工提供相关服务的年度报告期间结束后 12 个月内需要全部予以支付的员工薪酬，因解除与员工的劳动关系给予的补偿除外。企业对员工支付短期薪酬可以实现短期激励，但面临人才流失的风险。传统薪酬制度以奖金激励为主，把工资奖金与即期的员工绩效挂钩，而个人经济利益与企业经济利益没有明显的相关性，这使得员工更倾向于短期行为，难以实现长期激励，体现了短期薪酬的性质。

中长期薪酬是不可以在短期内获得的收益。长期薪酬计划是相对于短期薪酬计划而言的，是指企业通过一些政策和措施引导员工在一个较长的时期内自觉关心企业的利益。2019 年国务院国有资产监督管理委员会发布的《中央企业工资总额管理办法》第二十九条规定：坚持短期与中长期激励相结合，按照国家有关政策，对符合条件的核心骨干人才实行股权激励和分红激励等中长期激励措施。长期薪酬计划日益受到关注，为了稳定员工队伍、对员工进行长期激励，越来越多的企业开始实施虚拟股票计划、股票增值权、股票转让价格等。股票期权的收入来源是外部资本市场，在这种情况下，员工和企业的利益是一致的，只有员工自觉地最大化发挥自身才能、提高企业盈利水平，才能获得更多的收入。企业提高薪酬会造成薪酬成本的上升，而且提高薪酬总量的激励水平总归是有限的，况且员工更加关注怎样获得薪酬。股票期权可以将员工的关注目标从企业发放的工资总量是多少转移到怎样才可以获得最大的收入，与传统的薪酬支付方式不同，股票期权可以增加员工的体验感和成就感。因此，企业应该更加重视对员工的长期激励，尤其是国有企业应促进试点股权激励，将员工个人利益和企业发展目标有机统一起来。

（三）低成本策略转向高成本思维

企业在薪酬战略的指导下确定薪酬水平的高低。薪酬水平的高低关系到企业的人才吸引力和收益水平。高薪酬可以吸引更多优秀的人才，与此同时可能会增加企业成本，但并不是说薪酬水平越低越好。传统薪酬制度容易将员工薪酬等同于企业的人工成本。实际上，人工成本是员工薪酬和产出率的函数，这就意味着高薪酬不一定带来高人工成本，低薪酬也不一定可以降低人工成本。除了员工薪酬水平的高低外，人工成本还取决于产出率。当企业支付给员工高薪酬时，如果高效率员工生产出的产品收益远大于企业所支付的薪酬水平，那么企业不仅不会有成本压力，在对员工成功实现激励的同时还会获得较好的收益。

近年来越来越多的学者提出了“能本管理”思想，强调包括薪酬分配在内的一切管理活动都要有利于体现和发展人的能力。[①] 在现代薪酬管理体系中，对于高效率人才来说，高薪酬不仅可以被视为薪酬管理成本，更重要的是一种可以带来价值的人力资本投资。这是因为在高薪酬水平激励下，高质量人才会受到激励，发挥主观能动性，为组织创造更高的收益。例如华为、谷歌、百度等大公司不会因为担心高成本而对关键人才采取低薪酬策略，这对公司来说是得不偿失的，它们针对关键人才采取的是领先策略。因此，从组织管理者角度出发，对于关键人才、优秀人才，企业可以从低成本策略转向高成本思维。

本章小结

通过本章的学习，可以了解四个核心内容：第一，薪酬的含义、相关概念和薪酬管理的基本原则；第二，四种类型的薪酬体系：职位薪酬体系、能力薪酬体系、绩效薪酬体系和市场薪酬体系；第三，薪酬水平的含义和薪酬水平策略的类型；第四，薪酬管理存在的问题和发展趋势。

复习与思考题

1. 什么是薪酬，薪酬与工资、薪水、报酬的联系与区别是什么？
2. 薪酬体系包括哪几种类型？
3. 薪酬水平策略的类型有哪几种？企业应当如何选择适合的薪酬水平？
4. 薪酬管理未来的发展趋势有哪些？

附录

阿里巴巴的薪酬体系设计

2014 年 9 月 19 日，阿里巴巴在美国纽约证券交易所正式挂牌上市。一夜之间，阿里巴巴内部千万富翁、百万富翁如雨后春笋般涌现，甚至出现了几百个亿万富翁。阿里巴巴的薪酬体系到底是如何设计的，为什么有的员工会一夜之间身价大增？

其实，阿里巴巴的期权并不是每个员工都享有的，奖励在每个员工身上也有所差异。那么，这些差异的依据是什么？这就要提及阿里巴巴的岗位序列了。阿里巴巴的岗位分为 P（profession，专业/技术）序列和 M（management，管理）序列。根据个人意愿和岗位需要，员工可以在 P 序列和 M 序列之间转换。

每个序列下又分不同职级。其中 P 序列划分为 14 个职级，M 序列划分为 10 个职级。这种“双通道”设计在大型企业中非常流行，其目的在于让技术型人才和管理型人才都有发展空间。阿里巴巴的 P 序列和 M 序列如表 7－1 和表 7－2 所示。

① 石廷安．我国企业经营者薪酬激励问题探讨．商业时代，2009（23）：49－50.

表 7-1 阿里巴巴的 P 序列

级别	职称
P1、P2	一般空缺，为低端岗位预留
P3	助理
P4	研发工程师（原则上要求本科）
P5	研发工程师（原则上要求硕士）
P6	高级研发工程师（博士或具备 5 年相关工作经验）
P7	专家
P8	高级专家
P9	资深专家
P10	研究员
P11	高级研究员
P12	科学家
P13	首席科学家
P14	（与 M10 相当）

表 7-2 阿里巴巴的 M 序列

级别	职称
M1	主管（与 P6 相当）
M2	经理（与 P7 相当）
M3	高级经理（与 P8 相当）
M4	总监（与 P9 相当）
M5	高级总监（与 P10 相当）
M6	副总裁
M7	资深副总裁
M8	执行副总裁
M9	副董事长
M10	董事局主席

阿里巴巴的薪酬体系就是基于以上岗位序列来设计的。

第一部分是基本工资。阿里巴巴的基本工资水平与百度、腾讯相比较低。阿里巴巴 P 序列和 M 序列每一级的基本工资差异是不同的。简单来说，P 序列员工级别上升后，基本工资上涨幅度较大，而 M 序列的基本工资上涨幅度较小。这是因为技术员工的薪酬构成中，基本工资占比较大（69.4%），而客户经理、销售等岗位的基本工资仅占总薪酬的 30%左右。

第二部分是奖金。阿里巴巴的激励政策做得非常到位，为了激励员工达成目标，公司制定了月度奖励、年度奖励，个人奖励、团队奖励等各种奖励。奖励方案也不仅仅限于奖金形式，还包括实物奖励、旅游奖励等形式。阿里巴巴的年终奖会根据绩效考核情况发放：10%不符合公司标准的员工，没有年终奖，甚至会被降薪；对于70%符合公司标准的员工，给予2个月的月薪作为年终奖；对于20%做得更好的员工，给予6个月以上的月薪作为年终奖。

第三部分是组织激励。组织激励包括利润分享计划和员工持股计划。阿里巴巴的M序列相较于P序列而言，能够分得更多的期权和股票。对于P序列员工而言，一般达到P7级别即可获得股票。阿里巴巴的股票分年限行权，一般年限为4年。获得配股资格的员工会在进入公司时获得期权，但不能马上兑现，每年兑现1/4。

第四部分是其他福利。2011年，阿里巴巴向员工推出30亿元“iHome”无息置业贷款计划；2016年，阿里巴巴在其杭州总部附近新建380套员工专享公寓。阿里巴巴这批公寓的价格相当于市场价的60%，而且与阿里巴巴新园区之间的距离很近，步行只需要5分钟。阿里巴巴的这些举措，切实提升了员工的幸福感。

资料来源：熊林谈管理．阿里巴巴如何做薪酬管理？分享：阿里巴巴的薪酬体系设计．(2020-07-24). https://baijiahao.baidu.com/s?id=1673083529082797362&wfr=spider&for=pc.

第 8 章　劳动的规范：劳动法律制度体系

学习目标

- 了解劳动法产生的背景。
- 掌握劳动法的价值定位。
- 掌握劳动关系的认定标准。
- 熟悉劳动法律制度体系。
- 掌握劳动者权利救济的方式。

开篇引例

郭某诉江苏某公司确认劳动关系案

原告：郭某。

被告：江苏某公司。

基本事实：原告系南京市某职业高级中学 2008 届毕业生。2007 年 10 月原告郭某至被告江苏某公司处进行求职登记，并试用。2007 年 10 月 30 日签订劳动合同，为期 3 年，自 2007 年 10 月 30 日起至 2010 年 12 月 30 日止。2008 年 7 月，被告以对原、被告之间是否存在劳动关系持有异议为由，提起仲裁申请，请求确认原、被告之间的劳动关系不成立。劳动争议仲裁委员会于 2008 年 8 月 19 日做出仲裁决定，以原告系在校学生，不符合就业条件，不具有建立劳动关系的主体资格，原、被告之间的争议不属于劳动争议处理范围为由，决定终结仲裁活动。原告郭某对此不服，提起诉讼。

被告辩称：原告郭某与被告签订劳动合同时的身份为在校学生，根据原劳动部《关于贯彻执行〈中华人民共和国劳动法〉若干问题的意见》的规定，在校学生不具备劳动者主体资格。《工伤保险条例》也没有将在校学生纳入参保范围，亦充分说明在校学生不属于劳动者的范畴。被告在招聘简章及与原告签订的劳动合同中约定的录用条件是具备中专以上学历。而原告郭某2008年7月方毕业，其签约时并不具备被告要求的录用条件。因此，原、被告之间的合同名为劳动合同，实为实习合同，原、被告之间所建立的不是劳动关系，不属于《劳动法》调整的劳动法律关系。请求依法驳回原告郭某的起诉。

法院判决认为：原告郭某与被告江苏某公司签订劳动合同时已年满19周岁，符合《劳动法》规定的就业年龄，具备与用工单位建立劳动关系的行为能力和责任能力。

原劳动部《关于贯彻执行〈中华人民共和国劳动法〉若干问题的意见》仅规定了公务员和比照实行公务员制度的事业组织和社会团体的工作人员，以及农村劳动者、现役军人和家庭保姆不适用《劳动法》，并未将在校学生排除在外，学生身份并不当然限制原告郭某作为普通劳动者加入劳动力群体。

该意见第十二条规定："在校生利用业余时间勤工助学，不视为就业，未建立劳动关系，可以不签订劳动合同。"该规定应指在校学生不以就业为目的，利用学习之余的空闲时间打工补贴学费、生活费的情形。本案中原告郭某明确向被告江苏某公司表达了求职就业愿望，双方签订了劳动合同书，此情形不属于利用业余时间勤工助学。对于被告辩称的原、被告双方系实习关系，一审法院认为，实习是以学习为目的，到机关、企业、事业单位等参加社会实践，巩固、补充课堂知识，没有工资，不存在由实习生与单位签订劳动合同。原告郭某的情形显然不属于实习。被告的辩称理由不能成立。

对于被告辩称的原告郭某不符合录用条件，一审法院认为，原告郭某在填写求职人员登记表时，明确告知了被告其系2008届毕业生，2007年是学校规定的实习年，自己可以正常上班，但尚未毕业。被告对此情形完全知晓，双方在此基础上就应聘、录用达成一致意见，签订劳动合同，应是双方真实意思的表示，不存在欺诈、隐瞒事实或胁迫等情形，且原告郭某已于2008年7月取得毕业证书。被告辩称原告郭某不符合录用条件的理由亦不能成立。

综上所述，原、被告双方签订的劳动合同书是双方真实意思表示，不违反法律、行政法规的禁止性规定，该劳动合同书合法、有效，对双方均具有法律约束力。

一审判决：(1) 原告郭某与被告江苏某公司于2007年10月30日签订的劳动合同书有效。(2) 案件受理费5元，由被告益丰公司负担（原告郭某同意其预交的案件受理费5元由被告江苏某公司向其直接支付，一审法院不再退还，被告江苏某公司在本判决生效后10日内向原告郭某支付）。

被告不服，提起上诉。二审法院驳回上诉，维持原判。

第 1 节　劳动法的起源

劳动作为人类区分于动物的本质活动，其产生几乎与人类社会的起源同步，然而，直至 19 世纪初才产生现代意义的劳动法，1802 年英国颁布的《学徒健康和道德法案》被称为现代劳动法的开端。因此，了解劳动法的产生背景及其价值定位对于理解劳动法存在的必要性及其制度具有重要意义。

一、劳动法产生的背景

劳动法是调整劳动关系及其附随的社会关系的法律规范的总和，其规范体系的产生并非一蹴而就，而是随着社会生产的发展而不断发展、完善的。

（一）工业革命及其导致的社会关系的变革

18 世纪中后期，随着蒸汽机的发明，英国工业革命进入深入发展阶段，机器化大生产取代了家庭作坊式的生产组织形式：一方面，纺纱厂等工厂随着生产规模的扩张，对劳动者的需求不断增加，面临较大的劳动力供给缺口；另一方面，随着生产中机械化水平的不断提高，生产对于体力的需求降低，妇女和部分童工能够进入工厂，因此，妇女和童工成为增加劳动力供给、弥补劳动力不足的重要来源。1803 年，在英国 40 余万名工厂工人中，77%都是女工和童工。[①] 马克思曾说："资本主义使用机器的第一个口号是妇女劳动和儿童劳动！"[②]

随着工业革命的蓬勃发展，农业时代作为社会基本细胞的家庭被工业时代的工厂取代，基于家庭成员之间的社会关系也被基于工厂的雇员和雇主、雇员与雇员之间的关系取代，人们所面临的社会风险也由农业时代的自然风险转变为工业时代的社会风险，家庭以及土地所发挥的社会保障功能逐渐瓦解，亟须建立与工业时代相适应的规范体系和保障体系。

（二）自由放任的治理模式及其导致的问题

工业革命初期，受到亚当·斯密自由放任思想的影响，英国政府对工厂用工不予规制和干预。劳动者相对于工厂主处于弱势地位，无法对工厂主形成制约和平衡，加之工厂主之间的探底竞争，进入工厂的童工年龄越来越低、工作时间越来越长，而工作条件却一直较为恶劣。童工一般要从早上 5 点开始劳动，一直干到晚上 8 点，工厂里甚至有的童工才 4 岁，他们的居住和生活条件也非常恶劣，并且经常面临监工鞭打，由此导致了诸多社会问题。

---

① 何勤华．英国法律发达史．北京：法律出版社，1999：349.

② 马克思，恩格斯．马克思恩格斯全集：第 44 卷．北京：人民出版社，2001：453.

一是童工的生存危机。尽管童工长时间工作，然而收入非常微薄，以至于难以维系日常的生活所需。1803 年，在花布印染厂里，一个成年工人每星期赚得 25 先令，而一个童工才拿到 3 先令 6 便士至 7 先令，仅仅是成年工人工资的 1/3 左右。① 并且由于机械化生产，童工长时间、高强度疲劳工作，导致事故频发，经常出现手或脚被机器碾压，或者由于长时间工作身体畸形，很多童工因此丧失劳动能力而被工厂主抛弃。

二是传染病暴发。童工在阴暗、封闭的环境下长时间工作、生活，导致他们容易患病，甚至致命性的传染病肺结核、热病等也经常在棉纺厂里传播，并且迅速扩散到其他地区。1796 年，珀西瓦尔（Percival）博士在调查工厂卫生状况时发表了一篇宣言，指出在大的棉纺厂工作的儿童及其他人特别容易受到热病的传染，而且会迅速传播，不仅在他们拥挤的宿舍内，而且会传染给他们的家人和邻里。

三是人口素质降低。由于工作条件恶劣，童工的夭折率很高，女性因难产导致的死亡率很高，人均预期寿命不断下降，人口的整体素质下降甚至导致英国难以募集到足够数量的合格士兵，影响到英国的殖民扩张。此外，童工在很小的年纪就进入工厂，长时间从事劳动而无法接受教育，导致劳动者素质和技能水平无法得到提升，成为提高生产效率、促进社会生产进步的障碍。

综上，在工业革命背景下，劳资之间的关系取代家庭成员之间的关系成为主要的社会关系，劳动者出卖劳动力的使用权，雇主支付劳动报酬，但是由于劳资之间的不平等，雇主滥用其优势地位，不仅侵害劳动者权益，而且导致诸多社会问题，因此，英国制定了《学徒健康和道德法案》等，通过立法对雇主的雇佣自由予以限制，以保护劳动者的利益。

延伸阅读

1802 年英国颁布的《学徒健康和道德法案》的主要内容

第一条【立法目的】保障学徒和其他人员的健康和道德品行……

第二条【确保工作、居住环境的义务】车间、宿舍墙壁和天花板每年需要用生石灰水至少粉刷两次；……车间和宿舍须有足够数量的窗户和通风孔，确保充足的新鲜空气流动。

第三条【提供衣服的义务】工厂主须为处于学徒期的学徒持续不断提供两套完整的衣服，包括合适的毛巾、袜子、帽子和鞋子，其中，每年至少须向学徒提供一套全新的衣服。

第四条【日最长工作时间的限制】每天工作不得超过十二小时。

第六条【提供教育义务】学徒应获得教育。工厂主须……出钱聘请教师，向学徒提供读书、写字及算术，或选择其中的一门进行教学……

第七条【住宿的限制】男女学徒的宿舍须各自独立，且每张床不得睡超过两名学徒。

第九条【监察执法】各郡的治安官……任命两名监察员，……两名监察员享有完全

① 尹明明，刘长飞．英国工业革命时期的童工劳动．山东师范大学学报（社会科学版），2000（3）：45－47．

的权力，可在任何时候进入并检查工厂……进行检查的监察员每次检查后都须将工厂及其学徒的状况和条件以书面形式向治安官季度会议报告……

第十条【传染病的防治义务】若进行检查的监察员或者两名监察员的任何一人发现工厂出现任何传染性疾病，他们或他们中的任意一人可依法责令工厂主立即聘请医生或其他有资格的医务人员，以查明上述传染病的来源及可能的后果，并根据上述医生或医务人员的要求或建议采取补救措施或规制措施，设法采取最为妥当的方式防治传染病的扩散以及帮助患者康复。上述医生或医务人员须按监察员的要求经常性向他们汇报传染病的来源、传播途径、现状以及可能造成的危害；由此产生的一切费用均由该工厂主承担。

第十一条、第十三条、第十四条、第十五条【法律责任】……

资料来源：张开发．评析英国1802年《学徒健康与道德法》：兼论英国早期工厂法起源．苏州：苏州大学，2014：59-67.

二、劳动法的价值定位

由于劳动者与用人单位之间的不平等，根据“不等者不等之”的实质平等价值，劳动法对劳动者予以倾斜保护，即通过劳动者团体（工会组织）的集体力量以及国家的立法干预对用人单位的权利进行限制，以实现劳资之间的实质平等，如立法规定最低工资等。此外，劳动法还具有以下重要价值：

第一，维护市场的公平竞争秩序。劳动作为生产要素，是商品生产成本的重要组成部分，极大地影响商品的定价，进而影响其市场竞争力。如果欠缺劳动法的规制，雇主将根据自身实力的强弱对劳动者进行压榨，不断压低工资、延长工作时间，从而影响商品的生产成本，破坏市场公平竞争秩序。因此，国际贸易相关公约一般都会对劳动者保护规定相应的条款，明确缔约方需要提供给劳动者基本的保护，而不得通过“社会倾销”获得不正当利益。

第二，分担社会风险，构建社会连带关系。当工厂取代家庭，人们纷纷进入工厂，建立从属性的劳动关系时，传统的基于土地和家庭所构建的社会风险分担机制瓦解，因此，亟须建立新的社会风险分担机制。我国20世纪末建立起社会保险制度，通过社会保险，构建起人人为我、我为人人的社会连带体系，使得劳动者在因为生、老、病、死等社会风险导致暂时无法劳动陷入收入中断的危机时，可以通过社会保险机制获得生存保障，用人单位则可以通过产品或服务定价，将其对员工所承担的社会保险等缴费转嫁给消费者，实现社会风险的共担。

延伸阅读

“996”工作制为何是个问题

2016年10月，某互联网公司被曝出实行全员“996”工作制，即员工从早9点工作到晚9点，一周工作6天，且没有补贴或者加班费，也不允许请假。该问题引起了人们的热议，“996”工作制存在以下问题：

第一，违反劳动法关于延长工作时间的限制。根据《国务院关于职工工作时间的规定》中的第三条和第六条，职工每日工作8小时，每周工作40小时。任何单位和个人不得擅自延长职工工作时间。因特殊情况和紧急任务确需延长工作时间的，按照国家有关规定执行。《劳动法》第四十一条规定，用人单位由于生产经营需要，经与工会和劳动者协商后可以延长工作时间，一般每日不得超过一小时；因特殊原因需要延长工作时间的，在保障劳动者身体健康的条件下延长工作时间每日不得超过三小时，但是每月不得超过三十六小时。因此，“996”工作制违反了《劳动法》关于延长工作时间的程序性限制规定以及上限规定。

第二，破坏公平的市场竞争秩序。“996”工作制的实施，将使得其他遵守《劳动法》关于工作时间规定的用人单位承受压力，可能产生“劣币驱逐良币”的恶果，如果其为了保持竞争力，也可能实施“996”工作制，甚至让员工工作更长的时间，将导致逐底的社会倾销。

第三，侵害劳动者身体健康，提高过劳等职业健康危害以及安全生产事故的发生率。长时间过度劳动，将增加劳动者的生理和心理负担，增加患病、发生职业伤害甚至猝死的风险；将削弱劳动者的专注度，增加因犯错引发安全生产事故的风险。

第2节 劳动关系的法律调整

一、劳动关系认定

（一）劳动关系的概念及特点

劳动关系是人们在劳动过程中发生的社会关系，然而，作为劳动法调整的劳动关系是指劳动力所有者（劳动者）与劳动力使用者（用人单位）在劳动过程中基于劳动力使用权的交换而形成的劳动者出卖劳动力的使用权、用人单位支付劳动报酬的社会关系。劳动法所调整的劳动关系具有以下特点：

第一，劳动法调整的劳动关系本质上是一种契约关系，即劳动者与用人单位通过合意建立劳动关系，形成的基于劳动力使用权的交换关系，因此，劳动法中的劳动关系是尊重劳动者的意思自治，排斥违背劳动者意愿的强迫劳动。《劳动合同法》第三条、第二十六条规定，订立劳动合同，应当遵循平等自愿、协商一致的原则。以欺诈、胁迫的手段或者乘人之危，使对方在违背真实意思的情况下订立或者变更劳动合同的，劳动合同无效。

第二，由于劳动的人身性，劳动法调整的劳动关系与一般商品交换的契约关系不同，具有更强的人身保护色彩。由于劳动力不能脱离于劳动者的人身存在，因此，劳动者虽然出卖的是劳动力使用权，但实际上是将自己的人身置于用人单位的控制之下，并且由于劳动者与用人单位之间的不平等，为了防止用人单位滥用权利、侵害劳动者权益，劳动法在自愿原则的基础上，对劳动者与用人单位的意思自治设定了多重的限制，如工会的集体协商以及劳动基准法关于工作时间、休息休假、工资支付保障等强制性规定。

（二）劳动关系的认定标准

劳动法调整的劳动关系的认定应该符合以下标准：

1. 主体标准

根据《劳动法》《劳动合同法》的规定，劳动关系的主体是劳动者和用人单位。劳动者应该具有以下一般条件：（1）自然人。（2）达到法定的最低就业年龄。《劳动法》第十五条规定，禁止用人单位招用未满十六周岁的未成年人。文艺、体育和特种工艺单位招用未满十六周岁的未成年人，必须遵守国家有关规定，并保障其接受义务教育的权利。因此，原则上不得雇用未满十六周岁的童工，但是文艺、体育和特种工艺单位经过人力资源和社会保障行政部门的行政许可，可以雇用未满十六周岁的未成年人。（3）健康状况，即劳动者需要具备与履行劳动义务相适应的身体和精神健康条件，因此，不能辨认自己行为的成年人为无民事行为能力人（精神健康状况不符合条件）以及经劳动能力鉴定完全丧失劳动能力的人（实践中主要是身体健康状况不符合条件，如罹患特定癌症等重疾者）不能作为劳动者。除上述一般条件，由于具体工作岗位的需求，该工作岗位的劳动者可能还需要具有特定的积极条件或者不具有特定的消极条件，前者如从事医生、律师等职业的劳动者，应该具有从事该职业所需的执业资质；后者如从事食品加工的劳动者，不得患有法律规定的传染性疾病。

用人单位是指依法成立、雇佣劳动者并支付劳动报酬的组织。与英国等域外国家和地区采用“雇主”（employer）的概念不同，我国的《劳动法》《劳动合同法》采用的是“用人单位”的概念，因此，“自然人”在我国不可作为“用人单位”。用人单位应具备以下条件：（1）单位组织，而非自然人；（2）依法办理工商、民政等登记手续。从形式来看，用人单位应该符合以下形式要件：一是依法领取营业执照等资格证书；二是依法登记备案公章。《劳动法》《劳动合同法》等具体列举的用人单位类型包括企业、个体经济组织、民办非企业单位，国家机关、事业单位、社会团体，会计师事务所、律师事务所等合伙组织和基金会。《民法典》第三章和第四章分别规定了法人和非法人组织，尽管其中部分类型并未被《劳动法》和《劳动合同法》等列举包括，如特别法人的农村集体经济组织法人、城镇农村的合作经济组织法人、基层群众性自治组织法人，但只要符合上述用人单位条件的，也享有用人单位的主体资格。

2. 实质标准

在符合主体标准下，即在自然人与单位（组织）的架构下，进行实质判断的标准主要是从属性标准，即劳动者将自己的人身置于用人单位的管理、控制之下，用人单位通过管理、指示、命令的权力对劳动者的人身自由予以限缩。在现代法治文明中，人们享有的人身自由非经法定程序不得限制、剥夺，在劳动关系中，劳动者为了获得劳动报酬，通过劳动合同的方式出让自己劳动力的使用权，基于实际生产的需要，这实际上是以合意的方式部分让渡自己的人身自由，如在工作时间不得从事与工作不相关的事务。

学者将从属性分为以下三类：

（1）人身从属性，即劳动者受用人单位的管理、指示、命令的约束，自己的行动自由受到限制。

（2）经济从属性，即劳动者既不提供生产工具和资料，也不为自己劳动，而是以用人单位的利益为目的，且通过出卖劳动力获取劳动报酬，以获得生存来源，在经济上受制于用人单位。

（3）组织从属性，即劳动者被纳入用人单位的生产组织，需与其他劳动成员密切协作，共同完成生产任务。

《关于确立劳动关系有关事项的通知》作为我国劳动关系认定的主要规范依据，第一条规定了用人单位在招用劳动者未订立书面劳动合同情形下，劳动关系认定的三项条件。这三项条件分别与前文的主体标准和实质标准对应，并且从证据的角度对哪些证据可以用于证明符合相关的标准做了列举。劳动关系认定表如表 8-1 所示。

表 8-1　劳动关系认定表

规范依据	劳动关系认定标准	证据
用人单位和劳动者符合法律、法规规定的主体资格	主体适格标准	身份证、营业执照等
用人单位依法制定的各项劳动规章制度适用于劳动者，劳动者受用人单位的劳动管理，从事用人单位安排的有报酬的劳动	人身从属性标准	用人单位的规章制度、奖惩决定、考勤记录等
用人单位依法制定的各项劳动规章制度适用于劳动者，劳动者受用人单位的劳动管理，从事用人单位安排的有报酬的劳动	经济从属性标准	工资支付凭证、社会保险费等缴费记录等
劳动者提供的劳动是用人单位业务的组成部分	组织从属性标准	工作证、服务证、招工登记表、报名表等

趣味学习

外卖骑手和平台之间构成劳动关系吗

随着移动互联网的发展，平台送餐这种新兴的商业模式迅猛发展。《2021 年度美团骑手权益保障社会责任报告》显示，2021 年日均活跃骑手数超过 100 万。目前我国学界和实务界对外卖骑手与平台之间是否构成劳动关系存在较大争议：平台认为，其仅是提供订餐信息的居间人，与骑手之间不构成劳动关系，并且骑手在平台注册时所确认的电子合同中也明确排除双方之间的劳动关系；然而，域外相关司法判决却更多地支持并认定平台与外卖骑手之间构成劳动关系。2020 年 9 月，《人物》杂志发表了一篇题为《外卖骑手 困在系统里》的文章，迅速传遍网络，引发社会各界的广泛关注和讨论。请摘录相关文章内容填入表8-2，并结合本章关于劳动关系的认定标准，分析外卖骑手与平台之间是否构成劳动关系。

表8-2　外卖骑手劳动关系认定标准判断表

判断标准	判断要素	文章内容	
		符合标准的描述	不符合标准的描述
主体标准	骑手		
	平台（公司名称）		
实质标准	算法控制		
	管理者指示		
	消费者评价		
	平台奖惩		

二、劳动法律制度体系

（一）规范功能体系：劳动法的制度体系

劳动法规范的内容较为复杂，按照何种逻辑构建劳动法的制度体系对于“找法”具有重要意义。按照劳动关系的运行流程——“建立关系、履行关系、结束关系”，劳动法的制度体系总体上可分为以下三部分：

第一，劳动就业法，主要包括就业促进、就业服务、职业培训以及与就业管理相关的法律规定。

第二，劳动关系协调法，主要包括个体劳动关系的协调法，如劳动合同法等；集体劳动关系的协调法，如工会法、集体合同法、企业民主管理法等；劳动基准法，如工资法，工作时间、休息、休假法，安全生产法，职业病防治法等。

第三，劳动保障法，主要包括劳动争议调解仲裁法、劳动保障监察法以及社会保险法等。

根据目前实践中的关键问题以及劳动者个体的权利保障，劳动法律制度主要包括以下内容。

1. 公平就业法律制度：劳动者平等就业权保障

公平就业是指劳动者在就业过程中享有公平的就业机会和对待，用人单位不得因民族、种族、性别、宗教信仰等原因对劳动者进行区别对待。我国加入了国际劳工组织并批准了其于1958年通过的《消除就业和职业歧视公约》。为了落实公约义务，2007年，我国制定了《就业促进法》，2015年进行了修订，并在第三章专门规定了“公平就业”。《就业促进法》第三条和第二十六条分别规定，劳动者依法享有平等就业和自主择业的权利。劳动者就业，不因民族、种族、性别、宗教信仰等不同而受歧视。用人单位招用人员、职业中介机构从事职业中介活动，应当向劳动者提供平等的就业机会和公平的就业条件，不得实施就业歧视。该法列举的歧视类型包括民族歧视、种族歧视、性别歧视、宗教信仰歧视，其中，我国劳动用工实践中较为突出的歧视类型主要有：

第一，性别歧视。我国遭受性别歧视的主要群体是女性劳动者。2019 年，人力资源和社会保障部、教育部等九部门印发的《关于进一步规范招聘行为促进妇女就业的通知》规定，禁止招聘环节中的就业性别歧视。各类用人单位、人力资源服务机构在拟定招聘计划、发布招聘信息、招用人员过程中，不得限定性别（国家规定的女职工禁忌劳动范围等情况除外）或性别优先，不得以性别为由限制妇女求职就业、拒绝录用妇女，不得询问妇女婚育情况，不得将妊娠测试作为入职体检项目，不得将限制生育作为录用条件，不得差别化地提高对妇女的录用标准。国有企事业单位、公共就业人才服务机构及各部门所属人力资源服务机构要带头遵法守法，坚决禁止就业性别歧视行为。对用人单位、人力资源服务机构发布含有性别歧视内容的招聘信息的，依法责令改正；拒不改正的，处 1 万元以上 5 万元以下的罚款；情节严重的人力资源服务机构，吊销人力资源服务许可证。将用人单位、人力资源服务机构因发布含有性别歧视内容的招聘信息接受行政处罚等情况纳入人力资源市场诚信记录，依法实施失信惩戒。

第二，健康歧视。从对平等就业权的保护来看，用人单位不得以劳动者是传染病病原携带者为由对其拒绝录用。但是，经医学鉴定的传染病病原携带者在治愈前或者在排除传染嫌疑前，不得从事法律、行政法规和国务院卫生行政部门规定的禁止从事的易使传染病扩散的工作。2010 年，人力资源和社会保障部、教育部、卫生部发布《关于进一步规范入学和就业体检项目维护乙肝表面抗原携带者入学和就业权利的通知》，取消入学、就业体检中的乙肝检测项目。除卫生部核准并予以公布的特殊职业外，健康体检非因受检者要求不得检测乙肝项目，用人单位不得以劳动者携带乙肝表面抗原为由拒绝招（聘）用或辞退、解聘劳动者。

即时案例

“地域歧视”案

上诉人：（原审原告）闫某，女，1996 年 3 月 28 日出生。

上诉人：（原审被告）浙江某公司。

基本事实：2019 年 7 月，浙江某公司通过某招聘网站发布招聘信息。2019 年 7 月 3 日，闫某通过手机 App 投递了简历。闫某未被录用，其账号显示浙江某公司给出的不合适原因为：河南人。闫某的一审诉讼请求为：(1) 判令浙江某公司向闫某口头道歉；(2) 判令浙江某公司自判决生效之日起连续十五日在《人民日报》《河南日报》《浙江日报》上向闫某登报道歉；(3) 判令浙江某公司向闫某支付精神抚慰金 6 万元；(4) 诉讼费、公证费等一切与诉讼相关的费用由浙江某公司承担。

一审判决：(1) 浙江某公司于判决生效之日起十日内赔偿闫某精神抚慰金及合理维权费用损失共计 10 000 元。(2) 浙江某公司于判决生效之日起十日内，向闫某进行口头道歉并在《法制日报》公开登报赔礼道歉（道歉声明的内容须经原审法院审核）；逾期不履行，原审法院将在国家级媒体刊登判决书主要内容，所需费用由浙江某公司承担。(3) 驳回闫某其他诉讼请求。

宣判后，闫某、浙江某公司均不服，依法提起上诉。

二审法院认为，……用人单位如无正当理由，基于劳动者的性别、户籍、外貌等与工作内在要求没有必然联系的先天形成的因素，而非学历、工作经验等与工作内在要求密切相关的后天获取的因素对劳动者进行差别对待的，应当认定构成就业歧视行为。作为用人单位，其虽享有用人自主权，但平等就业权是劳动者生存和发展的前提，是劳动者的一般人格权之所在，用人单位对用人自主权的行使应始终谨守权利的边界，不得以就业歧视方式侵犯劳动者的平等就业权。……浙江某公司以“河南人”为由拒绝给予闫某就业机会的行为已经构成就业歧视，存在侵权的主观过错，该就业歧视行为造成闫某丧失了就业机会，损害了闫某作为劳动者的人格尊严，原审判决据此认定该公司构成对闫某平等就业权的侵害，应属妥当，二审法院予以确认。判决：驳回上诉，维持原判。

资料来源：浙江省杭州市中级人民法院（2020）浙C1民终736号民事判决书。

公平就业不等于绝对的平等对待，而是禁止不合理的差别对待。国际劳工组织于1958年通过的《消除就业和职业歧视公约》规定，对于任何一项特定职业，基于其内在需要的区别、排斥或优惠不应视为歧视。因此，司法实践中将“工作相关性规则”（job-related rules）作为审查用人单位的行为是否构成就业歧视的裁判标准，即根据工作的任职资格条件来审查用人单位差别对待理由的正当性。如果差别对待理由是工作相关条件，如学历、工作经历、职业技能水平等的差异导致的，则该差别对待不构成歧视，反之则构成歧视。

劳动者若在求职过程中遭受就业歧视，可以依法维护自己的权利。《就业促进法》第六十二条规定，违反本法规定，实施就业歧视的，劳动者可以向人民法院提起诉讼。最高人民法院在《民事案件案由规定》的“一般人格权纠纷”之下明确列举了“平等就业权纠纷”的案由。因此，对于就业歧视案件，作为受害人的劳动者可以直接向侵权行为地或者被告招聘单位所在地的人民法院提起侵权诉讼，要求招聘单位承担相应的侵权责任。

2. 劳动合同法律制度：劳动者自主择业权和职业稳定权保障

劳动合同是指劳动者和用人单位之间签订的确立劳动关系、明确双方权利和义务的协议。《劳动合同法》以及《劳动合同法实施条例》的正式实施，对劳动者保护发挥着积极的作用。具体包括以下内容。

第一，劳动合同的形式。

建立劳动关系，应当订立书面劳动合同。已建立劳动关系，未同时订立书面劳动合同的，应当自用工之日起一个月内订立书面劳动合同。用人单位自用工之日起超过一个月不满一年未与劳动者订立书面劳动合同的，应当向劳动者每月支付两倍的工资。

自用工之日起一个月内，经用人单位书面通知后，劳动者不与用人单位订立书面劳动合同的，用人单位应当书面通知劳动者终止劳动关系，无须向劳动者支付经济补偿，但是应当依法向劳动者支付其实际工作时间的劳动报酬。用人单位自用工之日起超过一个月不满一年未与劳动者订立书面劳动合同的，应当依照《劳动合同法》第八十二条的规定向劳动者每月支付两倍的工资，并与劳动者补订书面劳动合同；劳动者不与用人单位订立书面劳动合同的，用人单位应当书面通知劳动者终止劳动关系，并依照《劳动合同法》第四十七条的规定支付经济补偿。

第二，劳动合同的内容。

一是劳动合同期限。劳动合同期限分为固定期限、无固定期限、以完成一定工作任务为期限。其中，无固定期限劳动合同是指用人单位与劳动者约定无确定终止时间的劳动合同，用人单位与劳动者协商一致，可以订立无固定期限劳动合同。有下列情形之一，劳动者提出或者同意续订、订立劳动合同的，除劳动者提出订立固定期限劳动合同外，应当订立无固定期限劳动合同：（1）劳动者在该用人单位连续工作满十年的；（2）用人单位初次实行劳动合同制度或者国有企业改制重新订立劳动合同时，劳动者在该用人单位连续工作满十年且距法定退休年龄不足十年的；（3）连续订立二次固定期限劳动合同，且劳动者没有《劳动合同法》第三十九条和第四十条第一项、第二项规定的情形，续订劳动合同的。用人单位自用工之日起满一年不与劳动者订立书面劳动合同的，视为用人单位与劳动者已订立无固定期限劳动合同。

二是试用期。试用期是指劳动关系建立之初，用人单位与劳动者依法约定的考察期。（1）试用期期限。劳动合同期限三个月以上不满一年的，试用期不得超过一个月；劳动合同期限一年以上不满三年的，试用期不得超过二个月；三年以上固定期限和无固定期限的劳动合同，试用期不得超过六个月。以完成一定工作任务为期限的劳动合同或者劳动合同期限不满三个月的，不得约定试用期。（2）一次试用原则。同一用人单位与同一劳动者只能约定一次试用期。（3）单独的试用期协议无效。试用期包含在劳动合同期限内。劳动合同仅约定试用期的，试用期不成立，该期限为劳动合同期限。（4）试用期工资。试用期的工资不得低于本单位相同岗位最低档工资或者劳动合同约定工资的80%，并不得低于用人单位所在地的最低工资标准。（5）试用期解除劳动合同。劳动者在试用期间被证明不符合录用条件的，用人单位可以解除劳动合同。

三是违约金。劳动合同违约金是指用人单位和劳动者根据法律规定或者劳动合同约定，违约一方当事人应向另一方支付的金钱。根据劳动法倾斜保护劳动者的基本原则，为了避免用人单位通过违约金条款限制劳动者的自主择业权，《劳动合同法》第二十五条规定，仅能在服务期以及竞业限制两种情形下约定劳动者支付违约金。

（1）服务期及其违约金。用人单位为劳动者提供专项培训费用，对其进行专业技术培训的，可以与该劳动者订立协议，约定服务期。劳动者违反服务期约定的，应当按照约定向用人单位支付违约金。违约金的数额不得超过用人单位提供的培训费用。用人单位要求劳动者支付的违约金不得超过服务期尚未履行部分所应分摊的培训费用。劳动合同期满，但是用人单位与劳动者约定的服务期尚未到期的，劳动合同应当续延至服务期满；双方另有约定的，从其约定。

（2）竞业限制及其违约金。用人单位与劳动者可以在劳动合同中约定保守用人单位的商业秘密和与知识产权相关的保密事项。对负有保密义务的劳动者，用人单位可以在劳动合同或者保密协议中与劳动者约定竞业限制条款，并约定在解除或者终止劳动合同后，在竞业限制期限内按月给予劳动者经济补偿。如果未约定解除或者终止劳动合同后给予劳动者经济补偿，劳动者履行了竞业限制义务，要求用人单位按照劳动者在劳动合同解除或者终止前十二个月平均工资的30%按月支付经济补偿的，人民法院应予支持。

如果月平均工资的30%低于劳动合同履行地最低工资标准的，按照劳动合同履行地最低工资标准支付。

劳动者违反竞业限制约定的，应当按照约定向用人单位支付违约金。竞业限制的人员限于用人单位的高级管理人员、高级技术人员和其他负有保密义务的人员。竞业限制的范围、地域、期限由用人单位与劳动者约定，竞业限制的约定不得违反法律、法规的规定。在解除或者终止劳动合同后，上述条款规定的人员到与本单位生产或者经营同类产品、从事同类业务的有竞争关系的其他用人单位，或者自己开业生产或者经营同类产品、从事同类业务的竞业限制期限，不得超过二年。

当事人在劳动合同或者保密协议中约定了竞业限制和经济补偿，劳动合同解除或者终止后，因用人单位的原因导致三个月未支付经济补偿，劳动者请求解除竞业限制约定的，人民法院应予支持。在竞业限制期限内，用人单位请求解除竞业限制协议的，人民法院应予支持。在解除竞业限制协议时，劳动者请求用人单位额外支付劳动者三个月的竞业限制经济补偿的，人民法院应予支持。

即时案例

联想前高管违反竞业限制约定入职小米，被判支付高额违约金

2020年初，联想宣布其手机掌门人常程因家庭原因离职。仅仅两天后，常程便宣布加入小米，任副总裁并负责手机产品规划。联想以双方存在竞业限制约定为由提起仲裁。海淀区劳动人事争议仲裁委员会裁决：(1) 常程继续履行竞业限制义务；(2) 常程于本裁决书生效之日起十日内，向联想移动通信进出口（武汉）有限公司支付违反竞业限制义务违约金5 252 821.09元；(3) 常程于本裁决书生效之日起十日内，返还联想移动通信进出口（武汉）有限公司2020年1月向其支付的竞业限制补偿金72 955.85元（税前）；(4) 驳回联想移动通信进出口（武汉）有限公司的其他仲裁请求。

资料来源："常程跳槽小米"裁决：常程继续履行竞业限制，支付违约金525万元．(2020-10-10). https://tech.ifeng.com/c/80S3VXQe2Vw.

第三，劳动合同的效力。

一是生效。劳动合同由用人单位与劳动者协商一致，并经用人单位与劳动者在劳动合同文本上签字或者盖章才能生效。

二是无效。下列劳动合同无效或者部分无效：(1) 以欺诈、胁迫的手段或者乘人之危，使对方在违背真实意思的情况下订立或者变更劳动合同的；(2) 用人单位免除自己的法定责任、排除劳动者权利的；(3) 违反法律、行政法规强制性规定的。对劳动合同的无效或者部分无效有争议的，由劳动争议仲裁机构或者人民法院确认。

劳动合同部分无效，不影响其他部分效力的，其他部分仍然有效。劳动合同被确认无效，劳动者已付出劳动的，用人单位应当向劳动者支付劳动报酬。劳动报酬的数额，参照本单位相同或者相近岗位劳动者的劳动报酬确定。

第四，劳动合同的履行和变更。

一是劳动合同的履行。劳动合同的履行应该遵循全面履行、实际履行、亲自履行以及协作履行的原则。

二是劳动合同的变更。劳动合同的变更分为：(1) 用人单位主体变更，即用人单位变更名称、法定代表人、主要负责人或者投资人等事项，不影响劳动合同的履行。用人单位发生合并或者分立等情况，原劳动合同继续有效，劳动合同由承继其权利和义务的用人单位继续履行。(2) 内容变更。劳动合同的内容变更，如调整劳动者的工作岗位、工作地点等，以协商一致变更为原则，单方变更为例外，因此，《劳动合同法》第三十五条规定，用人单位与劳动者协商一致，可以变更劳动合同约定的内容。变更劳动合同，应当采用书面形式。

第五，劳动合同的解除和终止。

一是劳动合同的解除。劳动合同的解除按照不同标准可以进行不同的分类，如按照主体可分为单方解除、双方协商解除；按照解除原因可分为过错解除、无过错解除等。具体如下：

(1) 协商一致解除，即劳动者与用人单位可协商一致解除劳动合同。

(2) 劳动者法定解除权，即劳动者提前三十日以书面形式通知用人单位，可以解除劳动合同。劳动者在试用期内提前三日通知用人单位，可以解除劳动合同。

(3) 劳动者推定解雇解除权，即因为用人单位的过错行为，劳动者可单方解除劳动合同，如未按照劳动合同约定提供劳动保护或者劳动条件，未及时足额支付劳动报酬，等等。

(4) 用人单位推定辞职解除权，即因为劳动者的严重过错，用人单位可单方解除劳动合同，如在试用期间被证明不符合录用条件，严重违反用人单位的规章制度，被依法追究刑事责任，等等。

(5) 用人单位法定解除权。有下列情形之一的，用人单位提前三十日以书面形式通知劳动者本人或者额外支付劳动者一个月工资后，可以解除劳动合同：1) 劳动者患病或者非因工负伤，在规定的医疗期满后不能从事原工作，也不能从事由用人单位另行安排的工作的；2) 劳动者不能胜任工作，经过培训或者调整工作岗位，仍不能胜任工作的；3) 劳动合同订立时所依据的客观情况发生重大变化，致使劳动合同无法履行，经用人单位与劳动者协商，未能就变更劳动合同内容达成协议的。

(6) 经济性裁员解除权，即用人单位因为生产经营原因需要大规模裁员的，可以解除劳动合同。经济性裁员涉及大量劳动者——需要裁减人员二十人以上或者裁减不足二十人但占企业职工总数百分之十以上，因此《劳动合同法》等对其予以严格限制，包括适用条件限制、程序限制、解雇对象限制、优先录用限制以及行政报备限制。

二是劳动合同终止。劳动合同终止是指劳动合同的法律效力因为法定事由被消灭。有下列情形之一的，劳动合同终止：(1) 劳动合同期满的；(2) 劳动者开始依法享受基本养老保险待遇的；(3) 劳动者死亡，或者被人民法院宣告死亡或者宣告失踪的；(4) 用人单位被依法宣告破产的；(5) 用人单位被吊销营业执照、责令关闭、撤销或者用人单位决定提前解散的；(6) 法律、行政法规规定的其他情形。

劳动合同期满，有《劳动合同法》第四十二条规定情形之一的，劳动合同应当续延至相应的情形消失时终止。

三是用人单位解除权的限制。劳动者有下列情形之一的，用人单位不得依照法定解除权和经济性裁员解除权的规定解除劳动合同：(1) 从事接触职业病危害作业的劳动者未进行离岗前职业健康检查，或者疑似职业病病人在诊断或者医学观察期间的；(2) 在本单位患职业病或者因工负伤并被确认丧失或者部分丧失劳动能力的；(3) 患病或者非因工负伤，在规定的医疗期内的；(4) 女职工在孕期、产期、哺乳期的；(5) 在本单位连续工作满十五年，且距法定退休年龄不足五年的；(6) 法律、行政法规规定的其他情形。

用人单位单方解除存在程序限制。用人单位单方解除劳动合同，应当事先将理由通知工会。用人单位违反法律、行政法规规定或者劳动合同约定的，工会有权要求用人单位纠正。用人单位应当研究工会的意见，并将处理结果书面通知工会。

四是劳动合同解除和终止后的补偿金与赔偿金。补偿金是指劳动合同解除或终止时，用人单位支付给劳动者的补偿。根据《劳动合同法》第四十六条规定的情形，用人单位支付经济补偿的前提在于并非劳动者的过错导致劳动合同解除或终止。经济补偿按劳动者在本单位工作的年限，每满一年支付一个月工资的标准向劳动者支付。六个月以上不满一年的，按一年计算；不满六个月的，向劳动者支付半个月工资的经济补偿。劳动者月工资高于用人单位所在直辖市、设区的市级人民政府公布的本地区上年度职工月平均工资三倍的，向其支付经济补偿的标准按职工月平均工资三倍的数额支付，向其支付经济补偿的年限最高不超过十二年。月工资是指劳动者在劳动合同解除或者终止前十二个月的平均工资。

赔偿金是指违法解除或终止劳动合同时，过错方向对方支付的损害赔偿。用人单位和劳动者的赔偿金支付标准不同。用人单位违反《劳动合同法》的规定解除或者终止劳动合同的，应当依照经济补偿标准的二倍向劳动者支付赔偿金。劳动者违反《劳动合同法》的规定解除劳动合同，给用人单位造成损失的，应当承担赔偿责任。

第六，劳动合同解除和终止后的义务。

一是劳动者的义务。劳动合同解除和终止之后，劳动者的主要义务是配合办理工作交接。

二是用人单位的义务。首先是出具离职证明的义务，如果用人单位拒不出具离职证明，给劳动者造成损失的，劳动者可以要求赔偿；其次是协助办理档案、社会保险关系以及户籍等转移手续的义务。

趣味学习

未来可能的工作方式

除了与用人单位直接签订劳动合同的全日制工作外，未来我们可能还有哪些其他工作方式呢？请通过微信等方式调查自己的亲友，并把他们的工作方式记录到表 8-3 中。

表 8-3　未来可能的工作方式调查表

工作方式	适用法律	统计信息
全日制劳动合同员工	《劳动法》《劳动合同法》等	
事业单位正式编制人员	人事管理法律法规	
国家机关正式工作人员	《公务员法》等	

续表

工作方式	适用法律	统计信息
非全日制劳动合同员工	《劳动法》《劳动合同法》等	
劳务派遣劳动者	《劳动合同法》《劳务派遣暂行规定》等	
自由职业	《民法典》等	

3. 工资法律制度：劳动者劳动报酬权保障

工资是指用人单位依据法律规定、劳动合同约定，以货币形式对员工的劳动支付的报酬。在劳动法中，工资作为劳动的对价，具备生存保障功能，因此劳动法中的工资制度主要包括：

第一，最低工资制度。劳动者在法定工作时间或依法签订的劳动合同约定的工作时间内在提供了正常劳动的前提下，用人单位依法应支付最低劳动报酬。

第二，工资支付保障制度。(1) 法定货币支付。工资应当以法定货币支付，不得以实物及有价证券替代货币支付。(2) 直接支付。用人单位应将工资支付给劳动者本人。劳动者本人因故不能领取工资时，可由其亲属或委托他人代领。用人单位可委托银行代发工资。(3) 按时支付。工资必须在用人单位与劳动者约定的日期支付。如遇节假日或休息日，则应提前在最近的工作日支付。工资至少每月支付一次，实行周、日、小时工资制的可按周、日、小时支付工资。对完成一次性临时劳动或某项具体工作的劳动者，用人单位应按有关协议或合同规定在其完成劳动任务后即支付工资。劳动关系双方依法解除或终止劳动合同时，用人单位应在解除或终止劳动合同时一次付清劳动者工资。(4) 足额支付。除法律规定的情形外，如代扣代缴个人所得税，用人单位不得克扣劳动者工资。

即时案例

股权是否属于工资

1994 年颁布的《工资支付暂行规定》第五条规定，工资应当以法定货币支付。不得以实物及有价证券替代货币支付。随着社会经济的发展，越来越多的公司对员工实施股权激励，由此产生的争议案件也越来越多。股权激励是否属于工资呢？目前司法实务中多将其纳入劳动争议处理。

原告：皮某，男。

被告：深圳某公司。

基本事实：原告于 2006 年 6 月 5 日开始在被告处工作，2016 年 10 月 14 日，被告通过邮寄的方式向原告发出书面通知，于 2016 年 10 月 17 日起正式解除与原告的劳动合同。原告在职期间表现优秀，被告按照其内部规定先后于 2012 年 12 月 27 日及 2015 年 1 月 22 日（股权计划分别为 CWLSSOPT1. 164-U、CWLSSOPT1. 492-V 和 CWLS-SOPT1. 492-U）向原告授予其母公司（即香港某有限公司）港股股票期权，截至原告被解除劳动合同之日（2016 年 10 月 17 日），原告持有的可交易港股股票以及非可交易港股股票共计 280 000 股。该股票期权是原告工资福利的一部分，现原告非因自身原因被解除劳动合同，其就职期间获得的股票期权理应继续保留并由其本人享有对该期权的一切权益，直至行权结束。

一审法院认为，股权（和股票期权）激励将公司员工、公司利益紧密结合，是现代公司吸引和留住人才、提高公司市场竞争力的重要手段。但是，对于股权（和股票期权）激励合同纠纷的性质，目前法律法规并没有明确的规定。司法裁判中主要有两种观点：一是认为属于劳动争议纠纷，应适用劳动仲裁前置程序解决；二是认为属于民事合同纠纷，权利人可直接向人民法院起诉。两种不同的观点导致不同的司法程序和法律适用。一审法院在本案中采用深圳市中级人民法院的观点，即本案中所涉的股票期权属于履行劳动合同过程中产生的争议。

资料来源：广东省深圳市南山区人民法院（2018）粤 0305 民初 22410 号民事判决书。

4. 工作时间、休息休假法律制度：劳动者休息休假权保障

第一，工作时间是指劳动者按照法律规定或者劳动合同约定提供劳动的时间。我国的工时制度分为两种：一是标准工时制度，即职工每日工作 8 小时、平均每周工作 40 小时的工时制度。二是非标准工时制度，包括：（1）缩短工时制度，即特殊情形下，法律规定其工作时间少于标准工时的制度。如从事矿山、井下、高空、高温、低温、有毒有害、特别繁重或过度紧张的劳动、夜班的职工等，每日工作少于 8 小时。（2）综合工时制度，是指因为工作性质特殊或受季节和自然条件限制，分别以周、月、季、年等为周期，综合计算工作时间，但其平均日工作时间和平均周工作时间应与法定标准工作时间基本相同。如地质及资源勘探、建筑、制盐、制糖、旅游等受季节和自然条件限制的行业的部分职工采用的就是这种工时制度。（3）不定时工时制度，是指针对因生产特点、工作特殊需要或职责范围的关系，无法按照标准工时工作的职工所采用的一种工时。如企业中的高级管理人员、外勤人员、推销人员、部分值班人员和其他因工作无法按标准工作时间衡量的职工采用的就是这种工时制度。用人单位实行综合工时制度和不定时工时制度都需要按照规定办理审批等手续。

第二，休息休假制度，主要包括：（1）法定节假日。全体公民放假的节日，包括元旦、春节、清明节、劳动节、端午节、中秋节和国庆节，现行标准为 11 天。如果适逢星期六、星期日，应当在工作日补假。部分公民放假的节日及纪念日，包括妇女节、青年节、儿童节和中国人民解放军建军纪念日。部分公民放假的假日，如果适逢星期六、星期日，不补假。（2）带薪年休假。机关、团体、企业、事业单位、民办非企业单位、有雇工的个体工商户等单位的职工连续工作 1 年以上的，享受带薪年休假。职工累计工作已满 1 年不满 10 年的，年休假 5 天；已满 10 年不满 20 年的，年休假 10 天；已满 20 年的，年休假 15 天。国家法定休假日、休息日不计入年休假的假期。（3）婚丧假，是指劳动者本人结婚以及其直系亲属死亡时依法享受的假期。职工本人结婚或其直系亲属（父母、配偶和子女）死亡时，由本单位领导批准，可享受 1 天至 3 天的婚丧假。为了鼓励结婚，地方人口与计划生育立法都增加了婚假天数。（4）产假。女职工生育享受 98 天产假，其中产前可以休假 15 天；难产的，增加产假 15 天；生育多胞胎的，每多生育 1 个婴儿，增加产假 15 天。女职工怀孕未满 4 个月流产的，享受 15 天产假；怀孕

满4个月流产的，享受42天产假。各地还规定了延长产假。(5) 其他假期，如探亲假、独生子女护理假、育儿假等。

第三，工作时间的延长、限制和补偿。延长工作时间又称加班加点。为了保障劳动者的休息权和身体健康权，《劳动法》对延长工作时间予以严格限制。第四十一条规定，用人单位由于生产经营需要，经与工会和劳动者协商后可以延长工作时间，一般每日不得超过一小时；因特殊原因需要延长工作时间的，在保障劳动者身体健康的条件下延长工作时间每日不得超过三小时，但是每月不得超过三十六小时。其中发生自然灾害、事故或者因其他原因，威胁劳动者生命健康和财产安全，需要紧急处理的，则不受第四十一条规定的限制。

加班费支付标准：(1) 用人单位安排劳动者延长工作时间的，支付不低于工资的150%的工资报酬；(2) 用人单位休息日安排劳动者工作又不能安排补休的，支付不低于工资的200%的工资报酬；(3) 用人单位法定休假日安排劳动者工作的，支付不低于工资的300%的工资报酬。

5. 职业安全卫生法律制度：劳动者职业安全卫生权保障

为了加强安全生产工作，防止和减少生产安全事故，以及预防、控制和消除职业病危害，防治职业病，我国颁布了《安全生产法》和《职业病防治法》。

第一，从业人员享有职业安全卫生权利和义务。生产经营单位与从业人员订立的劳动合同，应当载明有关保障从业人员劳动安全、防止职业危害的事项，以及依法为从业人员办理工伤保险的事项。生产经营单位不得以任何形式与从业人员订立协议，免除或者减轻其对从业人员因生产安全事故伤亡依法应承担的责任。

第二，发生职业安全事故或者患职业病的法律责任。(1) 劳动者除依法享有工伤保险外，依照有关民事法律尚有获得赔偿的权利的，有权向本单位提出赔偿要求。(2) 行政责任。行政主管部门可以依法给予罚款、责令停建、关闭等行政处罚。(3) 刑事责任。如重大劳动安全事故罪、重大责任事故罪等。

6. 社会保险和住房公积金法律制度：劳动者社会保障权保障

劳动者以劳动收入作为主要生活来源，但是，当因为失业、年老、疾病、生育等风险导致无法工作而丧失收入来源、陷入生存危机时可获得社会保障。根据《社会保险法》《住房公积金管理条例》等规定，用人单位为劳动者缴纳社会保险费以及住房公积金具有强制性，用人单位与劳动者不得通过书面合同约定等方式免除其缴纳社会保险费和住房公积金的义务。

第一，社会保险主要包括以下类型：(1) 养老保险；(2) 基本医疗保险（生育保险合并实施）；(3) 失业保险；(4) 工伤保险；(5) 长期护理保险。长期护理保险主要是为被保险人在丧失日常生活能力、年老患病或身故时，侧重于提供护理保障和经济补偿的制度安排。2016年，我国开始长期护理保险制度试点。

第二，住房公积金。住房公积金是保障劳动者居住权的重要制度安排。单位录用职工的，应当自录用之日起30日内向住房公积金管理中心办理缴存登记，并办理职工住房公积金账户的设立或者转移手续。职工可以提取职工住房公积金账户内的存储余额用于购买、建造、翻建、大修自住住房，偿还购房贷款本息，租房等。

（二）效力层级体系：劳动法的法律渊源

劳动法的法律渊源是指劳动法的效力来源。法律渊源对于指导用人单位、劳动者以及其他主体“用法”具有重要意义，即指导用人单位、劳动者及相关主体了解不同主体制定的规范文件的效力层级的差异，以及不同层级法律对同一问题存在不同规定时，确定法律规范的适用。根据《立法法》的规定，我国劳动法的法律渊源主要包括：

（1）宪法，即国家的根本大法，具有最高的法律效力。

（2）法律，即全国人民代表大会及其常委会制定或修改的规范性法律文件，包括专门的劳动法律，如《劳动法》《劳动合同法》等，以及其他法律中有关劳动的内容，如《妇女权益保障法》等法律中的相关内容。

（3）行政法规，即最高国家行政机关即国务院制定的规范性法律文件，如《劳动合同法实施条例》。

（4）地方性法规，即省、自治区、直辖市以及设区的市的人民代表大会及其常务委员会，根据本行政区域的具体情况和实际需要，在不同宪法、法律、行政法规相抵触的前提下制定的规范性文件。地方性法规应报全国人民代表大会常务委员会和国务院备案。

（5）部门规章和地方政府规章。部门规章是指国务院各部、各委员会、中国人民银行、审计署和具有行政管理职能的直属机构，根据法律和国务院的行政法规、决定、命令，在本部门的权限范围内制定的规范性法律文件，如人力资源和社会保障部颁布的《网络招聘服务管理规定》等。地方政府规章是指省、自治区、直辖市和设区的市、自治州的人民政府，根据法律、行政法规和本省、自治区、直辖市的地方性法规制定的规范性法律文件。如北京市人民政府颁布的《北京市劳动合同规定》等。

除了上述《立法法》规定的法律渊源外，司法解释也发挥着法律渊源的作用，如最高人民法院发布的《最高人民法院关于审理劳动争议案件适用法律问题的解释（一）》。

根据《立法法》的规定，不同法律渊源的适用应该遵循以下原则：（1）上位法优于下位法。对处于不同位阶的规范性法律文件，法律的效力高于行政法规、地方性法规、规章；行政法规的效力高于地方性法规、规章；地方性法规的效力高于本级和下级地方政府规章。（2）新法优于旧法、特别法优于一般法。同一机关制定的规范性文件，特别规定与一般规定不一致的，适用特别规定；新的规定与旧的规定不一致的，适用新的规定。

第 3 节　劳动者权利救济

“有权利必有救济”，如果无救济，则权利就是纸上权利。《劳动合同法》第七十七条规定，劳动者合法权益受到侵害的，有权要求有关部门依法处理，或者依法申请仲裁、提起诉讼。因此，劳动者的权利若受到用人单位侵害，主要通过劳动保障监察、和解、调解、仲裁、诉讼等方式获得救济。

一、劳动保障监察

劳动监察是指具有法定监察权的机构依法对用人单位及劳动服务主体贯彻执行劳动法律规范的情况进行监督和检查，并对发现的违法行为进行处理和处罚的活动。[①] 根据《劳动保障监察条例》的规定，劳动保障监察主要包括：

（一）监察执法的主体

国务院劳动保障行政部门主管全国的劳动保障监察工作。县级以上地方各级人民政府劳动保障行政部门主管本行政区域内的劳动保障监察工作。

（二）监察执法的对象

监察执法的对象为企业和个体工商户（统称用人单位）以及职业介绍机构、职业技能培训机构和职业技能考核鉴定机构。

对无营业执照或者已被依法吊销营业执照，有劳动用工行为的，由劳动保障行政部门依照条例实施劳动保障监察，并及时通报工商行政管理部门予以查处取缔。

国家机关、事业单位、社会团体执行劳动保障法律、法规和规章的情况，由劳动保障行政部门根据其职责，依照条例实施劳动保障监察。

（三）监察执法的范围

劳动保障行政部门对下列事项实施劳动保障监察：（1）用人单位制定内部劳动保障规章制度的情况；（2）用人单位与劳动者订立劳动合同的情况；（3）用人单位遵守禁止使用童工规定的情况；（4）用人单位遵守女职工和未成年工特殊劳动保护规定的情况；（5）用人单位遵守工作时间和休息休假规定的情况；（6）用人单位支付劳动者工资和执行最低工资标准的情况；（7）用人单位参加各项社会保险和缴纳社会保险费的情况；（8）职业介绍机构、职业技能培训机构和职业技能考核鉴定机构遵守国家有关职业介绍、职业技能培训和职业技能考核鉴定的规定的情况；（9）法律、法规规定的其他劳动保障监察事项。

（四）监察执法的管辖

对用人单位的劳动保障监察，由用人单位用工所在地的县级或者设区的市级劳动保障行政部门管辖。上级劳动保障行政部门根据工作需要，可以调查处理下级劳动保障行政部门管辖的案件。劳动保障行政部门对劳动保障监察管辖发生争议的，报请共同的上一级劳动保障行政部门指定管辖。

---

① 林嘉．劳动法和社会保障法．4版．北京：中国人民大学出版社，2016：244.

延伸阅读

互联网＋人社

为了推动人力资源和社会保障事务的信息化，便利服务对象，各地推进互联网＋人社工作。其中，为了便利大家向劳动保障监察机关举报违法行为，各地开通了“12333”投诉维权电话、12333 微博、微信公众号以及相关网站，从而搭建起人力资源和社会保障公共服务平台。当劳动者的权利受到侵害时，可以通过上述方式向劳动保障监察机关投诉、维权。

二、劳动争议处理

劳动争议是指劳动者与用人单位之间因劳动权利和义务而发生的纠纷。根据《劳动争议调解仲裁法》的规定，劳动争议的处理程序包括和解、调解、仲裁和诉讼。

（一）和解

和解是指劳动争议当事人双方自主协商解决争议的方式。和解是任意性的争议处理程序，遵循自愿原则，当事人任何一方可以自主决定是否与对方和解以及接受何种和解方案。协商达成一致，应当签订书面和解协议。和解协议对双方当事人具有约束力，当事人应当履行。

（二）调解

调解是指基层群众调解组织等法定调解机构作为第三方居中斡旋，促成当事人双方达成谅解解决争议的方式。调解遵循自愿原则，任何一方拒绝调解的，不得启动调解程序。

1. 调解组织和调解员

发生劳动争议，当事人可以到下列调解组织申请调解：（1）企业劳动争议调解委员会；（2）依法设立的基层人民调解组织；（3）在乡镇、街道设立的具有劳动争议调解职能的组织。

劳动争议调解组织的调解员应当由公道正派、联系群众、热心调解工作，并具有一定法律知识、政策水平和文化水平的成年公民担任。

2. 调解程序

（1）申请。当事人申请劳动争议调解可以书面申请，也可以口头申请。口头申请的，调解组织应当当场记录申请人基本情况、申请调解的争议事项、理由和时间。

（2）调解。调解劳动争议，应当充分听取双方当事人对事实和理由的陈述，耐心疏导，帮助其达成协议。自劳动争议调解组织收到调解申请之日起十五日内未达成调解协议的，当事人可以依法申请仲裁。

3. 调解协议

经调解达成协议的，应当制作调解协议书。调解协议书由双方当事人签名或者盖章，经调解员签名并加盖调解组织印章后生效，对双方当事人具有约束力，当事人应当履行。达成调解协议后，一方当事人在协议约定期限内不履行调解协议的，另一方当事人可以依法申请仲裁。因支付拖欠劳动报酬、工伤医疗费、经济补偿或者赔偿金事项达成调解协议，用人单位在协议约定期限内不履行的，劳动者可以持调解协议书依法向人民法院申请支付令。人民法院应当依法发出支付令。

（三）仲裁

劳动争议仲裁是指劳动争议仲裁机构依法对当事人双方的争议进行处理，并做出具有约束力的裁决解决争议的方式。仲裁是强制前置程序，即争议当事人必须经过仲裁，才能将争议诉至法院。

1. 劳动争议仲裁委员会及其办事机构、仲裁员

劳动争议仲裁委员会是国家授权，依法独立处理劳动争议的专门机构，由劳动行政部门代表、工会代表和企业方面代表组成。劳动争议仲裁委员会组成人员应当是单数。

劳动争议仲裁委员会下设办事机构，负责办理劳动争议仲裁委员会的日常工作。目前各地都在劳动争议仲裁委员会下设劳动人事争议仲裁院作为办事机构。

劳动争议仲裁委员会应当设仲裁员名册。仲裁员应当公道正派并符合下列条件之一：（1）曾任审判员的；（2）从事法律研究、教学工作并具有中级以上职称的；（3）具有法律知识、从事人力资源管理或者工会等专业工作满五年的；（4）律师执业满三年的。

2. 仲裁受案范围

下列劳动争议属于劳动争议仲裁的受案范围：（1）因确认劳动关系发生的争议；（2）因订立、履行、变更、解除和终止劳动合同发生的争议；（3）因除名、辞退和辞职、离职发生的争议；（4）因工作时间、休息休假、社会保险、福利、培训以及劳动保护发生的争议；（5）因劳动报酬、工伤医疗费、经济补偿或者赔偿金等发生的争议；（6）法律、法规规定的其他劳动争议。

3. 仲裁管辖

劳动争议由劳动合同履行地或者用人单位所在地的劳动争议仲裁委员会管辖。双方当事人分别向劳动合同履行地和用人单位所在地的劳动争议仲裁委员会申请仲裁的，由劳动合同履行地的劳动争议仲裁委员会管辖。

4. 仲裁时效

劳动争议申请仲裁的时效期间为一年。仲裁时效期间从当事人知道或者应当知道其权利被侵害之日起计算。（1）时效中断。仲裁时效，因当事人一方向对方当事人主张权利，或者向有关部门请求权利救济，或者对方当事人同意履行义务而中断。从中断时起，仲裁时效期间重新计算。（2）时效中止。因不可抗力或者有其他正当理由，当事人

不能在规定的仲裁时效期间申请仲裁的，仲裁时效中止。从中止原因消除之日起，仲裁时效期间继续计算。

劳动关系存续期间因拖欠劳动报酬发生争议的，劳动者申请仲裁不受劳动争议申请仲裁的时效期间为一年的限制；但是，劳动关系终止的，应当自劳动关系终止之日起一年内提出。

5. 仲裁程序

（1）申请和受理。申请人申请仲裁应当提交书面仲裁申请，并按照被申请人人数提交副本。仲裁申请书应当载明下列事项：1）劳动者的姓名、性别、年龄、职业、工作单位和住所，用人单位的名称、住所和法定代表人或者主要负责人的姓名、职务；2）仲裁请求和所根据的事实、理由；3）证据和证据来源、证人姓名和住所。书写仲裁申请确有困难的，可以口头申请，由劳动争议仲裁委员会记入笔录，并告知对方当事人。

劳动争议仲裁委员会收到仲裁申请之日起五日内，认为符合受理条件的，应当受理，并通知申请人；认为不符合受理条件的，应当书面通知申请人不予受理，并说明理由。

（2）开庭准备。劳动争议仲裁委员会受理仲裁申请后，应当在五日内将仲裁申请书副本送达被申请人。被申请人收到仲裁申请书副本后，应当在十日内向劳动争议仲裁委员会提交答辩书。劳动争议仲裁委员会收到答辩书后，应当在五日内将答辩书副本送达申请人。被申请人未提交答辩书的，不影响仲裁程序的进行。

（3）开庭和裁决。

一是开庭及仲裁员回避。劳动争议仲裁委员会裁决劳动争议案件实行仲裁庭制。仲裁庭由三名仲裁员组成，设首席仲裁员。简单劳动争议案件可以由一名仲裁员独任仲裁。仲裁员存在可能影响公正裁决的情形的，如是本案当事人或者当事人、代理人的近亲属的等，应当回避，当事人也有权以口头或者书面方式提出回避申请。劳动争议仲裁委员会对回避申请应当及时做出决定，并以口头或者书面方式通知当事人。

二是质证和辩论。当事人在仲裁过程中有权进行质证和辩论。质证和辩论终结时，首席仲裁员或者独任仲裁员应当征询当事人的最后意见。

三是调解。仲裁庭在做出裁决前，应当先行调解。

四是裁决。仲裁庭裁决劳动争议案件，应当自劳动争议仲裁委员会受理仲裁申请之日起四十五日内结束。案情复杂需要延期的，经劳动争议仲裁委员会主任批准，可以延期并书面通知当事人，但是延长期限不得超过十五日。逾期未做出仲裁裁决的，当事人可以就该劳动争议事项向人民法院提起诉讼。仲裁庭裁决劳动争议案件时，其中一部分事实已经清楚，可以就该部分先行裁决。

裁决应当按照多数仲裁员的意见做出，少数仲裁员的不同意见应当记入笔录。仲裁庭不能形成多数意见时，裁决应当按照首席仲裁员的意见做出。

6. 一裁终局程序

为了提高争议处理效率，降低劳动者维权成本，《劳动争议调解仲裁法》规定小额案件以及权利义务清晰的劳动基准相关案件，适用一裁终局程序。

一是适用情形。(1) 追索劳动报酬、工伤医疗费、经济补偿或者赔偿金，不超过当地月最低工资标准十二个月金额的争议；(2) 因执行国家的劳动标准在工作时间、休息休假、社会保险等方面发生的争议。

二是限制起诉对象。劳动者对一裁终局裁决不服的，可以自收到仲裁裁决书之日起十五日内向人民法院提起诉讼。

三是撤销程序。为了避免一裁终局程序裁决中存在违法情形，侵害用人单位权利，用人单位有证据证明一裁终局裁决存在违法情形的，如法律适用错误、违反法定程序等，可以自收到仲裁裁决书之日起三十日内向劳动争议仲裁委员会所在地的中级人民法院申请撤销裁决。

（四）诉讼

劳动争议诉讼是指人民法院依法对劳动争议案件进行审理和裁判的活动。劳动争议仲裁委员会不予受理的案件，以及除一裁终局案件外，当事人对裁决不服的，可以自收到仲裁裁决书之日起十五日内向人民法院提起诉讼。

劳动争议案件由用人单位所在地或者劳动合同履行地的基层人民法院管辖；劳动合同履行地不明确的，由用人单位所在地的基层人民法院管辖。当事人双方就同一仲裁裁决分别向不同的有管辖权的人民法院起诉的，后受理的人民法院应当将案件移送给先受理的人民法院。

1. 一审程序

劳动争议诉讼按照人民法院审理民事案件的程序进行。简单的劳动争议案件可以适用民事诉讼的简易程序审理，一般案件适用普通一审程序审理，包括申请、受理、开庭准备、当事人陈述、法庭辩论、最后陈述、进行调解和法院判决等步骤。适用普通程序审理的案件，应当在立案之日起六个月内审结。有特殊情况需要延长的，由本院院长批准，可以延长六个月；还需要延长的，报请上级人民法院批准。简易程序审理案件，应当在立案之日起三个月内审结。

2. 二审程序

当事人不服地方人民法院第一审判决的，有权在判决书送达之日起十五日内向上一级人民法院提起上诉。当事人不服地方人民法院第一审裁定的，有权在裁定书送达之日起十日内向上一级人民法院提起上诉。人民法院审理对判决的上诉案件，应当在第二审立案之日起三个月内审结。有特殊情况需要延长的，由本院院长批准。人民法院审理对裁定的上诉案件，应当在第二审立案之日起三十日内做出终审裁定。

本章小结

本章主要是对劳动法律制度的介绍，一是从劳动法的历史起源详细分析了劳动法产生的背景及其价值定位；二是从主体标准和实质（从属性）标准介绍了劳动关系的认定；三是详细介绍了劳动法律制度体系的具体构成，包括公平就业法律制度、劳动合同法律制度等；四是介绍了劳动者权利救济制度，包括劳动保障监察、和解、调解、仲裁和诉讼。

复习与思考题

1. 请从劳动法产生的历史背景及其价值定位角度分析劳动者倾斜保护的必要性。

2. 请根据从属性标准分析外卖平台与骑手之间是否构成劳动关系。

3. 请搜集一份劳动合同书的文本，查看该文本的内容是否符合法律规定，并指出还有哪些地方有待完善。

4. 假设你是一名劳动者，你的权利受到用人单位的侵害，请草拟一个维权方案。

第 9 章　劳动者保障：社会保险与福利

学习目标

- 认识社会保障对于劳动者的必要性。
- 掌握“五险一金”的概念与主要内容。
- 了解社会救助的含义与功能。
- 了解社会福利的含义与功能。

开篇引例

企业不缴费导致自身承担工伤费用

王先生是北京某校园礼仪服饰公司服装生产部的负责人。2010 年 6 月，他与公司法定代表人马某一同驾车赴外地考察。回京途中发生交通事故，二人烧伤死亡。王先生符合《工伤保险条例》的规定，被认定为工伤，但因公司未给王先生缴纳工伤保险，其亲属未能获得工伤赔偿，遂提起民事诉讼。法院判决确定某校园礼仪服饰公司应向王先生家属支付一次性工亡补助金，并支付王先生之子自 2010 年 7 月起至 18 岁期间的抚恤金。

判决生效后，因某校园礼仪服饰公司无财产可供执行，始终未予支付。2017 年 4 月，王先生亲属向北京市朝阳区社保中心提交《工伤保险基金先行支付申请书》及相关材料，请求先行支付相关工伤保险待遇。因催告未果，北京市朝阳区社保中心遂先行支付给王先生的亲属。同年 9 月，北京市朝阳区社保中心做出《依法先行支付工伤保险待遇追偿书》(下称《追偿书》)，要求某校园礼仪服饰公司偿还该中心先行支付的工伤保险待遇43万余元。该公司不服追偿申请行政复议，后北京市朝阳区人民政府做出维持复议《决定书》，维持北京市朝阳区社保中心做出的《追偿书》。

因不服《追偿书》和《决定书》，2018年，某校园礼仪服饰公司提起行政诉讼，要求撤销《追偿书》和《决定书》。北京市朝阳区人民法院一审判决驳回了某校园礼仪服饰公司的全部诉讼请求。宣判后，某校园礼仪服饰公司提出上诉。经审理，二审法院驳回上诉、维持原判。

资料来源：无工伤险逝者获社保先行赔付 涉事公司被追偿全额退回.（2019－03－27）. https://news.sina.com.cn/c/2019-03-27/doc-ihsxncvh5887564.shtml.

第1节 建立社会保障的必要性

党的十九届四中全会提出，坚持和完善统筹城乡的民生保障制度。其中包括七个方面：幼有所育、学有所教、劳有所得、病有所医、老有所养、住有所居、弱有所扶。它们与社会保障各个项目都有着密不可分的关系，例如，老有所养与社会保障项目中的养老保险和养老服务有关，病有所医与医疗保险有关，住有所居与住房公积金、廉租房和公租房等住房保障政策有关，弱有所扶与社会救助、社会福利等有关。中国的社会保障体系是一个包含了社会救助、社会保险、社会福利、优抚安置四大法定保障体系以及慈善事业、商业保险等保障机制在内的庞大制度体系。其中，社会保险、社会救助、社会福利是该体系的基础；分别覆盖城镇职工和城市居民两大主要群体的基本养老保险制度、基本医疗保险制度，以及最低生活保障制度为该体系的重点；慈善事业、商业保险为该体系的补充。整个社会保障制度体系影响着包括广大劳动者在内的全体国民，为大家的生产、生活保驾护航。所以，作为即将加入劳动力大军的大学生一定要学习与社会保障相关的知识，正确理解和认识社会保障与大学生生活、未来工作之间的关系。

从本质上看，社会保障体系是一种以社会化的方式应对特定风险的、具有经济福利性的基础性制度安排。对劳动者而言，社会保障是一种必不可少的保护机制。“保障”对应的概念首先是“风险”，无“风险”，“保障”“保险”则无从谈起。因此，全面认识社会保障对劳动者的必要性，应当首先从其应对的风险谈起。下面，我们以社会保险、社会救助和社会福利为例，分析劳动者与社会保障体系之间的关系。

一、社会保障能够应对劳动者的特定风险，化解社会问题

自古以来，劳动者在劳动过程中都面临着不同危害程度、性质、范围的工作风险。进入工业社会，在社会大分工和机械化大生产的共同作用下，劳动者所面临的主要风险逐渐从偶发性自然灾害向系统性风险转变。依靠个人、家庭或营利组织，已经很难有效应对这些社会问题。例如，失业风险源于经济不景气现象在资本主义生产关系中的周期性出现，而绝大多数商业保险公司并不承保失业风险。社会保险的出现是对一系列工业

化社会风险的回应。起源于德国的社会保险制度在当时有效地缓解了资本主义生产关系下的一系列社会问题，使得因年老疾病、意外伤害、经济不景气、怀孕等风险事件而永久性或暂时性退出劳动力市场的劳动者，仍然能够得到一些经济支持，防止其因劳动收入发生剧烈波动，引发生存困境，影响社会稳定。

总之，从社会保障所应对的社会风险、所化解的社会问题来看，它具有明显的社会政策属性；它虽然以公共财政或由各方缴纳而形成的基金为基础，主要以经济手段化解社会问题，但我们不能仅仅从经济层面去理解社会保障与劳动者之间的关系。

二、社会保障对劳动者的风险保障具有社会化特征

社会保障对劳动者的风险保障具有社会化特征，不仅表现为筹资机制的社会化，更表现为劳动者的一系列社会权利实现的社会化。这意味着，在初次分配注重效率的基础上，社会保障能够以国家、用人单位、劳动者等多种主体单独或共同筹资的方式进行转移支付、财富再分配，从而在一定程度上调节劳动关系，防止贫富差距过大。

以社会保险为例。一方面，社会保险由劳资双方共同出资形成基金，并以此作为社会保险制度得以顺利运转的物质保障。当出现资金缺口时，各级财政亦予以补贴、调剂或转移支付。此外，包括中国在内的许多国家和地区还建立了社会保障战略储备基金（如中国的全国社保基金理事会管理的全国社会保障基金），以应对人口老龄化带来的养老保险基金缺口，保障制度的可持续运行。劳资双方共同缴费，国家、用人单位和劳动者共同承担筹资责任，是这一风险应对机制社会化的首要表现。但是，正因为“五险一金”的有序运转主要是基于正式劳动关系，近年来在新产业、新业态、新商业模式快速发展的背景下，社会保险如何更加有效地保障劳动者权益、化解社会风险，成为一个亟待各方共同解决的问题，应适时总结部分省市的相关经验。

即时案例

成都市激发新经济活力

近年来，成都市“三新”经济发展突飞猛进。据统计，全市新经济从业人员已达120万人，就业层次和就业形态各异，包括互联网与IT从业者、网约车司机、网店店主、网络主播等。为促进新经济从业人员参加社会保险，2019年7月12日，《成都市人民政府办公厅关于促进新经济新业态从业人员参加社会保险的试行实施意见》发布。该意见支持和鼓励相关企业根据不同用工形态，灵活选择、优化组合参保方式，为员工缴纳社会保险（见表9-1），依法保障相关从业人员的社会保险权益，进而推动实现企业降成本、员工有保障。通过上述举措，成都市的新经济活力被持续激发。

表9-1 成都市促进新经济新业态从业人员参加社会保险的新做法

用工形态	规范劳动关系	参保促进机制
全日制	新经济组织与从业人员订立书面劳动合同；未订立书面劳动合同，但事实劳动关系成立的，应补订书面劳动合同	单位和个人按企业参保办法参加社会保险

续表

用工形态	规范劳动关系	参保促进机制
非全日制	新经济组织与从业人员订立书面用工协议	按灵活就业人员参保办法参加城镇职工基本养老保险和基本医疗保险，同时，新经济组织应为其缴纳工伤保险
劳务派遣	新经济组织与劳务派遣单位签订劳务派遣协议，约定派遣岗位和人数、派遣期限、社会保险、劳动报酬及支付方式等事项	劳务派遣单位和从业人员按企业参保办法参加社会保险
劳务外包	新经济组织通过签订外包协议，将所属业务外包的，承揽该业务的单位（组织）应与从业人员订立书面劳动合同或用工协议	承揽单位和从业人员按企业参保办法参加社会保险
民事协议	新经济组织依据《合同法》与从业人员签订民事协议，约定双方的责、权、利	从业人员按灵活就业人员参保办法参加城镇职工基本养老保险和基本医疗保险

另一方面，虽然社会保险能够从经济保障的层面促进劳动者养老、就医、生育、居住等一系列社会权利的实现，但也离不开养老服务机构、医疗服务机构、儿童福利服务机构、医药供应商等一系列相关组织所提供的服务和商品。说到底，“五险一金”待遇只是为劳动者提供了现金补贴、贷款等，或者减少了相关消费支出；而相关领域的服务或商品的质量、价格，亦极大地影响劳动者社会权利的实现。因此，我们还需要持续关注养老服务政策、人口政策、劳动力市场政策、三医联动政策、住房政策等，特别是有关基金、资金在其中的功能与作用。在医疗保险基金领域，目前，许多省、自治区、直辖市已经建立了医药集中采购平台。而医疗保险基金作为包括劳动者在内的广大参保人的利益代表，能够深入参与药品、耗材的生产、招标、销售等各环节，使“带量采购”[①] 等药品、耗材的生产流通领域的体制机制创新不断深入推进，使劳动者用上质优价廉的药品，从而促进劳动者健康权的实现。

三、社会保障是具有经济福利性的制度安排

所谓经济福利性即“所费小于所得”，这是劳动者与社会保障形成紧密关系的重要经济基础。首先，多数社会救助、社会福利项目无须劳动者缴费（或者说，已经包含在劳动者所缴的税收中），劳动者满足条件时即可享受相关待遇。其次，社会保险原则上主要由建立了正式劳动关系的劳资双方共同出资缴费，形成了社会保险制度的物质基础。最后，在需要由劳动者缴费的社会保险项目中，劳动者本人的缴费比例远远低于用人单位的缴费比例，部分险种甚至无须劳动者缴费。

以养老保险为例，用人单位的费率约为 16%，劳动者个人的缴费比例为 8%[②]，缴满 15 年后，劳动者退休时可以获得一笔退休金，且定期（例如每年）进行调整，从而

---

① 关于“带量采购”的有关做法，参见人民网于 2019 年 6 月 17 日刊登的《国家医保局表示将扩大带量采购规模，全面推开需兼顾多方利益》。

② 此处指建立了正式劳动关系的劳动者。灵活就业人员自愿加入城镇职工基本养老保险的，需要承担更高的缴费比例，多缴部分进入社会统筹账户，即个人额外承担了本应由资方承担的那部分费用。

能够在一定程度上应对通货膨胀。根据《关于2021年调整退休人员基本养老金的通知》，2021年企业和机关事业单位退休人员基本养老金月人均养老金水平总体调整幅度为4.5%。以北京市的养老金待遇为例，调整后，北京市企业退休人员基本养老金待遇平均每月提高50元，每月人均养老金待遇水平约为4 500元。

通过观察养老金的计算公式①可以发现，职工基本养老金的水平考虑了以下几点因素：(1) 缴费年限；(2) 退休时的社会平均工资；(3) 职工本人的终身缴费基数与缴费时社会平均工资之间的比例关系。以上三点都体现了多缴多得的原则，即缴费年限越长，退休时的社会平均工资越高，职工本人的终身缴费基数越高，职工退休时的养老金越高。以上资金主要以现收现付（pay-as-you-go）的财务机制实现精算平衡，即收取正在参加工作的劳动者及其单位缴纳的保险费后，立即用于支付已经退休的劳动者的退休金。

综观社会保险、社会救助和社会福利三大体系，与劳动者关系最密切的是社会保险中的五大险种以及住房公积金制度（即“五险一金”），它们主要覆盖那些与用人单位建立了正式劳动关系的劳动者。与此同时，灵活就业者、自雇佣者等群体也可以自愿的形式加入城镇职工基本养老保险和城镇职工基本医疗保险。“五险一金”与劳动关系有着高度的关联性，为此，本章将以“五险一金”制度为核心进行介绍。

第2节 五险一金

一、“五险一金”概述

多数劳动者在领取工资时会发现，每月的实发工资和应发工资有较大的差额，感觉工资好像缩了水。其实，用人单位在发放劳动者的工资时，不仅会依法代扣代缴个人应该缴纳的个人所得税，还会依法扣除“五险一金”的费用。一些待遇较好的用人单位除缴纳“五险一金”外，还给职工建立企业年金、补充医疗保险等，使“五险一金”变为“六险二金”（见表9-2）。

表9-2 以“五险一金”为核心的职工社会保障体系

制度性质	强制性						非强制性	
制度类别	职工基本养老保险	职工基本医疗保险	失业保险	工伤保险	生育保险	住房公积金	企业年金	补充医疗保险
筹资	劳资双方			用人单位		劳资双方		自定

“五险一金”是用人单位给予劳动者的若干保障性待遇的统称。“五险”包括职工基

① 基本养老金=基础养老金+个人账户养老金。基础养老金=（退休时上年度在岗职工月平均工资+职工本人指数化月平均缴费工资）÷2×职工本人缴费年限×1%。个人账户养老金即个人账户中的累计资金除以预期生存月数。而职工本人指数化月平均缴费工资，大体上可以视为职工每年的缴费工资与缴费时的社会平均工资作比后，再对每一年的比值取平均值，最后乘以退休时上年度在岗职工月平均工资。

本养老保险、职工基本医疗保险、失业保险、工伤保险、生育保险，“一金”是指住房公积金。“五险一金”构成了与劳动者关系最密切的社会保障项目，与社会救助、社会福利以及其他补充性保障项目共同构成了中国特色的社会保障体系。

这里要注意的是“五险”的法律依据是《社会保险法》，其强制性明显；“一金”以《住房公积金管理条例》作为依据，其强制性相对较弱。此外，2017 年，部分试点地区合并生育保险和职工基本医疗保险，产检费用和普通医疗费用一同报销。2018 年 12 月 29 日，全国人民代表大会常务委员会对《社会保险法》进行了修订，修订后医疗保险和生育保险合并实施，但生育保险仍然作为一个单独险种存在。合并实施后，生育保险待遇包括生育医疗费用和生育津贴，所需资金从职工基本医疗保险基金中支付。生育津贴支付期限按照《女职工劳动保护特别规定》等法律法规规定的产假期限执行。

“五险一金”与劳动者权益密切相关，为劳动者提供了最基本的生活保障和住房保障，能够使劳动者共享社会发展成果，促进社会和谐稳定，其主要用途如表 9-3 所示。

表 9-3 “五险一金”的主要用途

类别	制度项目	基础用途	派生用途
五险	职工基本养老保险	退休后领取养老金； 参保个人因病或非因工致残、死亡时的病残津贴、丧葬补助费和抚恤金	买房、买车、子女上学、落户、商业贷款
	职工基本医疗保险	符合国家规定的医疗费用报销； 退休后享受医保待遇	
	失业保险	失业后领取失业保险金、职业培训、职业介绍补贴等	
	工伤保险	工伤保险待遇（如工伤职工的治疗费用、生活护理费、工亡补偿金等），劳动能力鉴定，工伤预防的宣传、培训等	
	生育保险	产假（98 天）； 生育医疗费用、生育津贴	
一金	住房公积金	买房、装修、租房都可以提取公积金	公积金贷款

社会保险制度中的五大险种分别应对的是劳动者因退休、患病、失业、工伤和生育而永久或暂时退出劳动力市场时面临收入中断或支出增加的风险。住房公积金则是全体参加者的互助基金，用于支持购房、租房、装修等情况下的资金支出和贷款。这些制度有着不尽相同的运行逻辑，为了进一步深化对以上六种制度与劳动者之间关系的认识，有必要进行分类讨论。

二、职工基本养老保险

（一）概念

基本养老保险是国家和社会依法为解决劳动者在达到国家规定的解除劳动义务的年龄，或因年老丧失劳动能力而退出劳动岗位后面临的基本生活问题而建立的一种保险制度。我国的基本养老保险由企业职工基本养老保险、城乡居民基本养老保险和机关事业单位养老保险构成。

（二）缴费

城镇职工基本养老保险（包括企业职工基本养老保险和机关事业单位养老保险）原则上由用人单位和参保职工共同缴纳保险费。城镇职工基本养老保险实行社会统筹与个人账户相结合的筹资机制，其中，单位缴费只进入社会统筹账户，而职工的个人缴费则进入个人账户。一段时间以来，个人账户的记账利率未能实现全国统一，且利率较低，年平均收益率徘徊在2%～3%。自2017年起，根据《统一和规范职工养老保险个人账户记账利率办法》的规定，每年6月国家公布记账利率。以2018年为例，2018年1—12月，企业职工基本养老保险个人账户记账利率调整为8.29%，远高于银行定期储蓄利率。无雇工的个体工商户、未在用人单位参加基本养老保险的非全日制从业人员以及其他灵活就业人员，可以自愿参加基本养老保险，但因为只由个人缴纳基本养老保险费，因此其承担的费率比那些已与用人单位建立劳动关系的职工要高。

长期以来，我国基本养老保险的缴费要求一般为：用人单位按照缴费基数的20%缴纳，缴纳金额存入基础养老金账户；劳动者按照缴费基数的8%缴纳，金额存入个人账户，但存入个人账户的养老金不得提前支取。但是，在实践中，各统筹地区的缴费基数和费率标准并不完全统一。2019年4月1日，《降低社会保险费率综合方案》（以下简称《方案》）发布。《方案》明确，自2019年5月1日起，降低城镇职工基本养老保险的单位缴费比例，目前单位缴费比例高于16%的省份可降至16%。《方案》提出了调整社保缴费基数政策。各省应以本省城镇非私营单位就业人员平均工资和城镇私营单位就业人员平均工资加权计算的全口径城镇单位就业人员平均工资，核定社保个人缴费基数上下限，合理降低部分参保人员和企业的社保缴费基数。个体工商户和灵活就业人员参加企业职工基本养老保险，可在一定范围内自愿选择适当的缴费基数。

参加城镇职工基本养老保险的个人，达到法定退休年龄时累计缴费满15年的，按月领取基本养老金。参加基本养老保险的个人，达到法定退休年龄时累计缴费不足15年的，可以逐年补缴至满15年后，按月领取基本养老金；也可以转入城乡居民社会养老保险，按照国务院规定享受相应的养老保险待遇。此外，因病或者非因工死亡的，其遗属可以领取丧葬补助金和抚恤金；在未达到法定退休年龄时因病或者非因工致残完全丧失劳动能力的，可以领取病残津贴。所需资金从基本养老保险基金中支付。

（三）基本情况

根据《2020年度人力资源和社会保障事业发展统计公报》，2020年末全国参加基本养老保险的人数为9.99亿人，参加城镇职工基本养老保险的人数为4.56亿人。

（四）发展历程

新中国成立后，政务院于1951年颁布了《劳动保险条例》，这是我国历史上第一部全国性的社会保障法规，它规定了企业职工的养老保险费由企业负担，建立了企业职工退休养老制度。1955年，国务院建立了国家机关、事业单位工作人员退休养老制度。

1957 年，全国人民代表大会常务委员会原则上批准了《国务院关于工人、职员退休处理的暂行规定》，对企业、事业、机关的职工养老保险政策做了必要的统一，我国从此建立起了统一的退休制度。

1993 年颁布的《中共中央关于建立社会主义市场经济体制若干问题的决定》提出"建立多层次的社会保障制度"的基本思路，指出"城镇职工养老和医疗保险金由单位和个人共同负担，实行社会统筹与个人账户相结合"。1995 年 3 月，国务院发布《关于进一步深化企业职工养老保险制度改革的通知》，对基本养老保险计发办法、个人账户建立等重大问题做出了改革，明确规定基本养老保险费用由企业和个人共同负担，实行社会统筹与个人账户相结合。1997 年 7 月，国务院颁布《关于建立统一的企业职工基本养老保险制度的决定》。

近几年来，由于我国养老金水平的提高和退休人数的增多，社会统筹资金的支付压力越来越大。在这种局面下，2000 年国务院发布《关于印发完善城镇社会保障体系试点方案的通知》，对正在确立的基本养老保险制度进行了完善，包括分离基本养老保险的社会统筹与个人账户，对社会统筹与个人账户基金实行分账管理，决定做实个人账户，准备尝试与资本市场对接，并于 2001 年 7 月 1 日正式在辽宁省进行试点。2005 年 12 月 13 日，国务院颁布《关于完善企业职工基本养老保险制度的决定》，在扩大基本养老保险覆盖范围、逐步做实个人账户和改革养老金计发办法等方面做出新的规定。2011 年 7 月 1 日正式实施的《社会保险法》对城镇职工基本养老保险的参保对象、制度模式、待遇、领取标准以及管理方式等进行了规定。

同时，国家建立了基本养老金正常调整机制，根据职工平均工资增长、物价上涨情况，适时提高基本养老保险待遇水平。个人跨统筹地区就业的，其基本养老保险关系随本人转移，缴费年限可累计。个人达到法定退休年龄时，基本养老金分段计算、统一支付。具体办法由国务院规定。

三、职工基本医疗保险

（一）概念

医疗保险是指国家对立法范围的人群，当疾病风险发生时，为公民提供因疾病所需医疗费用补偿的制度安排。与基本养老保险类似，我国基本医疗保险由城镇职工基本医疗保险、城乡居民基本医疗保险和机关事业单位医疗保险、公费医疗构成。

（二）缴费

职工应当参加职工基本医疗保险，由用人单位和职工按照国家规定共同缴纳基本医疗保险费。无雇工的个体工商户、未在用人单位参加职工基本医疗保险的非全日制从业人员以及其他灵活就业人员可以参加职工基本医疗保险，由个人按照国家规定缴纳基本医疗保险费。

基本医疗保险费的缴费政策各统筹地区并不统一。如北京市规定，劳动者按照缴费基数的 2%缴纳，缴纳金额存入个人医疗保险账户；用人单位按照缴费基数的 9%缴纳，缴纳金额部分存入社保医疗统筹基金账户，部分存入个人账户。职工自批准法定退休的次月起，个人不再缴纳基本医疗保险费。

参保人员符合基本医疗保险药品目录、诊疗项目、医疗服务设施标准以及急诊、抢救的医疗费用，按照国家规定从基本医疗保险基金中支付。参保人员医疗费用中应当由基本医疗保险基金支付的部分，由社会保险经办机构与医疗机构药品经营单位直接结算。

（三）基本情况

根据《2020年医疗保障事业发展统计快报》，截至2020年底，全口径基本医疗保险参保人数达136 100万人，其中参加职工基本医疗保险的有34 423万人，参加城乡居民基本医疗保险的有101 677万人；在参加职工基本医疗保险的人数中，在职职工有25 398万人，退休职工有9 025万人。我国已经构建起了世界上最大的医疗保障体系，惠及了占全球人口约19%的中国人民。

（四）发展历程

新中国成立之后，由国家向城镇公有单位职工提供公费医疗和劳保医疗。1951年政务院颁布的《劳动保险条例》标志着我国对参加劳动保险的企业职工及其家属规定的伤病免费医疗及预防疾病医疗的劳保医疗制度正式建立。1952年政务院颁布的《关于全国各级人民政府、党派、团体及所属事业单位的国家工作人员实行公费医疗预防的指示》，标志着对国家机关、事业单位工作人员实行的免费治疗和疾病预防的公费医疗制度正式建立。它们基本保证了国家机关、事业单位和企业职工在有医疗需要时得到一定的物质帮助。

在广泛试点的基础上，1998年《国务院关于建立城镇职工基本医疗保险制度的决定》颁布，标志着我国的医疗保险制度改革进入了一个崭新的阶段。在我国，实行了将近半个世纪的公费医疗和劳保医疗制度被新的职工基本医疗保险取代。

四、失业保险

（一）概念

失业保险是指国家依法强制实行的，由用人单位、职工个人缴费及国家财政补贴等渠道筹集资金建立失业保险基金，对因失业而暂时中断生活来源的劳动者提供物质帮助以保障其基本生活，并通过就业培训、职业介绍等手段为其再就业创造条件的制度。

（二）缴费

失业保险费由用人单位和职工按照国家规定共同缴纳。依据1999年颁布的《失业保险条例》，城镇企业事业单位按照本单位工资总额的2%缴纳失业保险费。城镇企业事业单位职工按照本人工资的1%缴纳失业保险费。从2016年5月1日起，失业保险总费率在2015年已降低1个百分点的基础上可以阶段性降至1%～1.5%，其中个人费率不超过 0.5%，降低费率的期限暂按两年执行。

即使已经履行了缴费义务，劳动者如果想享受失业保险待遇，必须满足一定的条件。首先，失业前用人单位和本人已经缴纳失业保险费满一年，这很大程度上是为了防止在临近失业前突击参保，骗取保险金。其次，非因本人意愿中断就业，这是为了防止劳动者滥用失业保险金。最后，劳动者需要进行失业登记，并且有求职要求，这一点体现了失业保险的重要功能，即通过一定期限的经济保障，维持劳动者的就业能力与意愿。正因为如此，无正当理由，拒不接受当地人民政府指定部门或者机构介绍的适当工作或者提供的培训的，将被取消失业保险金待遇。

为了体现社会保险权利与义务相结合的原则，失业人员能够享受的失业保险金待遇和期限，取决于失业前用人单位和本人的累计缴费时间。例如，累计缴费满 1 年不足 5 年的，领取失业保险金的期限最长为 12 个月；累计缴费满 5 年不足 10 年的，领取失业保险金的期限最长为 18 个月；累计缴费 10 年以上的，领取失业保险金的期限最长为 24 个月。重新就业后再次失业的，缴费时间重新计算，领取失业保险金的期限与前次失业应当领取而尚未领取的失业保险金的期限合并计算，最长不超过 24 个月。

失业保险金的标准，由省、自治区、直辖市人民政府确定，不得低于城市居民最低生活保障标准。

(三) 基本情况

根据《2020 年度人力资源和社会保障事业发展统计公报》，2020 年底全国参加失业保险的人数为 21 689 万人，比上年底增加 1 147 万人。年底全国领取失业保险金的人数为 270 万人，比上年底增加 42 万人。全年共为 515 万名失业人员发放了不同期限的失业保险金，比上年增加 54 万人。

失业保险金月人均水平为 1 506 元，比上年增长 8.1%。同时，共向 762 万人发放失业补助金。全年共为领取失业保险金人员代缴基本医疗保险费 97 亿元，比上年减少 1.0%。全年发放稳岗返还惠及职工 15 596 万人，发放技能提升补贴惠及职工 172 万人。

全年失业保险基金收入 952 亿元，基金支出 2 103 亿元。年底失业保险基金累计结存 3 354 亿元。

(四) 发展历程

1986 年 7 月 12 日，国务院颁布《国营企业职工待业保险暂行规定》，标志着我国失业保险制度的建立。

1993 年 4 月，国务院颁发《国有企业职工待业保险规定》，同时废止了 1986 年的《国营企业职工待业保险暂行规定》，标志着我国失业保险制度进入正常运行阶段。

1994 年，中国政府正式使用“失业”的概念，国家统计部门也放弃了使用多年的“待业率”指标，正式公布“失业率”(实为“城镇登记失业率”)，并且国家有关部门也正式将“待业保险”改为“失业保险”。

1999 年 1 月 20 日，国务院颁发《失业保险条例》，标志着中国失业保险制度的发展进入了一个新的阶段。《失业保险条例》在法规层面上第一次明确将过去的“待业保险”更名为“失业保险”。

2005 年，国务院下发《关于进一步加强就业再就业工作的通知》，要求进一步发挥失业保险制度促进再就业的功能。

2010 年 10 月，我国通过了《社会保险法》，并于 2011 年 7 月 1 日起施行。从此，我国的失业保险进入法制化发展轨道，失业保险的制度运行将更加稳定和规范。

五、工伤保险

（一）概念

工伤是指职工在工作过程中因工作原因受到事故伤害或者患职业病。工伤保险即职业伤害保险，是指劳动者在工作中或在规定的特殊情况下，遭受意外伤害或患职业病导致暂时或永久丧失劳动能力以及死亡时，劳动者或其遗属从国家和社会获得物质帮助的一种社会保险制度。

（二）缴费

职工应当参加工伤保险，由用人单位缴纳工伤保险费，职工不缴纳工伤保险费。国家根据不同行业的工伤风险程度确定行业差别费率，并根据使用工伤保险基金、工伤发生率等情况在每个行业内确定费率档次。行业差别费率和行业内费率档次由国务院社会保险行政部门制定，报国务院批准后公布施行。社会保险经办机构根据用人单位使用工伤保险基金、工伤发生率和所属行业费率档次等情况，确定用人单位缴费费率。

用人单位应当按照本单位职工工资总额，根据社会保险经办机构确定的费率缴纳工伤保险费。工伤保险费的缴纳比例各地也不相同。例如，北京市规定企业每月按照其缴费总基数的 0.2%～2%缴纳工伤保险费，职工个人不缴纳工伤保险费。2015 年 7 月底，人社部和财政部联合印发《关于调整工伤保险费率政策的通知》，明确了单位费率的确定与浮动办法。各统筹地区社保经办机构根据用人单位工伤保险费使用、工伤发生率、职业病危害程度等因素，确定其工伤保险费率，并可依据上述因素的变化情况，每一至三年确定其在所属行业的费率档次是否浮动。

职工在发生工伤，经治疗伤情相对稳定后存在残疾、影响劳动能力的，应当依法进行劳动功能障碍程度和生活自理障碍程度的等级鉴定，以及劳动能力鉴定。其中劳动功能障碍分为十个伤残等级，最重的为一级，最轻的为十级。生活自理障碍分为三个伤残等级：生活完全不能自理、生活大部分不能自理和生活部分不能自理。工伤职工应依照劳动能力鉴定部门出具的伤残鉴定，享受相应等级的工伤待遇。职工因工死亡，其直系亲属按照规定从工伤保险基金领取丧葬补助金、供养亲属抚恤金和一次性工亡补助金。

（三）基本情况

根据《2020 年度人力资源和社会保障事业发展统计公报》，2020 年底全国参加工伤保险的人数为 26 763 万人，比上年底增加 1 285 万人。截至 2020 年底，全国新开工工程建设项目工伤保险参保率为98%。全年认定（视同）工伤112.0万人，评定伤残等级60.4万人。全年有188万人次享受工伤保险待遇。

全年工伤保险基金收入486亿元，基金支出820亿元。年底工伤保险基金累计结存1 449亿元（含储备金174亿元）。

（四）发展历程

新中国成立以来，我国相继制定和颁布了一些有关工伤保险的制度与规定，如1950年内务部公布了《革命工作人员伤亡褒恤暂行条例》，1951年颁布实施了《劳动保险条例》。1996年8月，劳动部制定了《企业职工工伤保险试行办法》，首次将工伤预防、工伤康复和工伤补偿三项任务结合并独立于其他社会保险制度，同时着重强调职业康复的重要意义。这些相关政策对保障劳动者合法权益、促进企业安全生产、维护社会稳定，都起到了积极的作用。2003年，我国颁布了《工伤保险条例》，这表明我国工伤保险制度的建设进入了体系化、规范化的新发展阶段，自2004年1月1日实施以来对保护工伤职工的合法权益、分散用人单位的工伤风险、规范工伤保险工作发挥了积极的作用。随着经济社会的发展，该制度也面临一些新情况、新问题，诸如事业单位、民办非企业单位、基金会等组织的职工工伤政策不明确，工伤认定范围不合理，工伤赔付标准偏低等。

2010年，《国务院关于修改〈工伤保险条例〉的决定》公布，修订后的条例自2011年1月1日起实行，此为我国现行的工伤保险制度。修订后的《工伤保险条例》主要有以下改变：扩大了工伤保险的覆盖范围，把事业单位、民办非企业单位、社会团体、基金会、律师事务所、会计师事务所纳入进来；丰富了工伤保险的征缴方式，对难以按照工资总额缴纳工伤保险费的行业，其缴纳的具体方式由国务院社会保险行政部门规定；调整了工伤认定的情形，补充和完善了上下班途中交通事故的工伤范围；提高了工伤赔付标准，简化了工伤处理程序；等等。

在职业病的确定及处理方面，1957年卫生部颁布了《职业病范围和职业病患者处理办法的规定》。1987年，卫生部、劳动人事部、财政部和中华全国总工会联合公布了9类99种法定职业病。2002年，卫生部会同劳动和社会保障部发布《职业病目录》，将职业病增加到10大类115种。2013年，国家卫生计生委等4部门联合印发《职业病分类和目录》，将职业病增加到10大类132种，2002年的《职业病目录》同时废止。

六、生育保险

（一）概念

生育保险是通过国家立法规定，在劳动者因生育子女而导致劳动能力暂时中断时，由国家和社会及时给予物质帮助的一项社会保险制度。生育保险制度的功能和宗旨在于通过向职业妇女提供生育医疗费用、生育津贴和产假，帮助她们恢复劳动能力，重返工作岗位。

（二）缴费

职工应当参加生育保险，由用人单位按照国家规定缴纳生育保险费（一般是按用人单位缴费总基数的0.8%缴纳），职工不缴纳生育保险费。生育保险待遇包括生育医疗费用和生育津贴。用人单位已经缴纳生育保险费的，其职工享受生育保险待遇；职工配偶未就业的按照国家规定享受生育医疗费用待遇。所需资金从生育保险基金中支付。

（三）基本情况

根据《2020年医疗保障事业发展统计快报》，截至2020年底，全年生育保险参保人数为23 546万人，比上年底增加2 129万人，增幅9.9%。生育保险待遇支出902.75亿元，同比增长1.8%。

（四）发展历程

新中国成立之初就着手把有关女职工权益的维护以立法的形式加以确定。1951年发布的《劳动保险条例》规定了女工人与女职工的产假和费用补助等问题。机关事业单位女职工的生育待遇依照1952年发布的《关于全国各级人民政府、党派、团体及所属事业单位的国家工作人员实行公费医疗预防的指示》和1955年发布的《关于女工作人员生育假期规定的通知》执行。1994年12月，劳动部颁发了《企业职工生育保险试行办法》。这些政策在当时都起到了维护妇女权益、促进经济生产顺利进行的作用，同时，也为之后生育保险制度的改革和完善奠定了基础。

目前，我国各地方的生育保险办法主要按照1995年实施的《企业职工生育保险试行办法》、1999年发布的《关于妥善解决城镇职工计划生育手术费用问题的通知》、2004年发布的《关于进一步加强生育保险工作的指导意见》和2012年实施的《女职工劳动保护特别规定》执行，各地方结合当地经济社会和人口发展的实际，制定出本地方的生育保险条例（办法）。

2019年3月颁布的《关于全面推进生育保险和职工基本医疗保险合并实施的意见》，将生育保险和医疗保险合并实施，主要政策有：（1）统一参保登记；（2）统一基金征缴和管理；（3）统一医疗服务管理；（4）统一经办和信息服务；（5）确保职工生育期间的生育保险待遇不变；（6）确保制度可持续。

七、住房公积金

（一）概念

住房公积金是指国家机关、国有企业、城镇集体企业、外商投资企业、城镇私营企业及其他城镇企业、事业单位、民办非企业单位、社会团体及其在职职工缴存的长期住房存储金。住房公积金是我国法定的住房社会保障制度，具有强制性、互助性和保障性等特点。依据目前的制度，只对在职职工才实行住房公积金制度。对无工作的城镇居民、离退休职工不实行住房公积金制度。具体而言，国家机关、国有企业、城镇集体企业、外商投资企业、城镇私营企业及其他城镇企业、事业单位、民办非企业单位、社会团体等均实行住房公积金制度。

职工有下列情形之一的，可以提取职工住房公积金账户内的存储余额：（1）购买、建造、翻建、大修自住住房的；（2）离休、退休的；（3）完全丧失劳动能力，并与单位终止劳动关系的；（4）出境定居的；（5）偿还购房贷款本息的；（6）房租超出家庭工资收入的规定比例的。职工死亡或者被宣告死亡的，职工的继承人、受遗赠人可以提取职工住房公积金账户内的存储余额。

（二）缴费

建立住房公积金制度的单位，单位和职工个人都有缴存费用的义务。职工个人缴存部分由单位代扣后，连同单位缴存部分一并存到住房公积金个人账户内，属于职工个人所有，职工个人享有住房公积金存储利息。2016年2月，中国人民银行、住房和城乡建设部、财政部颁布的《关于完善职工住房公积金账户存款利率形成机制的通知》规定，自2016年2月21日起，职工住房公积金账户存款利率调整为统一按一年期定期存款基准利率执行。

单位逾期不缴或者少缴住房公积金的，由住房公积金管理中心责令限期缴存；逾期仍不缴存的，可以申请人民法院强制执行。2005年，建设部、财政部和中国人民银行等联合颁布的《关于住房公积金管理若干具体问题的指导意见》规定，有条件的地方，城镇单位聘用进城务工人员，单位和职工可缴存住房公积金；城镇个体工商户、自由职业人员可申请缴存住房公积金，扩大了住房公积金的覆盖范围。

住房公积金由职工个人缴存和职工所在单位缴存两部分组成。职工住房公积金月缴存额为职工本人住房公积金缴存基数乘以职工住房公积金缴存比例，并由所在单位每月从其工资中代扣代缴。单位为职工缴存的住房公积金的月缴存额为职工本人住房公积金缴存基数乘以单位缴存比例。住房公积金缴存基数按职工本人上一年度月平均工资计算。月平均工资按国家统计局规定列入工资总额统计的项目计算。按照最新政策，住房公积金缴存比例下限为5%，上限由各地区按照《住房公积金管理条例》规定的程序确定，最高不得超过12%。

住房公积金制度一经建立，职工在职期间必须不间断地按规定缴存。除职工离职退休或发生《住房公积金管理条例》规定的其他情形外，不得中止和中断。住房公积金应当用于职工购买、建造、翻建、大修自住住房，任何单位和个人不得挪作他用。

（三）基本情况

根据《全国住房公积金2020年年度报告》，2020年住房公积金缴存额26 210.83亿元，提取额18 551.18亿元，发放个人住房贷款13 360.04亿元，购买国债5.04亿元。截至2020年底，缴存余额73 041.40亿元，个人住房贷款余额62 313.53亿元，保障性住房建设试点项目贷款余额5.61亿元，国债余额11.24亿元，住房公积金结余资金10 711.02亿元。

缴存方面，2020年住房公积金实缴单位365.38万个，实缴职工15 327.70万人，分别比上年增长13.33%和3.00%。新开户单位68.92万个，新开户职工1 835.11万人。提取方面，2020年，住房公积金提取人数6 083.42万人，占实缴职工人数的39.69%；提取率70.78%，比上年增加2.11个百分点。

（四）发展历程

新中国成立到20世纪90年代初期，我国一直实行福利分房制度，在这种制度下城镇居民的住房主要由其所在单位解决，且住房建设资金来源基本依靠财政拨款，财政负担过重。

在这种情形下，1991年3月，上海市政府借鉴新加坡经验，结合当前实际，颁布《上海市住房制度改革实施方案》，提出实现住房商品化的目标以及国家、个人、单位三方共同筹资解决住房问题的办法，通过建立权威的决策、管理及监督机构以及采取具体管理办法，保障上述目标的实现，住房公积金制度初具雏形。

鉴于上海市的良好范例，1994年出台的《国务院关于深化城镇住房制度改革的决定》提出在全国范围内全面推行住房公积金制度，按照“个人存储、单位资助、统一管理、专项使用”的原则缴纳住房公积金，各地区人民政府建立公积金管理机构负责住房公积金的归集、使用、支付等相关工作。

1997年，党的十五大报告首次提到住房公积金，提出“建立城镇住房公积金，加快改革住房制度”的指导思想，充分肯定了住房公积金制度的作用，推动了住房公积金制度的进一步发展完善。

1999年4月3日，《住房公积金管理条例》颁布实施，标志着住房公积金正式进入规范化阶段。

2015年11月20日，国务院颁布《住房公积金管理条例（修订送审稿）》，面向社会公开征求意见，在原《住房公积金管理条例》的基础上适应社会经济发展，做出了较大突破。

第3节 社会救助

一、社会救助制度的含义与功能

（一）社会救助制度的含义

社会救助制度也称社会救济制度，是政府主导或在政府的推动下，对因自然灾害或其他经济、环境、社会原因而无法维持最基本生活水平的社会成员，通过再分配的形式保障其最基本生活水平的一种社会制度。

（二）社会救助制度的功能

1. 缓解贫困问题

在市场背景下，任何一个社会总会有一定比例的成员，由于自身所能支配的资源匮乏，或者受资源供应链条断裂以及恶劣自然因素的影响，而没有市场收入或仅有极低的市场收入，进而跌入贫困，甚至陷入贫困陷阱。社会救助通过及时地对处于贫困线之下的或者最低生活标准之下的贫困群体实施救助，帮助他们解决基本生活问题，使他们不致因此而危及生存，直接保障了贫困群体的生存条件。

2. 缩减贫困差距

社会救助在实现解除困难群体生存危机的目标的同时，在一定程度上也控制了贫富差距，有助于化解社会矛盾。社会救助由政府主办，其经费来源于税收。其实质就是将部分国民收入再分配给贫困者，它严格区别于以市场交换为基础的初次分配，体现按需分配，强调公平原则，保障了最基本的人权。

3. 有利于实现社会公平

无论是发达国家还是发展中国家，无论是历史上还是现代社会，对弱势群体的关注大多出自人道主义与人文关怀。现代社会救助在面对社会发展进程中的社会分化和贫富冲突时，通过运用政府的公权力与公共资源来对收入分配进行调解，在一定程度上弥补了市场经济条件下效率对公平的损害，维护了低收入阶层的生存权利，协调了社会关系，维护了社会稳定，体现了社会公平与正义的价值追求。

二、我国最低生活保障制度

最低生活保障制度是指按照法定的标准，为生活在最低生活保障线之下的社会成员提供满足其最低生活需要的物质援助的制度安排。我国长期以来的二元经济结构，将社会救助体系分割为城镇社会救助体系和农村社会救助体系两部分。我国最低生活保障制度是针对城乡贫困居民而设计的一项社会救助制度，主要目标是减缓城乡范围内的贫困现象，保障城乡社会的平稳运行。

（一）城市最低生活保障制度

1. 城市最低生活保障制度发展历程

城市最低生活保障制度是伴随着我国经济体制改革的不断深入而产生和发展起来的，其发展大致经历了四个阶段。

第一阶段：试点阶段（1993—1995 年）。1993 年 6 月 1 日，上海市率先建立了城市居民最低生活保障制度。这一做法得到了民政部门的肯定和推广。这一时期，最低生活保障制度的创建和实施基本上是各城镇地方政府的自发行为，制度形成处于试点、摸索阶段。

第二阶段：推广阶段（1995—1997 年）。1995 年 5 月，民政部在厦门、青岛分别召开了全国城市最低生活保障工作座谈会，号召将最低生活保障制度推向全国。到 1997 年 5 月，全国已有 206 个城市建立了最低生活保障制度，约占全国建制市的 1/3。这一时期民政部门成为创建、推行最低生活保障制度的领导者。

第三阶段：普及阶段（1997—1999 年）。1997 年 9 月，国务院颁发了《关于在全国建立城市居民最低生活保障制度的通知》。随后，党的十五大报告再次强调要“实行保障城镇困难居民基本生活的政策”。至此，建立城市最低生活保障制度已经成为中共中央、国务院的重大决策，这是城市最低生活保障制度得以在全国迅速推广的重要前提。到 1999 年底，我国 68 个城市和 1 638 个县政府所在地的建制镇全部建立了最低生活保障制度。

第四阶段：深化阶段（1999 年至今）。1999 年 9 月，国务院发布了《城市居民最低生活保障条例》，从此，城市居民最低生活保障工作走上规范化、法制化管理的轨道。之后各地继续完善城市居民最低生活保障制度，逐步形成了保障人数大体稳定、财政投入逐年增加、保障水平不断提高的态势。政府采取措施，积极应对物价因素对城镇低保家庭的影响；推行分类施保、分类救助；探索将最低生活保障制度与教育、医疗、住房、司法等专项救助制度相结合；大力提高基层低保管理水平和服务质量。

2. 我国现行的城市最低生活保障制度

当前我国城市最低生活保障工作是依照 1999 年国务院发布的《城市居民最低生活保障条例》开展的，《城市居民最低生活保障条例》对城市居民最低生活保障制度做出了以下规定：

（1）保障对象界定。《城市居民最低生活保障条例》规定，低保对象为家庭人均收入低于当地最低生活保障标准的持有非农业户口的城市居民。主要包括以下三类人员：无生活来源、无劳动能力、无法定赡养人或抚养人的居民；领取失业救济金期间或失业救济期满仍未重新就业，家庭人均收入低于最低生活保障标准的居民；在职人员和下岗人员在领取工资、基本生活费后以及退休人员领取退休金后，其家庭人均收入仍低于最低生活保障标准的居民。

（2）保障标准确定。城市居民最低生活保障标准按照当地维持城市居民基本生活所必需的衣、食、住费用，并适当考虑水电燃煤（燃气）费用以及未成年人的义务教育费用确定。城市居民最低生活保障标准需要提高时，依照规定重新核定。

（3）保障资金来源。城市居民最低生活保障所需资金，由地方人民政府列入财政预算，纳入社会救济专项资金支出项目，专项管理，专款专用。国家鼓励社会组织和个人为城市居民最低生活保障提供捐赠、资助；所提供的捐赠、资助，全部纳入当地城市居民最低生活保障资金。

（二）农村最低生活保障制度

1. 农村最低生活保障制度发展历程

与城市最低生活保障制度相比，我国农村最低生活保障事业起步较晚，其建立与发展大致经历了三个阶段。

第一阶段：试点阶段（1992—1995 年）。1992 年，农村最低生活保障制度在山西省左云县首次建立试点；1994 年，山西、山东、浙江、河北、湖南、河南、广东等省被列入开展农村社会保障体系建设首批试点省份；1995 年 12 月，广西壮族自治区武鸣县颁布了《武鸣县农村最低生活保障线救济暂行办法》，并于 1996 年 1 月 1 日起正式实施，这是我国第一个县级农村最低生活保障制度实施办法。

第二阶段：逐步推进阶段（1995—2007年）。1996年，民政部办公厅下发《关于加快农村社会保障体系建设的意见》，上海、北京、广东、辽宁等省市纷纷提出“整体推进城乡最低生活保障制度建设”的政策设想；2002年，党的十六大提出了探索建立农村最低生活保障制度的要求，到2002年底，全国有27个省份在有条件的地区初步建立了农村最低生活保障制度；2005年11月，民政部要求在有条件的地区建立农村居民最低生活保障制度，将家庭人均收入低于当地最低生活保障标准的农村居民全部纳入救助范围；截至2006年底，全国有23个省份建立了农村最低生活保障制度。

第三阶段：发展与完善阶段（2007年至今）。2007年国务院发布了《关于在全国建立农村最低生活保障制度的通知》。截至2007年6月底，全国31个省区市都已建立农村最低生活保障制度；2008年7月，民政部制定了《全国基层低保规范化建设暂行评估标准》，从制度设计、具体操作、监督机制等方面进一步规范了我国农村最低生活保障工作。党的十七届三中全会提出要进一步完善我国农村最低生活保障制度，加大中央和省级财政补贴力度，做到应保尽保，不断提高保障标准和补助水平，同时强调实现农村最低生活保障制度和扶贫开发政策的有效衔接。

2. 我国现行的农村最低生活保障制度

当前我国农村最低生活保障工作是依照2007年国务院发布的《关于在全国建立农村最低生活保障制度的通知》开展的，坚持“应保尽保、标准适度、量力而行、动态调整”的原则。制度设计主要包括以下内容：

（1）保障对象界定。农村最低生活保障对象是家庭年人均纯收入低于当地最低生活保障标准的农村居民，主要是因病残、年老体弱、丧失劳动能力以及生存条件恶劣等原因造成生活常年困难的农村居民。

（2）保障标准确定。农村最低生活保障标准由县级以上地方人民政府按照能够维持当地农村居民全年基本生活所必需的吃饭、穿衣、用水、用电等费用确定，并报上一级地方人民政府备案后公布执行。农村最低生活保障标准要随着当地生活必需品价格变化和人民生活水平提高适时进行调整。

（3）保障资金来源。农村最低生活保障资金的筹集以地方为主，地方各级人民政府要将农村最低生活保障资金列入财政预算，省级人民政府要加大投入。地方各级人民政府民政部门要根据保障对象人数等提出资金需求，经同级财政部门审核后列入预算。中央财政对财政困难地区给予适当补助。同时，地方各级人民政府及其相关部门要鼓励和引导社会力量为农村最低生活保障提供捐赠和资助。

（三）我国社会救助现状

根据民政部《2020年民政事业发展统计公报》，截至2020年底，全国共有城市低保对象488.9万户、805.1万人。全国城市低保平均保障标准为677.6元/人·月，比上年增长8.6%，全年支出城市低保资金537.3亿元；有农村低保对象1 985.0万户、3 620.8万人。全国农村低保平均保障标准为5 962.3元/人·年，比上年增长11.7%，全年支出农村低保资金1 426.3亿元。

第4节 社会福利

一、社会福利的含义与功能

（一）社会福利的含义

狭义的社会福利，是指对社会弱势人群所提供的带有福利性质的服务与保障措施，以提高他们的生活水准和自立能力，如老年福利、未成年人福利、残疾人福利等。

中国的社会福利是社会保障制度的一个方面，社会福利政策除了对弱势人群提供一定的福利服务与保障外，还致力于提高全体社会成员的生活质量。我国的社会福利制度是指国家、社会或集体为立法或政策范围内的所有公民普遍提供旨在保证一定的生活水平和尽可能提高生活质量的资金、服务和福利设施的社会保障制度。

（二）社会福利的功能

1. 保障功能

社会福利为社会成员提供一定的收入补偿、福利设施和社会服务，不仅保障了社会成员的基本生活需要，而且保证了社会成员在现有的经济发展水平下，生活质量能够不断改善和提高。国家除提供福利院、精神病院、养老院、托儿所及大众文体活动场所等社会福利设施外，还提供一些专门为残疾人就业而兴办的社会福利企业，国家对其实行免税或税收优惠政策。这些有形的福利设施，使社会成员能感受到国家和社会提供的福利，特别是对社会弱势群体来说，更是其基本生活和身心健康的有效保障。

2. 稳定功能

社会福利通过一种公平的机制向社会成员提供各种福利设施和服务，使社会成员能够分享社会发展的成果，满足其对物质生活和精神生活的需要，从而能够激发劳动者的生产积极性和创造性，提高劳动生产率，最大限度提高劳动力资源的效率，促进经济的发展。同时，社会福利制度的实施，缩小了收入差距，缓解了社会矛盾，从而有利于调节社会转型时期的各种利益矛盾，促进社会的稳定与和谐发展。

3. 促进社会经济发展

社会福利是政府调节总供给与总需求的工具。社会福利通过提供福利设施和社会服务来增加社会总供给，而在总供给不足的情况下，通过提高社会福利开支来增加总供给。社会福利既可以通过社会津贴直接影响总需求，也可以通过提高生活质量、提高社会成员的综合素质，使其能更好地投入经济建设中，驱生福利设施投资和社会服务来间接影响总需求。

4. 促进精神文明进步

社会福利面向广大社会成员，为社会成员提供改善生活质量的物质帮助和服务项目。社会福利资金不仅来自国家财政，还有一些来自社会团体和企业的捐助以及个人捐助，这有助于形成全社会互助互济的好局面，极大地促进全社会精神文明的进步。

二、我国社会福利制度

（一）主要类型

1. 老年人福利

老年人福利是指国家和社会通过社会化的福利措施和有关福利津贴，满足老年人的生活服务需要并促使其生活质量不断提高的一种社会政策。在中国，老年社会福利的概念与老龄工作、老年人福利事业和老年社会保障的概念等同。

伴随着经济社会的发展，我国老年人福利事业呈现出新的面貌，主要表现在引入市场力量和社会力量，通过推进养老方式的社会化转变和养老服务体系的发展，建立了保障老年人基本生活权益的社会保障网络。

2. 残疾人福利

残疾人福利是指国家和社会在保障残疾人基本物质生活需要的基础上，为残疾人在生活、工作、教育、医疗和康复等各方面所提供的设施、条件和服务。对于数量庞大的残疾人群体，解决好残疾人问题是改善民生的重要组成部分，也关乎国家的发展和社会的稳定。

（二）现状

根据《2020 年民政事业发展统计公报》，我国老年人福利及残疾人福利大体情况如下。

1. 老年人福利

截至 2020 年 11 月 1 日零时，全国 60 周岁及以上老年人口 26 402 万人，占总人口的 18.7%，其中 65 周岁及以上老年人口 19 064 万人，占总人口的 13.5%。截至 2020 年底，全国共有 3 853.7 万老年人享受老年人补贴，其中享受高龄补贴的老年人 3 104.4 万人，享受护理补贴的老年人 81.3 万人，享受养老服务补贴的老年人 535.0 万人，享受综合老龄补贴的老年人为 132.9 万人。全国共支出老年人福利经费 385.7 亿元。

2. 残疾人福利

2020 年，全国共有困难残疾人生活补贴对象 1 214.0 万人，重度残疾人护理补贴对象 1 475.1 万人。截至 2020 年底，民政部门直属康复辅具机构共有 21 个，职工 0.1 万人，固定资产原价 10.8 亿元。

本章小结

本章主要介绍了四个核心内容：第一，社会保障的作用；第二，“五险一金”的概念、“五险一金”各制度在我国的基本情况及发展历程；第三，社会救助的含义与功能、我国最低生活保障制度的发展历程及实施情况；第四，社会福利的含义与功能、我国社会福利制度的主要类型及现状。

复习与思考题

1. “五险一金”制度对于即将进入劳动力市场的大学生而言，有哪些重要意义？
2. 职工参与养老保险对其老年退休生活有何重大意义？
3. 如何保证职工基本医疗保险的高效实用？
4. 如何评析即使员工不缴费也能享受工伤保险待遇？
5. 你认为当下在哪些领域需要加强社会福利的作用？

第 10 章　劳动者保护：劳动安全与卫生

学习目标

- 掌握劳动安全的内涵与特点。
- 理解事故的特征、成因及管理策略。
- 了解影响职业安全行为的个体因素。
- 掌握职业危害与职业病的内涵以及职业病的预防治疗。
- 了解劳动者心理健康管理的内容。
- 理解工作与家庭平衡计划的内涵、实施原则及具体策略。

开篇引例

超 2 亿人接触职业病危害

国家卫健委举行发布会介绍“职业健康保护行动”情况。据调查显示，超过 2 亿劳动者接触各类职业病危害。工作压力、颈椎病等未来或将纳入保护范围。

当前，我国职业病报告病例数居高不下。2010 年以来，我国年均报告职业病新病例达 2.8 万例。截至 2018 年底，我国累计报告职业病 97.5 万例，其中，职业性尘肺病 87.3 万例，约占报告职业病病例总数的 90%。

据悉，由于职业健康检查覆盖率低和用工制度不完善等原因，实际发病人数远高于报告病例数。据抽样调查，约有 1 200 万家企业存在职业病危害，超过 2 亿劳动者接触各类职业病危害。

据健康中国行动推进委员会办公室的消息，此次职业健康保护行动将颈椎病、肩周炎、腰背痛、骨质增生、坐骨神经痛列为劳动者个人应当预防的疾病。

中国疾病预防控制中心研究员孙新介绍，这些并不是法定的职业病，但它们都是与职业活动有关的疾病，他认为未来它们也有可能被列为职业病。

此外，随着我国经济的转型升级，职业病的危害因素更为多样、复杂，传统的职业病危害尚未得到根本控制，而社会心理因素和不良工作学习因素所致的精神疾患和肌肉骨骼损伤等与工作相关的疾病问题日益突出。

“职业健康保护行动”主要从劳动者个人、用人单位和政府三方入手，提出了多项具体措施，要求降低职业病危害，积极研究将工作压力、肌肉骨骼疾病等新职业病危害纳入保护范围。

资料来源：超2亿人接触职业病危害！这些病或将纳入法定职业病．(2019-08-12). http://cnews.chinadaily.com.cn/a/201908/12/WS5d50fff0a31099ab995d8dd5.html.

第1节 劳动安全

一、劳动安全概述

（一）什么是劳动安全

劳动安全又称职业安全（occupational safety），是以防止劳动者在劳动过程中发生各种伤亡事故为目的的工作领域及在法律、技术、设备、组织制度和教育等方面所采取的相应措施。其主要目的是防止劳动者在劳动过程中发生意外事故。

（二）劳动安全的特点

1. 劳动安全问题的普遍性与易被忽视性

劳动安全问题的产生具有普遍性，在现代社会，职业伤害几乎存在于每个行业、每个岗位、每项工作中。其原因有三，首先，事故发生具有不确定性或偶然性。任何生产和经营都有一定的风险，对事故的防范需要经常性地、细致地进行。其次，科学技术的先进性掩盖了其对人类的负面作用。科技进步促进了社会的进步，同时也对人类的生存与健康造成破坏。人们通常过多关注新科技所具有的经济价值，却往往忽视了对其危害的防范。最后，市场竞争促进了短期管理行为。长期以来，对安全管理的投入都被投资者看作付出的成本和损失的利润，因此，安全管理无法引起企业决策者的重视，管理者在安全与健康投资上犹豫不决。

2. 劳动安全事故的严重性及损失的间接性

任何安全事故都可以造成直接损失和间接损失。一般而言，间接损失要大于直接损失。而实际上，间接损失被大大低估。管理者往往只计算事故的直接经济损失，看重的是实际支付的赔偿费与管理成本之比。对事故的间接损失和企业应承担的社会责任则采取忽视、回避的态度。因此，不能仅从直接经济角度来认识职业安全的重要性，而应该从更宽泛的视角来理解其社会意义与超经济价值。

3. 劳动安全事故的可避免性

尽管事故的发生具有很大的偶然性，但是任何安全事故和健康伤害都是可以最大限度避免的。因为事故的发生是有规律的，只要客观地分析，认识事故发生的可能性，制定严格的管理制度，就可以有效地预防事故的发生。

（三）劳动安全管理的法制化与制度化

劳动安全管理的法制化与制度化具有重要意义。首先，劳动安全立法是现代化大生产的客观需要。劳动过程中存在着各种不安全、不健康的因素，国家有责任通过法律手段，防止或消除可能发生的工伤事故和职业伤害，保护劳动者的生命安全和企业的财产安全。其次，劳动安全立法是市场经济运行的必要保证。在市场经济条件下，当企业为追求利益最大化而不会为了员工的安全和健康自觉自愿地进行安全方面的人力、物力和财力投入时，就需要外在的强制力量制约企业的行为。劳动安全立法既是国家运用法律机制对各种独立的生产和经营主体进行的制约，也是一种在劳动安全和健康问题上调节各群体利益的有效手段。最后，劳动安全立法是劳动者基本权益的体现。宪法和劳动法中均将劳动者权益保护作为法律制定和执行的基本出发点，以保障劳动者有安全和健康的权利。

1. 劳动安全管理的法律体系

（1）劳动法。劳动法设立专门的条款，对劳动保护提出了基本的原则和要求。1994年7月5日第八届全国人民代表大会常务委员会第八次会议通过的《劳动法》第六章专章规定了“劳动安全卫生”，以劳动基本法的形式对劳动安全卫生做出原则性规定。为进一步落实《劳动法》的规定，劳动部还颁布了一系列与《劳动法》相配套的有关劳动安全卫生的法规，如《劳动监察员管理办法》《未成年工特殊保护规定》等。

（2）安全生产法。2002年，我国在劳动保护方面通过了两项专门的立法，一项是《安全生产法》，另一项是《职业病防治法》。这是我国首次就劳动保护专门立法，这两项专门的立法是劳动法的两个重要分支。2014年8月31日，第十二届全国人民代表大会常务委员会审议修改了《安全生产法》，强化了安全生产工作的重要性，进一步落实了生产经营单位的主体责任和强化了安全监察部门的执法地位，加大了对违法行为的处罚力度。

（3）劳动保护法规。劳动保护法规就劳动保护问题进行了集中性、综合性的法律规定，是劳动保护体系的核心和基本法律准则。劳动保护法规包括两项内容：一是通过制定和实施法律规定，调整生产过程中与安全有关的人与自然之间的关系；二是通过监督安全生产责任制、安全教育、安全健康督查以及伤亡事故的调查处理和职业病诊断治疗等规定的实施，调整企业安全管理中人与人之间的关系。

（4）劳动安全技术规程。劳动安全技术规程是指国家为了保护劳动者在劳动过程中的安全、防止发生伤亡事故而采取的各种安全技术保护措施的规章制度，包括工厂安全技术规程、矿山安全技术规程和建筑安装工程安全技术规程等。各行各业的生产特点和工艺过程有所不同，需要解决的劳动安全技术问题也有所不同。国家针对不同的劳动设备和条件以及不同行业的生产特点，规定了适合各行业的安全技术规程，如《建筑施工升降机安装、使用、拆卸安全技术规程》《液压升降整体脚手架安全技术规程》等。

（5）劳动安全卫生标准。劳动安全卫生标准是指国家为消除、限制或预防劳动过程中的危险和有害因素，保护劳动者安全，保障生产正常运行而制定的统一标准和实施规则，具有技术性强、标准统一、规范化和操作性强的特点。

目前，我国劳动安全卫生标准分为国家标准、行业标准和地方标准三个层次。国家标准主要由劳动部门或卫生部门组织制定，归口管理，由国家技术监督局发布实施。强制性国家标准的代号为GB，推荐性国家标准的代号为GB/T。劳动安全卫生行业标准主要由劳动部门或卫生部门组织制定并发布实施，报国家技术监督局备案。强制性行业标准的代号为LD，推荐性行业标准的代号为LD/T。地方标准是省、自治区、直辖市区域内统一的标准，是根据本区域内工业生产结构特点和劳动保护管理工作需要制定的标准，是国家标准、行业标准的必要补充。

（6）国家劳动安全卫生监察制度。国家劳动安全卫生监察制度是指国家授权的劳动安全卫生监察机构对用人单位及其主管部门执行劳动安全卫生法规进行监察的一种制度。它是独立于企业之外的国家监察，有独立的监察系统，其机构的设置、职权范围和监察员的任免等都由专门法规加以规定；监察机构具有广泛的监察权，行使监察权不受任何部门、团体或个人的干预。

2. 劳动安全管理的制度体系

（1）安全生产责任制度。安全生产责任制度是指企业以正式制度的形式，规定各级领导、职能部门、工程技术人员和生产工人在生产过程中所应承担的安全责任的一种管理制度。安全生产责任制度是企业安全生产的基本制度。

生产经营单位的主要负责人对本单位安全生产工作负有以下职责：建立、健全本单位安全生产责任制度；组织制定本单位安全生产规章制度和操作规程；组织制定并实施本单位安全生产教育和培训计划；保证本单位安全生产投入的有效实施；督促、检查本单位的安全生产工作，及时消除生产安全事故隐患；组织制定并实施本单位的生产安全事故应急救援预案；及时、如实报告生产安全事故。

（2）安全卫生技术管理制度。安全卫生技术管理制度是指企业为了改善劳动条件、防止和消除伤亡事故与职业病而规定的技术措施和管理方式，包括：企业的生产、技术、财务计划在编制时必须包括安全技术措施计划；安全技术措施所需的设备、材料应该列入企业物资、技术供应计划；每项安全卫生措施计划都应确定实现的期限和负责人；劳动安全卫生措施必须符合国家标准。

（3）劳动安全卫生设施“三同时”制度。劳动安全卫生设施“三同时”制度是指企业新建、改建、扩建工程的劳动安全卫生设施必须与主体工程同时设计、施工、投入生产和使用。经济和行业管理部门、建设单位、设计单位、施工单位以及各级劳动行政管理部门也应同时履行各自的职责和义务。

（4）劳动安全生产教育制度。劳动安全生产教育制度是企业帮助员工提高安全生产意识，普及安全技术法规知识，教育和培训员工掌握安全技术常识的一项经常性教育制度。劳动安全生产教育制度是预防工伤事故发生的重要措施。

劳动安全生产教育的内容包括思想政治教育、劳动安全卫生法制教育、劳动纪律教育、劳动安全技术知识教育、典型经验和事故教训教育等。其内容除了包括要对企业全体员工进行经常性的培训教育之外，还包括对新进员工的教育培训、对特殊工种员工的教育培训、对从事新岗位新工种员工的教育培训及对各级行政和技术管理人员的教育培训等。

（5）劳动安全卫生检查制度。劳动安全卫生检查制度是落实安全卫生法规，发现和消除事故隐患，推动劳动安全卫生工作的制度。安全卫生检查既包括用人单位自身对安全卫生工作进行的经常性检查，也包括地方劳动行政主管部门、产业主管部门组织的定期检查。另外，工会也有权对企业的安全卫生情况进行检查。检查的内容包括：执行各项安全卫生规程的情况，安全卫生措施计划的落实情况，各项通风设备的有效状况，各种机器设备和厂房建筑的安全卫生状况，个人防护用品的管理和使用情况，员工对安全卫生规章制度的掌握情况等。

（6）劳动防护用品管理制度。劳动防护用品管理制度是指对劳动防护用品的发放和使用进行管理的制度。用人单位必须为劳动者免费提供符合国家标准的劳动防护用品，并对从事有职业危害作业的劳动者定期进行健康检查。

（7）伤亡事故和职业病统计报告处理制度。伤亡事故和职业病统计报告处理制度，是对劳动者在劳动过程中发生的伤亡事故和职业病进行报告、登记、调查、处理、统计和分析的制度。其目的在于及时统计、报告、调查和处理伤亡事故，积极采取预防措施，防止和减少伤亡事故的危害。

二、事故管理与工伤保险

事故是指个人或集体在为了实现某一意图而采取行动的过程中，突然发生与人的意志相反的情况，进而迫使这种行动暂时或永久停止的事件。本部分主要讨论的是劳动者的伤亡事故，即劳动者在劳动过程中发生的人身伤害、急性中毒等事故。

（一）事故的特征及成因

1. 事故的基本特征

（1）因果性。事故的因果性是指事故是相互联系的多种因素共同作用的结果，引起事故的原因是多方面的。在伤亡事故调查分析过程中，应该弄清事故发生的因果关系，找到事故发生的主要原因，以对症下药。

（2）随机性。事故的随机性是指事故发生的时间、地点、事故后果的严重性是偶然的。这说明对事故的预防具有一定的难度。但是，事故的这种随机性在一定范畴内也遵循统计规律，从事故的统计资料中可以找到事故发生的规律。因此，事故统计分析对于制定正确的预防措施有重大的意义。

（3）潜伏性。表面上看事故是一种突发事件，但是事故发生之前均存在一定潜伏期。在事故发生前，人、机、环境系统所处的状态是不稳定的，即系统存在事故隐患，具有危险性。一旦出现触发因素，事故很可能就会发生。在工业生产活动中，企业若较长时间内未发生事故，容易麻痹大意，亦容易忽视事故的潜伏性，这就是工业生产中的思想隐患。

（4）可预防性。现代工业生产系统是人造系统，这种客观实际给预防事故提供了基本的前提。所以说，从理论上和客观上讲任何事故都是可以预防的。认识这一特性，对于坚定信念、防止事故发生有促进作用。因此，人们应该通过各种合理的对策和努力，从源头上消除隐患，把工业事故的发生降到最低程度。

2. 事故的成因分析

在实际的劳动过程中，事故发生的原因是多方面的，但归纳起来有直接原因和间接原因两大类，主要包括人的不安全行为、物的不安全状态、管理缺陷三个方面。

（1）人的不安全行为。在生产活动中，人的行为受心理、生理、生活环境、生产条件与技术水平等因素的影响，往往造成作业目的与实际作业效果之间的偏差，引起这种偏差的原因就是人的失误。人的行为具有多变、灵动、动机的特性，因此人的失误的表现形式大致分为以下几个方面：操作错误，忽视安全和警告；造成安全装置失效；使用不安全的设备；用手代替工具操作；冒险进入危险场所；在起吊物下作业；有分散注意力行为；不安全装束；对易燃易爆危险品处理错误；在必须使用个人防护用品、用具的作业或场合中，忽视对其的使用；等等。

（2）物的不安全状态。物的不安全状态包括机器的不安全状态和环境的不安全条件。机器的不安全状态包括：防护、保险、信号等装置缺少或有缺陷；设备、设施、工具、附件缺少或有缺陷；个人防护用品、用具缺少或有缺陷。环境的不安全条件包括：照明光线不足；通风不良；作业场地杂乱；作业场所狭窄；交通线路配置不安全；操作工序设计或配置不安全；地面滑；贮存方法不安全；环境湿度、温度不当；等等。

（3）管理缺陷。管理缺陷包括：劳动组织不合理，例如作业人数不足或过多，工种搭配不当，连续作业时间过长，作业点布置不合理等；规章制度不健全，实施不力；对岗位员工的安全教育与技术培训不足；缺乏现场作业指导与检查；隐患整改不及时，事故防范措施不落实；技术和设计上有缺陷，例如工业构件、建筑物、机械设备、仪器仪表、工艺过程、操作方法、维修检验等设计、施工和材料使用上有问题等。

（二）事故管理及预防

1. 事故管理

事故管理是对事故的调查、分析、研究、报告、处理、统计和档案管理等一系列工作的总称。事故管理是企业安全管理的一项重要工作，具有严谨的技术性和严格的政策性。事故管理对掌握事故信息，认识潜在的危险隐患，提高企业安全管理水平，采取有效的防范措施，防止事故重复发生，具有重要作用。事故管理包括事故分类、事故调查与报告、事故分析、撰写事故调查报告、事故统计报告、事故档案管理等重要环节。

2. 事故预防

（1）事故预防的原则。在预防事故发生的过程中，应该遵循如下原则：

1）事故是可以预防的。除了自然灾害造成的事故我们无法采取主动的防止措施以及某些事故原因在技术上尚无有效的控制措施以外，其余事故都可以通过消除原因来控制事故的发生。但无论什么事故，都可以找到避免或减少损失的办法。因此，我们要分析事故发生的原因和过程，研究防止事故发生的理论及对策，这样就可以防止事故发生，减少损失。

2）防患于未然。积极有效的事故预防原则是防患于未然，即采取“事先型”的解决办法，将事故隐患、不安全因素消除在潜伏、孕育阶段，这是防止事故发生的根本出发点。

3）斩草除根。引起事故的原因是多方面的，而原因之间又有因果关系。事故预防就是要从事故的直接原因着手，分析引起事故的最根本原因，只有消除这些最根本原因，才能消除事故的所有原因，才能从根本上消除事故。

4）全面治理。消除事故隐患、根除事故的最基本方法是遵循全面治理的原则。即在安全技术、安全教育、安全管理等方面，对人的不安全行为、物的不安全状态、管理缺陷进行综合、系统的治理，从而达到对事故原因的多方位控制。技术、教育、执行是企业预防事故的三大支柱，只有全面发挥三大支柱的作用，实行全过程的控制措施，对事故隐患与事故苗头进行全面治理，才能有效地达到预防事故的目的。

（2）事故的预防对策。在制定事故预防对策时，应从两个方面入手：一是减少不安全的环境因素；二是减少不安全的行为。

减少不安全的环境因素永远是预防事故发生的第一道防线。企业安全管理人员应当对工作环境进行设计以减少或者消除危险的环境因素，基层管理人员和经理人员也应该积极参与其中，做好配合工作。主要措施包括：设置安全装置，如防护装置、保险装置、信号装置及危险标识等；做好机械设备的维护保养和计划检修以及工作地点的布置与整洁；配备个人防护用品；改进生产工艺过程，实现机械化与自动化；加强对安全法律和法规的制定。

减少不安全的行为是预防事故发生的又一道防线。主要措施包括：通过强调安全生产和安全管理的重要性来减少不安全的行为；通过选拔和配置人员来减少不安全的行为；通过培训来减少不安全的行为；通过激励手段来减少不安全的行为；通过安全行为教育来减少不安全的行为；通过安全与健康检查来减少不安全的行为。

（三）工伤与工伤保险

1. 工伤的概念

工伤又称“职业伤害”，指职工在生产劳动中由于生产或工作过程中的不安全、不卫生等因素所发生的或与之相关的意外伤害，包括事故伤残、职业病以及因这两种情况造成的死亡，以及劳动者的身体负伤或残废。工伤的危害程度随社会的发展而加深。现如今，工伤事故已然成为社会问题和劳动问题，而非劳动者的个人问题。

国务院于2003年4月27日发布《工伤保险条例》，自2004年1月1日起施行。该条例是为保障因工作遭受事故伤害或者患职业病的职工获得医疗救治和经济补偿，促进工伤预防和职业康复，分散用人单位的工伤风险而制定的。2010年，国务院对《工伤保险条例》进行修订，并自2011年1月1日起施行。该条例规定，境内的各类企业的职工和个体工商户的雇工，均有依照该条例的规定享受工伤保险待遇的权利。用人单位和职工应当遵守有关安全生产和职业病防治的法律法规，执行安全卫生规程和标准，预防工伤事故发生，避免和减少职业病危害。职工发生工伤时，用人单位应当采取措施使工伤职工得到及时救治。国务院劳动保障行政部门负责全国的工伤保险工作。劳动保障行政部门等部门在制定工伤保险的政策、标准时，应当征求工会组织、用人单位代表的意见。

2. 工伤认定

工伤认定是工伤职工获得工伤保险给付的首要程序。根据《工伤保险条例》的规定，工伤认定是工伤保险基金统筹地区的劳动保障行政部门按照属地原则，依据工伤认定申请人提交的工伤认定申请，依法对被申请对象的资格、申请事项和相关证据进行审理，对其完整性、真实性、准确性进行分析、核实评估，做出工伤或者非工伤的判断，最终形成工伤认定结论并送达申请人和其所在单位的行政行为。

《工伤保险条例》第十四条规定，职工有下列情形之一的，应当认定为工伤：(1)在工作时间和工作场所内，因工作原因受到事故伤害的；(2)工作时间前后在工作场所内，从事与工作有关的预备性或者收尾性工作受到事故伤害的；(3)在工作时间和工作场所内，因履行工作职责受到暴力等意外伤害的；(4)患职业病的；(5)因工外出期间，由于工作原因受到伤害或者发生事故下落不明的；(6)在上下班途中，受到机动车事故伤害的；(7)法律、行政法规规定应当认定为工伤的其他情形。

《工伤保险条例》第十五条规定，职工有下列情形之一的，视同工伤：(1)在工作时间和工作岗位，突发疾病死亡或者在48小时之内经抢救无效死亡的；(2)在抢险救灾等维护国家利益、公共利益活动中受到伤害的；(3)职工原在军队服役，因战、因公负伤致残，已取得革命伤残军人证，到用人单位后旧伤复发的。

《工伤保险条例》第十六条规定，职工有下列情形之一的，不得认定为工伤或者视同工伤：(1)因犯罪或者违反治安管理伤亡的；(2)醉酒导致伤亡的；(3)自残或者自杀的。

3. 工伤保险

工伤保险是指劳动者在工作中或在规定的特殊情况下，遭受意外伤害或患职业病导致暂时或永久丧失劳动能力以及死亡时，劳动者或其遗属从国家和社会获得物质帮助的一种社会保险制度。

工伤保险作为社会保险制度的一个组成部分，是国家通过立法强制实施的，是国家对职工履行的社会责任，也是职工应该享受的基本权利。工伤保险的实施是人类文明和社会发展的标志和成果。

实行工伤保险保障了工伤职工的医疗以及其基本生活、伤残抚恤和遗属抚恤，在一定程度上解除了职工和家属的后顾之忧。工伤补偿体现了国家和社会对职工的尊重，有利于提高他们的工作积极性。建立工伤保险有利于促进安全生产，保护和发展社会生产力。工伤保险与生产单位改善劳动条件、防病防伤、安全教育、医疗康复、社会服务等工作紧密相连，对提高生产经营单位和职工的安全生产意识，防止或减少工伤、职业病，保护职工的身体健康至关重要。工伤保险保障了受伤害职工的合法权益，有利于妥善处理事故和恢复生产，维护正常的生产、生活秩序，维护社会安定。

根据《工伤保险条例》的规定，工伤保险的适用范围包括境内的企业、事业单位、社会团体、民办非企业单位等组织和有雇工的个体工商户。国家机关和依照或者参照国家公务员制度进行人事管理的事业单位、社会团体的工作人员因工作遭受事故伤害或者患职业病的，由所在单位支付费用。具体办法由国务院社会保险行政部门会同国务院财政部门规定。

三、个体因素对职业安全行为的影响

（一）人格因素

尽管人的性格很复杂，但一旦形成，人们便会以一种较为稳定的态度和行为方式去对待和认识周围的事物。研究表明，事故的发生率和员工的性格有密切关系，无论操作人员的技术多么好，如果没有量化的性格特征也常常会发生事故。还有研究表明，稳定的性格是安全驾驶的重要保障。因此，企业通过安全教育、工作实践等途径培养员工认真负责、注重安全的态度能对安全生产带来正向效益。

（二）安全知识

安全知识是安全操作的前提。劳动者可能会受到已有知识、概念的左右，做出错误的推论，或对事故原因考虑不周而导致失误。掌握必要的安全知识对安全行为具有指导意义。有研究表明，由于知识和经验的限制，年轻工人和新工人的不安全行为出现频次较高。安全知识得分降低，个人安全行为得分也会随之降低。缺乏安全知识是不安全行为发生的重要原因，企业应该加强教育和训练，提高员工的知识水平和操作技能，避免不安全行为的发生。

（三）安全态度

态度是影响员工行为的重要因素之一，安全态度对人的安全行为具有指导性和动力性的影响，它支配着人们在生产活动中对待安全问题做出何种反应及如何做出反应。事故发生前的心理状态、不遵守操作规程的侥幸心理及员工个性等因素均会对员工的安全行为产生重要影响。

（四）情绪因素

人的行为是心理活动通过环境的外在表现，心理与行为不可分割。对于不安全行为的产生，人的心理因素也是重要原因。研究表明，情绪不稳定的员工比情绪稳定的员工更容易发生事故。应激是情绪的一种表现形态，在紧急情况下能够使人采取措施化险为夷，对预防事故的发生具有重要意义。

第2节 职业健康

一、职业危害与职业病

（一）职业危害

职业危害是指劳动者在劳动过程中因接触有毒有害物质和遇到各种安全因素而有损于健康的危害。劳动者长期遭受职业危害，对健康影响很大，严重的会导致职业病。

1. 职业危害的分类

在生产过程中，职业危害涉及的因素有很多，按照职业危害的不同性质可以划分为与生产过程有关的职业危害因素、与劳动过程有关的职业危害因素和与作业场所卫生条件或生产工艺设备有关的职业危害因素三类。

与生产过程有关的职业危害因素又分为：（1）物理因素，如不良的气候条件、电磁辐射、电离辐射、不正常的气压、生产性噪声、生产性振动等；（2）化学因素，如生产性毒物、生产性粉尘等；（3）生物因素，如布氏杆菌和森林脑炎病毒引起的布氏杆菌病、炭疽病和森林脑炎等。

与劳动过程有关的职业危害因素包括：（1）劳动组织和劳动制度不合理，如劳动时间过长，休息制度不合理、不健全等；（2）劳动中的精神过度紧张，如司机从事的工作；（3）劳动强度过大或劳动安排不当，如安排的作业与劳动者状况不相适应、生产定额过高、超负荷加班加点等；（4）个别器官和系统的过度紧张，如光线不足引起的视力紧张等；（5）长时间处于某种不良身体姿态或使用不合理的工具。

与作业场所卫生条件或生产工艺设备有关的职业危害因素包括：（1）生产场所设计不符合卫生标准，如厂房低矮、狭窄，布局不合理，有毒和无毒的工段安排在一起等；（2）缺乏必要的卫生技术设施，如没有通风换气、照明、防尘防毒、防噪声和防振动设备或设备效果不好；（3）安全防护设备和个人防护用品配备不全等。

职业危害因素只有在一定的条件下才会对人体造成危害，主要受到有害因素的强度、人体接触有害因素的机会和程度、人体因素和环境因素的影响。

2. 职业危害的特征

与事故类危害相比，职业危害有以下特征：

（1）常态下有毒有害物质的危害不明显。在生产正常的情况下，作业环境中的有毒有害物质的浓度一般是能够控制在国家标准之内的，轻微的泄漏往往不能引起作业人员的重视。但这正是可怕之处，因为长期的慢性中毒能导致人体的器质性病变，危害人体健康。

（2）职业危害造成危害的人数较多。职业危害的性质决定了一旦发生职业危害，只要是在作业场所的人，很难幸免。特别是化工行业，一旦发生毒气泄漏、液态挥发，其影响面是很大的。

（3）职业危害有一定的潜伏期。职业危害不像安全问题所造成的事故危害那样立竿见影，而是有一定的潜伏期，有的长达 20 年之久，当人体内的毒物蓄积到一定浓度时，才会引起病变，最后发展成职业病。因此，职业危害更容易被忽视。

（4）职业危害不仅影响本人，而且影响后代。职业危害是很可怕的，不仅影响作业者本人的健康，更严重的是还会影响后代。比如孕妇如果在有毒环境下工作，就会影响胎儿的健康发育。因此，为了保护女职工的合法利益和身体健康，我国专门出台了《女职工劳动保护特别规定》和《未成年人保护法》。

（二）职业病

1. 职业病的内涵

由于引发职业病的原因十分复杂，因此很难对职业病进行统一的定义。通常职业病是指劳动者在职业活动中因接触职业性危害因素所引起的疾病，即由于职业危害而引发的疾病。

2001 年 10 月 27 日第九届全国人民代表大会常务委员会第二十四次会议审议通过了《职业病防治法》，随后我国分别于 2011 年、2016 年、2017 年和 2018 年对其进行了四次修订。根据《职业病防治法》，职业病是指企业、事业单位和个体经济组织等用人单位的劳动者在职业活动中，因接触粉尘、放射性物质和其他有毒、有害因素而引起的疾病。

根据《职业病防治法》，法定职业病的构成必须具备以下三个条件：（1）劳动者的疾病在工作或其他职业活动中产生；（2）职业危害因素客观存在；（3）职业病损害系职业危害因素引起的。

2. 职业病的基本特征

职业病的发病有两个比较明显的特征：一是在较长时间内逐渐形成，属于缓发性伤残；二是多数表现为较长时间的体内器官生理功能的损伤（如硅肺、放射性疾病等），很少有痊愈的可能，属于不可逆性损伤。从管理和预防的角度看，还应该注意职业病的其他特征。

（1）病因明确。劳动者在生产过程中接触到有毒有害物质，或者处于带有职业伤害的环境时，才有发病的可能。如职业性苯中毒是劳动者在生产活动中接触到苯引起的；尘肺是劳动者在工作中吸入过量的粉尘引起的。接触不到有毒有害物质的人，一般不存在发病机会。

（2）疾病的发生与劳动条件密切相关。职业病的发生与生产环境中有害因素的数量或强度、作业时间、劳动强度及个人防护等因素密切相关。如急性中毒的发生，多由短期内大量吸入毒物引起；慢性职业中毒则多由长期吸入少量的毒物蓄积引起。

（3）群体发病。在同一生产条件下接触某一种有害因素，常有多人同时或先后发生同一疾病的情况。例如煤矿井下工人，无论是同一煤矿还是不同煤矿，只要井下煤尘浓度超过国家规定的标准，个人防护又不符合要求，皆可出现煤工硅肺。

（4）临床表现有一定特征。许多生产性有害因素对身体的危害都呈现出一定的特征，例如急性一氧化碳中毒会导致碳氧血红蛋白的形成，导致缺氧。硅肺表现为以肺间质纤维化为特征的胸部X线改变等。

(5) 可预防性。职业病的病因明确，可采取有效的预防措施防止疾病的发生。这些措施包括工艺改革，生产过程的自动化、密闭化，加强通风及个人防护措施等。

3. 法定职业病的范围

各国一般通过法律形式对职业病进行界定，即法定职业病。法定职业病是指各个国家根据其社会制度、经济条件和诊断技术水平，以法规形式规定的职业病。不同国家有不同的职业病名单。我国现行《职业病分类和目录》将职业病分为职业性尘肺病及其他呼吸系统疾病、职业性皮肤病、职业性眼病、职业性耳鼻喉口腔疾病、职业性化学中毒、物理因素所致职业病、职业性放射性疾病、职业性传染病、职业性肿瘤、其他职业病10类共132种。

4. 职业病的预防与治疗

职业病的病因明确，只要采取的措施得当就可以进行有效预防。严格执法和执行有关职业安全的规定，为员工提供健康的劳动环境，进行安全技术训练都是必要的防范措施。此外，还包括一些特殊的保护措施。

(1) 健康体检制度。对从事有职业性伤害风险工作的员工，要严格执行健康体检制度，若发现职业病，及时治疗。检查的目的是了解受检查者的健康状况，明确有无从事有害作业的禁忌证；取得受检查者的基础健康数据，作为对从事有害作业的受检查者进行健康监护的原始依据，受检查者一旦患病还可作为职业病评定的参考数据。

(2) 从事有害作业后的健康检查制度。通过检查及时发现职业危害对作业人员健康的早期影响；检查出高危人群，将其作为重点监护对象；若发现新的职业禁忌证者，及时调离，发现职业病患者，及时治疗和处理。

(3) 职业病治疗。对职业病的确定，必须到有诊断权的职业病防治机构进行检查诊断。凡确诊患职业病的员工，由职业病防治机构发给“职业病诊断证明”。应将患者调离有害作业岗位和环境，安排治疗或疗养，并进行劳动鉴定，患者享受国家规定的工伤保险待遇或职业病待遇。对于一些因工作性质和操作特征引起的职业性损伤，企业一般采取个人健身计划、改善工作条件、调整工作时间，以及增加休息间隔等多种措施进行治疗和防范。

(4) 职业病患者劳动能力鉴定。对职业病患者进行劳动能力鉴定的意义在于，根据患者的健康状况安排工作或疗养，或提供劳动保险待遇。对于一些职业病，如中暑、轻度铅中毒等，员工经过治疗病愈后，可以继续从事原工作；对于一些职业病，如轻度苯中毒、职业性白内障等，患者虽可治愈或治疗后有明显好转，但一般不宜从事原工作，企业须另行安排工作；对于一些明显影响劳动能力或留有严重后遗症的职业病，如尘肺Ⅱ期以上，企业有责任承担患者的治疗和疗养义务。

二、劳动者心理健康管理

（一）劳动者心理健康管理的必要性

心理健康是指个体的心理活动处于正常状态下，即认知正常、情感协调、意志健全、个性完整和适应性良好，能够充分发挥自身的最大潜能，以适应生活、学习、工作和社会环境的发展与变化的需要。

长期以来，很多企业一直比较注重员工的生理健康，而忽视心理健康问题，但是员工的心理问题极大地影响着企业的绩效和个人的发展。在我国，各种心理疾病对员工健康的危害呈逐年上升趋势。随着全球化竞争时代的到来，经济、科技飞速发展，知识经济兴起，高新技术企业迅猛发展，人们的工作、生活节奏越来越快。大数据时代的海量信息、人口爆炸带来的严峻就业形势、生态环境的恶化、形形色色的诱惑和选择、对职业发展和企业前景的疑惑、未来社会政治经济发展预期的不确定性，这一切都使劳动者的心理健康问题越来越突出，心理亚健康和不健康现象越来越普遍。在企业中，压抑、抑郁、焦虑、烦躁、苦闷、不满、失眠、恐惧、无助、痛苦等不良的心理因素时刻困扰着上至管理层，下至普通员工，它不仅影响员工潜能的正常发挥，降低员工的工作效率，而且最终必然影响企业的生产和经营活动。因此，重视并关注员工的心理健康，实施员工健康管理是企业和各级管理者需要正视的重要课题。

（二）劳动者心理健康管理的内容

1. 排除和缓解压力源

压力源是给个体带来压力感的来源或影响因素。一般而言，压力源是指存在于环境中的，与个人实际情况不相匹配的一系列因素，如恶劣的生存条件、过高的外界期待、激烈的人际竞争等。在存在各种因素的动态环境中，个体经常表现出与相关主体的不匹配状况，这种状况一旦超出个体所能承受的范围，个体可能会面临过大的压力感知，并在生理、心理和行为等方面产生不良反应。个体的压力源可能来自多方面，如职场、家庭以及社会等，是员工对环境因素变动的反应或感知。

消除压力的负面影响的最有效办法是排除或缓解压力源，或者增强对压力的承受能力，即从客观和主观两个方面寻找途径。对个人来说，改变行为方式，开展各种形式的体育运动，以及采取医学治疗手段等都是有效的。对管理者来说，必须寻找压力、工作要求及控制程度之间的最佳结合点，调整管理和控制方式，使员工的工作压力保持在一个适当的水平上。

2. 心理疾患的防治

员工的心理疾患有多种表现形式，例如抑郁症及一些心理障碍等。这些大多是因为遇到了一些突然的、重大的生活挫折，或者过度的工作压力而出现的心理失衡状态。这些心理疾患会给社会、企业、家庭及个体带来极大的危害。紧张和压力是导致员工不良的心理反应和不正常的精神状态的主导原因。在心理状态失衡严重的情况下，患者本身是缺乏应付和控制病态能力的，需要心理医生或他人的帮助。如果患抑郁症或精力衰竭的病人能够得到及时有效的治疗，便可以克服心理危机，恢复到正常的心理状态。但如果没有外界的及时帮助，就可能导致病情恶化或产生严重的后果。

防治心理疾患最有效的办法是消除紧张情绪，增强员工的自信心和帮助他们进行“人格塑造”，而设计企业发展和员工开发方案是有效途径。许多工作方案和工作技巧可以有效缓解工作紧张和心理压力。企业应培育较好的企业文化和营造民主管理氛围，尽力将工作压力降低到员工可以接受的水平，使员工不要经常处于一种焦虑和紧张的状态；重视员工职业生涯开发，帮助员工进行工作所必需的培训与开发；实施员工激励措施，通过公平的薪酬制度和奖励机制，尽力满足员工的经济需求和非经济需求，使员工体会到公平、民主的企业环境和文化氛围；依据人体工程学的基本原理，创造科学舒适的工作环境，是减少员工紧张情绪的有效方法。

3. 精神障碍性疾病的防治

精神障碍性疾病从广义上讲也是一种心理疾病，但它不同于精力衰竭或心理状态失常等一般性的心理疾病，它的发病原因和病症表现更为复杂。遗传是导致精神障碍性疾病的主要原因，但工作环境和有毒物质也是诱发因素之一。许多精神性和心理性疾病的发病，也与非物质性因素有关。

精神障碍性疾病的防治关键是积极预防，及时发现患病原因，采取有效措施制止这些因素的发展和蔓延。企业除了应采取安全措施，防范有害物质对人的精神伤害之外，还要注意调节员工的情绪，使员工的心理处于良好状态。

第3节 劳动者工作与家庭平衡

一、劳动者工作与家庭平衡概述

（一）什么是工作与家庭平衡

工作与家庭平衡是指个体的工作和家庭生活功能良好，个体感到满意的一种状态，即个体实现了角色冲突的最小化，能平等地参与工作和家庭活动，并能在工作与家庭中获得同样的满足，亦即个人来自工作和家庭的需求处于一种等量的均衡状态，且来自工作和家庭的需求所带来的压力在个体的承受范围之内，即没有引起生理或心理的不健康状态。

（二）工作与家庭平衡的意义

1. 对组织的促进意义

（1）符合现代员工的工作价值观。现代员工的价值观中更多地纳入了平衡家庭和工作关系的概念，无论是男性员工还是女性员工，都很在意组织政策或者工作安排会不会帮助他们协调好工作和家庭之间的关系。如果企业不能营造一种支持员工处理好家庭和工作关系的氛围，员工的组织承诺和工作参与度就会降低，组织也会面临不能留住也难以招聘到优秀员工的危险。

（2）提升员工的综合绩效。在工作和家庭生活冲突的情况下，员工的工作积极性和工作绩效难以维持；如果一个组织中有相当数量的员工的工作与家庭关系长期处于不平衡的状态，包括员工压力大、工作满意度低、工作倦怠、缺勤和工作效率低，以及人际关系紧张等，必然会给企业带来负面影响，降低企业的绩效。

（3）提高组织的社会声誉。关心员工的工作与生活，实施人性化的管理是企业的责任，也是影响企业声誉的重要因素。为了吸引、激励和留住对企业有价值的员工，企业不仅要依靠报酬、人际关系和职业发展等传统的激励因素，还应对员工给予更多的人文关怀和爱护。而这些因素往往是企业文化本质的深层体现，也是企业提升社会声誉的重要条件。

2. 对劳动者的促进意义

（1）重视家庭角色的扮演。组织中的员工除了要扮演职业角色，还要扮演家庭角色。家庭关系对员工有着极为重大的意义。员工作为家庭中的成员，要扮演多种家庭角色：作为子女，要赡养老人；作为父母，要抚育子女；作为妻子或丈夫，要协调夫妻之间的关系；同时还要维系小家庭或核心家庭之外的，由血缘和姻缘联结起来的家庭关系，在其中扮演多个角色。

（2）缓和工作对家庭的冲突。传统的工作价值观强调以职业为重，忽视对员工家庭生活的关注。实际上，倡导工作与家庭平衡，可以有效化解工作和家庭的矛盾，特别是缓和工作与家庭的冲突。

（3）促进员工身心健康。员工为了同时承担两种角色的责任，不得不做出一些痛苦的选择，或者牺牲个人健康，或者牺牲职业前途。例如一些白领员工，主要依靠脑力工作，长期处于精神紧张、压力大的状态。在很多情况下，他们很难有明确的工作和家庭边界，往往是家庭角色服从工作责任，工作时间侵蚀家庭生活时间。这些都会给员工造成不良影响。因此，组织给员工提供必要的支持，可以缓和员工的角色冲突，有利于员工的健康和职业发展。

3. 对社会的促进意义

（1）减轻社会压力和减少不安定因素。家庭是社会的细胞，家庭生活的和谐是社会和谐的基础。员工既是家庭成员，也是组织成员；他们在承担社会同时赋予的两个基本角色。因此，如果组织能够为员工提供促进员工工作与家庭角色平衡的环境和基础，是对社会和谐的极大促进。

（2）体现了社会文明和进步。自工业革命以来，大机器生产为人类带来了物质文明，提高了人类的物质生产能力和效率，但同时也造成了对某些传统生活方式的摧毁，最主要的表现之一是许多劳动者成为大机器生产的附庸。现代生产方式尽管使许多劳动者逐渐摆脱了大机器生产的束缚，但劳动者还是难以摆脱社会化生产所要求的集中化和统一化管理的制约，导致工作对家庭的干扰或家庭对工作的干扰。从组织角度帮助员工处理好工作与家庭之间的角色冲突，是社会文明和进步的表现。

二、劳动者工作与家庭冲突及其后果

（一）工作与家庭冲突的内涵

工作与家庭冲突和工作与家庭平衡是相对的概念，描述的是当工作和家庭两个领域对员工的需求不相容，员工的时间和精力不足以同时满足工作和家庭两个角色的需求时，所引发的角色之间的不一致性或不可协调性，及其对工作和家庭生活造成的不利影响。本质上讲，工作与家庭冲突是一种角色间冲突，是个人在无法平衡工作和家庭两种角色时所产生的角色压力，是一种特定形式的角色间冲突。

（二）工作与家庭冲突的影响因素

工作对家庭的干扰，或者说因工作干扰家庭所导致的冲突有多种影响因素，可以分为工作领域因素、非工作领域因素和员工个体变量等几大类别。工作需求、工作压力、工作中的社会支持等属于工作领域因素；而员工工作能力、心理要素、社会资源以及性别、年龄、教育水平等一些人口学变量可以作为员工个体变量。这些都可能导致或者加剧员工在特定情境下工作对家庭的干扰。

家庭对工作的干扰，或者说因家庭干扰工作所导致的冲突，其影响因素可以分为家庭因素、非家庭因素和个体因素。例如家庭抚养子女和赡养老人的负担、家庭收入水平、来自配偶或家庭的支持，以及一些个体行为和特征等。

（三）工作与家庭冲突的后果

1. 对劳动者个人的不利影响

长期的工作与家庭冲突会给员工带来很多不良的后果，主要有：（1）对工作态度、工作热情和工作绩效的不良影响。例如工作与家庭之间的冲突可能降低员工的工作动力、工作乐趣，使员工缺乏工作激情和创造性，或者促使缺勤率上升等。（2）对工作满意度和组织承诺的不良影响。长期的工作与家庭冲突可能导致员工工作压力大，人际关系紧张，工作满意度和对组织的承诺下降，甚至一些员工有可能产生离职倾向。（3）对员工身心健康的不良影响。无论是工作原因还是家庭原因导致的冲突，都会影响员工的身体和心理健康，甚至引发酗酒、吸烟等不良生活习惯，导致疾病和心理问题。（4）对社会交往的影响。处于工作与家庭冲突状态下的员工，无暇或无心进行社会交往，会降低社会生活的质量。

2. 对劳动者家庭生活的不利影响

（1）对夫妻关系和婚姻关系的不良影响。工作严重影响家庭有可能导致与配偶之间的矛盾，影响夫妻和谐，甚至可能是婚姻破裂的诱因之一。

（2）对子女教育和赡养老人的不良影响。工作压力大，可能会影响对子女的教育，这要取决于家庭成员之间的分工。工作繁忙肯定会影响员工对父母的照料，以及对年老体弱的家庭成员的照料。

（3）对家庭满意度的影响。一些实证研究不支持工作干扰家庭会影响家庭满意度，这是因为员工对工作的投入大、收入高，对家庭的经济贡献也大，可能对家庭满意度有积极的影响。反之，对家庭投入大、收入低，可能会导致家庭生活拮据，家庭满意度低。

3. 对组织的不利影响

（1）生产低效，包括各种工作失误、忽略各种问题或错失商机等。

（2）组织内部的冲突和低效率的合作，扰乱内部关系，不利于和谐工作环境的营造。

（3）高素质员工的离职，会破坏组织的公众形象，导致恶劣的公共关系，并且使组织难以吸引高素质的新员工。

（4）员工因病离岗给公司带来的高成本，包括直接的病休成本和间接的替工成本等。

4. 对社会的不利影响

（1）工作压力大的员工可能对婚姻和组建家庭有为难感，导致一些员工晚婚或独身，或者因为婚后不能很好地处理家庭关系而离婚。

（2）高青少年犯罪率，主要是因为一些父母无暇教育子女，或者因为缺少与子女的沟通，忽视对子女的品德和思想教育，导致问题少年的出现。

（3）新职业病和心理疾病的产生，影响国民健康水平，造成国家医疗卫生费用的高支出等。

三、工作与家庭平衡计划

（一）什么是工作与家庭平衡计划

所谓工作与家庭平衡计划，是指组织开展的帮助员工认识和正确看待家庭同工作间的关系，调和工作和家庭之间的矛盾，缓解由于工作与家庭关系失衡而给员工造成压力的计划和活动。实施工作与家庭平衡计划的目的在于帮助员工找到工作需要与家庭需要的平衡点。而要达到这一目的，组织必须了解员工的职业生涯周期以及家庭生命周期的变化，然后给予员工适当的帮助。

（二）工作与家庭平衡计划的实施原则

1. 目标整合原则

企业管理者要明确告诉员工，公司的重要目标是什么，同时也鼓励员工明确自己的个人利益和目标，明确工作有时会与生活相冲突。这样做的目的是明确公司目标与个人目标，然后制定出能同时实现两者的计划。一般来说，管理者应创建一种互相信任的环境，召开目标讨论会，让每一位员工畅谈自己在办公室之外的、需要花费时间和精力实现的重要个人目标。与此同时，管理者也应十分明确地指出公司的重要目标，并以量化指标来反映。

2. 全方位角色原则

每位员工在社会中都有多重角色。管理者应对其下属有较深刻、较详细的了解，并从员工生活中的全方位角色去认识和支持他们。通过实施全方位角色原则，管理者可取得以下成果：首先，真诚地关心员工的个人生活有助于管理者与员工之间建立良好的信任关系，这对提高管理者的管理效率无疑起着非常重要的作用；其次，明确员工的各种角色有助于管理者全面了解员工的各种天赋与技能；再次，管理者有必要清楚员工的各个角色之间的关系，即哪些可以重叠，哪些应保持独立，从而划出有效的界限；最后，为了使目标整合原则得以充分贯彻，要制定出能够同时满足公司目标和个人目标的战略，因而对员工个人生活的了解是非常重要的。

3. 最佳工作方式原则

目前，大多数工作都是工业时代的产物，组织中更多的工作是脑力劳动，所以应进行工作方式的变革。比如，尝试采用最新的通信工具，如电子邮件、语音邮件、电视会议系统和计算机网络，这些工具最大的优点就是使工作完成的方式、时间、地点有更大的灵活性，给员工提供更充裕的个人时间。同时，在满足员工个人需求的同时，管理者也应激励员工更好地做好自己的工作，从而可达到既提高组织绩效又改善员工个人生活的目的。

4. 先导性原则

所谓先导性原则，是指工作与家庭平衡计划应成为制定其他人力资源管理策略的指导思想。比如，招聘时将工作与家庭平衡计划作为吸引人才的条件。绩效考评制度要为员工照顾家人提供灵活的告假制度，使员工不会因为家庭因素影响到工作进而影响到绩效评估的结果以及职务晋升和加薪。薪酬制度要包括照顾老人和孩子的福利计划；关心员工的身心健康，为他们提供定期体检、医疗保险以及带薪休假。

（三）工作与家庭平衡计划的具体策略

1. 实行弹性工作安排

根据员工情况，设计适应家庭需要的弹性工作制。弹性工作制有多种形式，如核心时间与弹性时间结合制、成果中心制、紧缩工作时间制等。弹性工作制比起传统的固定工作时间制度，可以降低缺勤率、迟到率，减少员工的流失，提高员工的生产率。因为弹性工作制可以使员工更好地根据个人的需要安排工作时间，并使员工在工作安排上行使一定的自主权。其结果是员工更可能将他们的工作活动调整到最具生产率的时间段进行，同时更好地将工作时间同工作以外的活动协调起来。

2. 实施家庭照顾福利计划

实施家庭照顾福利计划，能够将组织的部分福利扩展到员工的家庭范围，减轻或分担员工的家庭压力，降低员工的离职率和旷工率，提高员工对组织的承诺，从而提高组织的工作绩效。可以考虑的形式有：

（1）法律顾问。组织可以聘用长期法律顾问，为员工提供法律服务，也可以为员工聘请律师支付费用。

（2）咨询服务。组织可向员工提供广泛的咨询服务，其中包括财务咨询、家庭咨询、职业生涯咨询、工作配置咨询以及退休前咨询。

（3）建立托儿所和托老所。组织在两种情况下建立托儿所会深受员工的欢迎。一是有幼儿的员工多，员工又很难解决托儿问题时。二是暑假期间。由于城市老龄化的不断发展，员工父母年老体弱需要照顾的现象越来越普遍，因此组织应根据自身的需要设立托老所，以帮助员工更安心地工作。

3. 建立代用工作场所

代用工作场所是非传统的工作惯例、设备和地点的组合，是一种对传统办公室的补充。通过建立和使用代用工作场所，可以有效地降低组织运营成本、提高生产率，最大限度地为员工提供便利，使组织在吸引和留住有才能的、高度自觉的员工上具有优势。公司可以通过设计敞开式的办公室来取代传统的私人办公室。在开放的空间中，公司往往为员工提供共同的房间和工作站，办公设备的放置也是不固定的。

卫星办公室是代用工作场所的又一种选择。这种办公室将庞大的、集中的设施分散到网络化的、较小的工作场所中，它们通常设在员工家或客户所在地附近。卫星办公室的好处在于它可以为组织节省一部分房产成本，降低在一个地点过分集中的风险，扩大可适用的员工范围，同时也为员工提供更多的便利。

远程办公也是较受欢迎的代用工作场所形式之一。远程办公是指员工无论选择在哪里工作，都实行电子化办公，这种代用工作场所模式是传统办公方式的一种有益补充。

4. 加强家庭成员与工作范围成员之间的沟通，促进相互间的理解与信任

工作与家庭间的差别可以分为两类：价值终端的不同和价值途径的不同。工作最终提供了收入和成就感，个体因而感到满足，家庭生活提供了亲密的关系和快乐，个体因而感到满意。个体在工作和家庭中的要求有所不同，“有责任”和“有能力”是在工作中实现目标的最重要手段，而“充满爱”和“给予”则是在家庭中实现目标的最重要手段。虽然工作和家庭范围内的价值终端与价值途径各不相同，但个体往往谋求在一定程度上把二者集成起来。因此，加强家庭成员与工作范围成员之间的沟通，促进相互间的理解与信任就显得极为重要。在具体操作上，组织管理者可创造家庭成员参观组织或联谊的机会，促进家庭成员和工作范围成员的相互理解和认识，明确员工或家庭成员在另一范围内应承担的责任，使两者互相体谅，从而促进组织与个人的和谐发展。

本章小结

本章围绕劳动者保护的核心议题，介绍了劳动安全与卫生的相关内容。首先，本章对劳动安全进行界定，介绍了劳动安全的特点，并强调了劳动安全管理必须进行规范的法制化与制度化建设。其次，以事故为起点，介绍事故的特征及成因、事故管理及预防，并进一步对工伤的认定与工伤保险进行简要介绍。再次，围绕职业健康，介绍了职业危害与职业病，并提出劳动者心理健康管理的必要性和内容。最后，围绕劳动者工作与家庭平衡，分析了工作与家庭平衡的重要意义，并提出了实现劳动者工作与家庭平衡的组织干预措施。

复习与思考题

1. 什么是劳动安全？劳动安全有哪些特点？

2. 简述个体因素如何对职业安全行为产生影响。

3. 什么是职业病?我国法定职业病的范围是什么?

4. 简述劳动者心理健康管理的主要内容。

5. 结合实例谈谈工作与家庭发生冲突会产生哪些不良后果?应该如何保持工作与家庭的平衡?

第 11 章　劳动的未来：数字经济时代的就业创业

学习目标

- 了解数字经济的内涵。
- 了解发展数字经济的机遇和挑战。
- 掌握数字经济下的新就业形态和新职业的特点。
- 掌握数字经济时代下大学生就业创业的影响因素。
- 掌握大学生应如何在数字经济时代下树立正确的择业观。

开篇引例

Keep：一个 90 后大学生打造的“互联网＋健身”创业奇迹

当“互联网＋”以移动互联网为工具撬动传统经济各个领域的时候，最先响应的一定是有着巨大潜力的市场。健身行业就是在“互联网＋”大潮中最先觉醒的行业之一。2015 年可谓是健身 App 爆发的元年，各类健身 App 和智能硬件层出不穷，健身 App 应用市场已被创业者视为开疆拓土的新蓝海。

国内健身产业在 2008 年奥运会之后快速发展，但仍落后于美国、英国和日本等发达国家，总体规模还未到 100 亿美元，健身产业占 GDP 的比重小于 1%，而美国与英国却接近 2%。

从宏观产业结构来看，国内健身市场有着巨大的发展潜力。从广场舞大妈到都市高级白领，健身行业走向火热的趋势非常明显。调查统计发现，我国人均运动健身场地短缺，而专业的健身教练更是稀缺资源。目前 12 万私人健身教练中仅有 2 万人是持证上岗的。健身 App 的出现让这两个“痛点”得到了一定程度的缓解，创业者纷纷在 App 端的应用层面及实体的场馆层面进行创业布局。据初步统计，城市居民用于个人健身的消费每年以 30%的速度递增，明显高于全球 20%的平均速度。即使在健身机构呈几何级数增长的情况下，仍不能满足人们的需求。

90 后创业者、Keep 创始人王宁，从大学开始就关注创业时机，在校期间兼职做过行政、财务、策划、测试、产品、市场、运营等工作。他的创业源自自身的减肥经历。他在减肥期间在百度、知乎、其他专业论坛上找了很多资料，但都是碎片信息，于是开始思考是不是可以通过移动互联网做点什么，当时跑步类的 App 已经很多了，而健身运动类的 App 非常少。王宁推出的 Keep 是一款不受场地限制的个人健身社交类 App，它以极具穿透力的口碑，快速进入人们的视野。

资料来源：胡皓．互联网＋创业相对论．北京：电子工业出版社，2015.

第 1 节　数字经济概述

一、数字经济的主要内涵

（一）什么是数字经济

数字经济（digital economy）这一专有概念源于 1995 年美国学者唐·塔普斯科特（Don Tapscott）撰写的《数据时代的经济学：对网络智能时代机遇和风险的再思考》，书中详细论述了数字经济的发展情况以及互联网等数字技术对经济社会的影响。1997 年，日本通产省开始使用“数字经济”的提法，1998—2000 年，美国商务部先后发布了《浮现中的数字经济》和《新兴的数字经济》，由此，数字经济的提法正式被主流接受并引起广泛关注。之后，联合国、欧盟等国际组织和各国研究机构纷纷提出“数字经济”“网络经济”“信息经济”等新概念。目前，数字经济已进入迅猛发展阶段。

从内涵来看，不同国家、不同阶段对数字经济的内涵、外延的共同认识是，将信息与通信技术（ICT）作为数字经济的内核，而差异在于与传统经济融合的深度和广度。在我国的政策话语体系中，2016 年 G20 杭州峰会将数字经济定义为：以使用数字化的知识和信息作为关键生产要素，以现代信息网络作为重要载体，以信息通信技术的有效使用作为效率提升和经济结构优化的重要驱动力的一系列经济活动①，这也是目前各界使用最多的定义。《中国数字经济发展白皮书（2020 年）》在此基础上进行延展，指出数字经济是以数字化的知识和信息作为关键生产要素，以数字技术为核心驱动力，以现代信息网络为重要载体，通过数字技术与实体经济深度融合，不断提高数字化、网络

① 二十国集团数字经济发展与合作倡议．(2016-09-29). http://www.cac.gov.cn/2016-09/29/c_1119648520.htm.

化、智能化水平，加速重构经济发展与治理模式的新型经济形态。①

从历史进程来看，数字经济是继农业经济、工业经济之后的主要经济形态，正在开启一次重大的时代转型，正在带动人类社会生产方式的变革、生产关系的再造、经济结构的重组，以及生活方式的巨变。数字经济是典型的新经济，意味着新时代和新变革的到来，蕴含着社会经济的未来走向。大力发展数字经济，既是全球共识，也是党中央的重要战略部署。其意义不仅包括互联网经济层面，更多的是指发展信息化、智能化的经济，因而有着更加丰富的概念蕴意，其在基本特征、运行规律等各个维度上表现出与传统经济显著不同的新特点。以工业经济为例，其与数字经济的主要区别如表 11－1 所示。

表 11－1　工业经济与数字经济的区别

要素	工业经济	数字经济
生产要素	劳动力、土地、资本	技术、数据、信息、知识
劳动工具	普通机器	数字化设备、计算机、互联网
劳动者	工人	工人、工业机器人
生产方式	机器加工，以产定销	3D 打印，以销定产
生产资料所有制	独享	共享
雇佣关系	1vs. 1	1vs. N
产品形式	标准化	大规模定制
企业资产	厂房、设备、资金	厂房、设备、资金、数据
消费形态	有形（实物）	无形（数据、信息、知识）

资料来源：金江军．数字经济引领高质量发展．北京：中信出版社，2019.

（二）数字经济的认识误区

对数字经济的认识，不能停留在对传统工业经济的理解上，需要不断拓宽视野、范围和边界，从根本上破除一些认识上的误区，才能认清其对经济社会的系统性、革命性和全局性的影响。

（1）“企业小众化”误区。误以为发展数字经济就是发展以阿里巴巴、网易、腾讯等企业为代表的互联网企业。随着新一代信息技术的颠覆式创新与融合式发展，当前发展数字经济的重点已经转变为推动互联网、大数据、人工智能和实体经济深度融合。发展数字经济绝不是特指发展少数互联网领军企业，而是要大力推进全产业、全主体、全要素、全业务、全渠道企业的数字化转型。

（2）“主体高新化”误区。误以为发展数字经济就是发展互联网、大数据、人工智能等新一代信息技术。实际上，数字经济不仅包括数字技术的基础层、算法层和技术层，还包括数字技术与产业融入的应用层，其中新一代信息技术与传统产业广泛渗透融

① 中国信通院发布《中国数字经济发展白皮书（2020 年）》全文．(2020－07－06)．https://www.thepaper.cn/newsDetail_forward_8151951.

合形成的融合部分，即产业数字化、智能化发展才是数字经济的发展主体。

(3)“行业工业化”误区。误认为发展数字经济就是推进信息化和工业化深度融合。实际上，数字经济融合部分涵盖全部第一、第二、第三产业，且行业渗透率呈现出第三产业高于第二产业、第二产业高于第一产业的特征。发展数字经济，不仅要推进信息化和工业化深度融合，还要推进农业农村信息化，推进商贸流通、金融保险、文化旅游和卫生健康等服务业的信息化。

(4)“发展区域化”误区。误认为发展数字经济只是北京、上海、深圳、杭州等大城市的事情，中小城市没有必要发展数字经济。数字经济包括数字产业化和产业数字化两大方面。对于中小城市来说，由于受资源、技术、人才的限制，推进数字产业化有一定的难度，但是推进产业数字化完全有基础。通过应用数字化技术，可以促进传统产业转型升级，实现不同区域之间的数字经济发展特色。

(三) 数字经济理论的重构

数字经济的发展对传统经济学理论产生了一定的冲击。现有的市场供求机制、产权理论、信息不对称理论、博弈论等虽仍有其适用性，但在数字经济时代，许多新问题、新现象已然无法完全依赖传统的经济理论来解释。例如，大数据产业对传统成本理论的颠覆，共享经济对传统产权理论的颠覆，跨界竞争对传统市场竞争理论的颠覆，等等。此外，人、财、物等信息在“万物为媒”的时代高度互联互通，互联网、大数据可以在一定程度上减少信息不对称，市场在某种程度上成了一只“看得见的手”。不同于传统农业经济与工业经济时代的土地、资本、劳动力等关键生产要素的不可复制、相对独立、不可多人同时使用的特性，数字经济时代的关键生产要素“数据”有着可复制、可多人同时反复甚至永久使用等特性。这便决定了数字经济与传统经济的基本规律与相关理论一定会存在较大的差异，需要对原有的经济学理论进行补充和修正，重新建构新的理论基础。

(1) 数字经济增长趋势理论：摩尔定律。戈登·摩尔（Gordon Moore）认为，集成电路上所能容纳的元器件的数目每隔 18～24 个月会增加一倍，性能也会大幅提升。这一预言被称为“摩尔定律”。数字经济时代下，人与社会的任何交流互动都会变为相关的数据，成为数字平台海量信息中的一部分，数据越来越呈现出爆炸式的增长特征，数字经济的规模和增长速度呈现出指数级的变化趋势。因此，摩尔定律也成为预测数字经济增长趋势的理论基础。

(2) 数字经济网络价值：梅特卡夫法则。梅特卡夫法则是指网络价值以用户数量的平方的速度增长，重点强调网络外部性。伴随着依托数字平台的多对多传播模式逐步取代传统的一对一、一对多的联结模式，连入网络与介入数字平台的用户的设备和数量不断增加，进而带来整个平台价值的指数增长，产生了极强的正外部性。在梅特卡夫法则的指导下，海量的数据通过数字智能技术被筛选、过滤、加工、处理、分析，就可以变得更有价值，不仅适用于指导更加科学与精准的决策，也能够进一步变为数字化的生产要素，促进国际一体化生产与国际贸易规模的进一步增长。但值得注意的是，梅特卡夫法则之下，数字平台价值的正外部性也可能会带来更多的负面影响，如掌握相关数据的较有竞争力的数字平台在正强化作用下形成自然垄断，获得了更多的竞争优势，而其他较弱的数字平台则因人员与接入设备的数量限制会越来越弱，从而不利于整个社会福利水平的提高。

（四）如何发展数字产业化与产业数字化

20 世纪六七十年代以来，随着数字技术的飞速发展，ICT 产业逐渐崛起为经济社会中创新最为活跃、成长最为迅速的战略性新兴产业部门。但随着数字技术广泛应用到经济社会各行各业，不但全要素生产率得以提升，整个经济形态也得以重塑，经济社会面貌得到全面改造。因此，数字经济不应被简单地、割裂地看作信息与数字产业，而应至少包含以下两个部分。

一是数字产业化的数字经济基础部分，主要包括电子信息制造业、通信业、软件信息技术服务业等 ICT 产业。具体又分为两类：其一是资源型数字经济，大致对应大数据、云计算等数字技术的核心业态与应用领域；其二是技术型数字经济，大致对应数字技术本身及其关联业态部分，主要包括数字技术软硬件产品开发、系统集成、数字安全以及虚拟现实、可穿戴设备、3D 打印、人工智能等产业领域。2018 年 4 月，习近平总书记在全国网络安全和信息化工作会议上提出，加快推动数字产业化，依靠信息技术创新驱动，不断催生新产业新业态新模式，用新动能推动新发展。①

二是传统产业数字化的数字经济融合部分，即数字技术对传统产业改造所带来的效率提升和产出增加的产业数字化部分，此部分在数字经济中所占比重越来越大，成为数字经济的主体部分，但这部分更难以准确衡量。具体也分为两类：其一是融合型数字经济，这部分在生产过程中的融合特征较为明显，主要指通过数字技术与第一、二产业等实体经济融合创新应用，直接推动传统产业数字化转型升级，如智慧农业、智能制造等新兴业态；其二是服务型数字经济，主要指服务业与数字技术的融合、应用与创新，涌现出的新业态与新模式一部分通过数字技术提升服务质量、培育服务新业态，如旅游餐饮、游戏娱乐、健康医疗等领域的线上线下整合协同，另一部分则通过使用数字技术推动服务模式与服务形态的创新，甚至直接提供一种新服务，如智慧物流、互联网金融、数字化会展服务等。习近平总书记同样对此进行了强调，指出要推动产业数字化，利用互联网新技术新应用对传统产业进行全方位、全角度、全链条的改造，提高全要素生产率，释放数字对经济发展的放大、叠加、倍增作用。②

大力发展数字经济，关键是推动数字产业化和产业数字化同向发展、同频共振。一方面，数字产业化要符合产业发展趋势、产业结构调整的总体要求，要积极培育数字产业，不断夯实数字产业基础；另一方面，产业数字化还要追随数字前沿技术，充分利用数字产业设施，顺应技术发展潮流，积极打造新业态，激发数字要素红利，充分释放新动能，不断提高产业数字化水平。

---

① 习近平．习近平谈治国理政：第 3 卷．北京：外文出版社，2020：307.

② 习近平．习近平谈治国理政：第 3 卷．北京：外文出版社，2020：307.

二、发展数字经济的机遇与挑战

（一）数字经济时代的机遇

在新冠肺炎疫情肆虐全球、世界经济陷入严重衰退、外部环境更加复杂严峻的情况下，我国网络建设迅猛发展，新业态、新模式竞相涌现，实体经济新动能加速崛起，数字经济的新引擎作用愈加凸显，有效稳定了冲击之下的经济下行趋势。“十四五”时期，我国产业结构将持续转型升级，经济增长方式将步入“新赛道”，新的战略机遇正蕴含其中。

1. 促进传统行业转型升级，催生新兴业态

随着数字技术日新月异，各种传统行业，如制造业、农业、物流运输、金融保险、教育、医疗、电商等多点开花，逐步被数字化改造，甚至被彻底颠覆，产生了更多的新模式与新业态，进而也创造出大量就业机会，很大程度上纾解了就业压力。2020 年，国家发展改革委等 13 部门联合印发《关于支持新业态新模式健康发展 激活消费市场带动扩大就业的意见》，明确提出了数字经济的 15 种新业态新模式。其中，以在线教育、互联网医疗、远程办公、数字化治理等为代表的在线服务，将得到来自政策层面的支持。

2. 提供新型灵活就业，开辟就业增收新渠道

在工业经济时代，工业品生产需要大量的资本设备投入，个人缺少足够的资本、完整的技能、信誉等基本生产要素，必须依托企业完成生产活动，从而产生了现代的雇佣型就业方式。数字技术进一步降低了市场交易成本，个人依托各种互联网平台成为能够提供产品和服务的市场主体。新型灵活就业方式应时而生。

新型灵活就业正为传统行业中的弱势群体和底层劳动者提供就业机会，具有弹性大、门槛低、创业成本小、范围广等特点。青年、妇女、残疾人等弱势就业群体皆可参与，身体素质、所处地域不再构成制约，为个人成长成才提供了更多可能，也为经济脉动增添了更多动力。

新型灵活就业的收入提升效应也很明显。在传统就业模式中，劳动知识、技能水平是低收入群体收入提升的一大障碍，成本和风险较高，收入增加困难重重。而灵活就业的低门槛、高灵活性恰恰可以满足低收入人群的增收需求。以网约车为例，据统计，62.34%的网约车平台司机因为本职工作（尤其是钢铁、水泥等传统去产能行业）收入太低而选择加入专车平台以增加收入。

新型灵活就业正在发挥重要的就业缓冲器和蓄水池作用，对化解去产能行业就业压力、促进下岗失业人员再就业、促进劳动力结构调整尤为重要。如果没有各种形式的灵活就业，去产能行业隐性失业、城镇下岗失业工人再就业等诸多问题将成为阻碍经济体制改革、经济结构调整和社会稳定的重大问题。

3. 正在到来的创业创新契机

过去数十年来中国一直在快马加鞭追赶世界的步伐，经过长期的砥砺前行，当下，

数字经济在中国蓬勃发展，这些产业实践也许第一次与西方国家在时空上齐头并进，为大众创业、万众创新提供了广袤的空间和鲜活的机会。

德鲁克曾言："一个充满活力与希望的社会，是社会资源大量流向创业者、创富者、创新者的社会，是能够为创新力量提供自由和空间的社会。"数字经济极大地降低了创业门槛，激发了"大众创业、万众创新"的热情，释放了巨大潜能；众创、众包、众扶、众筹等经济模式应运而生，为劳动者提供了多元化的创富机会。以健康产业为例，自 2016 年《"健康中国 2030"规划纲要》发布"健康中国"成为国家战略，2019 年大健康产业规模达到 8.78 万亿元，2020 年产业规模突破 10 万亿元，远程会诊、掌上医生、电子病历竞相涌现。在全民抗击新冠肺炎疫情过程中，消费者的健康意识进一步提升，对健康产品的需求激增，促使健康产业服务规模迅速扩大。疫情期间，平安好医生平台新增 10 倍注册用户，阿里健康平台日访问量提升 5 倍，百度"问医生"页面访问量逼近 2 亿。如果说健康产业成了一个创业风口，那么数字经济无疑就是新的入场券。

4. 更加普惠美好的社会

得益于数字经济的发展，人们拿着智能手机就能走遍全国，实现吃、住、行、游、购、娱，欠发达地区也迎来了发展机遇。从在线教育到远程问诊，从"无感停车"到"30 秒酒店入住"，从"智慧农业"到"农村淘宝"，这些数字化带来的新场景，正是当今时代的生活图景。数字经济正全面渗透到中国人的日常生活中，折射出智慧城市惠及民生的巨大能量，也使得弱势社会群体获得了前所未有的服务和赋能。数字经济为智慧社会注入了源源不断的动力，必将更好地造福人民、造福社会，满足人民群众对美好生活的向往，促进人们生活品质的提升。

（二）数字经济时代的挑战

综观全世界各主要经济体的数字经济发展历程，一系列新问题与新挑战总是接踵而至，我国也不例外。例如，数据质量的保证、数据安全的治理、数字鸿沟的跨越、数字素养的提升、数字经济成果的分配等议题日渐进入社会各界的视野。

1. 数据质量问题

在数字经济时代，数据作为最重要的生产要素，已经成为很多国家与公司的核心战略性资产，在经济发展进程中甚至比劳动力、技术以及资本等其他生产要素的地位更为重要。但目前不同国家之间、国家内部不同部门之间都存在数据标准不统一、数据质量低下的问题，不仅影响数据开放与共享，也降低了数据的使用效率，还有可能加剧数据供给层面的数字鸿沟问题。而数据质量的改善则有赖于各国政府联合发布全球通用的标准体系，并完善相关的程序，以及不断提高数据的规范化程度。

2. 数字基础设施水平落后问题

大多数国家，特别是发展中国家的数字基础设施水平普遍相对落后。近年来，随着移动互联网的快速发展，一些国家的移动电话普及率迅速提升，甚至最不发达地区的民众也有了接入互联网的机会。但是由于资金和人才的不足，很多国家在数字基础设施建设方面举步维艰。我国也同样面临数字基础设施水平不高的问题，特别是一些偏远地区的宽带普及率有待提升。

3. 数字鸿沟的跨越难题

数字鸿沟表现在接入数字基础设施与数字素养两方面。在数字基础设施接入层面，全球有一半以上的人仍未接入互联网，特别是发展中国家的比重更大，而发达国家内部也存在巨大的数字基础设施接入鸿沟。从实际来看，我国同样存在数字鸿沟的问题，特别是近些年随着我国网民数量的陡增、互联网普及率的推升，城乡之间、区域之间的数字鸿沟也在不断扩大。在数字素养层面，各国不同程度地存在数字技能不足与数字人才缺乏的状况，数字素养鸿沟已成为制约各国发展数字经济的主要障碍。如何尽快弥合数字鸿沟，促进包容性增长，是当前全球各国普遍面临的战略任务。

4. 网络和信息安全风险

随着数字经济的快速发展，网络高危漏洞、病毒恶意攻击等有关数字安全的威胁呈愈演愈烈之势。近年来，金融领域、政府部门、能源行业等不同领域的关键信息的安全形势日益严峻，特别是随着物联网的快速发展，维护其安全的难度大大增加，因而物联网领域同样面临着前所未有的网络安全挑战。数据泄露、网络攻击、仿冒网站等威胁我国数字安全的事件频频发生，但我国用于维护用户网络安全的投入似乎还远低于发达国家，使得我国的网络和信息安全形势较为严峻。①

5. 法律、法规、监管体系建设滞后问题

与数字经济和数字技术的快速发展相比，相关的法律法规却普遍存在时滞性问题。例如，在数据知识产权保护领域，不同国家、不同企业对数据知识产权所持有的态度不尽相同，导致相关政策也存在巨大差异。一些国家和地区，如欧盟等，致力于强化知识产权保护，尤其重视用户隐私保护；但也有不少国家和研究机构认为，传统知识产权的界限已被数字技术的变革打破，此时仍强调对数据与数字知识产权的过度保护可能会阻碍数字经济的进一步创新。国内当前有关劳动就业和社会保障的法律和政策体系主要以签订劳动合同和缴纳社保作为就业保障的执行基础，针对数字经济新型灵活就业方式的政策和规范仍有待完善。随着数字经济的发展，灵活就业人数逐年增加，潜在的劳动保障风险和问题也越来越突出，这对我国的劳动关系及其治理提出了挑战。此外，现行管理体制尚未形成明晰的分类方式，无法规范数字经济的发展业态，新业态如何界定、管理部门如何划分职责和实现协同，都是新的监管难题。

6. 组织管理机制的适用问题

以企业组织为例，在当今的组织数字化背景下，企业管理决策的准确性、时效性、可预测性难题被数字化技术逐一解决，但在对员工进行数字化管控的过程中可能遭遇更为复杂和艰巨的问题。一方面，劳动者在系统算法的控制之下会做出不得已的劳动实践，例如，外卖骑手与平台之间的数字劳动关系，单向、精准、全面的记录和评价几乎成为他们和组织联系的唯一途径；另一方面，组织中的员工还可以直接反抗、回避甚至

---

① 中国互联网协会金砖国家数字经济研究中心．金砖国家数字经济研究报告．互联网天地，2017（9）：11－27.

操纵算法，例如，员工可能采取不合作态度，阻挠组织的数据采集或者忽略算法推荐的决策，或者私下与客户达成协议共同对抗组织的管控，这一点在淘宝商家的刷单、好评返现操作中得到了很好的体现。由于数字化工具减少了管理者和员工之间的面对面交流和评估，在组织管理者与普通劳动者经由数字化技术进行的种种博弈中，如何在经济考量之外更多地尊重人性和人的尊严，切实保证双方的公平和权益合理，将是需要面对的又一道难题和挑战。

第2节 数字经济与就业创业机会的变革

一、数字经济下的新就业形态

（一）新就业形态的概念

新就业形态是指以互联网平台为纽带，通过互联网平台将供给与消费两个终端紧密结合起来的工作模式。这种模式颠覆了传统就业模式中的确立劳动关系、签订劳动合同、在固定工作场所开展工作、按照固定工作时长要求进行工作，并按月领取劳动报酬等活动。目前学术界大多使用“新就业形态”来描述这一新兴的工作模式或就业模式。[①]

（二）新就业形态与传统就业的联系与区别

从劳动关系来看，传统用工模式呈现出排他性的用工关系。在劳动合同规定的工作时期内，劳动者只能隶属于一个用人单位。新就业形态打破了传统上一对一形式的雇佣关系，劳动者可以为不同的用人单位提供更加灵活的服务，甚至一些劳动者没有与任何一家用人单位签订正式的劳动合同，却仍然可以付之以劳动，取之以报酬。

从工作内容来看，传统就业需要根据用人单位的要求，完成某一特定任务或某一环节。对于劳动者来说，工作内容是具体的、稳定的；对于用人单位来说，工作内容对企业的发展有深远的影响。而新就业形态下的工作内容可能只是某一特定工作任务中的某个很小的环节，对劳动者来说这种工作内容可能是充满变数与未知的。

从工作时间来看，传统就业的工作时间是相对固定的，员工很少有权利自主安排工作时间。然而，新就业形态下工人有权自主选择工作时间，可以根据自己的意愿选择为他人提供产品或服务的时间。从技术手段的角度看，传统就业表现为劳动者与生产工具的结合，以生产物质产品或服务为交换条件。而新就业形态是劳动者、生产工具与互联网的结合，互联网在其中充当纽带或平台角色，从而参与到提供产品或服务的过程中。

从组织结构来看，传统就业形态总有一定的组织结构，劳动者可以得到来自组织的帮助，同时也受到组织的约束。而新就业形态下不再有固定的正式或非正式组织，劳动者的角色相对来说更加独立。

---

① 冯喜良．正确认识新时代下就业新特点．中国劳动保障报，2017-11-18（3）.

（三）新职业的特点

在我国，新职业是指《职业分类大典》中未收录的，但随着经济社会的发展，已经存在的具有一定规模的从业人员，且具有相对独立和成熟的专业、技能要求的职业。2020 年 7 月 6 日，人力资源和社会保障部、国家市场监督管理总局、国家统计局向社会发布了包括区块链工程技术人员、城市管理网格员、互联网营销师、在线学习服务师、老年人能力评估师等在内的 9 个新职业信息。

2010 年以来，随着大数据及新一代信息技术的崛起与迅速发展，我国迈入了全新的发展阶段。党的十八大提出，积极推进新型工业化、信息化、城镇化、农业现代化。2021 年第一季度数据显示，我国农业增加值占 GDP 的比例已降到不足 5%，工业占比也下降为 40%左右，而第三产业占比已达 50%以上。经济结构的变革必然会引起社会结构的转型，为了适应由于社会结构的变革而引起的人民日益增长的美好生活需要，随之而来的是众多新职业的诞生与发展完善。①

职业的技能构成或许会发生天翻地覆的变化，然而仍然存在一些技能，它们不会随着信息技术的发展而被忽略，并且这些技能会继续成为新职业的核心技能，伴随新职业的不断发展与完善。弗兰克·麦克科劳瑞（Frank MacCrory）等人于 2006—2014 年对美国 674 个职业技能构成的变化进行了研究。在此项研究中，他们得到了一个包含 7 个基本技能的模型，对这 7 个模型进一步对比和分析之后，他们发现其中 5 个模型仍然并且将会持续对新职业产生至关重要的影响：（1）人工灵巧性技能；（2）机器管理技能；（3）人际交往技能；（4）主动性；（5）工具操作。这 5 种技能模型映射出了新职业的特点：

第一，新职业仍然需要劳动者具有主动性，具备包括创新能力、毅力、协调人际关系能力在内的一系列具有主观能动性的技能，这些技能映射出新职业在行业分布中的特点。新就业岗位主要分布在新型电子技术产业和现代服务业。总体来看，新职业包含三类具体岗位：第一类是与新兴产业密切相关的工程技术类岗位；第二类是与互联网、信息技术相关的数字管理和服务类岗位；第三类是与健康养老咨询服务相关的现代服务类岗位。以上三类岗位之所以成为新职业、新岗位，是由于劳动者积极发挥主观能动性，充分发挥自己的创造力并将其应用于解决日常生活中的问题。

第二，数字化能力是劳动者需要掌握的必不可少的技能。无论新职业的胜任力结构发生何种改变，电子信息技术发展到何种程度，对工具的操作和管理都是劳动者工作的基础。劳动者要能够通过各类数据分析软件灵活管理并运用海量的数据与信息，因为互联网应用已从过去仅供研究使用、小众化使用转变为全民使用、大众化。无论是涉及区块链、物联网等工程技术岗位，还是在线学习服务师、老年人能力评估师等现代服务业岗位，都需要一定的数字化能力。

第三，人际交往技能对于新职业的技能需求来说仍然处于核心地位。数字经济时代下现代服务业产生的新兴职业往往伴随着更高要求的人际交往能力，如连锁经营经理、

---

① 曾湘泉．中国就业市场的新变化：机遇、挑战及对策．中国经济报告，2020（3）：106－115．

健康照护师、呼吸治疗师、出生缺陷防控咨询师、康复辅助技术咨询师、在线学习服务师等。这些职业主要为客户提供私人的、量身定制的、专业的咨询和建议，供客户决策参考，只有拥有良好的人际交往能力，才能与客户顺利地沟通从而推进工作的顺利开展。

第四，数字经济时代新职业需要劳动者与人工智能等电子信息技能灵活结合。新职业越来越重视“连接最后一千米”的问题，这种连接是指将人与机器、传统 IT 与影子 IT、现实世界与虚拟世界、商业与道德之间的“最后一千米”接入网络。这种连接又分为“硬性”连接和“软性”连接两种形式：“硬”主要体现在物理连接上，如区块链、物联网、互联网等行业的新职业，重点从硬件上建立连接；“软”主要体现在服务连接上，如健康照护师、网约配送员等新职业，注重建立柔性衔接，通过第三方的专业服务，将供应方与需求方紧密联系起来。

（四）新职业的需求

从劳动者的需求规模来看，新职业的未来市场需求量非常大。人力资源和社会保障部中国就业培训技术指导中心联合阿里钉钉发布的《新职业在线学习平台发展报告》显示，未来 5 年新职业人才需求巨大，预计需要云计算工程技术人员近 150 万人，物联网安装调试人员近 500 万人，无人机驾驶员近 100 万人，电子竞技人员近 200 万人，电子竞技运营商近 150 万，人工智能人才近 500 万人，工业机器人系统运营师 125 万人以及数字化管理师从业人员 200 余万名，人才缺口上千万。

二、数字经济推动创新创业

（一）共享经济与创新创业

从全球科技革命和产业升级背景来看，共享经济已经成为中流砥柱，在稳定就业、促进经济增长中发挥着重要作用。共享经济的核心理念是“人尽其才，物尽其用”，即通过互联网平台连接资源的供给方和需求方，使个人零散的资源在短期内实现高效利用。共享经济使得任何闲置资源可以得到充分地利用以避免浪费，包括财产、技能、时间等。例如，人们可以把闲置的资金投放到网络借贷平台，以互联网为平台实现资金的众筹；借助互联网平台将闲置的房屋进行短期租赁；通过专用软件选择与自己通勤方向一致的乘客，以顺风车的形式将私家车利用起来。人们还可以利用自己的学习技能与知识储备成为家庭教师，或者成为私人医生、私人教练等。人们甚至可以利用自己的空闲时间，陪别人聊天、旅游。由此可见，共享经济与传统经济最大的区别即为商品交换模式中的区别，商品与服务不仅仅局限于企业和消费者之间，消费者与消费者之间通过搭建的互联网平台，也可以实现商品与服务的交换。并且共享经济下的工作时间更为自由，就业模式更加迅速、便利。在这一过程中，资源提供方能够获得相应的报酬，而资源需求方能够获得相应的服务。[①]

① 张成刚．从普惠就业新视角看待新就业形态．第一财经日报，2021-05-27（A11）．

近年来，全球共享经济快速发展，我国的共享经济形态也逐步上升。国家信息中心发布的历年《中国共享经济发展年度报告》显示，2018 年，我国共享经济交易规模达 29 420 亿元，同比增长 41.6%；2021 年，我国共享经济交易规模达 36 881 亿元，同比增长 9.2%。由此表明，从 2018 年到 2021 年短短四年共享经济已经逐渐成为一种稳定的、主流的经济模式。

共享经济之所以能够如此迅猛发展，离不开以下三点原因：第一，互联网平台的发展。互联网平台打破了传统交易形式中买方与卖方的信息不对称问题，并且买方与卖方不再需要烦琐的联系、沟通、确认，通过互联网平台发布或搜集需要的信息即可实现服务的交换。此外，随着科技的进步，进入共享经济领域的门槛将越来越低、成本将越来越低，由此将催生出更多共享经济下的互联网企业。第二，随着生活质量的提高，人们所拥有的闲置资源越来越多，可以提供的资源越来越多。第三，新时代的年轻人的就业观念已发生了改变，人们不再愿意受到传统经济下企业硬性规定的工作时间的限制，更倾向于自由支配工作时间。

发展共享经济对政府、社会、民生都有诸多好处。从宏观层面来看，发展共享经济可以缓解我国总量就业压力。共享经济领域的互联网平台提供了许多新的就业岗位，拥有技术条件的劳动者可以成为大数据、区块链等新职业下的工程师，拥有时间或体力条件的劳动者可以成为互联网平台下的自由职业者。从中观层面来看，企业可以借助互联网平台，实现短期雇用人才的需要，从而降低劳动成本。从微观层面来看，资源的供给方可以获得额外的报酬，资源的需求方可以以低价在短期内享受相应的产品或服务，由此可见，发展共享经济可以改善民生，增加个人收入和家庭收入。

（二）平台经济与创新创业

平台经济是一种基于数字技术，由数据驱动、平台支撑、网络协同的经济活动单元所构成的新经济系统，是基于数字平台的各种经济关系的总称。平台是一种虚拟或真实的交易场所，平台本身并不生产产品，但可以促成双方或多方供求之间的交易，通过收取恰当的费用或赚取差价而获得收益，其本质就是市场的具化。平台型就业是新就业形态的一种主要表现形式。借助平台，个人可以依照自己的兴趣、技能、时间及拥有的各种资源，以自雇型劳动者身份灵活就业。“为自己工作”意味着自谋职业、短期合同工、非全日制工等灵活就业，在就业形态中占比越来越高。尤其是在疫情期间，这种基于平台的灵活用工模式在缓解就业市场结构性矛盾、增加收入等方面的重要作用更加凸显。受疫情影响，线下餐饮、酒店等服务业企业大量员工待岗，而电商、物流等企业则出现短期内业务暴涨、人手严重不足等情形，基于平台的“共享员工”模式使得劳动力资源得以有效流动。

在平台型就业中，依托互联网平台为主要服务形式的就业者包含两类：一类是与平台型企业明确了劳动关系，签订了正式书面劳动合同，需要在固定工作地点进行全日制工作，以月工资或年薪制等符合劳动法的标准方式进行报酬结算。这类员工可以称为“企业员工”，与传统实体企业相比，就业形态没有发生本质性的变化，不属于当前学者探讨的“新就业形态”。另一类是就业方式、管理方式、获取劳动报酬方式及劳动关系形式均无明确的硬性约束，与传统就业形式迥然不同，这类员工被称为“网约工”，其就业形态被称为“新就业形态”。①

技术进步加上灵活的就业模式，大大降低了就业门槛，而平台上丰富的开放资源，也提高了劳动者的就业效率。商务部数据显示，2021 年，全国农村网商数量突破 1 600 万家，吸引了大批农民工、大学生、退伍军人返乡创业。2019 年在美团平台就业的外卖骑手共有 398.7 万人，其中 25.7 万人是建档立卡贫困人口，占骑手总量的 6.4%。新冠肺炎疫情发生后，从 2020 年 1 月 20 日至 2020 年 3 月 18 日，美团平台新注册的骑手达 33.6 万人。新增骑手来源中，排名第一的为工厂工人，占比 18.6%；其次为销售人员，占比 14.3%。平台成为就业蓄水池，在特殊时期有效发挥了稳就业作用。此外，各类灵活就业平台也通过带动上下游产业发展，间接创造了更多就业机会。

三、数字经济政策与创新创业

党的十八大以来，习近平总书记对数字经济做了一系列重要论述，为我国数字经济发展指明了方向。2015 年 12 月，国家主席习近平在第二届世界互联网大会上指出，我们愿同各国加强合作，通过发展跨境电子商务、建设信息经济示范区等，促进世界范围内投资和贸易发展，推动全球数字经济发展。② 2016 年 9 月，国家主席习近平在二十国集团工商峰会开幕式上发表主旨演讲，指出中方把创新增长方式设定为杭州峰会重点议题，推动制定《二十国集团创新增长蓝图》，目的就是要向创新要动力，向改革要活力，把握创新、新科技革命和产业变革、数字经济的历史性机遇，提升世界经济中长期增长潜力。③ 2016 年 10 月，习近平总书记在主持中央政治局第三十六次集体学习时强调，世界经济加速向以网络信息技术产业为重要内容的经济活动转变。④ 2017 年 9 月，国家主席习近平在金砖国家工商论坛开幕式上强调，要把握新工业革命的机遇，以创新促增长、促转型，积极投身智能制造、互联网+、数字经济、共享经济等带来的创新发展浪潮，努力领风气之先，加快新旧动能转换。⑤ 2017 年 11 月，国家主席习近平在亚太经合组织工商领导人峰会上表示，我们将推动互联网、大数据、人工智能和实体经济深入融合，在数字经济、共享经济、清洁能源等领域培育新的增长动能。⑥ 2017 年 12 月，习近平总书记在主持中央政治局第二次集体学习时强调，要构建以数据为关键要素的数字经济。建设现代化经济体系离不开大数据发展和应用。⑦ 2018 年 5 月，习近平总书记

① 高文珺．新就业形态下外卖骑手社会流动特点和影响因素．山东社会科学，2021（5）：100－108.

② 习近平．习近平谈治国理政：第 2 卷．北京：外文出版社，2017：535.

③ 习近平．中国发展新起点 全球增长新蓝图：在二十国集团工商峰会开幕式上的主旨演讲．（2016－09－03）．http：//www.xinhuanet.com//world/2016－09/03/c_1119506256.htm.

④ 习近平．习近平关于社会主义经济建设论述摘编．北京：中央文献出版社，2017：204.

⑤ 习近平．习近平在出席金砖国家领导人厦门会晤时的讲话．北京：人民出版社，2017：7.

⑥ 习近平．抓住世界经济转型机遇 谋求亚太更大发展：在亚太经合组织工商领导人峰会上的主旨演讲．（2017－11－11）．http：//jhsjk.people.cn/article/29639925.

⑦ 习近平主持中共中央政治局第二次集体学习并讲话．（2017－12－09）．http：//www.gov.cn/xinwen/2017－12/09/content_5245520.htm.

在两院院士大会上强调，要推进互联网、大数据、人工智能同实体经济深度融合，做大做强数字经济。[①] 2018 年 11 月，国家主席习近平在致第五届世界互联网大会的贺信中强调，为世界经济发展增添新动能，迫切需要我们加快数字经济发展，推动全球互联网治理体系向着更加公正合理的方向迈进。[②] 2019 年 5 月 26 日，国家主席习近平在致中国国际大数据产业博览会的贺信中指出，中国高度重视大数据产业发展，愿同各国共享数字经济发展机遇，通过探索新技术、新业态、新模式，共同探寻新的增长动能和发展路径。[③] 2019 年 8 月 26 日，国家主席习近平在致中国国际智能产业博览会的贺信中强调，中国高度重视智能产业发展，加快数字产业化、产业数字化，推动数字经济和实体经济深度融合。[④]

党的十八大以来，党中央、国务院和有关部委出台了一系列数字经济方面的政策法规，推动了我国数字经济的发展。从表 11-2 的汇总中我们不难发现，2015—2016 年的数字经济相关政策主要以产业导向为阶段性特征，提出传统产业向“互联网+产业”转型。数字技术与产业融合的模式，以“互联网+产业”为核心的实体经济数字化转型方案，初步开启了我国数字经济发展格局。2017 年至今，则以持续发布创新政策为主，以创新为导向的数字经济政策持续发力，侧重数字技术与实体企业深度融合形成新动能，要求发挥数据要素的创新引擎作用。可见，数字经济政策的重点经历了从早期关注数字技术研发以及应用，到产业数字化，再到全面推进实体企业数字化变革与创新驱动并重的转变，为数字经济时代下的就业创业带来了更多的政策红利。

表 11-2　2015—2020 年相关数字经济政策汇总

发布时间	文件名称	主要内容
2015 年 1 月 30 日	《国务院关于促进云计算创新发展培育信息产业新业态的意见》	提出加快发展云计算，打造信息产业新业态，推动传统产业升级和新兴产业成长，培育形成新的增长点，促进国民经济提质增效
2015 年 5 月 8 日	《国务院关于印发〈中国制造 2025〉的通知》	通过“三步走”战略实现从制造业大国向制造业强国转变的目标，坚持走中国特色新型工业化道路，加快新一代信息技术与制造业深度融合，将智能制造作为主攻方向
2015 年 5 月 20 日	《国务院办公厅关于加快高速宽带网络建设推进网络提速降费的指导意见》	明确提出高速宽带网络建设发展的目标，有利于促进我国宽带网络水平的跃升和资费水平的下降，普惠民生，降低创业成本，为打造大众创业、万众创新和增加公共产品、公共服务“双引擎”，推动“互联网+”发展提供有力支撑

① 习近平．在中国科学院第十九次院士大会、中国工程院第十四次院士大会上的讲话．北京：人民出版社，2018：10.

② 习近平向第五届世界互联网大会致贺信．(2018-11-07). http://www.gov.cn/xinwen/2018-11/07/content_5338118.htm.

③ 习近平向 2019 中国国际大数据产业博览会致贺信．(2019-05-26). http://www.gov.cn/xinwen/2019-05/26/content_5394881.htm.

④ 习近平向 2019 中国国际智能产业博览会致贺信．(2019-08-26). http://www.gov.cn/xinwen/2018-08/23/content_5315879.htm.

续表

发布时间	文件名称	主要内容
2015 年 6 月 16 日	《国务院关于大力推进大众创业万众创新若干政策措施的意见》	是推动大众创业、万众创新的系统性、普惠性政策文件，涵盖针对大学生创业、农民工创业、科研人员创业以及归国留学生创业等方面的诸多利好
2015 年 6 月 20 日	《国务院办公厅关于促进跨境电子商务健康快速发展的指导意见》	强调通过“互联网＋外贸”发挥我国制造业大国优势，实现优进优出，促进企业和外贸转型升级，打造新的经济增长点
2015 年 7 月 4 日	《国务院关于积极推进“互联网＋”行动的指导意见》	充分发挥我国互联网的规模优势和应用优势，坚持改革创新和市场需求导向，大力拓展互联网与经济社会各领域融合的广度和深度。到 2018 年，互联网与经济社会各领域的融合发展进一步深化，支撑大众创业、万众创新的作用进一步增强，网络经济与实体经济协同互动的发展格局基本形成。到 2025 年，“互联网＋”新经济形态初步形成，成为经济社会创新发展的重要驱动力量
2015 年 8 月 31 日	《国务院关于印发促进大数据发展行动纲要的通知》	是我国促进大数据发展的第一份权威性系统文件，从国家大数据发展战略全局的高度提出顶层设计，核心是推动数据资源共享开放
2015 年 9 月 29 日	《国务院办公厅关于推进线上线下互动加快商贸流通创新发展转型升级的意见》	鼓励线上线下互动创新、激发实体商业发展活力、健全现代市场体系，并推进简政放权和管理服务创新，在财政和金融等方面提供一系列政策支持。对推动实体店转型，促进商业模式创新，增强经济发展新动力，服务大众创业、万众创新具有重要意义
2015 年 11 月 9 日	《国务院办公厅关于促进农村电子商务加快发展的指导意见》	通过大众创业、万众创新，发挥市场机制作用，加快农村电子商务发展，转变农业发展方式，使实体经济与互联网产生叠加效应，对于促消费、扩内需，推动农业升级、农村发展、农民增收具有重要意义
2016 年 3 月 21 日	《机器人产业发展规划（2016—2020 年）》	明确产业发展五年总体目标：形成较为完善的机器人产业体系，技术创新能力和国际竞争能力明显增强，产品性能和质量达到国际同类水平，关键零部件取得重大突破，基本满足市场需求
2016 年 4 月 22 日	《关于印发〈“互联网＋”现代农业三年行动实施方案〉的通知》	到 2018 年，农业在线化、数据化取得明显进展，管理高效化和服务便捷化基本实现，生产智能化和经营网络化迈上新台阶，城乡“数字鸿沟”进一步缩小，大众创业、万众创新的良好局面基本形成，有力支撑农业现代化水平明显提升
2016 年 5 月 18 日	《“互联网＋”人工智能三年行动实施方案》	首次单独为人工智能发展提出具体的策略方案，是对上年发布的“互联网＋”战略中人工智能部分内容的具体落实，旨在充分发挥人工智能技术创新的引领作用，支撑各行业领域“互联网＋”创业创新，培育经济发展新动能

续表

发布时间	文件名称	主要内容
2016 年 5 月 20 日	《国务院关于深化制造业与互联网融合发展的指导意见》	推动“中国制造 2025”的发展、加强制造业与互联网深度融合；到 2018 年底，制造业重点行业骨干企业互联网“双创”平台普及率达到 80%，制造业数字化、网络化、智能化取得明显进展
2016 年 7 月 27 日	《国家信息化发展战略纲要》	旨在指导未来 10 年国家信息化发展，以信息化驱动现代化，强调增强信息化发展能力、提高信息化应用水平、优化信息化发展环境，建设网络强国
2016 年 10 月 12 日	《信息化和工业化融合发展规划（2016—2020 年）》	以制约当前我国两化融合发展的关键问题为出发点和落脚点，坚持创新驱动、转型发展，跨界融合、互动发展，分类施策、协调发展，市场主带、循序发展，大力促进两化深度融合
2016 年 12 月 19 日	《国务院关于印发“十三五”国家战略性新兴产业发展规划的通知》	提出完善管理方式、构建产业创新体系、强化知识产权保护和运用、加强人才培养与激励等六方面政策保障支持措施，部署了包括人工智能创新工程、数字文化创意技术装备创新提升工程在内的 21 项重大工程
2016 年 12 月 27 日	《国务院关于印发“十三五”国家信息化规划的通知》	旨在贯彻落实“十三五”规划纲要和《国家信息化发展战略纲要》，坚持以惠民为宗旨，以全面深化改革、服务国家战略、全球视野发展、安全与发展并重等为主要原则，到 2020 年，“数字中国”建设取得显著成效，信息化能力跻身国际前列，核心技术自主创新实现系统性突破，信息基础设施达到全球领先水平，信息经济全面发展，信息化发展环境日趋优化
2017 年 1 月 20 日	《国务院办公厅关于创新管理优化服务培育壮大经济发展新动能加快新旧动能接续转换的意见》	优化服务理念，转换动能，实施创新驱动，利用新技术、新业态改造、提升传统产业
2017 年 1 月 24 日	《工业和信息化部关于进一步推进中小企业信息化的指导意见》	在总结 2005 年以来中小企业信息化推进工程取得经验的基础上，突出市场主导与政府引导相结合、服务平台化与应用网络化相结合、示范带动与协同推进相结合的原则，以加快转变经济发展方式为主线，以推动落实“互联网+”“中国制造 2025”“大众创业、万众创新”为方向，提出了八个方面的重点任务
2017 年 7 月 3 日	《关于促进分享经济发展的指导性意见》	发展共享经济，利用“互联网+”培育经济发展新动能

续表

发布时间	文件名称	主要内容
2017 年 7 月 21 日	《关于强化实施创新驱动发展战略进一步推进大众创业万众创新深入发展的意见》	把大众创业、万众创新作为实施创新驱动发展战略的重要载体，提出促进科技成果转化、拓展企业融资渠道、促进实体经济转型升级、完善人才流动激励机制、创新政府管理方式等五项任务，在更大范围、更高层次、更深程度上推进双创，促进创新创业资源聚焦、新旧动能接续转换
2018 年 3 月 22 日	《国务院办公厅关于促进全域旅游发展的指导意见》	促进全域旅游发展，引导旅游业转型升级，推进景区服务数字化、智能化
2018 年 4 月 28 日	《国务院办公厅关于促进“互联网＋医疗健康”发展的意见》	推进实施健康中国战略，提升医疗卫生现代化管理水平，优化资源配置，创新服务模式，降本增效，满足人民群众日益增长的医疗卫生健康需求，促进互联网与医疗健康深度融合发展，鼓励医疗机构运用“互联网＋”优化现有医疗服务，“做优存量”，推动互联网与医疗健康深度融合，“做大增量”，丰富服务供给
2018 年 5 月 31 日	《工业互联网发展行动计划（2018—2020 年）》	发展工业互联网平台体系，筑牢实体经济和数字经济发展基础
2018 年 9 月 26 日	《关于发展数字经济稳定并扩大就业的指导意见》	从加快培育数字经济新兴就业机会、持续提升劳动者数字技能、大力推进就业创业服务数字化转型、不断完善政策法律体系等四个方面，推动数字产业发展壮大，拓展就业新空间；促进传统产业数字化转型，带动更多劳动者转岗提质就业；激发数字经济创新创业活力，厚植就业增长沃土；强化数字人才教育和数字技能培训，缓解结构性就业矛盾；做大做强服务孵化平台，促进数字经济创业带动就业
2018 年 12 月 21 日	《工业和信息化部关于加快推进虚拟现实产业发展的指导意见》	通过强化政策引导与支持，旨在促进我国虚拟现实关键技术与产业生态的健康发展，实现产业级、网联式、规模性、差异化的虚拟现实普及之路
2019 年 5 月 16 日	《数字乡村发展战略纲要》	将国家信息化发展战略与乡村振兴战略相结合，着力发挥信息技术创新的扩散效应、信息和知识的溢出效应、数字技术释放的普惠效应，加快推进农业农村现代化，构建乡村数字治理新体系，着力弥合城乡“数字鸿沟”，提升农民数字化素养
2019 年 8 月 8 日	《国务院办公厅关于促进平台经济规范健康发展的指导意见》	首次从国家层面对发展平台经济做出全方位部署，提出要依法查处互联网领域滥用市场支配地位限制交易、不正当竞争等违法行为，重点强调严禁平台单边签订排他性服务提供合同，并要求针对互联网领域价格违法行为特点制定监管措施等

续表

发布时间	文件名称	主要内容
2019 年 10 月 20 日	《国家数字经济创新发展试验区实施方案》	在河北省（雄安新区）、浙江省、福建省、广东省、重庆市、四川省等启动国家数字经济创新发展试验区创建工作
2020 年 3 月 19 日	《工业和信息化部办公厅关于印发〈中小企业数字化赋能专项行动方案〉的通知》	旨在统筹推进新冠肺炎疫情防控和经济社会发展工作，以数字化赋能中小企业，助力疫情防控、复工复产和可持续发展
2020 年 3 月 20 日	《工业和信息化部办公厅关于推动工业互联网加快发展的通知》	提出包含新型基础设施建设、融合创新应用、安全保障体系、创新发展动能、产业生态布局、产业政策支持 6 大领域的 20 项举措
2020 年 3 月 30 日	《中共中央 国务院关于构建更加完善的要素市场化配置体制机制的意见》	明确将数据作为一种新型生产要素写入政策文件。提出加快培育数据要素市场，推进政府数据开放共享，提升社会数据资源价值，加强数据资源整合和安全保护
2020 年 4 月 10 日	《国家发展改革委 中央网信办印发〈关于推进"上云用数赋智"行动 培育新经济发展实施方案〉的通知》	旨在加快数字产业化和产业数字化，助力建设现代化产业体系，实现经济高质量发展。从打造数字化企业、构建数字化产业链、培育数字化生态三方面明确了数字化转型的三大目标。指出"上云"要面向中小微企业，要普惠、低成本、持续赋能中小微企业，推动地方产业创新、发展
2020 年 7 月 14 日	《关于支持新业态新模式健康发展 激活消费市场带动扩大就业的意见》	积极探索线上服务新模式，激活消费新市场，包括大力发展融合化在线教育，积极发展互联网医疗，鼓励发展便捷化线上办公以及不断提升数字化治理水平。加快推进产业数字化转型，壮大实体经济新动能，培育产业平台化发展生态，加快传统企业数字化转型步伐，打造跨越物理边界的"虚拟"产业园和产业集群，发展基于新技术的"无人经济"，鼓励发展新个体经济，开辟消费和就业新空间，培育发展共享经济新业态，创造生产要素供给新方式
2021 年 1 月 13 日	《工业互联网创新发展行动计划（2021—2023 年）》	确立未来三年工业互联网发展目标，着力解决工业互联网发展中的深层次难点问题、痛点问题，推动产业数字化，带动数字产业化，是工业互联网的第二个"三年行动计划"

资料来源：根据中华人民共和国中央人民政府门户网站、中华人民共和国工业和信息化部门户网站等整理。

四、数字经济与就业市场新变化

数字经济的迅猛发展和数字技术的不断变革，难免会对传统就业规模、就业结构，乃至整个就业生态与劳动力市场产生巨大的冲击。一方面，数字经济发展会催生一些高技能新兴岗位，如物联网工程技术人员、数字化管理师、人工智能训练师等；另一方面也会导致部分低技能就业岗位的减少甚至消失，如对司机、销售员、流水线工人等从事单一重复性工作的劳动力，甚至对律师、经纪人、新闻记者和金融分析师等高素质劳动力的就业岗位带来冲击，一定程度上加大了结构性、技术性失业压力。此外，随着数字经济的发展，各产业、行业、岗位对于高技能人才特别是数字技能人才的需求不断增加，就业市场若不能快速适应并积极调整，那么不仅会带来就业岗位流失问题，还会波及相应的收入分配情况。

具体而言，那些数字素养和数字技能水平较高的个人、企业与行业在市场上往往更受青睐，进而更容易从数字经济发展中获益；相比之下，低技能、低数字素养的劳动者如不及时接受数字教育和培训，提高自身数字化水平与能力，必将面临被社会淘汰的窘境。然而，正如前文述及，由于数字鸿沟的深化，数字技术壁垒以及知识与能力的差异导致传统行业失业人员和新增普通劳动者，特别是农民工群体，很难进入数字经济新增岗位，这既阻碍了就业，又加剧了就业的不平衡，形成了赢者通吃的局面，使得整个社会的贫富差距进一步拉大。

与此同时，值得注意的是，在数字经济蓬勃发展的大背景下，人才扮演着越来越重要的角色。在党的十九大报告中，习近平总书记多次重申人才的重要性，特别提到"培养造就一大批具有国际水平的战略科技人才、科技领军人才、青年科技人才和高水平创新团队"①，强调了科技人才对建设创新型国家的重要性。在瞬息万变的数字经济时代，数字化人才的规模与质量无疑是决定发展速度与水准的一个关键要素，而与爆发性的产业人才需求相比，目前数字技能人才的培养和供给压力日渐严峻，高技能劳动者的供给在日益增长的需求面前显得捉襟见肘，让人才供给侧与需求侧、教育链与产业链之间的有机衔接变得更为紧迫，进而制约了整个经济的数字化转型进程。

第 3 节　数字经济时代下的大学生就业创业

一、大学生就业创业现状

教育部数据显示，2021 年高校毕业生人数达 909 万人，与 2020 年相比增加 35 万人。根据劳动经济学理论，个体在劳动力市场中的就业情况分为就业、失业和退出劳动力市场三类。结合教育部对高校毕业生就业去向的分类，大学毕业生的去向总体可分为就业、升学和未就业三类。其中，就业包括单位就业和灵活就业；升学主要包括国内升学和国外升学；未就业包括正在求职和慢就业。根据中国人民大学中国就业研究所和智联招聘对 2021 年高校毕业生的调查，截至 2021 年 4 月中旬，有 56.9%的应届毕业生选择毕业后加入就业大军，较上年下降 18.9 个百分点；15.8%选择自由职业，同比上升

① 习近平．决胜全面建成小康社会 夺取新时代中国特色社会主义伟大胜利：在中国共产党第十九次全国代表大会上的报告．北京：人民出版社，2017：31-32.

8.1个百分点；12.8%选择慢就业，同比上升6.6个百分点。在国内继续学习的应届生占比9.5%，较上年的6.6%也有明显提升。高校毕业生就业去向的变化不仅与个体特征、家庭特征、学校特征相关，而且与政策因素、地区经济发展水平、宏观就业市场等因素息息相关。

二、大学生就业创业影响因素

（一）个人因素

已有研究发现，高校毕业生的个人因素对其就业结果具有显著影响。个人素质是决定求职成败和收入水平的关键因素。例如，专业成绩优秀、外语好、实践经验多、学历层次高的重点高校的毕业生更容易找到满意的工作并获得较高的收入。除此之外，可直接反映群体差异的因素，如党员、学生干部、双学位、资格证书、学历学位等也是影响毕业生求职的显著因素。此外，从性别视角来看，女性大学毕业生在求职过程中可能会受到性别歧视，其就业机会显著少于男性。

（二）家庭因素

在家庭背景方面，家庭所在地、家庭经济状况、父母受教育程度、父母的职业类型、家庭社会关系等因素均对毕业生就业有显著影响。其中，家庭经济状况显著影响大学生的就业决策，随着家庭经济条件的提高，大学生会较多地考虑进行深造或自己创业。父母受教育程度的提高会在一定程度上降低子女的直接就业意愿，而增加其继续深造的可能性。父母的职业类型也会影响子女的就业决策，特别是在子女就业地选择、行业职业选择等方面有重要的作用。值得注意的是，尽管在现实中传统的“子承父业”现象仍然存在，但随着互联网技术的进步和数字经济的蓬勃发展，就业选择更加多元化，劳动力市场的信息不对称性减小，子代和父代之间的职业流动性增加。

（三）学校因素

已有研究发现，学校的内部因素，如毕业生的基本教育情况、学业状况、学科结构、学校提供的就业信息以及学校性质等是影响高校毕业生求职成功与否的重要因素。此外，学校类型、学校所在地也是影响毕业生就业的重要因素。从学校类型来看，985/211院校毕业生的求职竞争力要高于普通本科院校，而普通本科院校又高于独立或民办院校和部分高职高专院校；从学校所在地区来看，一线城市、新一线城市的高校毕业生实习机会较多，实践经历丰富，在实践方面要明显优于二三线城市，东部地区毕业生的就业机会也要多于中西部地区和东北地区。此外，毕业生在校期间的所学专业也是影响就业的重要因素，特别是所学专业与就业地的经济结构、职业需求的匹配度，决定了其在就业市场中的竞争力。

（四）政策因素

高校毕业生作为重点就业群体，一直以来都倍受政府和社会各界的关注。从影响大学生就业创业的政策来看，已有研究探讨了高校扩招、全面二孩、延迟退休及“大众创业、万众创新”等政策的影响作用。这些政策的实施主要从供给侧和需求侧两方面对大学生就业市场产生影响。近年来，国家出台了一系列政策促进高校毕业生就业。随着数字经济的快速发展，高校毕业生的就业选择呈现多元化特征，就业观念也发生了变化，除了选择传统的单位就业和升学之外，越来越多的大学生加入自由职业、自主创业等灵活就业大军中，未来的政策也将围绕这些领域推动大学生高质量就业。

（五）其他因素

从其他影响因素来看，大学生的生源地对就业决策具有影响，表现为来自一线城市、省会城市和二三线城市的学生就业意愿之间存在差异；城乡户籍也会影响毕业生的就业去向，这种城乡户籍差异既表现在人力资本和社会资本等特征水平上，也与家庭所在地的资本有关。此外，一些突发公共危机事件对大学生就业的影响也不容忽视。例如，2020 年初爆发的新冠肺炎疫情对大学生就业的影响十分广泛，不仅使就业机会减少、求职渠道受阻，而且造成工作搜寻时间延长、心理压力加大。此外，疫情期间毕业生无法及时返校，对于在求学地就业的学生而言，仅能通过在线面试等渠道求职，也会造成就业压力加大。值得注意的是，随着数字经济的快速发展，就业市场逐渐呈现出远程办公、平台就业、灵活就业等特点，由此也衍生出了网络直播、在线教育等新就业机会，这些都有利于大学生的多元就业选择。

三、大学生就业创业新机遇

（一）把握数字经济时代的机遇

大学生作为重点就业群体，应把握数字经济时代的就业创业机遇。当前，全球经济越来越呈现数字化特征，人类社会正在进入以数字化为主要标志的新阶段。我国“十四五”规划纲要提出，“加快数字化发展，建设数字中国”，要推动数字经济和实体经济深度融合，加快构建以国内大循环为主体、国内国际双循环相互促进的新发展格局。当前，为缓解大学生就业压力、支持大学生创业，国家出台了一系列政策，为大学生就业创业提供了保障。在数字经济的背景下，大学生要积极把握数字经济时代带来的机遇，在多元化的就业形势中做出最适合自己的决策。①

（二）做好清晰的职业规划

职业生涯规划不仅可以使个人按照自己的资历、条件找到一份合适的工作，实现人生价值，更重要的是能帮助个人真正认识自己，合理评估自己的优势与劣势，明确职业目标、找准职业定位。从职业生涯发展阶段来看，大学生处于职业探索期，需要在这一阶段逐渐确定自身的职业倾向，进而在求职活动中更有针对性地选择工作，避免出现盲目择业的情况。因此，对大学生进行职业生涯规划教育是十分必要的。2007 年，教育

---

① 冯喜良．灵活就业是高校毕业生就业的重要途径．中国大学生就业，2020（20）：4－5.

部印发《大学生职业发展与就业指导课程教学要求》，指出大学生职业发展与就业指导课作为公共课，既要强调职业在人生发展中的重要地位，又要关注学生的全面发展和终身发展。激发大学生的职业生涯发展自主意识，有助于大学生树立正确的就业观，理性地规划未来的发展，在学习过程中自觉地提高就业能力和职业生涯管理能力。

（三）树立终身学习理念

在数字经济时代，学习的速度远远赶不上知识增长的速度。随着数字技术的快速变革和就业竞争的日趋激烈，所有人都必须面对急剧变化的社会现实，而要想提高就业市场竞争力就需要不断充电和永远学习，从而再造适应社会的能力。为应对这种环境变化，每个人都必须为转型做好准备，将学习作为应对各种变革的基本策略，这是终身学习一贯的宗旨。大学生应该培养与未来工作相当的能力，而不是寻找与能力相当的工作。因此，大学生树立终身学习的理念变得尤为重要。①

（四）树立正确的择业观

当前高校毕业生在就业中存在“高不成低不就”“啃老”和逃避就业竞争等现象，这在很大程度上是由于大学生未树立正确的择业观。解决这一问题的根本路径是用科学合理的价值标准去引领毕业生的就业行为，引导毕业生树立正确的择业观。此外，还应教育引导学生主动了解各种职业，在主动、充分了解劳动力市场结构的基础上，正确认识自我，理解“人职匹配”的个性化职业发展规律，设置合理的就业期望，树立职业理想和职业目标，形成正确的择业观念，根据自身情况理性择业，并适时调整就业心态，主动适应新的就业形态和新的用工方式。

此外，高校提供的就业创业指导对大学生树立正确的择业观也有重要意义。高校提供的就业指导能够帮助大学生根据自身特点和社会职业需要，选择有利于发挥个人才能和实现个人理想的事业。各高校在大学生就业创业教育中，既要积极引进国外成熟的就业创业教育经验，又要加强其在本土的应用，要将社会主义核心价值观贯穿大学生就业创业教育的各个阶段，培养大学生爱国、敬业、诚信、友善的择业观，促进大学生更好地择业、就业和创业。

本章小结

本章主要围绕数字经济、数字经济与就业创业机会的变革、数字经济时代下的大学就业创业等内容展开，着重介绍了数字经济的主要内涵、发展数字经济的机遇与挑战、数字经济下的新就业形态、共享经济和平台经济与创新创业的关系、数字经济政策与创新创业、数字经济与就业市场新变化、大学生就业创业现状、大学生就业创业影响因素、大学生就业创业新机遇等。在数字经济时代，新职业涌现，就业形式更加多元化，大学生就业创业受到个人因素、家庭因素、学校因素、政策因素和其他因素的影响。为

① 曾湘泉．激发新需求，提升未来就业者能力．社会科学报，2020－09－10（1）.

了迎合数字经济时代的新变化，大学生应该把握数字经济时代的机遇、做好清晰的职业规划、树立终身学习理念，并树立正确的择业观。

复习与思考题

1. 发展数字经济的机遇和挑战有哪些？
2. 数字经济下的新职业有哪些特点？
3. 在数字经济时代大学生应如何更好地实现就业创业？
4. 如何帮助大学生树立正确的择业观？

参考文献

[1] 阿莉·拉塞尔·霍克希尔德．心灵的整饰：人类情感的商业化．上海：上海三联书店，2020.

[2] 艾利森·邦，马纳·撒夫．劳动法基础．武汉：武汉大学出版社，2004.

[3] 安东尼·吉登斯．社会的构成：结构化理论大纲．北京：三联书店，1998.

[4] 布赖恩·费瑟斯通豪．远见．北京：北京联合出版公司，2018.

[5] 曾湘泉．劳动经济学．2 版．上海：复旦大学出版社，2010.

[6] 常凯．劳动关系·劳动者·劳权：当代中国的劳动问题．北京：中国劳动出版社，1995.

[7] 常凯．劳动关系学．北京：中国劳动社会保障出版社，2005.

[8] 常凯．劳权论：当代中国劳动关系的法律调整研究．北京：中国劳动社会保障出版社，2004.

[9] 戴安·萨克尼克，丽莎·若夫门．职业指导：职业生涯规划教程．北京：中国劳动保障出版社，2017.

[10] 邓小平．邓小平论教育．3 版．北京：人民教育出版社，2004.

[11] 高放．马克思恩格斯要论精选．北京：中央编译出版社，2016.

[12] 哈里·布雷弗曼．劳动与垄断资本：二十世纪中劳动的退化．北京：商务印书馆，1978.

[13] 胡皓．互联网＋创业相对论．北京：电子工业出版社，2015.

[14] 加里·德斯勒．人力资源管理：第 12 版．北京：中国人民大学出版社，2012.

[15] 杰夫·戴维森．应对压力．上海：上海三联书店，2004.

[16] 金江军．数字经济引领高质量发展．北京：中信出版社，2019.

[17] 李强．转型时期的中国社会分层结构．哈尔滨：黑龙江人民出版社，2002.

[18] 里尔登，等．职业生涯发展与规划：第 4 版．北京：中国人民大学出版社，2016.

[19] 廉思．蚁族：大学毕业生聚居村实录．桂林：广西师范大学出版社，2009.

[20] 廖盖隆．马克思主义百科要览．北京：人民日报出版社，1993.

[21] 廖盖隆．社会主义百科要览．北京：人民日报出版社，1993.

[22] 列宁．列宁论教育：上卷．北京：人民教育出版社，2001：37.

[23] 林嘉．劳动法和社会保障法．4 版．北京：中国人民大学出版社，2017.

[24] 刘艾玉．劳动社会学教程．2 版．北京：北京大学出版社，2004.

[25] 刘炳瑛．马克思主义原理辞典．杭州：浙江人民出版社，1988.

[26] 刘瑞晶．职业生涯规划：理论、案例与实训．北京：中国人民大学出版社，

2015.

[27] 刘向兵，李珂，曲霞．劳动通论．2版．北京：高等教育出版社，2021.

[28] 刘昕．薪酬管理．4版．北京：中国人民大学出版社，2014.

[29] 陆学艺．当代中国社会流动．北京：社会科学文献出版社，2004.

[30] 罗伯特·高尔曼．劳动法基本教程：劳工联合与集体谈判．北京：中国政法大学出版社，2003.

[31] 马克思．资本论：第1卷．北京：人民出版社，2004.

[32] 马克思，恩格斯．马克思恩格斯文集：第5卷．北京：人民出版社，2009.

[33] 迈克尔·布洛维．制造同意：垄断资本主义劳动过程的变迁．北京：商务印书馆，2015.

[34] 毛泽东．毛泽东论教育．3版．北京：人民教育出版社，2008.

[35] 帕特里克·兰西奥尼．团队的五种机能障碍．北京：中信出版社，2002.

[36] 彭剑锋．人力资源管理概论．3版．上海：复旦大学出版社，2018.

[37] 全国总工会．走向社会主义市场经济的中国工人阶级．北京：中国工人出版社，1993.

[38] 史尚宽．劳动法原论．台北：正大印书馆，1934.

[39] 苏姗娜·杰纳兹，卡伦·多德，贝丝·施奈德．组织中的人际沟通技巧：第3版．北京：中国人民大学出版社，2011.

[40] 苏文平．职业生涯规划与就业创业指导．2版．北京：中国人民大学出版社，2020.

[41] 孙家学，耿艳丽，邵珠平．新时代高校劳动教育通论．北京：高等教育出版社，2021.

[42] 文跃然．薪酬管理原理．2版．上海：复旦大学出版社，2013.

[43] 谢宝国，赵一君，杨光萍．大学生涯规划与职业发展．2版．北京：教育科学出版社，2016.

[44] 谢富胜．控制和效率：资本主义劳动过程理论与当代实践．北京：中国环境科学出版社，2012.

[45] 许涤新．政治经济学辞典：中册．北京：人民出版社，1980.

[46] 杨河清．劳动经济学．3版．北京：中国人民大学出版社，2010.

[47] 杨体仁．现代劳动经济学原理．北京：红旗出版社，1991.

[48] 杨伟国．劳动经济学．大连：东北财经大学出版社，2010.

[49] 伊兰伯格，史密斯．现代劳动经济学：理论与公共政策：第6版．北京：中国人民大学出版社，1999.

[50] 袁方，姚裕群．劳动社会学．2版．北京：中国劳动出版社，2008.

[51] 约瑟夫·马尔托奇奥．战略薪酬：第2版．北京：社会科学文献出版社，2002.

[52] 张鹤．别把时间给了浪费：时间管理．北京：经济管理出版社，2004.

[53] 张抗私．当代劳动经济学．北京：经济科学出版社，2000.

[54] 朱飞．绩效管理与薪酬激励．北京：企业管理出版社，2008.

[55] 曾湘泉．激发新需求，提升未来就业者能力．社会科学报，2020-09-10 (1).

[56] 陈兆平．“内卷”和“躺平”：网络热词的情感表达．国家电网报，2021-06-11 (5).

[57] 冯喜良．正确认识新时代下就业新特点．中国劳动保障报，2017-11-18 (3).

[58] 张成刚．从普惠就业新视角看待新就业形态．第一财经日报，2021-05-27 (A11).

[59] 曾湘泉．中国就业市场的新变化：机遇、挑战及对策．中国经济报告，2020 (3)：106-115.

[60] 常蓉．试论苏霍姆林斯基的劳动教育思想．湖南人文科技学院学报，2013 (2)：83-85.

[61] 陈建萍．重视劳动科学学科建设：访首都经贸大学劳动经济学院院长杨河清．管理科学文摘，2007 (3)：24.

[62] 陈龙．“数字控制”下的劳动秩序：外卖骑手的劳动控制研究．社会学研究，2020，35 (6)：113-135，244.

[63] 董小玉．网络主播如何成为新时代的“第 361 行”．人民论坛，2019 (30)：77-79.

[64] 冯喜良．灵活就业是高校毕业生就业的重要途径．中国大学生就业，2020 (20)：4-5.

[65] 符进叶．试谈网络直播带货主播．中国广播电视学刊，2021 (3)：81-83.

[66] 高俊玲．职业信息的搜集与应用．出国与就业（就业版），2010 (6)：58-59.

[67] 高文珺．新就业形态下外卖骑手社会流动特点和影响因素．山东社会科学，2021 (5)：100-108.

[68] 宫敬才．马克思政治经济学中劳动范畴的性质．四川大学学报（哲学社会科学版），2018 (4)：51-59.

[69] 贺伟，龙立荣．基于需求层次理论的薪酬分类与员工偏好研究．商业经济与管理，2010 (5)：41.

[70] 胡磊．平台经济下劳动过程控制权和劳动从属性的演化与制度因应．经济纵横，2020 (2)：36-44.

[71] 胡莹．论数字经济时代资本主义劳动过程中的劳资关系．马克思主义研究，2020 (6)：136-145.

[72] 黄英．“斜杠青年”：漫步在理想与职业舞台上的新群体．中国青年研究，2017 (11)：81-86.

[73] 贾贵生．论劳动资料．内蒙古大学学报（哲学社会科学版），1991 (3)：14-20，42.

[74] 贾文娟．从劳动过程看资本主义社会的变迁：对新马克思主义劳动过程理论

的再分析．学术研究，2015（7）：48－55，159.

［75］姜农娟，邓冬．中国企业薪酬管理问题研究．经济问题探索，2003（2）：65－66.

［76］李波，毛宇飞．大学生就业创业指导工作探析．中国林业教育，2017，35（3）：41－44.

［77］李娟．理解人类简史的自然维度：恩格斯《自然辩证法》“劳动在从猿到人的转变中的作用”一节解读．马克思主义理论学科研究，2020，6（1）：14－23.

［78］李胜蓝，江立华．新型劳动时间控制与虚假自由：外卖骑手的劳动过程研究．社会科学文摘，2021（1）：65－67.

［79］李旭旦，吴燕．职业能力与职业选择．成才与就业，2008（Z2）：25－26.

［80］李炎生，周玉俊．教学型大学之学科、专业、课程与职业关系解析．九江学院学报，2008（1）：112－115.

［81］刘成碧．关于物化劳动创造价值的理论思考．江汉论坛，2003（7）：55－57.

［82］刘素婷．论大学生改善心智模式的策略．创新与创业教育，2012，3（3）：46－48.

［83］楼仁功，赵启泉．大学生职业生涯规划指导的探索与实践．中国高教研究，2002（6）：89－90.

［84］鲁全．中国共产党对社会保障认识的变迁与发展（1997—2017）．国家行政学院学报，2017（6）：99－104，163.

［85］宁先圣．高素质工程技术人才的特征与培养途径．科学与管理，2006，26（4）：16－17.

［86］沈志义．谈谈“劳动科学”及其学科体系．管理教育学刊，1998（1）：39－42.

［87］石先梅．数字劳动的一般性与特殊性：基于马克思主义经济学视角分析．经济学家，2021（3）：15－23.

［88］檀传宝．劳动教育的概念理解：如何认识劳动教育概念的基本内涵与基本特征．中国教育学刊，2019（2）：82－84.

［89］涂真．资本主义逻辑下管控方式的变化：劳动过程研究综述．北方经贸，2020（10）：28－32.

［90］万英，万小鹏．论生产过程也形成价值．甘肃社会科学，2008（1）：153－156.

［91］王丽君，陈金鑫．透析大学生火热报考公务员现象．新学术，2007（5）：57－58，69.

［92］王淑珍．高校毕业生“慢就业”现象的成因及应对策略．中国林业教育，2021，39（1）：44－48.

［93］吴谅谅，李宝仙．大学毕业生的职业期望及其影响因素研究．应用心理学，2001（3）：18－23.

［94］吴志先，郑庆彬，蔡雪敏，等．大学生“啃老族”现象成因及对策：基于自

我效能感理论应用研究．特区经济，2015（5）：133－135.

［95］谢富胜．资本主义的劳动过程：从福特主义向后福特主义转变．中国人民大学学报，2007（2）：64－70.

［96］杨一民，陈效禹．劳动资料概念的历史和现实．山西大学学报（哲学社会科学版），1996（4）：36－39.

［97］张可．高校毕业生“啃老族”特殊就业现象的成因分析．企业导报，2015（9）：71，77.

［98］赵健杰．劳动科学建构论纲．中国劳动关系学院学报，2010（2）：11－12，14.

［99］赵新语．专业和职业关系大吗？．中国企业家，2014（14）：28.

［100］郑功成．全面理解党的十九大报告与中国特色社会保障体系建设．国家行政学院学报，2017（6）：8－17，160.

［101］朱文伟．大学生的职业价值观与职业选择．科技视界，2014（13）：202，204.

［102］卢倩．当代大学生就业现状分析：从3 000名大学生应聘清洁工谈起．开封：河南大学，2013.

［103］本市2019年企退人员养老金人均月增220元．（2019－06－15）．http://www.beijing.gov.cn/zhengce/zcjd/201906/t20190617_98274.html.

［104］国家医保局表示将扩大带量采购规模，全面推开需兼顾多方利益．（2019－06－17）．http://health.people.com.cn/n1/2019/0617/c14739-31163870.html.

［105］Bluner R. Alienation and freedom. Chicago：University of Chicago Press，1964.

［106］Kaufman B E，Hotchkiss J L. The economics of labor market. Dryden Press，1999.

［107］Connor P E，Becker B W. Personal value systems and decision-making styles of public managers. Public Personnel Management，2003，32（1）：24.

［108］Doest L，Maes S，Gebhardt W A，Koelewijn H. Personal goal facilitation through work：implications for employee satisfaction and well-being. Applied Psychology，2006，55（2）：194.

［109］Jourard S M，Lasakow P. Some factors in self-disclosure. Journal of Abnormal and Social Psychology，1958（56）：91.

［110］Latham G P，Lacke E A. Enhancing the benefits and overcoming the pitfalls of goal setting. Organizational Dynamics，2006，35（4）：332.

［111］Macaleer W D，Shannon J B. Emotional intelligence：how does it affect leadership？. Employment Relations Today，2002，29（3）：13.

［112］Michael M L. Business ethics：the law of rules. Business Ethics Quarterly，2006，16（4）：481.

［113］Roozen I，DePelsnacker P，Bostyn F. The ethical dimensions of decision processes of employees. Journal of Business Ethics，2001，33 (2)：87.

[114] Schindler P L，Thomas C C. The structure of interpersonal trust in the workplace. Psychological Reports，1993 (11)：563－573.

[115] Williams W M. Blissfully incompetent. Psychological Science in the Public Interest，2004，5 (3)：i.

[116] Wilmot R E. A commitment to trust. Communication World，2007，24 (2)：36.

[117] Wright P M，Kacmar K M. Goal specificity as a determinant of goal commitment and goal change. Organizational Behavior and Human Decision Processes，1994，59 (2)：259.

[118] Yearta S K，Maitlis S，Briner R B. An exploratory study of goal setting in theory and practice. Journal of Occupational and Organizational Psychology，1995，68 (3)：237.

图书在版编目（CIP）数据

劳动教育通论/冯喜良主编．--北京：中国人民大学出版社，2022.7
21世纪通识教育系列教材
ISBN 978-7-300-30508-0

Ⅰ.①劳… Ⅱ.①冯… Ⅲ.①大学生-劳动教育-高等学校-教材 Ⅳ.①G40-015

中国版本图书馆CIP数据核字（2022）第054300号

21世纪通识教育系列教材
劳动教育通论
主编　冯喜良
Laodong Jiaoyu Tonglun

出版发行	中国人民大学出版社		
社　　址	北京中关村大街31号	**邮政编码**	100080
电　　话	010－62511242（总编室）		010－62511770（质管部）
	010－82501766（邮购部）		010－62514148（门市部）
	010－62515195（发行公司）		010－62515275（盗版举报）
网　　址	http://www.crup.com.cn		
经　　销	新华书店		
印　　刷	北京七色印务有限公司		
规　　格	185 mm×260 mm　16开本	**版　　次**	2022年7月第1版
印　　张	17.25 插页1	**印　　次**	2022年7月第1次印刷
字　　数	380 000	**定　　价**	49.00元

中国人民大学出版社　管理分社

教师教学服务说明

中国人民大学出版社管理分社以出版经典、高品质的工商管理、统计、市场营销、人力资源管理、运营管理、物流管理、旅游管理等领域的各层次教材为宗旨。

为了更好地为一线教师服务，近年来管理分社着力建设了一批数字化、立体化的网络教学资源。教师可以通过以下方式获得免费下载教学资源的权限：

★ 在中国人民大学出版社网站 www.crup.com.cn 进行注册，注册后进入“会员中心”，在左侧点击“我的教师认证”，填写相关信息，提交后等待审核。我们将在一个工作日内为您开通相关资源的下载权限。

★ 如您急需教学资源或需要其他帮助，请加入教师 QQ 群或在工作时间与我们联络。

中国人民大学出版社　管理分社

教师 QQ 群：64833426（仅限教师加入）

联系电话：010-82501048，62515782，62515735

电子邮箱：glcbfs@crup.com.cn

通讯地址：北京市海淀区中关村大街甲 59 号文化大厦 1501 室（100872）